공산주의라는 이념

THE IDEA OF COMMUNISM

Copyright © First published by Verso 2010

All rights reserved.

Korean translation copyright © 2021 by GREENBEE PUBLISHING CO.

Korean translation rights arranged with VERSO BOOKS through EYA(Eric Yang Agency).

프리즘총서 039

공산주의라는 이념

초판1쇄 펴냄 2021년 11월 10일

엮은이 슬라보예 지젝, 코스타스 두지나스
지은이 마이클 하트, 브루노 보스틸스, 수전 벅모스, 슬라보예 지젝, 안토니오 네그리, 알랭 바디우, 알레산드로 루소,
 알베르토 토스카노, 왕후이, 자크 랑시에르, 잔니 바티모, 장-뤽 낭시, 쥐디트 발소, 코스타스 두지나스,
 테리 이글턴, 피터 홀워드
옮긴이 강길모, 김상운, 김정한, 오근창, 진태원, 최재혁, 황재민
프리즘총서 기획위원 진태원
펴낸이 유재건
펴낸곳 그린비
주소 서울시 마포구 와우산로 180, 4층
대표전화 02-702-2717 | **팩스** 02-703-0272
홈페이지 www.greenbee.co.kr
원고투고 및 문의 editor@greenbee.co.kr

주간 임유진 | **편집** 홍민기, 신효섭, 구세주, 송예진 | **디자인** 권희원 | **마케팅** 유하나
물류유통 유재영, 한동훈 | **경영관리** 유수진

이 책의 한국어판 저작권은 EYA(Eric Yang Agency)를 통해 VERSO BOOKS와 독점 계약한 (주)그린비출판사에 있습니다.
저작권법에 의해 한국 내에서 보호를 받는 저작물이므로 무단전재와 무단복제를 금합니다.
책값은 뒤표지에 있습니다. 잘못 만들어진 책은 구입처에서 바꿔 드립니다.
ISBN 978-89-7682-664-0 93300

學問思辨行: 배우고 묻고 생각하고 판단하고 행동하고
_____

독자의 학문사변행을 돕는 든든한 가이드 _그린비 출판그룹

그린비 철학, 예술, 고전, 인문교양 브랜드
엑스북스 책읽기, 글쓰기에 대한 거의 모든 것
곰세마리 책으로 통하는 세대공감, 가족이 함께 읽는 책

공산주의라는 이념

슬라보예 지젝·코스타스 두지나스 엮음

알랭 바디우 외 지음 | 진태원 외 옮김

프리즘총서 039

ALAIN BADIOU

JUDITH BALSO

BRUNO BOSTEELS

SUSAN BUCK-MORSS

COSTAS DOUZINAS

TERRY EAGLETON

PETER HALLWARD

MICHAEL HARDT

JEAN-LUC NANCY

ANTONIO NEGRI

JACQUES RANCIÈRE

ALESSANDRO RUSSO

ALBERTO TOSCANO

GIANNI VATTIMO

SLAVOJ ŽIŽEK

WANG HUI

그린비

공산주의라는 이념

슬라보예 지젝, 코스타스 두지나스

좌파의 긴 밤이 끝나 가려 하고 있다. 1980년대와 1990년대의 패배, 단죄와 절망, '역사의 종언'의 승리를 외치는 자들, 미국 헤게모니의 일극적 세계—이 모든 것이 급속히 낡은 뉴스가 되고 있다. 유럽에서 2000년에 위르겐 하버마스와 울리히 벡은 유럽연합과 그 공통통화에 열광했다. 이것이 인류의 미래를 위한 모델이 될 것이라고 예언하면서. 오늘날 현실은 얼마나 다른가! 유럽연합은 더 이상 모델이 아니라 '재정건전성'으로 돌아가기 위해 전례 없는 긴축 조치와 실업과 빈곤을 노동인민에게 떠넘기는 광신적인 우파 정부와 무기력한 사회민주주의자들로 구성된 기능부전에 빠진 조직일 뿐이다.

　언제나 유럽연합의 거창한 주장이던 사회적 연대와 정의 같은 모든 가식은 내동댕이쳐졌다. 2008년에 1조 달러를 넘는 거액을 털어서 실시된 은행 '구제금융'은 헤지 펀드와 파생시장 등 소비와 부채에 기반한 경제체제에서 투기의 대가를 다중에게 떠넘김으로써, 신자유주의적인 카지노 자본주의의 손실을 사회에 떠넘겼다. 은행에는 사회주의를, 빈자에게는 자본주의를, 이것이 2000년대의 수법modus vivendi[생활양식, 잠정적인 규칙]이 되었다. 브레히트의 대사를 빌려 말하면, 전 세계 사람들은 실업급여를 만지작거리면 감옥행이지만, 은행을 파산시키면 막대한 상여금을 받을 수 있음을 배운 것이다.

새로운 세기의 두 번째 10년이 시작될 때, 냉전 이후의 독주는 끝났다. 경제위기가 극에 달하면서 정치위기를 활짝 꽃 피운 결과, 정치체제의 정당성을 위협하고, 사람들이 자본주의적 이데올로기와 거리를 두게 만들었다. 서구에서는 새로운 적대관계와 투쟁이, 거대한 인간집단을 경제활동과 정치참여로부터 조직적으로 배제하고, 생태위기의 공포에 노출된 복지국가의 방어를 뛰어넘어 발전하고 있다. 2010년대의 첫머리, 특히 그리스와 프랑스, 인도와 태국에서 새로운 전투성이 돌출하고, 그것은 광범위한 사람들을, 무엇보다도 결정적으로는, 젊은이들을, 저항·반란·해방에 끌어들였다. 1989년이 새로운 세계 질서가 시작된 해였다면, 2001년은 그 쇠퇴를 고했으며, 2008년의 신용체계의 붕괴는 본격적인 역사로의 회귀의 시작을 표시했다. 그것이 우리의 '새로운 세계 질서'였다면, 그것은 세계가 지금까지 본 것 중에서도 가장 짧았다.

역사의 회귀는 급진적 이념과 급진적 정치에 대한 새로운 관심으로 이어졌다. 21세기의 좌파는 소련의 몰락에 뒤따른 내성introspection[자성], 뉘우침, 속죄로부터 마침내 완전히 떠날 수 있게 되었다. '현실 사회주의'와 제휴를 맺은 좌파는 사라졌거나, 역사의 골동품이 되어 버렸다. 급진적 전투성과 동원의 새로운 형태가 정치로의 회귀를 표시했다.

라틴아메리카에서는, 볼리비아나 베네수엘라 그리고 브라질에서 [지금까지와는] 다른 신좌파가, 사회주의로의 전례 없는 상상력이 넘치는 각각의 국민적 여정national paths을 전개하고 있다. 미국에서는 버락 오바마의 선출이 역사적 진보의 징표라며 전 세계에서 환영받은 상징적인 순간이었다. 인도와 중국 그리고 아프리카에서는 불복dissent, 저항, 반란이 침체와 공포의 1990년대를 대체했다.

이런 맥락에서, 버크벡 대학교 인문학연구소가 2009년 3월에 조직한 '공산주의라는 이념'이라는 [제목의] 콘퍼런스는 막대한 정치적 중요성을 지녔다. 우리가 이 콘퍼런스를 처음 계획한 것은 2008년 여름이었는데, 그때 우리는 청중이 별로 없을 것이라고 예측해서 180명을 겨우 수용할 수 있는 방을 예약했다. 그러나 2009년 초에 등록을 받기 시작하자, 관심이 매우 높아져 더 큰 방을 두 번에 걸쳐 다시 예약해야 할 정도가 되었고, 최종적으로는 900명을 수용할 수 있는 교육연구소의 강당만으로는 부족해서 또 다른 300명을 위해 영상을 중계할 수 있는 이웃한 방도 예약했다. 콘퍼런스를 집행한 줄리아 아이스너Julia Eisner는 콘퍼런스에 참석하기 위해 세계 각지에서 런던을 찾은 개인, 운동단체, 그리고 정치조직에서 쏟아진 메시지와 부탁에 대처하느라 분주했다. 줄리아의 유능하고 침착하고 멋들어진 솜씨가 없었다면, 이 이벤트는 가능하지 못했을 것이다.

콘퍼런스 참가자 ― 본서의 기고자 ― 는 젊은 세대에게 특별한 울림을 갖는 새로운 이론적이고 정치적인 급진주의를 전개하고 있다. 그러나 이 콘퍼런스는 최근에는 다른 무엇보다도 혹평을 받아 온 단어인 공산주의라는 이름하에서 좌파에 진을 치고 있는 가장 흥미로운 철학자들 중 몇 명을 규합하는 첫 기회였다. 그러므로 제기된 핵심 물음은, 아직도 이 '공산주의'라는 이름이 급진적이고 해방적인 기획을 지칭하기 위해 사용되어야 하는가 여부이다. 콘퍼런스 참가자는 그 전망과 기획이 다양함에도 불구하고, '공산주의'라는 이름[명칭]에 계속 충실해야 한다는 테제를 공유했다. 그것은 급진적인 활동을 인도하는 이념[1]을 표현할 수 있을 뿐 아니라, 좌파의 그것도 포함해 20세기의 파국catastrophes을 드러내는 데에도 도움을 줄 수 있는 이름이기도 하다는 것을.

'공산주의'라는 기표를 악마화하는 것에서 벗어남으로써 ─ "플라톤 이후, 공산주의는 철학자에게 유일하게 가치 있는 정치적 이념이다"라는 알랭 바디우의 절묘한 표현을 단언함으로써 ─ 이 콘퍼런스는 급진적 철학과 급진적 정치 사이의 강력한 연결고리를 재활성화하기 위한 길을 열었다. 대규모 참가자, 콘퍼런스를 번창시킨 놀라운 떠들썩함(낯선 사람들이 오랜 친구들처럼 서로 인사를 나누는 광경), 쾌활하고 비-분파주의적인 질의응답 섹션(어떤 것은 좌파에게 다소 드문 일이었다). 이런 모든 것이 자책의 시대가 끝났음을 고했다. 이 콘퍼런스가 하나의 중요한 지적 만남이라는 것은 말할 것도 없지만, 이것은 심지어 하나의 더 큰 정치적 사건이기도 했다.

좌파 이론은 항상 정치적 실천과 연결되어 왔다. 행동 속에서 사고한다, 이것이 좌파의 핵심 무기이다. 이 결정적인 전환점에서, 이 위기의

---

1) [옮긴이] 원문에서 대문자로 쓰인 일반명사(가령 Idea, State, Cultural Revolution)는 볼드체로 표시했다.

결과에 내기를 걸었던 모든 사람들이 내기에서 지고, 최선과 최악이 [등을 맞댈 정도로] 아주 가까운 곳에 위치하고 있는 전환점에서, 공산주의의 이념은 이론적 사고에 다시금 활력을 불어넣을 수 있고, 후기 자본주의의 탈정치화하는 경향을 역전시킬 수 있는 잠재력을 갖고 있다.

이 글 모음집에는 콘퍼런스를 특징짓는 에너지, 역동성, 다원주의가 분명히 나타나 있다. 우리는 [이와 같은] 정치적 이벤트의 활력을 보존하기 위해 콘퍼런스에서 낭독된 글을 최소한으로만 편집했다. 말할 것도 없지만, 발언자가 공산주의의 의미, 오늘날 그 적실성, 혹은 그것이 하나의 새로운 정치적 시작을 표시할 수도 있는 방식에 관해 모조리 합의한 것은 아니다. 그러나 얼마간의 견해 차이가 있음에도 불구하고, 모종의 공통적인 테마가 출현했다. 이런 테마들에는 그 어떤 개별·특수한 우선성도 없이, 대부분의 사람들을 서로 어울리게 만든 [다음과 같은] 공유된 전제가 존재한다.

1. 최근의 정치는 갈등을 금지하고 폐제하려고 노력해 왔다. 공산주의의 이념은 새로운 정치적 주체성을 유발하고 인민[민중]의 자발성으로 돌아감으로써, 널리 퍼진 탈-정치화에 대결하고 있다.

2. '공산주의'는 급진적 철학과 급진적 정치의 이념이다. 오늘날, 공산주의는 급진적 행동의 전제조건으로서 사고되어야 하며, 국가주의와 경제주의로부터 벗어나 21세기의 정치적 경험에서 배워야 한다.

3. 신자유주의적 자본주의의 착취와 지배는 (언어와 커뮤니케이션, 지적 재산권, 유전물질, 자연자원과 거버넌스의 형태들 같은) 공공재the commons의 새로운 종획enclosures이라는 형태를 취한다. 공산주의는 새로운 커먼웰스commonwealth를 건설한다는 전망을 가지고, '커먼'common의

개념으로 돌아감으로써, 자본주의적 사유화[민영화]와 대결한다.

4. 공산주의는 자유와 평등을 창출하는 것을 목표로 한다. 평등 없이 자유는 번창할 수 없으며, 자유 없이 평등은 존재하지 않는다.

마무리 섹션에서 슬라보예 지젝이 시사했듯이, 우리는 거듭 되풀이하여 출발해야 하며, 시작은 항상 가장 어렵다. 그러나 어쩌면 시작은 이미 일어나고 있을 수 있고, [따라서] 이제 문제는 이런 시작에 어떻게 충실할 것이냐 하는 것이다. 이것이 우리 앞에 놓인 과제이다.

김상운 옮김

| 차례 |

공산주의라는 이념

| 일러두기 |

1 이 책은 Costas Douzinas and Slavoj Žižek(ed.), *The Idea of Communism*, Verso, 2010을 완역한 것이다.

2 알랭 바디우(1장), 쥐디트 발소(2장), 장-뤽 낭시(9장), 자크 랑시에르(11장)의 글은 이 책의 프랑스어 판본을 저본으로 삼아 번역했다. 또 안토니오 네그리(10장), 잔니 바티모(14장)의 글은 영어본·프랑스어본과 대조한 후, 이탈리아어 원본을 통해 최종 교정했다. 번역 과정에서 영역의 문제점을 발견했기 때문이다. 다만, 문단의 구성 같은 글의 편재는 영어본을 존중했다.

3 각 장의 번역자는 글의 말미에 이름만 간단히 표기했고, 소개글은 권말에 실었다.

4 단행본·정기간행물의 제목에는 겹낫표(『』)를, 논문·기사·단편의 제목과 음악·영화 등의 작품 명에는 낫표(「」)를 사용했다.

5 외국어 고유명사는 2002년에 국립국어원에서 펴낸 외래어표기법을 따르는 것을 원칙으로 하되, 관례가 굳어서 쓰이는 것은 관례를 따랐다.

1장
공산주의라는 이념[1]

알랭 바디우

오늘 나의 목적은 내가 설득력 있기를 희망하는 이유들로 하여, '공산주의의 **이념**'이라고 부르고자 하는 것의 개념적 작용을 서술하는 것이다. 의심의 여지 없이 이러한 구성의 가장 곤란한 부분은 가장 일반적인 것으로, 단지 정치적 진리(이 경우 **이념**은 공산주의라는 **이념**이다)뿐 아니라 모든 진리(이 경우 **이념**이란 플라톤이 에이도스나 이데아 또는 보다 정확히는 좋음의 이데아라는 이름으로 우리에게 전달하려고 했던 것의 근대적 판본이다)와 관련된 **이념**이 무엇인지 설명하는 것에 관련된다. 나는 공산주의의 **이념**에 관해서 가능한 한 명료하게 설명하기 위해서 이러한 일반성의 대부분은 암묵적인 것으로 남겨 둘 것이다.[2]

　'공산주의라는 **이념**'의 작용을 위해 세 가지 기본적인 요소 ——정치

---

1) [옮긴이] 번역은 프랑스어판을 중심으로 하고, 부분적으로 영역본을 참고했다.

적, 역사적 그리고 주체적 —가 필요하다.

첫 번째로, 정치적 요소. 이는 내가 하나의 진리, 정치적 진리라고 부르는 것과 관련된다. 중국 문화대혁명(하나의 정치적 진리, 만약 그런 것이 있다면)에 관한 나의 분석에 대해서, 영국 일간지의 한 비평자는 —단순히 이 중국 역사의 에피소드(물론 그는 불길한, 피비린내 나는 파국으로 간주하는)에 대한 나의 긍정적인 설명에 주목함으로써 — "순수한 정치적 추상의 독재에 대해 우리에게[『옵서버』지의 독자들에게 — 바디우의 삽입] 예방주사를 놓는 영미식의 평범한 경험주의에서 어떤 자부심을 느끼기란 어렵지가 않"[3]았다고 언급했다. 그는 기본적으로 오늘날의 세계에서 지배적인 명법이 **"이념 없이 살아가라"**라는 사실에 자부심을 느꼈다. 따라서 그를 기쁘게 하기 위해, 나는 어쨌든 정치적 진리가 순수하게 경험적인 방식으로 서술될 수 있다고 말함으로써 시작하

---

2) **이념**이라는 주제는 나의 저작에서 점진적으로 나타난다. 이는 의심의 여지 없이 1980년대 후반에 『철학을 위한 선언』(*Manifeste pour la philosophie*)에서 내가 나의 시도를 '다자의 플라톤주의'라고 명명했을 때부터 이미 현존했는데 이는 **이념**의 본성에 관한 갱신된 탐구를 요구하는 것이다. 『세계의 논리들』(*Logiques des mondes*)에서 이러한 탐구는 하나의 명법으로서 표현되었다. 즉 우리에게 어떠한 **이념**도 없이 살아가라고 명령하는 현대의 민주주의적 유물론의 준칙과 반대로 '참된 삶'은 **이념**을 따라서 사는 삶으로서 구상된다. 나는 『철학을 위한 두 번째 선언』에서 **이념**의 논리를 보다 자세히 검토했으며, 여기서 이념화(idéation), **이념**의 작용값 또는 작업값이라는 통념을 소개했다. 이는 플라톤 활용의 르네상스 같은 것에 대한 다면적인 헌신에 의해 뒷받침된다. 예컨대, 지난 2년간 '오늘을 위해: 플라톤!'이라고 이름 붙인 나의 세미나, 『플라톤의 생애』라는 나의 영화 기획, 그리고 (내가 '초번역'hypertraduction이라고 부르는)『국가』의 완역으로, 나는 이를 『공산(주의)에 대하여』(*Du Communisme*)라고 다시 이름 붙였으며 이는 9장으로 이루어져 2010년에는 번역을 완료하고 출판할 수 있기를 바란다.
[옮긴이] 이 책은 다음과 같이 출판되었다. *La République de Platon*, Fayard, 2012. 또한 바디우가 언급한 세미나는 다음과 같은 제목으로 출판되었다. *Le Séminaire — Pour aujourd'hui: Platon!* (*2007-2010*), Fayard, 2019.
3) [옮긴이] Rafael Behr, "A Denunciation of the 'Rat Man'", *Observer*, 1 March 2009.

고자 한다. 그것은 집합적 해방의 새로운 사유와 실천이 부상하고 실존하며 궁극적으로는 사라지는, 구체적이고 특정한 시간과 결부된 시퀀스 séquence이다.[4] 이것의 몇몇 예들은 곧바로 제시될 수 있다. 1792년에서 1794년까지의 프랑스혁명, 1927년에서 1949년까지의 중국의 인민해방전쟁, 1902년에서 1917년까지 러시아에서의 볼셰비즘, 그리고 ―『옵서버』지의 비평자에게는 애석하게도. 물론 그는 나의 다른 예들 또한 그다지 좋아하지 않겠지만 말이다― 1965년에서 1968년까지의 문화대혁명. 이렇게 형식적으로, 즉 철학적으로 말해 본다면, 나는 여기서『존재와 사건』*L'Être et l'Événement* 이래로 이 용어에 내가 부여해 왔던 의미에서 진리 절차에 대해 말하고 있는 셈이다. 이 점에 관해서는 곧 다루게 될 것이다. 그러나 즉시 모든 진리 절차는 이러한 진리의 **주체**, 한 개인으로 환원될 수 없는 ―심지어 경험적으로도― **주체**를 규정한다.

이제 역사적 요소로 넘어가 보자. 정치적 시퀀스들의 시간적 프레임이 명백하게 보여 주듯이, 진리 절차는, 그 국지적 형식에서는 그 지지물들이 공간적, 시간적 그리고 인간학적인 **인류**Humanité의 변화 일반에 기입된다. '프랑스'나 '중국'과 같은 명칭들은 이러한 국지화의 경험

---

4) (내재적으로 종결될 수밖에 없는 시퀀스들의 형태를 띠고) 정치가 드물게 존재한다는 점은,『이름의 인류학』(*Anthropologie du nom*, Seuil, 1996)에서 실뱅 라자뤼스(Sylvain Lazarus)에 의해 매우 강력하게 논증되었다. 그는 이러한 시퀀스들을 '정치의 역사적 양식들'이라고 부르는데, 이는 어떤 정치와 그 정치에 관한 사유 사이의 관계 유형에 의해 정의된다. 진리 절차에 관한 나의 철학적 정교화는 이것과 매우 다르게 보일 것이다(사건과 유적임généricité의 개념은 라자뤼스의 사유에는 완전히 부재한다). 그럼에도 불구하고 나는『세계의 논리들』에서 왜 나의 철학적 기획이 정치 자체의 관점으로부터 정교화된 정치의 사유를 제안하는 라자뤼스의 그것과 양립 가능한지 설명했다. 또한 그에게는 분명히 양식들의 시간적 프레임이라는 문제가 매우 중요하다는 점을 주목하라.

적 지표들이다. 그것들은 왜 실뱅 라자뤼스(앞의 4번 주석 참조)가 단순히 '양식들'이 아닌 '정치의 역사적 양식들'에 관해 말하는지를 명백하게 해준다. 진리가 최종 분석에 있어서는 보편적(예컨대 내가 『윤리학』이나 『사도 바울: 보편주의의 정초』에서 이 용어에 부여한 의미에서)이거나 영원(내가 『세계의 논리들』이나 『철학을 위한 두 번째 선언』에서 이렇게 말하기를 선호하듯이)함에도 불구하고, 사실 진리에는 역사적 차원이 있다. 특히, 우리는 (정치적인, 그러나 또한 사랑의, 예술적이거나 과학적인) 진리의 주어진 유형 내에서 역사적 기입이 서로 상이하며 따라서 인간적 시간 일반에서 상이한 점들에 위치한 진리의 유형들 사이의 상호작용을 망라한다는 것을 보게 될 것이다. 특히, 이전에 창조된 다른 진리들에 대한 어떤 진리의 소급적 효과들이 존재한다. 이 모든 것들은 진리들의 초시간적인trans-temporelle 이용 가능성을 요구한다.

그리고 마지막으로, 주체적인 요소. 관건이 되는 것은 순전히 인간 동물로 정의된, 그리고 명백히 모든 주체主體와 구별되는 한 개인이 정치적 진리 절차의 부분이 되기로 결단할 수 있는[5] 가능성이다. 간단히 말해, 이러한 진리의 투사가 되는 것. 『세계의 논리들』 및 『철학을 위한 두 번째 선언』에서는 보다 단순한 방식으로, 나는 이러한 결단을 합체incorporation로 서술한다. 여기서 합체란, 개인의 신체 및 신체가 수반하는 일체의 사유, 정서affects, 능동적인 잠재성들 등이 또 다른 신체, 진

---

5) 이념이 개인적 헌신을 함축하게 되는, 의지, 선택, 결단의 이러한 측면은 피터 홀워드(Peter Hallward)의 저작들에서 점점 더 나타난다. 결과적으로, 이러한 범주들이 가장 가시적으로 드러나는 프랑스혁명과 아이티혁명에 대한 준거들이 그의 모든 저작에 출몰한다는 점이 두드러진다.

리의 신체, 즉 주어진 세계에서 생성 중인 진리의 물질적 실존의 요소들 중 하나가 되는 것을 의미한다. 이는 한 개인, 그 또는 그녀가 개인주의(또는 동물성——이것들은 하나이며 같은 것이다)에 의해 설정된 (이기심, 경쟁, 유한성의⋯) 경계들 너머로 나아갈 수 있다고 선언하는 순간이다. 그 또는 그녀는, 그 또는 그녀인 개인으로 머무르면서도, 합체를 통하여 또한 새로운 **주체**의 능동적 부분이 될 수 있는 한에서 그렇게 할 수 있다. 이러한 결단, 의지를 나는 주체화^subjectivation라고 부른다.[6] 보다 일반적으로 말해서, 주체화는 항상 개인이 그 또는 그녀 자신의 살아 있는 실존과 이러한 실존이 살아가는 세계에 대하여 진리의 장소를 규정하는 과정이다.

　나는 진리 절차, 역사에 대한 소속, 개인의 주체화라는 세 가지 기본 요소들의 추상적 총체화를 '**이념**'이라고 부른다. **이념**의 형식적 정의는 즉각적으로 주어질 수 있다. **이념**은 진리 절차의 독특성과 역사의 재현 사이의 상호작용의 주체화이다.

　여기서 우리가 관심을 갖는 경우에서 보자면, 우리는 **이념**이란 한 개인이 그 또는 그녀가 독특한 정치적 과정(진리의 신체에 대한 그 또는 그녀의 진입)에 참여하는 것이 또한 어떤 방식에 있어서는 **역사적 결단**이라는 것을 이해할 가능성이라고 말할 것이다. **이념** 덕택에 새로운 주

---

6) 1982년에 출간된 나의 『주체 이론』(*Théorie du sujet*)에서, 주체화와 주체화 과정을 통해 형성된 짝은 근본적인 역할을 수행한다. 이는 브루노 보스틸스(Bruno Bosteels)가 그의 저작(2009년 보스틸스 자신이 번역하여 컨티늄Continuum 출판사에서 출간된 위 책의 영역본을 포함하여)에서 주장한 것처럼, 내가 그 책의 변증법적 직관 중 일부로 점차 되돌아가고 있다는 점을 표시하는 추가적인 신호이다. [옮긴이: Bruno Bosteels, *Badiou and Politics*, Duke University Press, 2011 참조.]

체의 한 요소로서의 개인은, 역사의 운동에 대한 그 또는 그녀의 소속을 실현한다. (바뵈프François-Noël "Gracchus" Babeuf의 '평등한 자들의 공동체'에서 1980년대에 이르기까지) 두 세기 동안, '공산주의'라는 말은 해방적이거나 혁명적인 정치의 장에 위치한 **이념**의 가장 중요한 이름이었다. 공산주의자가 되는 것은 물론 주어진 국가에서 공산주의 **정당**의 투사가 되는 것이었다. 그러나 공산주의 **정당**의 투사가 되는 것은 또한 **인류** 전체의 역사적 정향에 관한 수백만 명의 행위자 중의 하나가 되는 것이었다. 공산주의의 **이념**이라는 맥락에서, 주체화는 정치적 절차에 대한 국지적 소속과 인류의 집합적 해방을 향한 전진이라는 거대한 상징적 영역 사이의 연계를 구성했다. 시장에서 전단을 나누어 주는 것도 역사의 무대에 오르는 것이었다.

따라서 왜 '공산주의'라는 말이 순전히 정치적인 이름일 수가 없는지가 명백해진다. 그의 주체화가 공산주의를 지지하는 개인에게서, 공산주의는 효과적으로 정치적 절차와 절차 외의 다른 것을 연결시킨다. 공산주의는 또한 순전히 역사적인 용어일 수 없다. 이는 우리가 보게 될 것처럼, 우연성이라는 환원 불가능한 요소를 포함하는 현실적인 정치적 절차를 결여할 때 역사는 단지 공허한 상징체계일 뿐이기 때문이다. 그리고 마지막으로, 공산주의는 순전히 주체적이거나 이데올로기적인 단어가 될 수 없다. 왜냐하면 정치와 역사, 독특성과 이러한 독특성을 상징적 전체로 투영하는 것 '사이에서' 주체화가 작용하기 때문에, 그러한 물질성과 상징화 없이 공산주의는 결단의 지위를 얻을 수 없기 때문이다. '공산주의'는 이념의 지위를 지니는데, 이는 합체가 일어나면, 주어진 정치적 주체화 내에서 이 용어가 정치, 역사 그리고 이데올로기의 종합을 지칭한다는 것을 의미한다. 이 때문에 공산주의는 개념이라기보다는 작용으로 이해하는 것이 더 낫다. 공산주의적 **이념**은 정치의 역사적 투영projection에 의거하는 주체화의 구성소로서, 개인과 정치적 절차 사이의 경계에서만 실존할 뿐이다. 공산주의적 **이념**은 개인의 정치적 주**체**-되기를 구성하며 또한 동시에 그 또는 그녀의 역사로의 투영을 구성하는 것이다.

내 친구 슬라보예 지젝[7]의 철학적 영역으로 옮겨 가기 위해서, 나는 **이념** 일반의 작용, 그리고 특히 공산주의적 이념의 작용을 주체에 관한 라캉의 세 가지 질서들의 영역registre, 즉 **실재, 상상** 그리고 **상징** 내에서 정식화함으로써 사태를 명확하게 하는 것이 도움이 되리라고 생각한다. 첫째로, 우리는 진리 절차 자체가 이념이 근거해 있는 **실재**라고 정립할 것이다. 다음으로, 우리는 역사가 오로지 상징적으로만 실존한다는 점을 받아들일 것이다. 실제로 역사는 나타날 수 없다. 역사가 나타나기 위해서는 세계에 대한 소속이 필수적이다. 그러나 인간들의 생성의 총체로 간주된 **역사**는 현실적 실존에 역사를 위치시킬 수 있는 세계를 갖지 않는다. 역사는 사후적으로 구성된 서사이다. 마지막으로, 우리

---

7) 슬라보예 지젝은 아마도 오늘날 가능한 한 열심히 라캉의 기여를 따르는 동시에 공산주의라는 **이념**의 귀환에 대해 확고부동하고도 정력적으로 찬성하는 유일한 사상가이다. 이는 그의 진정한 스승이 —— 총체성이라는 주제에 헤겔을 종속시키는 것을 포기한다는 점에서 완전히 새로운 방식으로 설명되는 —— 헤겔이기 때문이다. 오늘날 철학에서는 공산주의라는 **이념**을 구출하기 위한 두 가지 방식이 있다. 고통스럽게도, 그리고 헤겔 저작들에 대한 검토를 반복하는 것을 대가로 하여 헤겔을 포기하는 것(내가 하는 방식) 또는 지젝이 (훌륭한 헤겔주의자였던, 또는 지젝이 주장하기를 처음에는 명시적으로, 나중에는 비밀스럽게 내내 헤겔주의자였던) 라캉에 근거하여 상이한 헤겔, 알려지지 않은 헤겔을 제안하는 것이다.

는 실재를 역사라는 상징계로 투영하는 주체화가, 한 가지 주된 이유에서 상상적일 수밖에 없음을 시인할 것이다. 그것은 어떠한 실재도 그 자체로 상징화될 수 없다는 이유다. 실재는 주어진 세계에서, 그리고 내가 나중에 더 논의하겠지만 매우 종별적인 조건들하에서 실존한다. 그러나 라캉이 거듭해서 말했듯이, 실재는 상징화 불가능하다. 따라서 진리 절차라는 실재는 '실제로'^{réellement} 역사의 서사적 상징계로 투영될 수 없다. 이는 오직 상상적으로만 가능한 것인데, 이것은 이러한 투영이 쓸모없고, 부정적이거나 유효하지 않다는 것을 의미하지 않는다. 전혀 그렇지 않다. 반대로, 개인은 **이념**의 작용 안에서 '**주체로서**'[8] 존립할 수 있는 자원을 발견한다. 따라서 우리는 다음과 같이 단언할 것이다. **이념**은 허구의 구조 안에서 진리를 현시한다^{expose}. **이념**이 다루는 진리가 해방적인 정치적 시퀀스일 때 작용하는 공산주의적 **이념**이라는 특수한 사례에서, 우리는 '공산주의'가 역사의 상징적 질서 속으로 이러한 시퀀스(그리고 결과적으로 그 투사들)를 현시한다고 주장할 것이다. 다른 말로 하자면, 공산주의적 **이념**은 개인의 주체화가 정치적 실재의 단편을 역사의 상징적 서사 속으로 투영하는 상상적 작용이다. **이념**이 (누군가는 이것을 기대했겠지만!) 이데올로기적이라고 적절하게 말할 수 있는 것은 바로 이러한 의미에서이다.[9]

---

8) '**주체로서**' 살아간다는 것은 두 가지 방식으로 받아들일 수 있다. 첫 번째 것은 아리스토텔레스로부터 번역된 준칙인 '**불멸자로서 살아가기**' 같은 것이다. '로서'는 '처럼'을 뜻한다. 두 번째 방식은 위상학적인 것이다. 합체는 사실 개인이 진리의 주체-신체 '안에서' 살아감을 뜻한다. 이러한 뉘앙스들은 『세계의 논리들』의 결론인 ── 결정적인 결론이지만 나는 그것이 여전히 너무 압축적이고 갑작스러운 것임을 인정해야 할 것 같다 ── 진리의 신체 이론에 의해 명확하게 되었다.

오늘날 '공산주의적'이라는 말이 더 이상 정치를 조건 짓는 형용사가 될 수 없다는 것을 이해하는 것이 본질적이다. 실재와 **이념** 사이의 이러한 단락^{short-circuiting}에 의해 만들어진 몇몇 문구들, 즉 '공산주의 정당'이나 '공산주의 국가' ── 이는 모순어법으로, '사회주의 국가' 같은 문구는 이러한 모순을 해결하기 위해 고안된 것이었다 ── 와 같은 문구들이 잘못 만들어진 것이었다는 점을 이해하기 위해서는 장구하면서도 끔찍했던 한 세기 전체의 경험들이 필요했다. 마르크스주의의 헤겔적 기원들이 갖는 장기적인 효과는 이러한 단락에서 명백하다. 사실 헤겔에게서 정치의 역사적 현시는 상상적인 주체화가 아니었고, 실재적인 것 자체였다. 이는 헤겔이 구상했던 변증법의 핵심적인 공리^{axiome}가 "**참된 것은 그것의 고유한 생성의 과정이다**"라거나 ── 마찬가지 말이지만 ── "시간은 개념의 현존재이다"였기 때문이다. 따라서 헤겔의 철학적 유산에 따르면, '공산주의'라는 이름 아래 혁명적인 정치적 시퀀스나 집합적 해방의 이질적인^{disparate} 파편들을 역사적으로 기입하는 것은 그것들의 진리, 즉 역사의 의미에 따른 전진을 드러내는 것이라고 생각하는 것은 정당하다. 이와 같이 진리들을 그 역사적 의미에 잠재적으로 종속시키는 것은 우리가 '진리 안에서' 공산주의적 정치, 공산주의 정당들 그리고 공산주의적 투사에 대해 말할 수 있음을 함축한다. 그러나 오늘날 우리가 그러한 형용사화^{adjectivation}를 피할 필요가 있다는 것도 명

---

9) 기본적으로, 당신이 정말로 '이데올로기'라는 낡은 단어를 이해하고 싶다면, 가장 단순하게 할 일은 그 파생어에 가능한 한 가까이 머무는 것이다. 무언가가 '이데올로기적'이라고 말해질 수 있는 것은 그것이 이념과 관계 있을 때이다.

백하다. 이에 맞서 싸우기 위해 나는 여러 차례 역사는 실존하지 않는다고, 진리들에 대한 나의 구상에 따르면 진리들은 의미를 갖지 않는다고, 특히 역사의 의미를 갖지 않는다고 주장해야 했다. 그러나 이제 이러한 판단을 명확하게 할 필요가 있다. 물론 역사의 실재는 없으며 따라서 역사가 실존하지 않는다는 것은 참, 선험적으로 참이다. 세계들 사이의 불연속성은 나타나기의 법칙, 그러니까 실존의 법칙이다. 그러나 조직화된 정치적 행위의 실재적 조건하에서 실존하는 것은 공산주의적 **이념**, 즉 지성적인 주체화와 결부되어 있고, 개인의 수준에서 실재, 상징 그리고 이데올로기를 통합하는 작용이다. 우리는 이러한 **이념**을 모든 술어적인 용법으로부터 분리시킴으로써 회복해야 한다. 우리는 **이념**을 구제해야만 하지만 또한 실재를 **이념**과의 어떠한 직접적인 혼동으로부터도 자유롭게 해야 한다. 공산주의적이라고 이름 붙이는 것이 궁극적으로는 불합리한, 그런 정치적 시퀀스들만이, 개인들의 **주체**-되기의 잠재적 힘으로서의 공산주의적 **이념**에 의해 회복될 수 있다.

따라서 우리가 **이념**을 그것의 작용에 관한 삼중의 본성 ─정치-실재, 역사-상징 그리고 이데올로기-상상─을 통해 정의하기 위해서는 진리들과 함께, 정치적 실재와 함께 시작해야 한다.

내가 평상시에 쓰는 몇몇 개념들을 매우 추상적이고 단순한 형태로 환기하면서 시작해 보자.

나는 어떤 특수한 상황에 존재하거나(『존재와 사건』[1988]이나 『철학을 위한 선언』[1989]을 참조한다면) 어떤 특수한 세계 속에 나타나는 바와 같은(이번에는 『세계의 논리들』[2006]이나 『철학을 위한 두 번째 선언』[2009]을 참조한다면), 신체들과 언어들의 정상적 질서 내에서의 단절을 '사건'이라고 부른다. 여기서 주목해야 할 중요한 점은 사건이 상황 내에 있는 가능성의 실현이 아니고 세계의 초월론적transcendental 법칙에 의존하는 것도 아니라는 점이다. 사건은 새로운 가능성들의 창조이다. 사건은 단순히 객관적 가능성들의 수준에만 위치한 것이 아니라 가능성들의 가능성의 수준에도 위치한다. 다르게 말하자면, 상황 또는 세계와 관련하여 사건은, 이러한 상황의 구성 또는 이러한 세계의 합법성의 제한된 관점에서 볼 때는 고유하게 불가능한 어떤 것의 가능성을 위한 길을 연다. 만약 여기서 라캉에게는 실재=불가능성이라는 점을 염두에 둔다면, 사건이 지닌 본질적으로 실재적 측면이 쉽게 드러날 것이다. 우리는 또한 사건이 실재가 그 고유한 미래의 가능성으로서 도래함이라고도 말할 수 있을 것이다.

나는 가능성들의 가능성을 한계 짓는 제약들의 체계를 '상태/국가'État[10] 또는 '상황 상태'라고 부른다. 마찬가지로 우리는 주어진 상황에서 가능한 것에 관한 형식적 규정prescription의 관점에서 볼 때, 상황에 종별적인 불가능성을 규정하는 것을 상태/국가라고 부른다. 상태/국가는 항상 가능성의 유한성이며, 사건은 가능성의 무한화이다. 예를 들어 오늘날 그 정치적 가능성들과 관련하여 상태/국가를 구성하는 것은 무엇인가? 아마도 자본주의적 경제, 통치의 입헌적 형태, 사유재산과 상

---

10) [옮긴이] 주지하다시피 프랑스어에서 'état'는 '상태'를 뜻하며, 대문자로 표현되는 'État'는 '국가'를 의미한다. 바디우의 철학에서 대문자로 쓴 'État'는 한편으로 '국가'를 의미하지만 또한 사건과 대립하는 의미에서 '상태'를 뜻하기 때문에, 이하 번역에서는 이 두 가지 의미를 모두 표현하기 위해 '상태/국가'라고 옮겼다. 다만 맥락상 '국가'라는 뜻이 일차적인 경우에는 그냥 '국가'라고 옮긴 곳도 있다.

속에 관한 법들, 군대, 경찰··· 이 모든 체계들, 장치들, 물론 알튀세르가 '이데올로기적 국가장치들'이라고 부른 것을 포함한 장치들——이는 그것들의 하나의 공동 목표, 공산주의적 이념이 하나의 가능성을 지정하는 것을 막는다는 목표를 통해 정의될 수 있다——을 통해서 우리는 어떻게 상태/국가가 가능한 것과 가능하지 않은 것 사이의 구별을, 때로는 힘을 통하여 조직하고 유지하는지 볼 수 있다. 이로부터 명백히 사건이 상태/국가의 권력으로부터 공제되는 뺄셈되는, soustrait 한에서만 나타나는 어떤 것이라는 점이 따라 나온다.

나는 주어진 상황(또는 세계)에서 사건의 결과들을 계속 조직하는 것을 '진리 절차' 또는 '진리'라고 부른다. 모든 진리에 대해 근본적인 무작위성, 즉 그 사건적 기원들의 근본적 무작위성이 속한다는 점이 곧바로 눈에 띌 것이다. 나는 상태/국가의 실존의 결과들을 '사실들'이라고 부른다. 전체로 통합해야 할 intégrale 필연성은 항상 상태/국가의 편에 있음을 알아차릴 수 있을 것이다. 따라서 진리는 순수 사실들로 구성될 수 없다는 것이 명백하다. 진리에서 비非사실적인 요소는 진리를 정향하는 기능에 속하는 것이며, 이는 주체적인 것이라고 명명될 수 있다. 우리는 또한 진리의 물질적 '신체'는 그것이 주체적으로 정향되는 한에서 예외적인 신체라고 말할 것이다. 종교적 은유를 거리낌 없이 써 보자면, 나는 사실들로 환원될 수 없는 것과 관련된 것으로서의 진리의 신체를 영광스러운 신체로 부를 수 있다고 기꺼이 말하겠다. 정치에서 새로운 집합적 주체의 신체, 개인들 다수에 의해 구성된 조직의 신체인 이러한 신체가 정치적 진리의 창조에 관여한다고 말할 수 있겠다. 이러한 창조가 작용하는 세계의 상태/국가가 문제되는 경우에는 역사적 사실들에 대해 말할 수 있겠다. 역사적 사실들로 구성된 **역사** 자체는 결코 상태/국가의 권력에서 공제되지 않는다. 역사는 주체적인 것도 아니고 영광된 것도 아니다. 대신에 **역사**는 **상태/국가**의 역사라고 말해야만 한다.[11)]

그러므로 이제 우리의 주제인 공산주의적 **이념**으로 돌아가 보자. 만약 개인에게 **이념**이란, 특수한 실재의 진리를 **역사**라는 상징적 운동 속으로 상상적으로 투영하는 주체적 작용을 의미한다면, 우리는 **이념**이 진리를 사실인 것처럼 제시한다고 말할 수 있다. 다른 말로 하면 **이념**은 어떤 사실들을 진리라는 실재의 상징들로서 제시한다. 이렇게 하여 공산주의의 **이념**은 혁명적 정치와 그 **정당**들이 **역사**의 의미 ── 공산주의는 역사의 의미의 필연적 결과로 간주된다 ── 의 재현 속에 기입될 수 있게 해주었다. 또는 '사회주의의 조국'에 대해 말할 수 있게 되었는데, 이는 권력의 규모를 통해, 정의상 취약한 것이었던 어떤 가능성의 창조를 상징화하는 것에 해당했다. 실재와 상징 사이의 작용적 매개인 **이념**은, 항상 개인에게 사건과 사실 사이에 위치한 어떤 것을 제시한다. 이것이 공산주의적 **이념**의 실재적 지위에 관한 끝없는 논쟁이 해결 불가능한 까닭이다. 공산주의적 **이념**은, 아무런 실재적 효력은 갖지 않고 우리의 지성을 위해 이성적 목표들을 설정할 수 있는, 칸트적인 의미에서의 규제적 **이념**의 문제일 뿐인가? 또는 세계에 대한 새로운 포스트-혁

---

11) 역사가 **상태/국가**의 역사라는 것은 실뱅 라자뤼스가 정치적 사변의 장으로 도입한 논제이지만, 그는 아직 그것의 모든 귀결들에 대해 펴내지 않았다. 여기서도 또한 1980년대 중반에 도입된 바 있는 **상태/국가**에 대한 나의 존재론적-철학적 개념이 라자뤼스와는 상이한 (수학적) 출발점과 상이한 (메타정치적) 목적지에 의해 구별된다고 말할 수 있을 것이다. 그러나 라자뤼스의 개념과 나의 개념 사이의 양립 가능성은 한 가지 주요한 점에서 확인된다. 즉 어떠한 정치적 진리 절차도 그것의 본질에 있어서 **상태/국가**의 역사적 행위들과 혼동될 수 없다는 점이다.

명적 상태/국가의 행위를 통해서 시간 속에서 점진적으로 실행해 가야 하는 강령인가? 이는 유토피아, 아마도 명백히 위험하고 심지어는 범죄적인 유토피아인가? 아니면 이는 역사 속의 **이성**의 이름인가? 이러한 유형의 논쟁은, **이념**의 주체적 작용이 단순하지 않고 복잡하다는 단순한 이유에서 결코 결론 날 수 없는 것이다. 이는 해방적 정치의 실재적 시퀀스들을 그 본질적인 실재 조건으로서 포함하며 또한 상징화에 적합한 역사적 사실들의 전체 범위를 결집하는 것을 전제한다. 이는 사건과 그것의 조직된 정치적 귀결들이 사실들로 환원 가능하다고(이는 진리 절차를 상태/국가의 법칙들에 종속시키는 것과 마찬가지일 것이다) 주장하지 않는다. 그러나 이는 사실들이 진리의 전형적인 특성들을 역사적으로 (라캉적인 언어유희를 사용하자면) 옮겨–쓰는trans-scription 데에 완전히 부적합하다고 주장하는 것도 아니다. **이념**은 모든 포착하기 어렵고 불안정하며 순간적인 것들을 진리의 생성 속에서 역사적으로 고정시키는 것이다. 그러나 이는 오직 **이념**이 이러한 우발적이고 포착하기 어렵고 불안정하며 덧없는 차원을 자신의 고유한 실재로 받아들일 때에만 가능한 것이다. 이 때문에 공산주의적 **이념**은 '올바른 사상은 어디로부터 오는가?'라는 질문에 대해 마오가 했던 방식으로 대답해야 한다. 즉 '올바른 사상'(나는 이를 상황 속에서 진리의 노선을 구성하는 것으로 이해한다)은 실천으로부터 오는 것이다. '실천'은 명백히 실재의 유물론적인 이름으로서 이해되어야 한다. 따라서 역사 속에서 올바른 (정치적) 사상의 '진리로의' 생성을 상징화하는 **이념**, 말하자면 공산주의라는 **이념**은 그 자체가 궁극적으로는 실천으로부터(실재의 경험으로부터) 유래하는 것이지만, 그럼에도 실천으로 환원될 수는 없다고 말하는 것이 적절할 것이다. 이는 **이념**이라는 것이 작용하는 진리의 실존에 대한 규약protocole이 아니라, 그 현시의 규약이기 때문이다.

앞서 말한 모든 것들은 왜 해방적 정치의 진리들의 현시가 그것의 대립물의 형태, 말하자면 국가의 형태라는 극단을 취하게 되었는지 설명해 주며, 또 어느 정도는 정당화해 준다. 진리 절차와 역사적 사실 사이의 (상상적인) 이데올로기적 관계가 문제이기 때문에, 이 관계를 극단에 이르기까지 밀어붙이는 데 주저할 이유가 어디 있겠는가? 문제가 되는 것은 사건과 국가의 관계라고 말하지 못할 이유가 어디 있겠는가? 『국가와 혁명』은 레닌의 가장 유명한 텍스트들 중 하나의 제목이다. 실제로 이 책에서 문제가 되는 것은 국가와 사건이다. 그럼에도 레닌은, 이 점에서는 마르크스를 좇으면서, 혁명 이후 문제가 되는 국가는 국가가 사라지는 국가, 비-국가로의 이행을 조직하는 것으로서 국가가 되어야 할 것이라고 조심스럽게 말했다. 따라서 다음과 같이 말하도록 하자. 공산주의라는 **이념**은 국가의 권력으로부터 공제된 정치의 실재를 '또 다른 국가'라는 형상으로 투영할 수 있는 것이다. 사멸되는 것을 자신의 본질로 삼고 있는 한에서 이 '또 다른 국가'는 또한 국가의 권력으로부터, 그러니까 바로 자기 자신의 권력으로부터 공제된다는 의미에서, 이러한 주체화의 작용에 대해 공제가 내재적이라는 것을 전제로 한다면 말이다.

이러한 맥락에서 모든 혁명적 정치에서 고유명들이 갖는 커다란 중요성에 대해 생각하고 승인하는 것이 필수적이다. 그것들의 중요성은 실로 극적이면서 역설적이다. 한편으로, 실상 해방적 정치는 본질적으로 익명의 대중들의 정치이다. 이는 아무런 이름 없는 이들,[12] 상태/

국가에 의해 끔찍한 가치 박탈의 상태 속에 놓이게 된 이들의 승리이다. 다른 한편으로 해방적 정치는, 다른 종류의 정치들보다 훨씬 더, 해방적 정치를 역사적으로 정의하고 표상하는 고유명들에 의해 전적으로 특징 지어진다. 왜 고유명들의 이토록 긴 계열이 존재하는가? 왜 혁명적 영웅들의 영광스런 판테온 신전이 존재하는가? 왜 스파르타쿠스, 토마스 뮌처Thomas Münzer, 로베스피에르, 투생 루베르튀르Toussaint Louverture, 블랑키Louis Auguste Blanqui, 마르크스, 레닌, 로자 룩셈부르크, 마오, 체 게바라 그리고 많은 다른 이들이 존재하는가? 그 이유는 이 모든 고유명들이 ─ 개인들의, 신체와 사유의 순수한 독특성의 형태를 띠고서 ─ 포착하기 어려운 진리로서의 정치의 시퀀스들의 희귀하고 귀중한 네트워크를 역사적으로 상징화하기 때문이다. 여기서 진리의 신체의 미묘한 형식주의는 경험적 실존으로서 읽을 수 있다. 평범한 개인은, 이러한 고유명들에서 영광스럽고 전형적인 개인들을 그 또는 그녀의 고유한 개인성을 위한 매개로서, 그 또는 그녀가 자신의 유한성을 뚫고 나갈 수

---

12) '이름 없는' 이들, '몫 없는' 이들 그리고 궁극적으로는, 동시대의 모든 정치 활동에서 '미등록' 노동 자들의 조직적 역할은 해방적 정치의 인간적 영토를 제시하는 가장 부정적인 또는 결격적인 방식 이다[옮긴이: 해방의 정치의 주체의 본질을 '~없음'이라고 강조한다는 뜻]. 자크 랑시에르(Jacques Rancière)는, 특히 19세기에 이러한 주제들에 관한 그의 면밀한 연구에서 시작하여 철학적 장에 서 민주주의가 지배적인 사회적 범주에 속하지 않는다는 것이 갖는 함축들을 특별히 강조해 왔다. 이러한 관념은 실은 적어도 『1844년 수고』의 마르크스에게까지 거슬러 올라가는 것이다. 이 저작 에서 마르크스는 프롤레타리아를 유적(類的) 인간으로서 정의한 바 있는데, 이는 프롤레타리아가 그 자체로 부르주아들이 인간을 정의하는 어떠한 속성(예의 바른 또는 정상적인 또는 오늘날 우리 가 말하듯이 '잘 통합된')도 갖지 않기 때문이다. 그 관념은 『민주주의에 대한 증오』(La Haine de la démocratie)에서 명백히 드러나듯이 '민주주의'라는 말을 구원하려는 랑시에르의 시도의 토대를 이룬다. 나는 이 말이 그리 쉽게 구원될 수 있을지 확신이 없지만 하여튼 나는 공산주의라는 이념을 통한 우회가 불가피하다고 생각한다. 이 논의는 시작되었고, 계속될 것이다.

있다는 증거로서 발견한다. 수백만의 투사들, 반역자들, 전사들이 실행하는, 그 자체로는 재현/대표 불가능한irreprésentable 익명적인 행위는, 고유명의 단순하고 강력한 상징 속에서 결합되고 하나로서 셈해진다. 따라서 고유명들은 **이념**의 작용에 관여하며, 내가 앞에서 언급한 여러 고유명들은 여러 시기에 걸친 공산주의의 **이념**의 요소들이다. 그러니까 스탈린의 '개인숭배'에 관한 흐루쇼프의 비난은 그릇된 것이었으며, 민주주의의 허울 아래에서 뒤이은 수십 년간 우리가 목격했던 공산주의의 **이념**의 퇴조를 고지하는 것이었다고 말하는 데 주저하지 말자. 스탈린과 국가에 대한 그의 공포정치적 시각에 대한 정치적 비판은, 혁명적 정치 자체의 관점으로부터 엄격한 방식으로 착수될 필요가 있으며, 마오는 그의 여러 저술에서 이러한 작업을 훌륭하게 개시한 바 있다.[13] 반면에 사실 스탈린주의적 국가를 이끌었던 집단을 옹호했던 흐루쇼프는 이러한 방향으로는 한 발짝도 나아가지 않았으며, 스탈린의 이름 아래 자행된 **테러**에 대해 말하면서 정치적 주체화에서 고유명들의 역할에 대한 추상적인 비판만을 제시하는 데 만족했다. 이렇게 하여 그는 십 년 뒤 반동적인 인간주의humanisme를 표방하는 '신철학자들'을 위한 길을 열었다. 이로부터 나오는 매우 중요한 교훈은 이런 것이다. 정치적 활동이 역사를 소급하여 어떤 주어진 이름에서 그 상징적 기능을 박탈할 것을 요구할 수 있지만, 상징적 기능 자체가 제거될 수는 없다. **이념**에게는

---

13) 스탈린에 관한 마오쩌둥의 논고들은 후치시(Hu Chi-hsi)의 번역 및 서문과 더불어 '소비에트적 모델이냐 중국적 길이냐'라는 부제가 명료하게 붙은 『마오쩌둥과 사회주의의 구성』(*Mao Tse-Tung et la construction du socialisme*)이라는 짧은 책으로 출판되었다(Paris: Le Seuil, 1975). 진리의 영원성이라는 이념을 따라서, 『세계의 논리들』의 서문에서 나는 이 책에 대한 주석을 쓴 바 있다.

고유명들의 유한성이 필요하며, 특히 인민의 무한성에 직접 준거하는 공산주의적 **이념**에게는 더욱더 그것이 필요하기 때문이다.

가능한 한 단순하게 요약해 보자. 진리는 정치적 실재이다. 고유명들의 저장소로서의 역사를 포함하여, **역사**는 상징적 장소이다. 공산주의의 **이념**의 이데올로기적 작용은 정치적 실재를 역사라는 상징적인 허구 속으로 상상적으로 투영하는 것으로, 여기에는 고유명이라는 일자一者, Une를 통하여 셀 수 없이 많은 대중들의 행위를 재현/대표하는 것도 포함된다. 이러한 **이념**의 역할은 진리 절차의 규율로 개인들이 합체되는 것을 지지하고, 개인들이 그 또는 그녀 자신의 시각에서, 진리의 신체나 주체화 가능한 신체의 한 부분이 됨으로써 단순한 생존이라는 **상태적/국가적** 제약들 너머로 갈 수 있도록 해주는 것이다.

이제 우리는 물을 것이다. 왜 이러한 애매한équivoque 작용에 의지하는 것이 필수적인가? 왜 사건과 그 귀결은 또한 상이한 판본의 '개인 숭배'에 의해 수반되는—때로는 폭력적인—사실이라는 형태 속에서 현시되어야만 하는 것인가? 해방적 정치의 역사적 전유에 대한 이유는 무엇인가?

가장 단순한 이유는 평범한 역사, 개인적 삶들의 역사는 **상태/국가** 안에 제한되어 있다는 것이다. 삶의 역사, 결단도 선택도 없는 역사는 그 자체로 **상태/국가**의 역사로, 그것의 관습적인 매개들은 가족, 노동, 조국, 사유재산, 종교, 관습 등등이다. 이 모든 것들에 대한 예외의 영웅적인 그러나 개인적인 투영은—진리 절차로서—또한 다른 모든 이들과 공유되는 것을 목적으로 한다. 이는 스스로 단지 예외로서뿐만 아니라 지금부터 모두가 공유할 수 있는 가능성으로서 드러나기를 목표로 하는 것이다. 그리고 개인들의 평범한 삶에 예외를 투영하기, 단순히 실존하는 것에 약간의 비범한 것을 채우기는 **이념**의 기능들 중 하나이다. 생성 중인 진리들이라는 환상적인 예외가 또한 실존한다는 것, 우리는 **상태/국가**의 제약들에 의해 계획된 대로의 삶을 살도록 예정되지 않았다는 것을 내 주위의 사람들 — 남편이나 아내, 이웃과 친구들, 동료들 — 에게 설득하기. 최종 분석에서는 당연히 원초적인 또는 투사적인 진리 절차의 경험이 이러저러한 이들이 진리의 신체에 진입하도록 강제할 것이다. 그러나 그 또는 그녀를 이러한 경험이 발견되는 장소로 인도하기 위해서 — 그 또는 그녀가 진리를 위해 중요한 것의 관객이 되게 하고, 따라서 부분적으로는 그것의 참여자가 되게 하기 위해서 — **이념**의 매개, **이념**의 공유는 거의 항상 요구된다. 공산주의라는 **이념**(어떤 다른 이름이 주어지든 간에, 이는 전혀 중요하지 않다. 어떤 **이념**도 그 이름에 의해 정의되지 않기 때문이다)은 진리 절차가 **상태/국가**의 불순한 언어에서 말해지도록 하는 무엇으로, 그럼으로써 **상태/국가**가 가능한 것과 불가능한 것을 규정하는 세력선들이 당분간 이동하는 것이다. 사태에 대한 이러한 관점에서 볼 때, 가장 평범한 행위는 누군가를 그들의 집이 아닌, 그들의 미리 규정된 실존적 특성이 아닌, 예컨대 말리 출신 노동자들의 호스텔이나 공장의 공장 정문에서 일어나는 실제의 정치적 회의로 데려가는 것이다. 일단 정치가 나타나는 장소에 그들이 오게 되면, 그들은 합체할 것인지 아니면 철수할 것인지에 대한 결정을 할 것이다. 그러나 그들이 그 장소에 가기 위해서 **이념**은 — 그리고 두 세기 동안 또는 아마도 플라톤 이래로, 공산주의의 **이념**이 있어 왔는데 — 이미 그들을 대표들, 역사 그리고 **상태/국가**의 질서 안으로 이동시켜야만 했다. 상징은 실재로부터의 창조적인 도주의 도움으로, 상상적으로 도래해야만 한다. 알레고리적 사실들은 진리의 연약함을 이데올로기화하고 역사화해야만 한다. 어두컴컴한 방에서 벌어지는 네 명의 노동자들과 한 학생 사이의 진부하지만 핵심적인 토론은 순간적으로 공산주의의 차원들로 확장되어야만 하고 따라서 진리의 국지적 구성에서 한 계기가 되어야만 하며 또한 이미 그 계기가 될 것임이 틀림없다. 상징의 확장을 통해서, '올바른 사상'은 이처럼 거의 비가시적인 실천으로부터 온다는 점이 가시화되어야만 한다. 외딴 교외에서의 다섯 명의 회의는 그 위태로움의 표현 속에서 영원해야만 한다. 이것이 실재가 허구적인 구조 속에서 현시되어야만 하는 이유이다.

두 번째 이유는 모든 사건이 놀라움이라는 것이다. 만약 그렇지 않다면, 사건은 사실로서 예측 가능했을 것이며, 그래서 상태/국가의 역사 속에 기입되었을 터인데, 이는 용어모순이다. 문제는 따라서 다음과 같이 정식화될 수 있다. 어떻게 우리는 그러한 놀라움들에 대해 스스로 준비할 수 있을까? 그리고 우리가 이미 이전에 일어난 사건의 결과들의 투사들일지라도, 우리가 진리의 신체 안에 포함되어 있다 할지라도, 문제는 존재한다. 우리가 새로운 가능성들의 배치를 제안하고 있기 때문이다. 그러나 도래할 사건은 우리에게 아직 불가능한 것을 가능성으로 바꿀 것이다. 최소한 이데올로기적으로나 지성적으로, 새로운 가능성들의 창조를 예측하기 위해서 우리는 **이념**을 가져야만 한다. **이념**은 물론 우리가 그 투사들인 진리 절차가 드러낸 가능태들, 실재로서의 가능태들possibles-réels인 가능태들의 새로움을 함축하지만, 또한 **이념**은 우리가 미처 생각도 하지 못한 **또** 다른 가능태들의 형식적 가능성도 함축한다.

이념은 항상 새로운 진리가 역사적으로 가능하다는 단언이다. 그리고 불가능한 것을 가능한 것으로 강제하는 일은 상태/국가의 권력으로부터의 공제를 통해 일어나기 때문에, 이념은 이러한 공제의 과정이 무한하다고 단언하는 것이라고 할 수 있다. 이전의 이동——투사들로서 우리가 현재 참여하는 것을 포함하여——이 아무리 급진적이었다고 해도 상태/국가에 의해 그려진 가능한 것과 불가능한 것 사이의 분할선이 다시 한 번 이동하는 것은 형식적으로 항상 가능하다. 이 때문에 오늘날 공산주의적 이념의 내용들 중 하나인——이는 새로운 국가의 작업을 통해 획득해야 하는 목표로서의 공산주의라는 주제와 대립하는 것이다——국가의 사멸은, 모든 정치적 행위 내에서 가시화되어야 할 원리이긴 하지만('국가에 대해 거리를 두는 정치'라는 정식이 표현하는 것이 이것이다. 가령 국가로 직접 포함되는 것 일체, 국가에게 재정 지원을 요구하는 것 일체, 선거에 대한 참여 일체를 의무적으로 거부하는 것 등이 여기에 해당한다), 또한 무한한 과업이기도 하다. 왜냐하면 새로운 정치적 진리들의 창조는 상태적/국가적 사실들, 따라서 역사적 사실들과 사건의 영원한 결과들 사이의 분할선을 항상 이동시킬 것이기 때문이다.

이를 염두에 두고, 나는 이제 공산주의의 이념에 대한 현대적 변형으로 돌아감으로써 결론을 내리고자 한다.[14] 내가 언급했듯이 공산주의의 이념에 대한 현재의 재평가에 따르면, 공산주의라는 말의 기능은

---

14) 공산주의의 이념의 세 가지 단계들에 대해서, 특히 공산주의의 이념이 공공연히 (정당과 상태/국가 모두 강령이라는 의미에서) 정치적이고자 시도했던 (두 번째 단계의) 공산주의의 이념에 대해서는 나의 『상황들』(Circonstances) 연작 중 4권인 『사르코지는 무엇에 관한 이름인가?』(De quoi Sarkozy est-il le nom?)의 4장을 보라.

'공산주의적 정당'이나 '공산주의적 체제들'에서처럼 더 이상 형용사로서의 기능이 될 수 없다. 사회주의 국가와 마찬가지로 당-형태라는 것은 더 이상 공산주의의 **이념**에 대한 실재적 지지를 제공하기에 적합하지 않다. 이러한 문제는 더욱이 1960년대와 1970년대의 두 가지 핵심적인 사건, 중국의 **문화대혁명**과 프랑스에서의 '68년 5월'이라고 불리는 모호한 것에서 처음으로 부정적인 표현을 발견한다. 그 뒤에는, 정당 없는 정치에 속하는 새로운 정치적 형식들이 시도되었고 여전히 시도 중이다.[15] 그러나 전반적으로 현대의 세계화된 자본주의가 주춧돌을 이루고 있는, 이른바 '민주주의'라고 하는 부르주아 **국가** 형태는 이데올로기적 장에서 어떤 라이벌도 없다고 자처할 수 있다. 지금까지 삼십 년 동안, '공산주의'라는 말은 총체적으로 잊히거나 실천적으로 범죄적 기획과 등치되어 왔다. 이것이 정치의 주체적 상황이 도처에서 그토록 지리멸렬해진 이유이다. **이념**이 없다면, 인민 대중의 혼동은 불가피하다.

그럼에도 불구하고, 이러한 반동적인 시기가 끝나고 있음을 제안하는 많은 신호들이 ──예컨대 이 책, 그리고 이 책이 기반으로 하는 이 콘퍼런스── 있다. 역사적인 역설은, 어떤 면에서는 우리가 20세기로부터 상속했던 문제들보다 19세기 전반에 탐구되었던 문제들에 더욱 가까이 있다는 것이다. 꼭 1840년 무렵처럼 오늘날 우리는 사회의 합리적 조직

---

15) 지난 삼십 년 동안 새로운 정치적 형식들에 대한 수많은 흥미로운 실험들이 있어 왔다. 다음과 같은 것들이 언급될 수 있을 것이다. 1980~81년 폴란드의 연대노조운동, 이란 혁명의 첫 번째 시퀀스, 프랑스의 정치적 조직(*Organisation Politique*)[옮긴이: 여기서 바디우가 말하는 "정치적 조직"은 고유명사로, 1985년 바디우와 실뱅 라자뤼스 등에 의해 세워진 실험적인 정치 운동 조직의 명칭이다. 이 조직은 2007년 해산되었다.], 멕시코의 사파티스타 운동, 네팔의 마오주의자들. 이 목록이 전부를 망라하는 것은 아니다.

을 위한 유일한 가능한 선택지라고 확신하는 완전히 냉소적인 자본주의와 직면하고 있다. 가난한 자들은 그들 자신의 곤경이 그들의 탓이라는 것, 아프리카인들은 낙후되었다는 것, 미래는 서구 세계의 '문명화된' 부르주아지들에게 속하든지 아니면 일본인들처럼 서구인들과 같은 길을 따르기로 선택한 이들에게 속한다는 것이 도처에서 암시되고 있다. 오늘날, 예전에 그랬던 것처럼, 심지어 부유한 나라들에서도 매우 광범위한 극단적인 빈곤 지역이 발견된다. 사회 계급들 사이에서뿐만 아니라 국가들 사이에서도 터무니없이 확장되는 불평등들이 존재한다. 한편으로 제3세계 농부들 그리고 소위 우리 '선진국들'의 , 실업자들 및 저임금 노동자들과, 다른 한편으로 '서구'의 중간 계급 사이의 주체적, 정치적 격차는 절대적으로 메울 수 없으며 증오에 가까운 일종의 무관심으로 물들어 있다. 그 어느 때보다 더, 현재의 경제위기 및 그것의 유일한 슬로건인 '은행을 구하라'는 말이 분명히 보여 주듯이 정치적 권력은 단순히 자본주의의 대행자이다. 혁명가들은 분할되고 약하게 조직되어 있을 뿐이며, 청년노동계급의 넓은 부문은 허무주의적인 절망의 희생양이 되었으며, 지식인들의 압도적인 다수는 굴종적이다. 이 모든 것과는 반대로, 1848년 나중에 유명하게 된 『공산당 선언』이 출간되었을 당시 마르크스와 그의 친구만큼이나 고립되어 있기는 하지만, 오늘날 가난한 이들과 노동 대중들 사이에서 새로운 유형의 정치적 과정을 조직하고 현실에서 공산주의적 **이념**의 부흥을 이룩할 수 있는 방식을 찾으려고 시도하는 점점 더 많은 우리 같은 사람들이 존재한다. 비록 20세기 내내 너무 교조적이고 경솔하게 주장되긴 했지만, 공산주의적 **이념**의 승리라는 것은 19세기에도 그랬지만 오늘날에도 문제가 되지 않으며, 미래에도 그럴 것이다. 무엇보다도 중요한 것은 공산주의의 실존이고 그것이 정식화되는 용어들이다. 우선, 공산주의 가설에 활력 있는 주체적 실존을 제공하는 것은 오늘 여기 모인 우리들이 우리 나름의 방식으로 성취하려고 시도하는 과업이다. 그리고 나는 이것이 흥분되는 과업이라고 주장한다. 항상 전반적이고 보편적인 지적 구성물을, 국지적이고 독특하지만 보편적으로 전달 가능한 진리들의 단편들의 실험들과 결합함으로써 우리는 공산주의 가설에, 또는 차라리 개인의 의식들에 있어 공산주의의 **이념**에 새로운 생명을 부여할 수 있다. 우리는 이 **이념**의 실존의 세 번째 시대의 도래를 알릴 수 있다. 우리는 할 수 있다. 따라서 우리는 해야만 한다.

오근창 옮김

2장

현재에 현존하기. 공산주의 가설

: 철학을 위한 가능한 가설, 정치를 위한 불가능한 이름?

쥐디트 발소

나는 우선 이 철학 회합에서 나의 현존이라는 역설에서 시작해 보겠다.

나에 앞서 말했던 대부분의 발표자와 달리 나는 오늘 이 시점까지 철학의 관점에서 정치에 관해 쓸 만한 아무것도 갖고 있지 않다. 철학에 대한 나의 관계는 철학과 시 사이의 가능한 연관성에 대한 탐구로 구성되어 있다. 더 정확히 말하면 시가 철학에 대해 무엇을 가르쳐 줄 수 있는가에 대한 탐구로 구성되어 있다.[1]

또한 나에 앞서 말했던 대부분의 발표자와 달리 나는 다른 몇몇 사람과 더불어 1970년대 이래로 중단 없이 지속적으로, 내가 (더 좋은 용어가 없기 때문에) 잠정적으로 "해방의 정치"라고 부르고자 하는 것의 영역에 속해 있는 어떤 정치에 대한 완전히 쇄신된 사유와 실천을 탐구

---

1) Judith Balso, *Pessoa, le passeur métaphysique*, Paris: Seuil, 2006.

하는 일에 관여해 왔다.

바로 이러한 독특한 입지에서 나는 (강조하거니와) 철학자들에 의해, 철학의 장에서 제기된 한 가지 질문, 즉 공산주의 가설의 타당성을 견지할 수 있는가라는 질문을 검토해 보자는 이 초청을 받아들였다. 나의 화두는 바로 이 점에 관해 나의 이름 아래 발언해 보는 것이다. 나는 방법에 관한 명제에서 시작해 보겠다. 만약 철학이 공산주의 가설의 물음에 대해 발언하고자 한다면, 철학은 이 가설이 정치의 가설이었음을 무시해서는 안 된다.

명백히 이 가설은 이전에는 유토피아적 가설로서, 모든 종류의 반역과 반란 내부에서 **국가**와 거리를 두고 평등을 견지하려는 의지로서 실존해 왔다. 하지만 '공산주의'가 정치를 실제로 규제했을 때 ——즉 내 견해로는 1847년(『공산당 선언』의 출간과 더불어)에 시작되어 1966년과 1968년 사이에(**상하이** 코뮌과 프랑스의 68년 5월의 정치적 독특성 사이에서) 완성된 한 시퀀스 속에서 ——공산주의는 지배를 종식시키는 것을 과제로 삼는 정치, 즉 한 계급이나 한 집단이 아니라, '전체 인류에 대하여'(한 마디로 '모두에 대하여'라고 말하자) 해방적이고 긍정적positive 이고자 하는 정치가 할 수 있고 또 해야만 하는 것과 관련하여 결정적인 질문이 된다.

마르크스, 레닌, 마오와 더불어, 정치는 공산주의와 굳게 결합되었으며, 공산주의는 정치와 굳게 결합되었다. 따라서 만약 우리가 정치의 장 안에서 오늘날 공산주의 가설을 유지할 것인가 말 것인가에 관해 발언할 수 있으려면, 우선 '정치/공산주의'라는 이 쌍을 검토해 보는 게 좋다.

그러므로 나의 첫 번째 명제는 다음과 같을 것이다. 즉 공산주의 가설은 정치의 가설이었으며(소수적이거나 주변적인 가설이 아니라, 중심적 가설), 이러한 정치의 가설은 실패했다. 또는 오히려 다음과 같이 말하는 것이 더 나을 듯한데, 왜냐하면 나는 실패라는 말을 단어로서도 범주로서도 별로 좋아하지 않기 때문이다. 즉 공산주의 가설은 모두를 해방하는 정치적 능력을 발명하려는 자신의 목표를 달성하는 데 이르지 못했다. 증거가 이를 입증해 준다. 나는 해방의 정치에 대한 의지를 포기하려는 관점에서 말하는 것이 아니다. 정반대로 나는 이러한 정치적 의지를 추구하기 ―내게 가장 중요한 문제― 위한 현재의 현실적 조건의 관점에서 말하고 있으며, 나는 다음과 같은 세 가지 논점을 전개하면서 왜 그런 것인지 여러분에게 보여 주고자 한다. 이것이 내 발표의 첫 번째 부분의 주제가 될 것이다.

1) 공산주의 가설은 정치적 가설이다.

2) 이 가설은 자신이 추구하는 것, 즉 실제로 모든 이를 위한 정치의 역량에 도달하는 길을 발견하지 못했다.

3) 이러한 정치적 난관에 대한 평가는 정치적 무능력으로 되돌아가거나 복종과 지배의 기성 구조로 되돌아가기 위한 것이 아니다. 정반대로 그것은 정치적 의지가 '모두를 위한 정치'로 나아갈 수 있는 새로운 경로를 여는 것을 목표로 한다.

두 번째 부분에서 나는 철학에 내재적인 두 가지 형상을 검토해 보고자 하는데, 내가 보기에 이것은 철학과 정치의 '봉합'(알랭 바디우의 범주를 빌려서 말하자면)에 대한 두 가지 형상이다. 첫 번째 형상에서는 정치로서의 나치즘의 정체성이 문제가 되며, 하이데거의 이름과 연결된다. 두 번째 형상에서는 스탈린주의가 어떻게 가능했는지를 설명하는 것이 쟁점이 되며, 알튀세르의 이름과 연결된다.

이 두 개의 봉합을 철학의 장에서 식별하고, 서로 분리하기 위해 작업하는 것이 필수적인 것으로 보이는데, 왜냐하면 이러한 봉합은 오늘날 철학과 정치 사이에서 새로운 관계가 전개되는 것을 방해하기 때문이다. 즉 이러한 봉합으로 인해 철학을 정치로 간주하거나 또는 ─전자와 후자 중 어느 것이 최악인지는 모르겠지만─ 정치의 존재를 철학의 존재에 종속시키는, 다시 말해 철학을 정치의 조건 내지 원천으로 간주하는 양의성l'équivoque에서 벗어난 관계가 전개되지 못하는 것이다. 나는 필수적인 이중의 분리, 즉 1) 철학과 정치의 분리 2) 또한 정치와 철학의 분리 위에서 철학/정치 관계의 가능한 다른 공간에 관해 몇 가지 명제를 정식화해 보고자 한다.

마지막으로, 이제 (원하든 원치 않든 간에) 우리가 정치적 가설로서 공산주의 가설 '이후'에 있다는 점을 인정한다면, 나는 철학과의 대화 속에서, 철학이 오늘날 정치와 맺는 관계에 대한 탐색에서 변화되어야 하는 바에 관해 한 가지 명제를 제시함으로써 결론을 내리겠다. 이것이 나의 입장이며, 바라건대 나의 증명이 될 것이다.

1.

공산주의 가설이 정치의 가설이었다는 점을, 어떤 의미/방향^{sens}에서 주장해야 할까? 나는 우선 정치는 독특하고 조직된 과정들의 집합이며, 이 정치적 과정들은 그것들에 고유한 사유 장치들을 갖고 있고, 공산주의는 오랫동안 당들과 동시에 국가들이 유지해 왔던 이러한 사유 장치의 지시체였다는 나 자신의 신념과 관련하여 이를 주장할 것이다. 이러한 가설의 핵심은 내 생각에 이중적인 것이었다. 즉 한 가지 핵심은 역사적 가설 ─ 지도적인 정치적 계급으로 프롤레타리아를 구성하는 것에 관한 가설 ─ 을 언표했으며, 다른 핵심은 내가 '경제주의적' 가설이라고 부르고자 하는 국가에 관한 가설 ─ 사적 소유, 특히 생산수단의 사적 소유를 폐지함으로써 국가가 사멸하고 공산주의로 이행한다는 가설 ─ 을 언표했다. 이러한 시각은 『공산당 선언』(1847)²⁾에서 중국 문화대혁명(1967)에 이르는 장기적인 정치적 시퀀스의 방향을 설정해 왔다. 이러한 한 세기 이상에 걸친 주목할 만한 정치적 시도와 발명에 대한 결산은 오늘날 정치를 사고하고 지속하고 싶어 하는 이에게는 극도의 중요성을 지니고 있다. 우리는 이러한 결산을 무시할 수 없으며, 피해 갈 수도 없다.

나는 공산주의 가설의 중심에 있는 것은 정확히 말하면 1번 항(프롤레타리아)과 2번 항(국가) 사이의 가능한 관계라고 말해 보고 싶다. 어떤 조건으로 인해 노동자들을 지도적인 정치적 형상('프롤레타리아'라

---

2) [옮긴이] 원문에는 "1867"이라고 잘못 적혀 있어서 바로잡았다.

는 단어가 지시하는 형상)으로 구성하는 것이 정치를 현실 공산주의로 이끌어 갈 수 있었을까? 이러한 시퀀스——오히려 이러한 역사적 아치 arche라고 말해야 할 것 같다——에 내적인 시기 구분을 검토해 보면, 내가 보기에 문제는 주로 2번 항목에 대해 행위할 수 있기 위해 1번 항목에게 필요한 전환에 관한 것이 될 것 같다.

『공산당 선언』의 시초의 관점에서 계급이라는 범주 자체는 정치적 범주였다. 이 때문에 『선언』에서 "공산주의자들은 다른 노동자 정당들에 대립되는 특수한 당이 결코 아니다"[3]라고 말했던 것이다. 『선언』은 그들은 두 가지 점에서만 구별된다고 강조한다. 그들은 "모든 나라의 노동자 정당들 중에서 가장 단호한 부분"이며, 이러한 주체적 규정은, 이론적 측면에서 볼 때 이들이 "프롤레타리아 운동의 조건들, 진행 및 일반적 결과들에 대한 통찰을 여타 프롤레타리아 대중에 앞서서 가진다"[4]는 사실과 무관하지 않다. 따라서 공산주의자들은 노동자 계급이 그 세기의 노동자들의 반역을 통해 자신을 정치 계급으로 구성하는 거대한 역사적 운동의 한 부분이다. 『선언』은 "공산주의"는 "우리 목전에서 전개되고 있는 역사적 운동"의 이름이라고 주장한다. "공산주의자들의 이론적 명제들은 결코 이러저러한 세계 개량가들에 의해 발명되거나 발견되어 있는 이념들에, 원리들에 근거하고 있지 않다. 그 이론적 명제들은 다만 실존하고 있는 계급투쟁의, 우리 목전에서 전개되고 있는 역사

---

3) [옮긴이] 맑스·엥겔스, 「공산주의당 선언」, 『칼 맑스·프리드리히 엥겔스 저작 선집』 1권, 최인호 외 옮김, 박종철출판사, 1991, 412쪽. 이하 이 글의 인용문 출처 표시는 옮긴이가 한 것이다.
4) 같은 책, 413쪽.

적 운동의 사실적 관계들을 일반적으로 표현한 것일 뿐이다."[5]

마르크스와 엥겔스에게 프롤레타리아의 지도적인 정치적 역량을 입증하는 것은 무엇이었을까? 그것은, 자본주의가 "현대의 노동자들"[6]을 통해, "압도적 다수의 이익을 위한 압도적 다수의 자립적 운동"[7]을 형성하는 사람들의 투쟁을 만들어 냈다는 점에서 노동자 계급이 독특한 계급이라는 테제에서 연역되는 것이다. 이러한 관점은 19세기 노동자들의 역사에 의해 부양된 것이다. 그리고 "프롤레타리아"라는 단어가 기입하는 것은 "현대의 노동자들"에게 고유한 이러한 일반적인 정치적 역량의 내재성이다. 마르크스의 신념은, 다른 계급들과 반대로 "프롤레타리아들은 자기 자신의 지금까지의 전유 양식, 따라서 또 지금까지의 전유 양식 전체를 철폐함으로써만 사회적 생산력들을 장악할 수 있다"는 것이었다.[8] 따라서 자본주의의 존재 자체 및 그 증대 과정에서 단지 그 종말의 예고만이 아니라 그 과정까지도 연역할 수 있는 것으로 보인다. 하지만 마르크스에게 순수하게 역사적인 테제가 문제인 것은 결코 아니다. 문제가 되는 것은 프롤레타리아가 생산력의 사적 전유 장치를 종식시킬 수 있는 독특한 정치적 행위를 통해 자본주의 주인이 되어야 한다는 요구다.

만약 역사의 운동이 본질적이라면, 그리고 이 운동이 유례없는 프롤레타리아의 정치적 역량의 방향으로 전개되는 것이라면, 이는 또한

---

5) 같은 책, 같은 곳.
6) 같은 책, 406쪽.
7) 같은 책, 411쪽.
8) 같은 책, 같은 곳.

국가가 말하자면 "수중에 있는" 것으로 지각되기 때문이다. 나중에 마르크스가 파리 코뮌의 발명을 명명하기 위해 사용한 표현을 사용한다면 "국가라는 기계를 분쇄하는 것"은 단지 현실적으로 가능할 뿐만 아니라, 임박한 가능성으로 나타나는 것이다. 국가라는 기계를 분쇄하는 것은 우선 국가 기계를 프롤레타리아의 정치적 지배, 프롤레타리아 독재의 도구로 전환하고 이로써 소유 체제를 전환하는 것이다. 그리고 사적 소유의 철폐는 단순한 "사물들의 관리"로 대체된 "국가의 사멸" 가능성을 의미할 것이다. 이 때문에, 『선언』의 용어법을 사용한다면, 공산주의자들은 "자신들의 이론을 단 하나의 표현으로 집약할 수 있다: 사적 소유의 철폐".[9]

가설의 1번 항목과 관련하여 레닌에게서는 완전히 다른 요소가 문제가 된다. 그것은 조직된 정치적 의식의 필요성이라는 요소인데, 이러한 정치적 의식은 계급과 동연적인 것도 아니고 계급에 내재해 있는 것도 아니다. 왜냐하면 노동자들은 노동조합으로 자신을 조직할 수 있는데, 노동조합이란 결코 '기존의 정치적·사회적 질서'에 대립하는 것이 아니라 오히려 그것에 결속하기 위한 장치이기 때문이다.

실뱅 라자뤼스가 보여 준 바 있듯이 레닌주의 당의 발명은 레닌이 처음으로 정치를 그 가능성의 조건들의 조건 아래에 위치시켰다는 의미에서, 현대 정치의 발명이다. 정치가 존재하기 위해서는 노동자들의 존재로는 불충분하고 계급투쟁으로도 충분치 못하다. 정치는 자신에게 고유한 조직된 장소를 구성해야 했다. 따라서 기존의 정치·사회적 질서

---

9) 같은 책, 413쪽.

에 대한 대립은 이미 주어져 있는 의식이나 계급의 조건이 아니다. 그것은 조직, 레닌주의적 정당이라는 새로운 유형의 조건에 달려 있는데, 이 조직의 성원들은 『무엇을 할 것인가?』가 상세히 보여 준 것처럼 "민중의 호민관"의 역량을 지니고 있어야 한다.

반면 공산주의의 창설에 관한 레닌주의적 가설은 마르크스와 엥겔스의 가설을 있는 그대로 채택한다. 파리 코뮌의 유혈 진압, 1905년 러시아혁명의 실패는 국가 권력을 쟁취하고 오랫동안 유지하기 위해 필요한 이 새로운 조직된 정치적 장소(레닌주의 당)의 능력이라는 문제를 미결 상태로 남겨 두었다. 우리가 알다시피 1917년 혁명이 파리 코뮌의 지속 기간을 넘어섰을 때 레닌은 눈밭에서 춤추며 기쁨을 표시했다.

레닌이 1917년 혁명 ──그가 쓴 바와 같이 "국가에 대한 태도의 문제가 실천적 중요성을 얻게 되는" 시기 ──의 와중에 이르기까지 작업한 바 있는 『국가와 혁명』에서 문제가 되는 것은 국가에 대한 마르크스주의의 주요 테제들이 지닌 극도의 엄밀함과 급진성을 (카우츠키의 수정주의에 맞서) 원상복구하는 것이다. "국가는 계급대립에 따른 화해 불가능성의 산물이자 표현이다."[10] 따라서 국가의 사멸 및 공산주의로 이끌어 갈 수 있는 유일한 경로로서 프롤레타리아 독재를 설립해야 한다. 마르크스의 경우와 마찬가지로 레닌에게도 국가의 전화 및 운명과 관련된 특별한 낙관주의가 존재한다. 우선 자본주의는 낡은 국가 권력의 대부분의 기능을 "단순화"했으며, 따라서 이러한 기능들은 "읽고 쓸 줄 아는 사람이면 누구나 맡을 수 있는" 기록, 부기, 검사 등과 같은 간단한

---

10) 블라디미르 일리치 레닌, 『국가와 혁명』, 문성원·안규남 옮김, 돌베개, 2015, 29쪽.

조작으로 쉽게 환원될 수 있으며, "'노동자 임금'으로 충분히 수행될 수 있다".[11] 그 다음 레닌은 엥겔스 자신의 말을 인용하여 국가의 급속한 사멸에 대한 신념을 표현한다. "생산자들의 자유롭고 평등한 연합에 기초하여 생산을 새로이 조직하는 사회는 모든 국가 기계를 응당 가야 할 곳으로, 즉 물레와 청동도끼가 진열되어 있는 고대 박물관으로 보낼 것이다."[12]

이러한 관점에서 보면 국가는 한편으로 특수한 억압 권력 ── 노동자들에게 이양될 수 있고 부르주아에 맞서 활용될 수 있는 권력 ── 으로, 다른 한편으로는 엄격하게 기능적인 권력으로 사고되며, 여기에서 다음과 같은 가설이 나오게 된다. "국가 권력의 더 많은 기능이 인민 전체에 의해 행사될수록 국가 권력은 더욱더 불필요해진다."[13] 그리하여 "공적 기능이 그 정치적 성격을 상실하고 단순한 행정 기능으로 전화된다."[14] 또는 "사멸해 가고 있는 국가는 사멸 과정의 일정한 단계에서는 비정치적 국가라고 불릴 수도 있는 것이다."[15] 국가의 비국가로의, 또는 순수 기능적인 국가로의 이러한 전화는 "지배 계급으로 조직된 프롤레타리아"의 산물이 될 것이다.

문화대혁명과 마오주의의 중요성은 사회주의 국가 및 그 특성에 대한 질문을 스탈린주의적인 당/국가와 다른 견지에서 재개했다는 점이

---

11) 같은 책, 83쪽.
12) 같은 책, 40쪽. 이 인용문은 엥겔스의 『가족, 사유재산, 국가의 기원』에서 레닌이 인용한 것이다.
13) 같은 책, 82쪽.
14) 프리드리히 엥겔스, 「권위에 대하여」, 『칼 맑스·프리드리히 엥겔스 저작 선집』 4권, 최인호 외 옮김, 박종철출판사, 1995, 278쪽. 레닌, 『국가와 혁명』, 111쪽.
15) 레닌, 『국가와 혁명』, 111쪽.

다. 마오의 주도 아래 두 가지가 극히 명확해진다. 즉 지배 계급으로 조직된 프롤레타리아는 계급의 소멸과 동일하지 않으며, 국가의 급속한 사멸과도 부합하지 않는다는 점이다. 또는 마오 자신의 표현을 빌리자면 "프롤레타리아 독재"는 "부르주아에 대한 전체적인 독재"를 의미하지 않는다. 반대로 사회주의 중국과 같은 나라의 경험은 "두 경향과 두 계급 사이의", "자본주의적 길과 사회주의적 길 사이의" 아주 치열한 투쟁이 존재하며, 심지어 공산당 자체 내에서까지 존재한다는 것을 보여준다. 마오는 다음과 같은 점에 대하여 모두 주목해야 한다는 점을 강조한 바 있다. "중국은 사회주의 국가다. 해방 이전에는 거의 자본주의적인 국가였다. 지금도 여전히 8개 단위에 걸친 임금 체계와 노동에 따른 분배, 화폐의 매개를 통한 교환이 실행되고 있으며, 이 모든 것은 이전 사회와 거의 달라지지 않았다. 차이가 있다면 소유 체계가 변화했다는 점이다." 따라서 다음과 같은 세 가지 항 사이에 매우 거대한 긴장이 존재한다. "사회주의 국가", "이전 사회와 거의 다르지 않은", "소유 체계가 변화했다". 마오가 강조하듯이, 소유 체계가 변화했다고 해도 "프롤레타리아 내부에서만이 아니라 국가 조직 및 다른 조직을 위해 일하는 일꾼들 사이에서도 부르주아적인 삶의 방식이 나타나는" 것이 방해받지 않는다.

　　정치적인 날카로움과 명료함으로 기술된 이러한 상황에서 공산주의의 길을 지속하려는 마오의 시도는 레닌처럼 당과 관련된 것이었다. 문화대혁명은 부르주아와 프롤레타리아 간의 투쟁은 사회주의에서도 지속된다는 사실, 그리고 공산당 자체가 부르주아 및 자본주의를 온전히 복권시키려는 의지의 장소가 되는 경향이 있다는 사실과 관련된 전반적인 논쟁의 중심에 **공산당**을 위치시킴으로써 당을 전화하려는 시도였다. 당을 학생, 노동자, 농민 대중의 통제하에 놓음으로써 전화하는 것이 마오가 시도한 길이었다.

'대중'이라는 범주가 실제의 정치적 범주로서 계급 범주를 대체하는 경향이 있으며, 따라서 노동자들은 더는 공산주의적인 정치적 역량의 유일한 보유자가 아니라는 점을 지적해 두는 것이 중요하다. 국가의 문제와 관련하여 사유의 틀은 마르크스·레닌주의 가설의 틀로 남아 있다. 국가를 종식시키는 것은 사적 소유를 종식시키는 것이며, 비록 이러한 기획이 실제로 실행하기에는 매우 복잡하고 어려운 것임이 드러난다고 해도 그렇다.

이 점과 관련하여 정치는 '경제의 집중된 표현'으로 남아 있는데, 비록 마오가 다른 곳에서는 그가 '상부구조'(예술, 문화, 사상…)라고 명명하는 것이 물질적 하부구조에 대해 미치는 효과의 문제를 탐색하고 있다고 해도 그렇다. 오늘날 중국 공산당/**국가**와 세계 자본주의의 현행적인 동질성과 대면하여 문화대혁명의 텍스트들을 다시 읽어 볼 때, 국가와 공산주의의 문제에 관해 극단까지 전개된 가설이 부르주아 법과 사적 소유의 전면적인 폐지의 가설로 남아 있었다는 것을 보게 되면 무언가 비통한 심정이 드는 것을 어찌할 수 없다. 프롤레타리아 독재가 존재했고, 사적 소유 철폐가 이루어졌지만, 문화대혁명이 시도했던 것처럼 이 길을 따라 이처럼 멀리 나아간 결과는 막다른 골목이었다. 왜냐하면 정치적 가설로서의 공산주의 가설의 두 가지 지도적인 관념은, 정치는 프롤레타리아를 통하여 역사와 결합되었다는 관념과 생산수단의 집합적 소유의 문제를 통해 국가의 문제에 접근해야 한다는 관념이었지만, 이 관념들은 거짓이었다는 점 또는 불충분했다는 점이 드러났기 때문이다. 거짓인 이유는 이 관념들이 실현되지 못했기 때문이 아니라, 관념들의 실현 자체가 막다른 골목이었기 때문이다.

여러분이 주목해 주기를 바라는 점은, 오늘날 이렇게 주장하는 것이 가능하다는 점, 그리고 1980년대처럼 전체주의라는 범주 및 의회주의의 우위를 확립하려는 의지에 기반하여 형성된 반동적인 공간이 아닌 정치적 공간 속에서 이렇게 주장하는 것이 가능하다는 점이다. 그리고 이를 가능하게 하는 것은, 국가 문제에 관한 정치적 진보 때문인데, 나는 이러한 진보의 원리를 제시해 보고자 한다.

1967년[16] 상하이 코뮌은 다른 길의 가능성을 열었다. 코뮌은 계급, 당, 국가 같은 범주들은, 사회주의에서조차 조건부적인 성격을 지닌 범주들이라는 점을 분명히 드러냄으로써 노동자들을 국가 및 당과 분리시켰다. 수천 명의 노동자들이 독립적인 조직들을 결성했고, 중국의 공장들이 사회주의적이라는 것이 사실인가라는 질문을 제기했다. 이 결정적인 정치적 에피소드에는 노동자 계급과 사회주의 국가 사이에 존재하는 일체의 표현성 연관 및 노동자들과 공산당 사이의 일체의 대표성 연관의 단절이 존재했다. 더 나아가 공장 자체가 조건부적인 것이라는 점, 그리고 공장은 사회주의 국가의 객관적 실존과 융합하지 않고 자신의 고유한 자리를 견지할 수 있는 정치적 역량의 문제가 제기되어야 한다는 조건하에서만 국가와 분리될 수 있다는 점이 명백히 드러났다.

내가 보기에 프랑스 68 및 뒤이은 시기의 독특성은 그 또한 노동자

---

16) [옮긴이] 원문에는 1966년이라고 되어 있는데, 정확히 말하면 1967년이다.

들과 공산당, 노동자들과 조합을 분리하고 구별했으며, 노동자의 정치적 역량 및 그 현실적인 현행적 조건이라는 문제를 제기했다는 점이다.

이 거대한 역사적 아치(1847/48~1967/68) ──혁명이 정치의 핵심어로, 지도적 용어로 남아 있던 시기 ──에서 정치에 대한 사유는 정치, 역사, 철학 사이에서 순환했다. 마르크스 자신은 때로는 정치 투사이고, 때로는 역사가이고, 때로는 철학자였는데, 마르크스가 문제는 세계를 해석하는 것이 아니라 변혁하는 것이라는 의미에서 철학과의 결별을 자신의 과제로 설정했다고 해도 그렇다. 레닌 역시 철학과 긴밀하게 대화했다. 1908년 그는 자신이 '철학 연구자'라고 선언하면서, 자신이 '경험 비판론'이라고 지칭하는 것에 대한 비판을 통해 유물론의 문제와 대결했다. 1914~18년 전쟁의 초기 몇 달 동안 전쟁과 제국주의 문제에 직면하여 그는 헤겔의 『대논리학』을 연구하고 성찰하면서 상세히 주석을 달았다. 마오는 1937년 여름 인민 투쟁의 정치 과정을 지속하기 위해 『모순론』과 『실천론』을 썼다.

역사와 철학 사이에서 순환하는 것은 이해할 만한 일인데, 왜냐하면 노동자의 정치적 역량은 역사적 토대를 갖고 있기 때문이다. 마르크스의 경우는 물론 자기 시대의 모든 봉기 및 파업에 주의를 기울였다. 레닌과 마오 역시 정치적 형상으로서 노동자 계급의 역사적 독특성이라는 가설을 견지했지만, 단 레닌의 경우는 노동자 계급이 당의 조건에 종속되었고 마오에게는 '대중들'로 확장되었다.

철학과 정치 사이의 순환은 노동자의 정치적 역량이 사실은 역사적 운동에 엄밀하게 내재적인 것이 아니라 또한 이 운동 외부에서 조력을 받고 있다는 점에 속한다는 가설을 세워 볼 수 있다. 사실 마르크스의 경우에도 공산주의자와 프롤레타리아 사이에는 미묘한 차이가 존재하며, 이러한 차이는 이론적 토대에 준거하고 있다. 즉 노동자 운동의 일반적 조건과 전개 과정, 목적에 대한 명료한 인식이 바로 그것이다.

2.

정치의 관점에서 이러한 아치가 종결되었다고 선언하는 것을 허락해주는 것은 무엇인가? 아치가 종결되었다고 선언하는 것은, 그 아치에 속하는 정치적 범주들 속에서 더는 사유할 수 없으며, 따라서 정치의 모든 문제를 새롭게 제기해야 한다는 것을 의미한다.

나는 여기에서 죽음이 아니었다면 우리가 오늘 토론하는 주제에 참여할 수 있었을 한 사람을 인용해 보고 싶다. 앙투안 비테즈Antoine Vitez는 1990년 베를린 장벽의 붕괴 뒤에 발생한 정치적 위기를 다루는 모임에서 다음과 같이 선언한 바 있다. "와해, 파국은 현실적인 것이다. (…) 와해는 분명 시작되었고 지속되고 있지만, 아직 모든 것이 무너진 것은 아니다. 와해는 관념의 와해다. 우리는 관념을 물질적 재앙과 분리시킬 수 없다. 관념은 아무런 타격 없이 공중에서 부유하지 않는다. 관념은 그 구현물 속에서만 실존한다. 구현물이 사라지면, 관념 자신이 죽음을 겪게 된다. 이렇게 공산주의는 자신의 최종 국면에 접어들었다."[17] 그의 입에서 나온 이 말들은 깊은 슬픔의 말이지만 또한 내가 지지하는 이성의 말이기도 하다. 나는 이러한 종결, 이러한 종말이 적나라하게 드러낸

---

17) Antoine Vitez, "Ce qui nous reste", in *Le Théâtre des idées*, Paris: Gallimard, 1991, p. 162.

것에서 시작하여 종결의 문제에 대해 성찰해 보기를 제안하고 싶다.

나는 우선 내가 보기에는, 공산주의의 정치적 가설의 종결에 대한 철학에 내재적인 두 가지 평가(나는 여기에 동의하지 않는다)가 존재한다고 말해 보겠다. 일단 내가 '초-역사주의적' 평가라고 지칭하고자 하는 평가가 존재한다. 이러한 평가는 자본주의의 역사적 생성과 인류의 정치적 해방의 가능성 사이의 중첩이라는 테제를 지속하며, 그것을 더욱 고수한다. 자본주의의 생성을 해방의 형상으로서 의존할 수 있다고 보는 테제 ─ 경험을 통해 절대적으로 반박된 ─ 는 분리되고 독특한 기획으로서의 정치를 완전히 무화시켜 버린다. 이런 시각에서 보면 공산주의는 총구에서 출현하는 것이 아니라 자본에서 출현하는 것이다! 전 세계적 위기의 현재 상황은 이러한 관점을 신뢰하기 어렵게 만든다. 정반대로 현재의 체계 위기는 자본이 자신을 강화하는 위기이지 그것이 약화되는 위기가 결코 아니다. 자본주의적 위기이지 자본주의의 위기가 아닌 것이다. 이러한 위기는 그 자체로 어떠한 강력한 정치적 상황도 열어 놓지 않는다. 만약 이러한 정세에서 긍정적인 정치적 형상들이 구성된다면, 이는 새로이 조직된 정치적 역량들의 견지에서 그럴 것이지, 분명히 위기와 그 효과들(거대 다수의 사람들에게 이것이 파국적인 것이라 해도)에 대한 단순한 반작용을 통해 그렇게 되지는 않을 것이다. 두 번째 평가 역시 공산주의 가설의 막다른 골목에서 벗어나려고 시도하는데, 이것은 내가 '초-노동자주의'라고 부르고자 하는 것에 의거해 있다. 내가 지칭하는 것은, 노동자와 정치를 분리하려는 또는 노동자와 프롤레타리아를 분리하려는 시도인데, 이는 공산주의 가설을 노동자가 짊어지도록 하되, 노동자라는 형상이 일체의 정치적 정체성과 분리된다는 조건하에서 그렇게 하려고 한다. 이는 정치적인 것이라는 범주에 맞서 '사회적인 것'이라는 범주를, 또는 조직에 대한 모든 새로운 사유에 맞서 '운동'이라는 범주를 고양하는 것 이외에는 정치에 관해 아무런 귀결도 산출하지 못하는 평가 방식이다. 이러한 입장의 내적 취약성은, 마치 사회적 존재 또는 사람들의 삶이 그 자체로 국가에 대한 실질적 대안이라도 되는 것처럼, 국가라는 문제를 전혀 다루지 않는다는 점이다. 우리가 국가만이 존재하는 세계, 사회라는 범주는 국가 자신에 의해 구성된 헛것, 미망이 되었고, 사람들의 삶은 전적으로 강제하는 법적 장치, 즉 더는 권리를 정의하기보다는 전체 인구를 일체의 권리 바깥으로 내모는 데 사용되는 법적 장치에 의해 규정되고 한정되며, 심지어 파괴되는 세계에 살고 있다고 해도 그렇다. 프랑스의 경우에는 외국인들을 규제하기 위한 세세다 법$^{CESEDA18)}$이나 청년 인구를 규제하기 위한 페르방Perben 법이 여기에 해당하며, 또한 인구의 모든 부분을 범죄화함으로써 경찰에게 그들에 대한 전권을 부여하려는 일체의 치안관계 법률 역시 마찬가지다.

나 자신의 평가는 이와는 전혀 다르다. 그것은 다음과 같은 두 개의 문장으로 요약될 수 있으며, 이를 좀 더 전개해 보고 싶다.

1) 정치는 그 스스로 존재한다.
2) 국가의 문제는 완전히 새롭게 다루어야 할 문제다.

---

18) [옮긴이] 정식 명칭은 '외국인의 입국과 체류 및 망명권'(Code de l'entrée et du séjour des étrangers et du droit d'asile)에 관한 법이다.

정치는 그 스스로 존재한다는 이 언표를 몇 가지 논점을 중심으로 풀어 보고 싶다.

정치는 스스로 존재하는데, 왜냐하면 정치는 역사와 결합하지 않기 때문이다. 인류의 역사가 계급투쟁의 역사라는 것이 여전히 진실이라 하더라도, 정치는 계급투쟁과 혼동되어서는 안 되며, 혁명은 더는 정치의 매체가 아니다. 내가 보기에 더 나은 내일을 위해 정치를 한다는 관념(필수적일 뿐만 아니라 유익한 관념)은 이제 종결되었다. 오늘날 이 관념의 냉소적 이면은 과거의 범죄 행위에 대한 '민주주의적인' 사과와 유감의 관행이다. 아프리카 출신의 미등록 이주자 친구는 언젠가 내게 이렇게 말했다. "우리가 원하는 것은 사람들이 지금 잘 대해 주었으면 하는 것이다. 내일 가서 이전에 저지른 잘못에 대해 사과하는 대신 말이다." 역사와 정치의 결합이 존재하지 않는다는 것은, 정치가 현재라는 지도적 원칙 내에 실존해야 한다는 것인데, 이는 정치에 대하여 항상 [다시―옮긴이] 시작해야 한다는 규칙을 부과한다.

정치는 그 스스로 존재하는데, 왜냐하면 정치는 당 없이 조직되어야 하기 때문이다. 스탈린적인 당/국가 및 민주주의적인 국가의 정당들 [여당들―옮긴이]은 당이 국가와 융합하며, 당이 국가와 융합할 때 정치는 타락하고 범죄화된다는 사실을 광범위하게 입증해 준다. 마오의 시도는 여전히 정당과 국가에 의해 정의되는 공간에서 탐색 중이었다. 그의 시도는 당과 국가를 스탈린식으로 융합하는 대신 양자의 갈등적이고 변증법적인 대립을 조직하는 것이었지만, 국가와 정치 사이의 분리 및 거리두기의 원리를 확립하지 못했다. 이 점에 관해서는 실뱅 라자뤼스의 예지력 있는 텍스트를 참조하기 바란다.[19]

정치는 그 스스로 존재하는데, 왜냐하면 정치는 어떤 계급의 표현이 아니며 어떤 구성된 인민이나 기존 집단들에 준거하지도 않기 때문이다. 오늘날 정치는 엄밀히 보면 개인적이고 의지적인 결단의 문제가 되었다. 정치적 역량은 정치에 스스로 자원한 사람들의 역량이며, 이는 다른 이들 못지않게 노동자들의 경우에도 진실이다.

정치는 그 스스로 존재하는데, 왜냐하면 정치는 국가적인 정치와 거리를 두어야 하지만, 또한 국가가 만들어 낸 관념들 및 범주들에 사로잡힌 사람들과도 거리를 두어야 하기 때문이다. 사회적인 것도, 운동도, 투쟁도 정치에 고유한 범주일 수 없다.

정치는 그 스스로 존립하는데, 왜냐하면 정치의 사유는 정치 자신에게 내재적인 것이어야 하기 때문이며, 이러한 사유는, 매번 각각의 질문을 새롭게 사유한다는 조건하에서만 이전의 정치 과정에 대한 평가에서 도움을 받을 수 있기 때문이다.

정치는 그 스스로 존립하는데, 왜냐하면 국가에 대해 발언하는 것은 객관적 분석의 문제가 아니라, 반대로 국가와 거리를 둔 채 설립된 새로운 정치적 장소의 관점에서만 가능한 일이기 때문이다. 국가는 정치적으로 유동적이다. 국가는 단지 '체계'나 '기계'인 것만이 아니다. 그것은 또한 지속적인 변화와 조정이라는 정치적 과정에 관여하고 있다. 마르크스는 코뮌이 제국의 직접적인 반정립反定立이라고 주장했다. 이는 사실이지만, [코뮌 이후에 세워진 ─옮긴이] 제3공화국 역시 코뮌의 직

---

19) Sylvain Lazarus, "Chercher ailleurs et autrement: Sur la doctrine des lieux, l'économie, l'effondrement du socialisme", *Conférence du Perroquet*, 35, May 1992.

접적인 반정립이었다는 점을 덧붙여야 한다. 마찬가지로 복지국가는 스탈린주의적 국가와 짝을 이루는 것이었다.

정치는 그 스스로 존립하는데, 왜냐하면 정치는 다양하고 가변적인 장소를 지니고 있기 때문이다. 외국인 노동자 숙소, 서민 주거지역^{quartiers}, 공장, 학교… 이는 단지 이곳들이 서민들^{des gens}이 거주하는 장소이기 때문만은 아니다. 그것은 또한 서민들이 그들이 존재하는 곳에서 그들 각각이 바로 그 자신 그대로, 국가가 제시하는 것과 다른 이름들 및 규범들 아래에서 셈해지는 것이 무엇을 의미할 수 있는지 선언하기 위해 자신들을 스스로 조직하는 장소이기 때문이다. 옷을 바꿔 입듯이 '노동자'를 '서민'으로 대체하는 것이 문제는 아니다. 문제는 국가가 조직하는 것과 다른 정치적 장소를 구성하는 것이며, 서민들이 스스로 그렇게 하는 것이다. 이는 위로부터가 아니라 서민에게 내적인 것으로 조직된 정치를 위한 조건이다.

마지막으로 정치는 그 스스로 존립하는데, 왜냐하면 우리는 전쟁의 시대, 미국과 유럽의 전쟁이 세계를 황폐하게 만드는 시대에 살고 있기 때문이다. 가자 지구에서 벌어지는 잔혹한 전쟁은, '냉전' 시대에 뒤이어 전개되는 전쟁의 새로운 모습을 농축적으로 표현하고 있다. 오늘날의 전쟁은 순수한 권력의 원리를 긍정하는데, 그 전쟁은 서민들에 맞선 **국가의 전쟁**이다. 이 전쟁은 끝없는 전쟁인데, 왜냐하면 아무런 평화의 모습을 내포하고 있지 않은 전쟁이기 때문이다. 더 이상 전쟁을 몰아내는 것이 혁명이 아닐 때, 국가들이 평화를 원하지 않을 때, 과연 어떤 것이 이러한 전쟁의 새로운 존재 양식에 맞설 수 있을까?

이 질문은 나의 두 번째 언표, 곧 국가의 문제를 완전히 새롭게 다루어야 한다는 언표와 연결된다. 지금까지 우리가 경험한 바에 비춰 볼 때, 또는 다시 한 번 우리가 실제로 경험하게 된 바에 비춰 볼 때, 우리는 동일한 정치적 틀 안에서, 동일한 가설 아래 정치를 더 잘 또는 이전과 다르게 수행할 수 있을지 모른다는 관념을 견지하자고 주장할지도 모르겠다. 하지만 국가의 사멸이라는 공산주의 가설은 국가의 문제를 탈정치화한 가설이었다.

또는 오히려 그것은 한편으로 국가의 문제를 과잉정치화했는데, 왜냐하면 이 가설에 따를 경우 국가 권력의 장악이 정치의 중심적 문제가 되기 때문이다(이는 프롤레타리아 계급이 부르주아지 및 다른 지배 계급과 공유했던 논점이었다). 하지만 다른 한편으로 그것은 국가의 문제를 탈정치화했는데, 이는 국가 문제를 정치화하는 것은 어떤 의미에서는 순수히 도구적인 또는 기술적인 의미만 지니고 있었기 때문이다. 즉 억압적 국가장치를 철폐하여 국가의 작동 방식을 전화하는 것이 문제인 것이다. 프롤레타리아 독재는, 엥겔스의 표현대로 하면, '사람들에 대한 통치'에서 '사물들의 관리 및 생산 작용의 지도'로 이행하는 것을 가능하게 해주어야 하는 것이었다.

그런데 경험이 보여 준 것은 국가가 사멸하기는커녕 실제로는 막대한 정치적 역량을 발휘했다는 점이다. 그리고 사회주의라는 이름 아래 국가는 막대한 정치적 타락의 힘을 발휘했다. 달리 말하면, 국가는 우리가 아무 탈 없이 차지할 수 있는 중립적인 정치적 장소도 아니고 쉽게 중립화될 수 있는 것도 아니었던 것이다. 반대로 국가는 국가 사멸이라는 가설에 대하여 근원적으로 이질적인 원리들, 규칙들, 가치들에 따라 규범화된 어떤 정치의 장소였음이 드러났다.

나로서는, 만약 국가 문제를 오늘날 완전히 새롭게 다루어야 한다면, 이는 국가의 정치적 역량이 억압적이고 권위주의적이며 관료제적인 역량일 뿐만 아니라, 또한 막대한 조직적 역량이기 때문이라고 제안하고 싶다. 내 생각에 공산주의 가설의 시효 만료가 남겨 둔 방대하고 중대한 문제는, 국가가 서민들을 정치적으로 조직하는 힘이라는 점, 이는 의회주의만이 아니라 사회주의에서도 그랬다는 점이다. 더욱이 서민들을 정치적으로 조직하는 국가의 힘은, 국가 사멸의 가능성과 관련된 공산주의 가설의 실패로 인해 기하급수적으로 증대했다는 점은 확실하다.

자본주의의 문제가 아니라 바로 여기에서 우리는 다시 출발해야 한다. 그리고 바로 이 때문에 나는 우리가 불가피하게 공산주의 가설 '이후에' 위치해 있다고 주장하려는 것이다. 여기에서 다시 출발하는 것은, 정치에 대하여 절대적으로 새로운 탐구와 사유, 작업의 틀을 정의하게 되는데, 나는 이 점에 관해 몇 가지 지적만 할 수 있을 것 같다.

우선 이 조건 속에서 국가적인 정치에 대한 거리를 만드는 것은 가능한 모든 새로운 정치적 역량의 조건이다. 국가(그것이 어떤 형태를 취하든 간에)와 다른 정치적 장소에서 구성된 존재의 관점에서 볼 때, 비로소 국가가 무엇을 하는지 식별되고 명명될 수 있다. 나는 여기에서 국가는 정부 및 그 억압적 부서(경찰, 군대, 사법부)로 환원되지 않는다는 점을 강조해 두겠다. 국가적인 정치의 장소는 매우 많으며, 다양하고 가변적인 형태를 띠고 있다. 정당, 노동조합, 사회단체, 언론, 투표, 선거, 여론….

'국가와 거리두기'는 정치의 변증법적 형상으로 되돌아가는 것을 의미하지 않으며, 다른 정치의 원리 및 언표를 발견하기 위해서는 국가가 하는 것을 부정하는 것으로 충분하다는 뜻도 아니다. 일차적인 조건은 다른 사상, 원리, 가치에 입각한 조직된 정치의 장소를 설립하는 것이다.

마찬가지로 '거리두기'는 결코 '비켜서기'나 '물러서기'를 의미하는 게 아니다. 그것은 국가와 맞설 수 있는 어떤 정치적 의지, 역량, 능력을 구성하기 위해 작업하는 것이다.

국가의 문제에 대하여 오늘날 주요한 정치적 취약점은 국가적인 정치의 이름들, 단어들, 범주들 및 장소들에 고착되는 것이다. 법의 예를 들어 보자. 오늘날 거의 모든 국가에는 외국 출신의 노동자들의 예외적이고 특별한 지위에 관한 법률이 존재하며, 이 법들은 그들을 추적하고 박해하는 데 활용된다. 왜 오늘날 극소수의 사람들만이 이와 같은 법의 폐기를 요구하는 것일까? 그것은 법의 문제가 정당 및 국가에 내재적인 문제로 간주되며, 따라서 선거 및 의회 내부의 세력관계의 문제로 간주되기 때문이다. 반대로 국가와 거리두기라는 원칙 속에서 이 법들을 사고하면, 다음과 같은 질문이 제기된다. 이 법들은 무엇을 의미하는가? 우리 곁에서 살아가는 이들의 삶에 미치는 이 법들의 영향력은 무엇인가? 이러한 법들의 존재를 감내해야 하는 것일까? 이 법들은 폐기되어야 하지만, 그것은 사람들 스스로 그것을 요구할 때만 일어날 수 있는 일이다.

국가와의 단절 작업은 마르크스주의와 레닌주의에서처럼 이원적 장치를 요구하는 것이 아니라, 완전히 새로운 세 가지 심급의 전개를 요구하는 것으로 보인다. 세 가지 심급은, 첫째 국가와 관련된 모든 것에서 거리를 둔 정치의 조직된 장소를 설립하는 것(정치의 새로운 조직을 창조하기)이다. 둘째, 각자가 존재하는 곳에서 각자를 있는 그대로 셈하는 정치의 언표들과 원리들을 상황 속에서 정식화하는 것이다. 셋째, 국가를 독특한 정치적 장소로 정체화하는 것인데, 오늘날 국가가 지닌 독점 능력은 국가적인 정치와 다른 어떠한 정치도 실행될 수 없고 사고될 수 없다는 관념 속에서 사람들을 조직할 수 있는 국가의 역량으로 이루어져 있다.

사유 속에서, 지성 속에서 국가를 독특한 정치적 장소로 정체화하는 것은 긴급한 명령이다. 이는 국가의 정치적 공간 자체를 구성하는 것을 분명히 드러내는 작업을 요구한다. 첫째, 어떠한 대가를 치르든 간에 (끔찍한 식민지 전쟁, 오늘날 미등록 이주노동자, 빈민가 청년, 서민 가족, 빈민, 실업자에 맞선 전쟁, 그리고 테러리즘에 맞선 미국의 전쟁에 참여하기), 특히 국가의 부에 대한 집착이라는 형태로 돈에 집착하는 것이 그것이다. 둘째, 일반 이익의 가능한 심급들(병원, 학교, 사법부, 주거…)을 파괴하고, 그 대신 주민들을 분할하고 사람들이 존재하는 그곳에서 사람들을 있는 그대로 셈하는 것을 거부하는 것이 존재한다. 셋째, 치안력과 군사력으로 사회적 갈등을 도처에서 규제하는 것이 존재한다. 넷째, 경찰이 주민들에게 국가적 질서를 강제하도록 권력을 부여하고, 국제적인 문제에서는 정부의 정당성이나 국가의 존재 여부, 이주자의 흐름 등과 같은 정치적 문제를 군사력을 통해 해결하려는 것이 존재한다.

3.

나는 2부에서 철학을 정치에 봉합시키는 것에 관해 다루겠다고 예고한 바 있으며, 이 봉합의 첫 번째 이름은 하이데거이고 다른 이름은 알튀세르라고 말한 바 있다. 이 회합의 맥락에서 나는 이 문제에 관해서는 간략하게 다룰 수밖에 없을 것 같지만, 내 생각에 이 문제는 오늘날의 철학의 장에서 본질적인 문제다.

하이데거라는 이름에 관해서는 1930년대 나치즘에 대한 그의 연루 때문에 철학의 범죄화에 관한 테제들이 제기된 바 있다. 이 테제들은 한편으로 철학 그 자체, 모든 철학이 범죄적인 성격을 지니고 있다는 근원적인 반동적 테제이면서 다른 한편으로는 봉합의 테제다. 즉 철학, 철학의 특정한 성향(예술, 특히 시와의 연관성)은 나치즘의 모체라는 가설을 세우는 테제가 그것이다. 이 후자의 테제는 근원적으로 진보적인 테제라고 하지만, 내가 보기에는 이 테제의 오류를 분명히 지적해 두어야 한다. 왜냐하면 이 테제는 철학과 정치의 혼동, 철학적 사유의 고유한 공간과 정치적 과정/사유의 혼동에 관여하는데, 오늘날 이러한 혼동에서 벗어나는 것이야말로 중대한 과제다. 이러한 시각에서 보면 철학은 맥베스 부인과 같다. 철학은 두 손에 정치적 피를 잔뜩 묻히고 있지만, 그것을 닦아 낼 수 없는 것이다. 나는 이러한 피를 정치에 맡겨 두어야 한다고 생각하는데, 왜냐하면 나치즘에서 우리가 파악해야 하는 것이 존재한다면, 그것은 바로 사람들을 공포 속으로, 절멸과 총력전 속으로 조직하는 그 정치적 역량이기 때문이다. 여기에서 이 점에 관해 논의하는 것이 나의 목표는 아니지만, 나는 나치즘에 대한 평가는 정치적 관점에서, 즉 나치즘이 정치적으로 우리에게 정치에 관해 가르쳐 주는 것의 관점에서 이루어져야 한다는 것을 강조해 둘 필요가 있다고 생각한다.[20]

알튀세르라는 이름은 철학과 정치 사이의 또 다른 봉합의 형상을 조직하는데, 이 철학에게 이 봉합은 프랑스 공산당 및 스탈린의 문제와 결부되어 있다. 이러한 봉합의 형상은 다음과 같은 개념화에 따라 배치된다. 즉 마르크스는 '새로운 과학', 역사과학 또는 역사유물론을 정초한 인물이라는 것이다. 알튀세르는 공산당 및 사회주의 국가의 실패를 공산주의 가설에, 그리고 이 가설에 따라 전개되는 정치와 국가 사이의 관계 탓으로 돌리지 않는다. 그는 1960년대에 명백히 드러난 공산당과 사회주의 국가의 정치적 취약함을 '철학적 결핍' 탓으로, 즉 그에 따르면 정치의 내부에 존재하는 결핍 탓으로 돌린다. 이러한 결핍은, 정확히 말하면 정치와 역사과학, 철학 사이에서 순환할 수 있는 형상으로서의 마르크스의 형상을 우리 동시대에서 쇄신하지 못했기 때문에 발생한 것이다.

내가 보기에 알튀세르에서 철학과 정치의 이러한 봉합이 지닌 종별적 명칭은 바로 '이론'이다. 그에 따르면 철학은 "이론의 장 안에서 정치를 대표/표상"하고, 또한 대칭적으로 정치 안에서 과학(이는 역사유물론의 과학들인 역사학과 경제학을 의미한다)을 대표/표상하는 과업을 맡고 있다. 만약 철학이 부재하거나 '지체'되어 있다면, 정치는 이론의 장 안에서 취약할 것이고, 과학의 장 안에서 맹목적일 것이다. 내 생각에 알튀세르에게 이론과 실천의 구별은 정치 자체에 대한 정치적 사유의 외재성을 구현하는 것이다. 사유는 외부에서, 때로는 과학으로서 그리고/또는 때로는 철학으로서 정치에게 도래한다. 그러므로 알튀세르

---

20) Martine Leruch, "Qu'en est-il de la pensée du nazisme aujourd'hui?", *Conférence du Rouge-Gorge* 9, April 2004.

의 테제는 다음과 같은 것이다. 즉 과학 없이, 그리고 철학 없이 정치는 필연적으로 오류를 범하게 된다. 또는 정치의 방향을 제시하기 위해서는 철학과 과학이 필요하다. 이것은 스탈린주의적 정치와 모순되는 테제가 아닌데, 왜냐하면 스탈린은 국가 당으로 하여금 자기 자신의 국가적인 정치의 방향을 제시하고 강화하는 데 필요한 철학과 과학을 생산하게 만들었기 때문이다.

따라서 나는 우리가 공산주의 가설에서 벗어날 수 있는 적극적인 양식을 발견하기 위해서는 알튀세르가 개시한 사유 구조와 단절해야 한다고 주장하겠다. 이는 일차적으로 다음과 같은 것을 의미한다. 즉 정치를 정치 자체의 조직된 과정에 내적이고 그것에 절대적으로 독특한 사유 공간으로서 정체화하기. 오직 정치만이 답변할 수 있는 질문들을 철학에 제시하는 장치dispositif와 근원적으로 단절하기. 철학(또는 과학)에서 정치로 이행할 수 있다고 생각하는 것을 중단하기. 특히 철학에 대해 정치를 '재정초'하거나 완결하도록 또는 정치의 부재 내지 정치의 취약함처럼 보이는 것에 처방을 내려 주도록 요구하지 않기. 나는 여기에서 이 명제를 여러분 모두에게 제시하는데, 여러분이 이 자리에 현존해 있다는 것은, 철학의 장과 정치 과정 및 정치적 사유의 독특성이 아직 분리되지 않았다는 것 또는 그것들 사이에 여전히 거대한 혼동이 존재한다는 것을 입증해 준다.

나는 또한 이 명제를 현존해 있는 철학자들에게도 제시하는데, 이것이 내 결론의 주제가 될 것이다. 내가 보기에, 다른 사람들과 마찬가지로 여러분 철학자들은 동시대적인 정치의 경로가 어떤 점에서, 사고하고 정식화하고 발명하고 작동시키기에 복잡하고 어려운 것인지 알고 있다. 그리고 여러분은 '공산주의'라는 단어에 다시 활력을 불어넣자고, 철학이 지적으로 관심을 기울일 만한 정치는 결코 지배적인 정치가 아니라는 점을 표시하기 위해서는 우리에게는 이 단어가 필요하다고 말하고 있다. 나 자신은 이제 마지막으로, 공산주의 이후에 적극적인 철학적 탐구를 위한 두 가지 다른 경로를 제안해 보고 싶다.

- 철학 내부에서 철학과 정치를 분리하고 정치에게 정치를 되돌려 주기 위해 작업하기. 왜냐하면 이 점과 관련된 모든 혼동은 탐구의 장소를 바꿔 놓음으로써 새로운 정치의 진보를 지연시키기 때문이다.
- 해방적인 정치의 가설에 대하여 '공산주의'라는 단어를 덧붙이기보다는 '정치'라는 단어 자체에 대해 심문해 보기. 오늘날 정치와 국가 사이에서 공유되는 이 단어를 항상 보유해야 하는 것인가? 만약 우리가 세운 가설이 국가와 거리를 둔 정치의 새로운 장소를 설립하는 것이라면, 이는 정치와 정치가 존재하기 때문이다.

나 자신은 형용사들의 시대는 지나갔다고 생각한다. 우리는 다시 명사들의 시대에 접어들었다. 만약 자신의 길을 탐색하고 있는 비국가적인 정치가 만개하게 된다면, 이 정치는 아마도 장래에는 정치라는 이름과 다른 이름을 찾게 될 것이다. 그리고 아마도 골동품 박물관으로 보내야 하는 것은 국가가 아니라 '정치'일 것이다. 하지만 이는 아주 먼 장래에 관한 가설일 뿐이다. 이는 내가 미래 시제에 기대어 말하고자 하는 유일한 것인데, 왜냐하면 나는 본질적으로 현재의 마르크스주의에 내 논의를 한정하려고 시도해 왔기 때문이다. 정치는 항상 시작해야 할 것으로 남아 있다. 현재에 현존하도록 하자. 나는 이것이 현재와 같이 어렵지만 생동감 넘치는 시기에 채택할 수 있는 좋은 원칙이라고 생각한다.

진태원 옮김

3장

좌익 가설

: 테러 시대의 공산주의

브루노 보스틸스

"우리에게 공산주의란 확립해야 할 어떤 **상태**도 아니고 현실 자체가 그에 적응해 가야 하는 **이상**도 아니다. 우리는 공산주의를 현실의 현재 상태를 지양하는 **현실적** 운동이라고 부른다. 이 운동의 조건들은 현존하는 전제에서 생겨난다."(카를 마르크스·프리드리히 엥겔스, 『독일 이데올로기』)

"공산주의에 이르려면 공산주의 운동이 있어야 한다."(마오쩌둥, 「스탈린의 『소련의 사회주의 경제문제』 비판」)

"예수라면 어떻게 할까를 물을 게 아니라 지젝이라면 어떻게 할까를 물어야 한다."(버크벡 칼리지 화장실 낙서)

레닌의 유령들

레닌은 그 유명한 1920년 팸플릿에서 그가 일컬어 "좌익주의"나 "좌익 공산주의"라고 한 것을 두고 "완전히 전개된 성숙한 공산주의"의 "소아병"이라며 맹비난을 퍼부은 바 있다.[1] 대략 50년 후인 1968년에는 '붉은 다니' 다니엘 콘벤디트와 가브리엘 콘벤디트 형제가 이 레닌의 진단을 재치 있게 뒤집는다. 즉,『공산당 선언』의 유령을 대신하는 "좌익주의"의 유령이야말로 이제부터 공산주의의 "노인병"에 대한 치유책으로서 유럽의 거리를 배회하게 될 것이다.[2] 40년이 더 지난 오늘, 세계경제위기와 테러에 맞선 테러라는 끝나지 않을 전쟁의 한복판에서 우리는 그 유사변증법적 전도를 무엇으로 만들어야 할까? 원조 공산주의 이념을 위해 좌익주의 소아병에 대한 레닌의 정통적 맹비난으로 되돌아가야 할까? 그런데 오늘 많은 이들은 그 정통의 충격을 누그러뜨리려고 공산주의 이념을 '해체'하고 '후퇴'시키고 '약화'시키기를 바라지 않는가? 그렇다면 반대로 '현존' 공산주의, 즉 소련의 '관료적', '전체주의적' 공산주의, 더 노골적으로는 '척결해야 할' '범죄적' 공산주의라고 할 그 역사적 실패로부터, 그리고 지금은 거의 다 파산하고 사라진, 또 분칠한 새 이름 밑에 파묻힌 공식 공산주의 정당들의 전 세계적 좌절로부터 우리를 구원할 유일한 이념으로 '좌익주의' 찬가를 대중들과 한목소리로 부풀려야 할까? 마지막 질문은 이렇다. 이러한 선택지들이 분간할 수 없

---

1) Vladimir I. Lenin, *'Left-Wing' Communism, an Infantile Disorder, in Selected Works*, Moscow: Foreign Languages Publishing House, 1961, vol. 3, pp. 371~460. [레닌,『공산주의에서의 "좌익" 소아병』, 김남섭 옮김, 돌베개, 1992.]

2) Daniel & Gabriel Cohn-Bendit, *Obsolete Communism: The Left-Wing Alternative*, trans. Arnold Pomerans, New York: McGraw-Hill, 1968. 프랑스어 원서 제목은 레닌의 팸플릿에 대한 의도적 전도를 훨씬 잘 드러낸다. *Le Gauchisme remède à la maladie sénile du communisme* [공산주의 노인병의 치유책으로서 좌익주의], Paris: Seuil, 1968.

게 될 위험을 각오해야 하는 지점, 그래서 마르크스주의, 레닌주의, 트로츠키주의, 스탈린주의, 마오주의 등의 모든 부끄러운 흔적을 씻어 낸 공산주의의 순수한 '이념'으로의 복귀가 그저 다른 형태의 좌익주의가 돼 버리는 지점은 어디인가?

이 모든 물음들에 앞서, 좌익주의의 역사와 이론으로부터 공산주의 가설을 분리시킬 필요에 대해서는 합의에 이를 수 있는가? 빠르게 증가하는 저널리즘적·고백적 설명 및 증언과는 별개로 아직 써야 할 많은 부분이 남아 있는 그 좌익주의 역사와 이론에 대해 따져 물음으로써, 공산주의에서 공통적인 것의 부분을 폄하하기보다 강화하기를 바랄 수 있는가? 달리 말해 알랭 바디우가 10년 전 『모호한 재앙에 대하여』라는 저작에서 쓴 바대로 "공산주의는 '우리'의 현실적 역사의 이름이었다"면, 그리고 베를린 장벽이 무너진 뒤의 소위 "공산주의의 죽음"과 관련해 그 동일한 저작에서 말한 바대로 "이제 '우리'란 없다. 오래전부터 그것은 존재하지 않았다"면, 겸손하게나마 다시 한 번 "우리"로서, 나아가서는 "우리 공산주의자들"로서 말할 수 있으리라는 희망이 과연 존재하는가?[3] 또는, 적어도 이런 점에서는 수렴에 이를 수도 있을 약간 다른 궤도를 따르자면, 펠릭스 가타리와 안토니오 네그리가 지금으로부터 20여 년 전에 『자유의 새로운 공간』을 썼을 때처럼 그들을 결합시킨 그 행

---

3) Alain Badiou, *D'un désastre obscur: Sur la fin de la vérité d'État*, Tour d'Aigues: Éditions de l'Aube, 1990; 1998, pp. 7~8. [바디우, 『모호한 재앙에 대하여』, 박영기 옮김, 논밭출판사, 2013.] 부분 영역으로는 "Philosophy and the 'death of communism'", in *Infinite Thought: Truth and the Return of Philosophy*, trans. and ed. Oliver Feltham & Justin Clemens, London: Continuum, 2003, pp. 126~127.

동을 반복할 수 있는 좋은 기회가 바로 지금일까?[4] 좀더 정확히 말하자면, 호와 불호의 상상적 도식들이나 '우리들'[동지]과 '그들'[적]이라는 군사화된 이상ideal의 포로가 되지 않는 그 '우리'가 출현할 수 있는 기회가 존재하는가? 바디우가 또한 『세기』에서 분명히 하고 있는 것처럼, "세기가 1970년대 말부터 우리에게 물려준 것은 바로 다음과 같은 물음이다. '나'라는 이상 밑에 있지 않는 '우리'란 무엇인가? 주체라고 우겨대지 않는 '우리'란 무엇인가? 문제는 생동하는 집단의 종말, 순전히 '우리'의 소멸이라는 결론에는 이르지 않는다는 것이다."[5] 그러니까 이는 21세기의 사유와 행위를 위한 공통의 지평으로서 공산주의의 문제가 될 것이다.

주류 대중매체 내에서 이 모든 이야기는 '초좌익주의'나 '극좌'의 또 다른 사례라며 묵살되고 폐기된다. '극우'의 이데올로기적 거울상이며 그와 마찬가지로 교조주의적이고 근본주의적인 까닭에 내버려야 하는 것으로서 늘 저널리스트들의 입에 달라붙는 말이 바로 극좌이다. 공적 영역의 주변부에 있는 연구자와 활동가에게만 국한된 정치적 골동품들의 진열장을 뒤져 나온 것인데도, 역설적이게도 지금 언론에 의한 공개적 면박을 정당화하기에, 또 우리 눈앞에서 더더욱 자주 벌어지는 일이지만, 경찰 및 군대 국가 장치에 의한 폭력적 진압을 정당화하기

---

4) Félix Guattari & Toni Negri, *Communists Like Us: New Spaces of Liberty*, New Lines of Alliance, trans. Michael Ryan, New York: Semiotext(e), 1990. [조정환 편역, 『자유의 새로운 공간』, 갈무리, 2007.] 프랑스어 원서는 *Les Nouveaux espaces de liberté*, Gourdon: D. Bedou, 1985.

5) Badiou, *Le Siècle*, Paris: Seuil, 2005, p. 139; *The Century*, trans. Alberto Toscano, London: Polity Press, 2007, p. 96. [바디우, 『세기』, 박정태 옮김, 이학사, 2014, 176~177쪽.]

에 충분히 위협적이라고 간주되는 그러한 항목들 가운데 하나. 그렇다면 공산주의 가설과 다양한 형태의 좌익주의 사이에 경계선을 긋는 시도는 현재의 이데올로그들이 현실의 현재 상태를 철폐하는 현실적 운동의 극단주의로부터 재차 충분한 거리를 두려고 내뱉는 판에 박힌 문구들에 협조하는 일이 아닐까? 더욱이 '좌익주의'나 '초좌익주의' 혐의는 공산주의 분파들 내의 종파주의 및 내부 분열 가운데 최악의 일부에게만 해당되는 것이 아니지 않은가? 그리고 이런 점에서 보면 이는 마찬가지로 고약하다고 할 '혁명'과 '개량'의 구분과 비교될 만하지 않은가? 여기 토론회의 참가자들에게도 이런저런 양상에서 좌익주의라는 별칭이 아무렇지 않게 떨어진 바 있었다. 사실 지난 수십 년 동안 '좌익주의' 혐의는 정치 영역에서 일종의 연쇄작용을 일으켰는데, 이는 니체, 하이데거, 데리다의 형이상학 해체 영역에서 그 끈질긴 '로고스중심주의'라는 혐의와 유사하다. 데리다는 자신의 가장 손꼽히는 작품들 가운데 하나에서 다음과 같이 썼다. "이 때문에 그러한 파괴자들은 거꾸로 스스로를 해체하게 될 수 있는 것이다. 가령 하이데거는 명민하고 엄밀하게, 또 그만큼 악의와 몰이해 속에서 니체를 최후의 형이상학자, 최후의 '플라톤주의자'로 간주한다. 우리는 그 하이데거에 대해서, 프로이트나 여타 다른 이들에 대해서도 동일한 수행에 착수할 수 있으리라. 오늘 이러한 수행보다 더 널리 퍼져 있는 것은 없다."[6] 좌익주의적 일탈

---

6) Jacques Derrida, "La structure, le signe et le jeu", in *L'Écriture et la différence*, Paris: Seuil, 1967, p. 413; "Structure, Sign, and Play in the Discourse of the Human Sciences", in *Writing and Difference*, trans. Alan Bass, Chicago: University of Chicago Press, 1978, p. 182. [「인문과학 담론에서의 구조, 기호, 게임」, 남수인 옮김, 『글쓰기와 차이』, 동문선, 2001, 444쪽.]

에 대한 최후의 비판이라고 하는 것의 면전으로 좌익주의 비판이 되돌아오는 일도 마찬가지로 널리 퍼져 있다. 따라서 당장은 이러한 경향의 프랑스적 계보 한 가지에만 논의를 한정시켜 보자. 루이 알튀세르와 그를 따르는 이들은 알튀세르를 반역한 제자 자크 랑시에르로부터 일찍부터 "권위주의적" 또는 "사변적 좌익주의"라는 비난을 받았다. 거꾸로 랑시에르는 자신의 오랜 동료 알랭 바디우에 의해 근본적 "비정치주의"라는 혐의를 쓰게 된다. 날개 달린 우로보로스의 원을 그리듯, 이어서 슬라보예 지젝은 구^舊알튀세르주의자들인 바디우, 랑시에르, 발리바르^{Étienne Balibar}를 두고 전형적인 좌익주의 방식의 "순수 정치" 형태를 고안해 냈다며 비난한다.[7] 문제가족의 집안싸움처럼 비칠 수도 있을 이 내적 모순들과 관련해서 내가 가진 의도는 아직 아물지 않은 상처를 들쑤셔서 그 모순들을 연장하고 악화시키는 것이라기보다는, 근본적 긴장들을 명확히 드러냄으로써 실제로는 존재하지 않을 피상적 일치의 특효약에 기대는 일을 없애는 것이다. 이는 결국 마르크스가 아르놀트 루게^{Arnold Ruge}에게 보낸 편지 한 통에서 우리의 임무를 정의하는 방식과 같다. "시대의 투쟁들과 소망들에 대한 시대의 자기 이해(비판철학)." 마

---

7) Jacques Rancière, *La Leçon d'Althusser*, Paris: Gallimard, 1974, pp. 86, 146; Badiou, "Rancière et l'apolique", *Abrégé de métapolitique*, Paris: Seuil, 1998, pp. 129~138; "Rancière and Apolitics", *Metapolitics*, trans. Jason Barker, London & New York: Verso, 2005, pp. 114~123 [「랑시에르와 비정치」, 김병욱·박성훈·박영진 옮김, 『메타정치론』, 이학사, 2018, 147~158쪽]; Slavoj Žižek, *The Ticklish Subject: The Absent Centre of Political Ontology*, London & New York: Verso, 1999, pp. 171~244[『까다로운 주체: 정치적 존재론의 부재하는 중심』, 이성민 옮김, 이학사, 2005, 275~392쪽]; "Against Pure Politics", in *Revolution at the Gates: Selected Writings of Lenin from 1917*, London & New York: Verso, 2002, pp. 271~272[「순수 정치에 반대하며」, 정영목 옮김, 『(파국과 혁명 사이에서 2) 레닌의 유산: 진리로 나아갈 권리』, 생각의힘, 2017, 245~275쪽].

르크스는 이어서 이렇게 말한다. "이는 세계를 위한 일이자 우리를 위한 일입니다. 이 작업은 힘들의 규합일 수밖에 없습니다. 오직 하나의 고백이 문제될 뿐 다른 것은 없습니다. 인류는 스스로 자신의 죄를 용서하기 위해 그 죄가 어떤 것들인지 명확하게 하는 데서만 그 죄를 필요로 한다는 것입니다."[8]

누가 좌익 공산주의를 말했는가?

애초부터 레닌은 마르크스와는 달리 신학적·고백적 양식보다 치료적 양식을 선호했다. 비록 레닌의 팸플릿에서 "노동자계급 운동의 기회주의적 죄"를 언급하기는 하지만, 레닌에게 좌익 공산주의는 '죄'라기보다 반복되는 '증상들'을 토대로 진단을 하고 적절한 처치로 '치유'하거나 '근절'해야 하는 '병'이다. 좌익주의가 '소아병'으로 묘사되는 한에서, 우리는 홍역이나 풍진 예방 등의 대중적 예방접종이 생기기 이전 시대에 속한 우리 같은 공산주의자들이 아직 어린 나이에 속하는 동안 적

---

8) 마르크스가 1843년 9월 아르놀트 루게에게 보낸 편지. "letters from *Deutsch-Französische Jahrbücher*", in Karl Marx & Friedrich Engels, *Collected Works*, New York: International Publishers, 1975, vol. 3, p. 145를 참조할 것. [『『독불연보』에 실린 편지들』, 전태국 외 옮김, 『마르크스의 초기 저작: 비판과 언론』, 열음사, 1996, 331쪽.] 솔직히 말해 런던에서 가졌던 '공산주의라는 이념에 관하여' 토론회의 경우 집단적 성명과 논쟁이라는 원래 계획이 있었음에도 불구하고 이면에 놓인 근본적 불일치점들 상당수가 충분하게 다뤄지지 않았고 터놓고 이야기하지도 못했으며 아직까지도 그러고 있는 것 같다는 게 내 생각이다. 만약 공산주의가 공통의 지평을 제시하는 것이라면, 여태껏 지극히 불완전하게 남아 있는 철학적 자기 이해의 작업은 거기서 계속해야 할 일이 된다. 이런 점에서 레닌의 충고는 복기할 만하다. "어쨌든 혼란보다는 분열이 더 낫다." Lenin, *'Left-Wing' Communism*, p. 451. [『공산주의에서의 "좌익" 소아병』, 122쪽.]

어도 한 번은 그 병을 치러 보는 것이 이로울 수 있다고 생각해야 한다. "병은 어떠한 위험도 수반하지 않았고 병이 나은 뒤로 체질은 훨씬 튼튼해졌다"고 레닌은 시인한다.[9] 한편, '어린애 같음'이나 '유치함'은 이러한 병력 관련해서가 아니라도 교훈적·교육적 방식의 진단이기도 했다. 좌익주의는 성숙함의 치명적 결여를 드러내는 것으로서, 공산주의의 최고 단계로 일거에 뛰어넘음으로써 서서히 성장하고 발전하는 과정의 중간단계들을 생략하려는 참기 힘든 욕망과 결부돼 있다. 이때 레닌은 하나의 유비를 활용하는데, 이는 우리들 가운데 플라톤주의자들이 좋아할 만한 것이다. "오늘 실천에서 완전히 전개되고 완전히 형성되고 안정화된, 완전히 성장하고 성숙한 공산주의의 이 미래 결과를 앞지르려는 시도는 네 살배기 아이에게 고등수학을 가르치려고 하는 것과 같다."[10] 교육과 육아의 달인을 자처하는 이들로 가득한 우리 시대에는 이것이 좌익주의자를 주의력결핍장애를 가진 공산주의자로 드러내는 것이라고 말할지 모르겠다. 어쨌든 레닌이 보기에 치기 어린 좌익을 위한 치료책은 쉬운 일이 아니며, 이를테면 "사회주의의 학교들"에서, 그러니까 마르크스·엥겔스의 경우라면 노동조합에서 다방면의 많은 훈련

---

9) Ibid., p. 396. [같은 책, 44쪽.]
10) Ibid., p. 400. [같은 책, 50쪽.] 물론 독자로서는 헤겔의 『논리학』에 나타난 도약과 단절에 대해 레닌이 열광한 건 어찌된 일인가 하고 의문을 제기하게 된다. *Philosophical Notebooks*, *Collected Works*, vol. 38, p. 123[『철학노트: 헤겔철학 비판』, 홍영두 옮김, 논장, 1989, 70~71쪽]에 보면 레닌은 여백에 감탄사까지 붙여 가며 잔뜩 주해를 하고 있다. Daniel Bensaïd, "Leaps! Leaps! Leaps!", in Sebastian Budgen, Stathis Kouvelakis, and Slavoj Žižek (eds.), *Lenin Reloaded: Toward a Politics of Truth*, London & New York: Verso, 2007, pp. 148~163[다니엘 벤사이드, 「도약! 도약! 도약!」, 최정우 옮김, 알랭 바디우·슬라보예 지젝 외, 『레닌 재장전: 진리의 정치를 향하여』, 이현우·이재원 외 옮김, 마티, 2010, 233~258쪽]을 참조할 것.

과 지도를 요구하는 일이다.

반어법과 치료적·교육적 수사들을 다 제쳐 두더라도 현상 자체를 정의하려는 레닌의 개념적 노력은 익히 알려진 바다. 좌익주의 또는 좌익 공산주의란 곧 의회정치나 부르주아 선거 정치, 노동조합, 특히 당규율 등등에 대한 어떠한 동참도 반대하는 원칙적 태도와 관련 있다. 모든 타협에 대한 이 절연의 끝은 열광적·자극적·아나키스트적 급진주의로 환원되는, 또 당·노동조합·의회의 조직적 구조들에 대한 대중들의 직접행동에 떠들썩하게 호소한다는 의미에서는 이른바 "프티부르주아 혁명주의"나 "대중주의"로 환원되는 "'순수' 공산주의의 진리"의 교조적 "반복"이다. 따라서 패기와 낙담 사이, 광신과 우울 사이를 오가는 특유의 진동 속에 있는 주체의 조바심이 당 조직의 끊임없는 고된 작업을 대신한다. "당강령과 당규율의 거부, 이것이 반대파의 **최종결과**"이다. 그래서 레닌은 이렇게 결론짓는다. "이는 프티부르주아적 산만함과 불안정, 또 지속적 노력·통일·조직적 행동에 대한 프티부르주아적 무능력에 다름 아니다. 이를 내버려 두면 필연적으로 모든 혁명적 프롤레타리아 운동을 파괴하게 될 것이다."[11] 그렇다면 레닌이 훌륭한 교육자이자 결코 무지하지 않은 스승으로서 이 좌익주의 경향을 극복하기 위해 "기초 마르크스주의"라고 부른 것을 펼쳐 보이리라는 것은 당연한 일이다. 그에 따르면 대중들은 계급으로 나뉘고, 계급들은 대개 당의 지도를 받으며, 당은 지도자라고 불리는 가장 영향력 있고 경험 많은 일원들로 이뤄진 안정적 집단에 의해 움직인다. "이 모든 것은 기본에 해당한다. 이 모든

---

11) Lenin, *'Left-Wing' Communism*, pp. 394~395. [『공산주의에서의 "좌익" 소아병』, 42쪽.]

것은 간단명료하다"고 레닌은 말한다. 그리고 훈계조의 빈정거림까지 덧붙인다. "뭐하러 이를 복잡하게, 새로운 볼라퓌크Volapük로 표현하는가?"[12]

분명 레닌은 이런저런 좌익주의를 욕했던 자로서 처음도 아니고 마지막도 아니었다. 레닌도 인정하다시피 그 전에 벌써 마르크스와 엥겔스가 파리 코뮌을 지지하는 블랑키주의 망명자들의 비타협적 급진주의에 맞서 투쟁을 벌였다. 그들에 대해 엥겔스는 다음과 같이 말한다.

> 서른세 명의 블랑키주의자들은 중간역과 타협을 건너뛰고자 마음먹는 것만으로도 사태는 해결된 것이라고 생각하기 때문에, 그리고 이후 며칠간 그들은 자신들로서는 대수롭지 않은 그 '일을 시작'해서 방향타를 쥐고 나면 내일모레 '공산주의가 도입될 것'이라고 생각하기 때문에 공산주의자들이다. 만약 이것이 즉각 가능하지 않다면 그들은 공산주의자들이 아닌 것이다. 자신의 조바심을 이론적 확신으로 내세우니 이보다 더한 어린애 같은 순진함이 또 있겠는가![13]

다른 한편, 레닌 이후에 좌익 '모험주의'와 우익 '기회주의'의 양 편향에 맞선 전투가 마오의 중국에서 이데올로기적 투쟁의 쟁점을 규정

---

12) Ibid., p. 393. [같은 책, 39~40쪽. "볼라퓌크"란 1880년 독일인 목사 슐라이어가 국제적인 제2언어로 쓰기 위해 만든 언어를 말한다.]

13) Engels, "Programme of the Blanquist Communards"(1874)[「블랑끼주의 꼬뮌 망명자들의 강령」, 김태호 옮김, 『칼 맑스·프리드리히 엥겔스 저작 선집』, 4권, 박종철출판사, 1995, 321쪽]; Lenin, 'Left-Wing' Communism, pp. 414~415[『공산주의에서의 "좌익" 소아병』, 71~72쪽]에서 재인용.

했는데, 이는 특히 문화대혁명 기간 및 그 직후에 세계의 다양한 마오주의로 퍼지게 된다. "우리는 또한 '좌익' 공리공담에도 반대한다." 마오가 「실천론」에서 한 말이다.

> '좌익주의자들'의 사고는 객관적 과정의 일정한 발전단계를 뛰어넘는다. 그들 중 일부는 자신들이 가진 환상을 진리로 간주하며, 다른 일부는 미래에나 실현될 이상을 현재에 실현하고자 하는 무리를 범한다. 이들은 다수 인민의 현재적 실천으로부터, 오늘의 현실로부터 유리돼 있다. 이들은 그 행동에서 모험주의자로 드러난다.[14]

이로써 공산주의자라면 중간주의자가 될 필요가 있다는 마오의 악명 높은 언급과 함께 좌익주의와 우익주의라는 거울상의 양극단에 맞선 두 전선의 투쟁을 위한 모범이 설정된 셈이다!

그러나 콘벤디트 형제의 책 제목에서 암시된 바대로 좌익주의는 1960년대 말과 1970년대 초쯤에 극적인 역할 전환을 겪었다. 부분적으로는 마오주의적 두 전선의 투쟁이 초래한 뜻밖의 빗나간 귀결로서, 또 부분적으로는 스탈린주의적 정설과 관료주의적 교조에 대한 트로츠키주의적·상황주의적 비판으로서. 실제로 이때부터 좌익 가설은 마르크스주의적 정치 단체와 대놓고 비마르크스주의나 반마르크스주의를 표방한 일상의 문화정치 양쪽 모두에서 합의까지는 아니라 해도 지배적

---

14) Mao Zedong, "On Practice"(1937), in *Five Philosophical Essays*, Beijing: Foreign Languages Press, 1977, p. 18. [「실천론」, 노승영 옮김, 『마오쩌둥: 실천론·모순론』, 프레시안북, 2009, 91쪽.]

인 것이 되었기 때문에, 수정주의와 극단주의의 더 급진적 형태를 정의하기 위해서는 '초좌익주의'나 '가짜 좌익주의'라는 식으로 새로운 별칭을 만들어야 했다. 당연히 이러한 칭호는 현존하는 수구 권력의 독점물이 아니다. 평범한 자유주의자들이나 사회민주주의자들도 자주 사용하는데, 이런 식으로 그들은 자신들도 진짜 좌익주의를 구하러 기사도를 발휘한다는 미망을 제시할 수 있다.

현대 좌익주의의 두 가지 원천

레닌의 고발에 대한 전도와 더불어, 앞으로 내가 좌익 가설이라고 부르는 것은 두 가지 기본 형태를 지닌다고 말할 수 있다. 두 가지 모두 원전으로부터 나온 중요한 인용구와 발상으로 제시될 수 있고, 이런 점에서는 다 마르크스주의의 역사와 이론에 기반하고 있다. 이는 좌익주의란 말이 내부 갈등이나 진흙탕 싸움 중에 경멸적으로 활용되지 않는 한에서 좌익주의자들이 소련 몰락 이후 진짜 공산주의 운동을 체현한다고 긍정적으로 주장할 수 있는 이유이기도 하다. 따라서 마르크스레닌주의적 내지 마오주의적 활용에 담긴 논리가 뒤집히고 이때 좌익주의는 마르크스주의-레닌주의-마오주의의 모든 '주인 담론'을 겨냥하는 개념적 장치의 일부로 활용된다. 사실 이러한 역할 전환 역시도 레닌의 좌익 공산주의 팸플릿에서 예견된 바 있다. "새로운 (정치적이지 않은 사상도 포함한) 정치사상을 손상시키고 그 신빙성을 떨어뜨리는 가장 확실한 방법은 그것을 옹호한다는 명목하에 그것을 부조리한 것으로 만들어 버리는 것이다."[15]

좌익주의의 첫 번째 거대한 형상은 모순이라는 마르크스주의의 중심사상에 대한 순수화와 관련 있다. 그 순수화란 곧 모순을 무매개적인 대립, 종종 명시적으로 반변증법적인 대립으로 환원하는 것으로, 대중들을 직접적으로 국가에 맞세우는 것이 그 예다. 우리가 『공산당 선언』에서 배운 바에 따르면, "우리 시대", 지금도 똑같다 치고, "곧 부르주아 시대는 계급 적대를 단순화했다. 사회 전체는 점점 더 적대적 양대 진영으로, 직접적으로 대립하는 양대 계급으로 분열되고 있다."[16] 그러나 이전 세대의 투사들이 거기서 프로이트나 라캉의 자아분열의 공명까지도 듣기도 했던 이 분열 내지 불화가 1970년대 좌익주의자들에게로 오면 더 이상 부르주아와 프롤레타리아의 대립이 아닌, 형체 없는 대중들과 억압적이고 타락한 국가 장치 사이의 영웅적이지만 결국에는 불모의 것이 되는 정면 대치로 나타나게 된다. 특히 프랑스에서 나중에는 거의 다 구공산주의 내지 구마오주의 변절자가 될 이른바 신철학자들에게 이 마르크스주의적 모순의 순수화는 대개 민중 대 국가로 표현되는데, 이때 국가는 솔제니친의 수용소에 대한 일반화된 상을 그 모범으로 삼는 것이다.

그래서 계급투쟁이라는 꼬리표를 달 때조차 정치는 지극히 창조적인 대중들과 치명적으로 억압적인 체계를 영속적으로 대립시킨다. "이런 점에서 1968년에 나온 '대중주의' 이데올로기는 변증법적 분석의 분

---

15) Lenin, *'Left-Wing' Communism*, p. 411. [『공산주의에서의 "좌익" 소아병』, 65-66쪽.]

16) Marx & Engels, *The Communist Manifesto. A Modern Edition*, Introduction by Eric Hobsbawm, London & New York: Verso, 1998, p. 35. [『공산당 선언』, 심철민 옮김, 도서출판b, 2018, 11쪽.]

쇄라는 점에서 탁월한 것이다." 바디우는 『모순의 이론』에서 다음과 같이 지적한다. "동일한 흥분한 대중들이 동일한 권력, 불변의 체계에 늘 대항한다."[17] 이러한 시각은 정치적·이데올로기적 투쟁들이 어떻게 옛것과 새것 사이의 내적 분열을 통해 전진하는지 설명하지 못한다. "새것의 발생을 전체적으로 드러내는 것은 '대중들'도 아니고 '운동'도 아닌, 그러한 것들 안에서 옛것과 분화된 것이다."[18] 더욱이 유적 공산주의의 극단적 형태로서 좌익주의의 대중적 형상은 근본적으로 새로운 발견을 드러내기는커녕 벌써 백 년도 더 전에 마르크스와 엥겔스의 눈에 긴급한 주요 표적이 되었던 것이다.

> '전체주의적' 마르크스레닌주의에다 반역적인 주변부 대중들의 급격한 새로움을 맞세우는 것이라고 일컫는 이 모든 대담한 수정들은 『독일 이데올로기』에서 마르크스와 엥겔스가 그들 시대 혁명적 실천들에 대한 일관된 체계화의 방해물을 미리 제거하기 위해 산산조각 냈던 것 ─ 그것도 1845년 무렵에! ─ 을 토씨 그대로 반복하고 있다.[19]

결국 우리는 신철학자들이 운운한 대중들과 국가의 반변증법적 이

---

17) Badiou, *Théorie de la contradiction*, Paris: François Maspero, 1975, pp. 68~69.
18) Ibid., p. 69.
19) Ibid., p. 72. '유적 공산주의'라는 통념은 '대중민주주의'의 '반국가주의적 충동'과 관련된다. Badiou, "Raisonnement hautement spéculatif sur le concept de démocratie", in *Abrégé de métapolitique*, pp. 100~103; "A Speculative Disquisition on the Concept of Democracy", in *Metapolitics*, pp. 88~90[「민주주의라는 개념에 대한 고도의 사변적 논고」, 『메타정치론』, 116~118쪽]도 참조할 것.

접의 실제 목표가 전체주의라는 점을 잊지 말아야 한다. 전체주의 비판은 서구 자유민주주의의 암묵적 옹호로 과잉규정되는 것으로서, 종국에는 발칸에서 이라크에 이르는 모든 인도주의적 군사개입에 대한 암묵적 지지로 이어질 것이다. 이는 인민의 저항이 지닌 지극히 창조적인 힘에 헌신한다는 시초의 약속처럼 나타날 수 있는 것과, 억압에 대한 강박적 반대가 궁극적으로 모순된다는 점을 우리에게 주지시킨다. "대중들과 역사 간의 보편적 모순을 역사에서 읽어 내고, 우리는 민중의 편에 선다고 주장하며, 유독 국가가 가진 힘과 다양한 필승의 술책에 대해서만 전적으로 논하는 것은 일관성이 없는 것이다."[20]

마오주의 조직 프랑스마르크스레닌주의공산주의자연합UCFML은 1977년 이후로 쓰인 글을 모은 『철학 전선의 현재 상황』이라는 제목의 중요한 저작에서 앙드레 글룩스만André Glucksmann, 크리스티앙 장베Christian Jambet, 기 라르드로Guy Lardreau 같은 신철학자들뿐 아니라 들뢰즈주의자들, 심지어 알튀세르주의자들과 라캉주의자들까지도 포함하는 1970년대 프랑스 사상의 모든 수정주의 경향들이 그러한 정언 대립을 전제하는 것으로 간주될 수 있다고 주장한다. 책 도입부에 이렇게 쓰고 있다. "어디에서나 대중들과 국가라는 쌍으로 계급투쟁을 대체하는 것, 이것만이 중요하다. (…) 이 '철학들'의 정치적 본질은 다음과 같은 원리에, 곧 이 세기의 전 역사에 대한 쓰라린 원한의 원리에 놓여 있다. '국가에 대항한 대중들의 반란이 올바른 것이 되기 위해서는 프롤레타리아계급에 대한 지도를 거부해야 하고, 마르크스주의와의 계약을 백지

---

20) Badiou & François Balmès, *De l'idéologie*, Paris: François Maspero, 1976, p. 53.

화해야 하며, 계급의 정당이라는 발상까지도 증오해야 한다.'"[21] 그래서 그러한 주장의 귀결은 적대적 모순의 전적인 부정이거나 웅장하고 신비에 가까운 이원성의 경험으로 고양되는 초-적대의 득의양양한 인정이다. "그들은 형식적 적대를 꿈꾸고, 이데올로기라는 검만을 맞대고 선둘로 쪼개진 세계를 꿈꾼다. 그들은 자신들이 쉽게 그 보편성을 말하는 반란을 좋아하지만, 현실적 세계가 자체의 역사적 특수성 속에서 맞이하는 변화인 정치에서는 조연에 머문다."[22] 따라서 모순 이론에 대한 마오주의적 재정식화에서는 종종 적대라는 이름을 부여받은 바 있는, 정치의 우위는 좌익주의의 이 첫 번째 형상에서는 자본주의적인 것이든 사회주의적인 것이든 국가라면 모두 억압적 체계로 환원하는 국가 장치에 대한 절대적 이해방식과 관련하여 절대적 반대파나 근본적 외재성에 대한 공준으로 축소되게 된다.

정치를 이해하는 이러한 방식은 그 미학적 외관 형태라 부를 수 있는 수준에서는 흔히 멜로드라마적 연출의 지배를 받는다. 이 말이 뜻하는 바의 일부는 루이 알튀세르의 『마르크스를 위하여』에 수록된 논문들 가운데 아마도 가장 숨 막힐 정도로 뛰어나고 가장 현재성을 지닌 작품에서 찾을 수 있을 것이다. 거기서 알튀세르는 멜로드라마적 의식을 좋은/나쁜 의식의 가짜 변증법으로 정의한다. 알튀세르는 이렇게 말한다. "이런 점에서 멜로드라마는 현실적 조건에 덧씌워진 생소한 의식이다."

21) Groupe Yénan-Philosophie, "État de front", *La Situation actuelle sur le front philosophique*, Paris: François Maspero, 1977, p. 12.
22) Ibid., p. 10.

"그들은 자신의 고유한 방법을 넘어서는 교태를 부림으로써 '민중'이 된다. 이 때문에 그들은 자신들이 강요하는 바의 그런 민중, 민중의 '신화' 속에 있는 민중, 멜로드라마의 향기가 나는 민중이 되는(되지 않는) 모험을 해야 한다."[23] 이러한 현상은 이 세상에서 사르코지와 베를루스코니의 연속극에만 해당되는 것이 아니다. 좌파 역시도 빈자와 힘없는 자 같은 순수 사회세력과, 국가가 보호하는 부자와 권력자의 타락한 기계 사이의 근본적 이접의 형태 속에서 등장하면서 자주 정치에 대한 멜로드라마적 형상화에 빠진다. 2006년 멕시코 선거 기간은 이를 가장 뼈아프게 입증한 것이 됐다. 좌파 후보인 안드레스 마누엘 로페스 오브라도르Andrés Manuel López Obrador는 상대편 펠리페 칼데론Felipe Calderón의 당선에 부정선거 의혹을 제기하기 앞선 몇 달 동안 자신이 펼친 포퓰리즘 담론이 일관되게 비난했던 법적 국가 장치와 선거 관련 국가 장치에 공식 인정을 요구하는 딜레마에 즉각 빠졌다.

나는 19세기 유럽의 멜로드라마적 상상이 갖는 본래의 구실이 프랑스혁명이 야기한 혼란을 도덕적으로 안심시키는 대응이라고 보는 널리 알려진 해석들을 부연하는 차원에서 다음과 같이 주장하고자 한다. 즉, 선과 악의 영원한 투쟁이라는 이미지를 가진 멜로드라마는 공산주의의 혁명적 이상의 이른바 몰락 내지 죽음 이후에 당대의 탈정치 형태

---

23) Louis Althusser, "Le 'piccolo', Bertolazzi et Brecht(Notes sur un théâtre matérialiste)", in *Pour Marx*, Paris: La Découverte, 1996, pp. 139~140; "The 'Piccolo Teatro': Bertolazzi and Brecht. Notes on a Materialist Theatre", in *For Marx*, trans. Ben Brewster, London: Verso, 1990, p. 139. [「피콜로 극단: 베르톨라치와 브레히트(유물론적 연극에 대한 노트)」, 서관모 옮김, 『마르크스를 위하여』, 후마니타스, 2017, 243~244쪽.]

가 좌익 급진주의의 분위기를 낼 수 있게 하는 특권적 장르가 되었다는 것. 극도의 탈정치화와 처참함으로 나타난 이러한 경향의 귀결들은 정치의 도덕화, 즉 이른바 하얀 행진들이라는 당대의 또 다른 현상에 대해 성찰함으로써 측정될 수 있다. 하얀 행진들은 1990년대 이탈리아의 정치부패에 맞선 '깨끗한 손'*mani pulite* 시위보다 더 큰 규모의 시위였다. 1996년 벨기에의 소아성애 반대 '하얀 행진'*witte mars* 시위나 2008년 멕시코시티의 폭력과 불안전에 대항한 행진*marcha*이 그 예다. 여기서 시위 참가자들은 하나같이 천사를 상징하는 하얀 옷을 입거나 아무런 표식이 없는 옷을 입은 채, 관련 사태에 대한 분함, 안타까움, 부끄러움을 큰 소리로 외치거나 아예 침묵으로 나타내거나 한다. 그런데 '시위자들'은 어쩌면 너무 많은 말을 하고 있는 것인지도 모른다. 많은 대중들이 빳빳한 흰색 셔츠를 입고 깨끗한 손을 흔들게 된 원인에는 폭력, 부패, 소아성애같이 누구라도 의심의 여지 없이 그것들에 맞서 목소리를 내고자 할 만한 악의 형태들이 으레 포함되기 때문이다. 사실 이들 시위에 참가할 것을 텔레비전 및 라디오의 공영 채널을 통해 처음으로 시민들에게 요청하는 것은 대개 정부 자신이다. 그렇다면 누가 호명되는가? 이들 나라의 전 역사를 통틀어 가장 큰 단체들을 때때로 동반하여 수도의 거리들을 행진하는 것은 더 이상 고유한 정치적 효과나 분열 효과를 가하지 못하고 있다. 대신에 이러한 사건들은 자기만족에 빠진 양심을 위한 거대한 축제들, 즉 잇따라 나오는 베스트셀러 고백들을 통해 자신들이 1960년대와 1970년대의 젊은 시절에 범한 실수와 과잉행동을 시민사회가 용서해 줄 것을 바라는 모든 '회개한'*pentiti* 좌익주의자들에 대한 사이비 집단적 상응물에 해당하는 볼거리가 된다. 더 정확히 말하면, 우리가 여기서 목격하는 것은 모종의 좌익주의 정치 미학이 정치의 멜로 드라마적 도덕화에 흔히 연루되었던, 1960년대 말부터 시작한 장기 탈정치화 과정의 종점이 아닌가?

랑시에르는 글뤽스만의 『여자요리사와 식인종』*La Cuisinière et le mangeur d'hommes*을 논평하는 와중에 모순 논리에 관한 좌익주의의 멜로 드라마적 묘사에 대해 유사한 독해를 제시한다. "실상 책 전체가 모순의 도식에 따라 조직된다. 한편에는 권력과, 윤리적 강제의 규칙들에 따라 조직화된 주인들(철학자, 왕, 자코뱅, 마르크스주의자 등)의 담론이 있으며, 다른 한편에는 비권력의 계급, 민중, 순수한 관대함, 억압의 탈피라는 유일한 욕망을 표현하는 담론이 있다."[24] 그런데 세상의 가련한 이들과 파시스트 국가권력을 직접 맞세우는 이 단순한 모순은 현실 어디에서도 나타나지 않는다. 민중을 권력에서 배제된 자나 순수 비권력으로 단순히 묘사해서는 안 된다. "권력과 비권력의 갈등은 어디에서도 작동하지 않는다. 모든 곳에서 국가의 과업이 마주하는 것은 민중이 아니라 자체의 규칙, 인정과 민주주의의 형태, 또 배제와 억압의 형태를 가진 계급들, 조합들, 집단들이다."[25] 랑시에르는 1970년대 좌익주의의 전개에 관한 이러한 독해를 통해 중요한 교훈을 이끌어 낸다. "이러한 대립의 교훈은 아마도 이렇다. 프롤레타리아 권력이나 비권력의 순수한 담론은 결코 존재하지 않는다." 랑시에르는 마르크스가 우리에게 남긴 미

---

24) Jacques Rancière, "La bergère au Goulag", in *Les Scènes du peuple*(*Les Révoltes logiques*, 1975/1985), Lyon: Éditions Horlieu, 2003, pp. 317~318. 이 논문 모음집은 전체적으로 프랑스 좌파 및 좌익주의 역사의 재구성을 위한 필수적 구성 요소를 제공하고 있다.

25) Ibid., p. 319.

완의 과제에 대해 다시 귀 기울이면서 다음과 같이 끝맺는다. "마르크스의 사고가 갖는 힘, 그러나 또한 그것의 유지 불가능한 특성은 분명 그러한 모순들을 유지하려는 노력에 있는데, 이 모순들은 이후에 프롤레타리아 권력이라는 치안적 허구나 민중적 비권력의 목가적 꿈에서 해소되어 버리고 만다."[26] 달리 말해 우리의 과제는 도덕적 양심의 멜로드라마적 감각을 위한 엄숙한 외재성으로 모순 논리를 순수화하는 것이 아니라, 권력과 저항, 또는 권력과 비권력이 단일한 매듭으로 함께 묶여서 서로 상대방의 강도를 자양분 삼게 되는 종별적 접합점을 찾는 것에 있다.

이는 현대 좌익주의의 두 번째 거대한 형상으로 우리를 이끈다. 그것의 주요 원천은 바로 권력과 저항 사이의 강한 내재성의 원리, 또는 상호전제의 원리에 놓여 있다. 달리 말해 이 형상은 근본적 단절의 사상을 상정하는 대신에 자본주의 내부로부터 공산주의의 잠재적 외형을 그려 낼 것을 제안한다. 우리는 다음과 같이 말할 수도 있겠다. 즉, '현존' 공산주의의 타락한 형태에 맞서는 좌익주의의 이러한 틀은 마르크스·엥겔스와 한목소리로 공산주의 운동의 조건들은 현존하는 전제로부터 생겨난다고 주장하면서, 현실의 현재 상태 내에서 '잠재적으로 존재하는' 공산주의의 윤곽을 따라간다. 이 두 번째 형상도 확고한 정통

---

26) Ibid. 랑시에르는 "유지 불가능한"(intenable) 것을 "유지"(tenir)하는 것의 난점을 표현하기 위해 프랑스어로 언어유희를 하고 있다. 해당 저서의 서문인 "Préface: Les gros mots"도 참조할 것. "인민, 노동자, 프롤레타리아 등과 같은 너무나도 거대한 말들을 유지한다는 것은 그것들이 지닐 자기와의 차이를 유지하고, 그러한 차이가 제공하는 불일치의 발명 공간을 유지한다는 뜻이었다." Ibid., p. 16.

의 인증서를 제시할 수 있다. 우리는 "근대 산업의 발전"이 어떻게 해서 "부르주아가 생산물을 생산하고 전유하게 만드는 그 기초를 그의 발밑에서부터 허물어뜨리는지", "따라서 부르주아가 생산한 것이 무엇보다도 그 자신의 무덤을 파는 자가 되기"에 이르는지를 묘사하는 『공산당 선언』의 널리 알려진 구절 말고도, 『정치경제학 비판을 위하여』의 그 유명한 1859년 서문을 떠올릴 수 있다. 이에 따르면,

> 상위의 새로운 생산관계는 자신의 물질적 실존 조건들이 이전 사회의 태내에서 부화하기 전까지는 결코 등장하지 않는다. 그러니까 늘 인류는 자신이 해결할 수 있는 문제만을 제기한다. 왜냐하면 사정을 좀더 자세히 살펴보면, 과제는 그 해결의 물질적 조건이 벌써 존재하거나 최소한 형성 과정 중에 있어야지만 제기된다는 점을 알 수 있기 때문이다.[27]

자본주의의 무덤이 실제로는 없다는 것에 대한 보상이기도 한 이 구절은 정통과 이단의 해석 더미들에 계속 묻혀 있었다.

이런 점에서 가장 웅변적인 구절은 마르크스가 루게에게 보낸 그 빼어난 편지의 다른 곳에서 발견될 수 있다. 그것은 새로운 사회를 위한 조건들이 어떻게 이전 사회 안에 벌써 현존하는지를 보여 준다. "의식 개혁은 **오로지** 세계 자신의 고유한 의식을 세계 스스로가 자각하도

---

27) Marx, "Preface", *A Contribution to the Critique of Political Economy*, in Marx & Engels, *Collected Works*, vol. 29, p. 263. [『정치경제학 비판을 위하여』, 김호균 옮김, 중원문화, 2017, 10쪽.]

록 만드는 것, 세계가 스스로에 대해 꾸고 있는 꿈에서 깨어나도록 하는 것, 세계 고유의 활동의 의미가 그 세계 자신에게 **해명하는** 것으로 이뤄집니다." 마르크스는 자신의 동료에게 이처럼 써 보내면서 얼마 안 있어 청년헤겔학파와의 이론적·정치적 관계를 단절하게 된다.

> 이제부터 분명하게 되는 것은 세계가 오래전부터 어떤 사태에 이르는 꿈을 가지고 있었다는 점, 세계가 현실적으로 그러한 사태에 정통하기 위해서는 그 사태에 대한 의식에 정통하는 것으로 충분하다는 점입니다. 관건은 과거와 미래 사이의 커다란 정신적 구분선을 그리는 데 있지 않고 과거의 생각들에 대한 **실현**에 있음이 분명해질 것입니다. 요컨대 인류가 **새로운** 일을 시작하는 게 아니라, 의식 속에서 자신의 오래된 일을 달성하는 것임이 분명해질 것입니다.[28]

이제 이 내재성의 시나리오에 따른 시간의 이미지에 대응되는 것은 절대적 단절이나 절단의 신학적·신화적 통념이 아니라, 역설적 주름이라는 통념이다. 문제는 일체의 중간 단계들을 뛰어넘음으로써 앞질러 가는 것이 아니라 옛것에서 뒤틀려 나온 새것을 포착하는 것이다. 니체식의 위대한 정치를 따라 이전과 이후 사이의 거대한 정신적 구분선으로 인류의 역사를 둘로 쪼개는 것이 아니라, 기존의 상황 안에 잠복된 반목적성들을 찾아내 그것들을 일깨우고 그것들이 가진 저항, 전복, 해

---

28) Marx, "Letters from Deutsch-Französische Jahrbücher", p. 144. [『『독불연보』에 실린 편지들』, 『마르크스의 초기 저작』, 330~331쪽.]

체의 잠재력에 힘을 부여하는 것이다.

실제로 우리는, 적대에 대한 멜로드라마식 정화淨化와 궁극적인 탈-정치화——이는 '하나가 둘로 나뉜다'는 [마오의] 원칙에 대한 터무니없는 변형에 기반을 두고 있다——이후에, 좌익 공산주의의 두 번째 형태의 철학적 원천으로서 순수한 내재성이 역설적이게도 다른 마오주의의 원칙, 즉 '압제가 있는 곳에 반란이 있다'[29]라는 원칙에서 자신의 지주를 발견하는 것을 알 수 있다. 더 정확히 말하면, 이런 지향에서 보면 반란은 존재론적으로 압제에 선행한다고 말할 수 있다. 권력과 반란에 대한 이런 역설적인 추론 방식을 우리는 미셸 푸코, 들뢰즈, 안토니오 네그리에서 다른 형태로 찾을 수 있다. 들뢰즈는 푸코에 대한 책에서 "더욱이, 권력에 대해 결정적인 것은 저항이 먼저 온다는 것"이라고 쓴다. 그리고 "연결된 그 점들 외에 창조성의 요소, 돌연변이, 저항 등 다른 상대

---

29) 알랭 바디우, 「하나가 둘로 나뉜다」, 『세기』, 115~130쪽을 보라. 가타리와 네그리 역시 『자유의 새로운 공간』에서 "반역할 만한 이유가 있다"(造反有理)는 마오의 구호를 인용한다. 『자유의 새로운 공간』, 103쪽. 다른 책에서 마이클 하트와 네그리는 또 다른 마오의 지침을 아주 자유롭게 원용한다. "중국 혁명가들의 아름다운 반유교적(그리고 반플라톤적) 정식에 따르면, 둘이 하나로 합성되는 것이 아니라, 하나가 둘로 개방되는 것이다." Michael Hardt and Antonio Negri, *Empire*, Cambridge: Harvard University Press, 2000, p. 48[안토니오 네그리·마이클 하트, 『제국』, 윤수종 옮김, 이학사, 2001, 86쪽]. 여기서 이 두 사람이 '하나가 둘로 나뉜다'는 정식을 자유롭게 활용하는 방식은 들뢰즈와 가타리가 이 문장을 창조적으로 재서술했던 것을 상기시켜 준다. "하나가 둘이 된다. 이 공식을 만날 때마다, 설사 그것이 마오쩌둥에 의해 전략적으로 언표된 것이고 세상에서 가장 '변증법적으로' 파악된 것이라 할지라도 우리는 가장 고전적이고 가장 반성되고 최고로 늙고 더없이 피로한 사유 앞에 있는 것이다." Gilles Deleuze and Félix Guattari, *A Thousand Plateaus: Capitalism and Schizophrenia 2*, trans. Brian Massumi, Minneapolis: University of Minnesota Press, 1987, p. 5[『천 개의 고원』, 김재인 옮김, 새물결, 2000, 15쪽]. 두 경우 모두 일차적으로 겨냥하는 것은 분할의 사유로서의 변증법의 폭력을 반변증법적인 생성 내지 개방의 과정으로 묽게 만드는 것인 듯 보인다.

적으로 자유롭거나 속박에서 벗어난 점들을 포함하지 않는 도표는 없다. 그리고 우리는 전체를 이해하기 위해 이것들에서 시작해야 한다."[30] 바디우 자신은 들뢰즈와 가타리의 공저『자본주의와 정신분열증』에 대한 그의 초기 비판에서 문화대혁명의 지도 원칙 중 하나와의 이러한 연관성을 지적하면서 다음과 같이 마오 주석을 인용했다. "압제가 있는 곳에 반역이 있다. 하지만 반역의 시간에 압제의 운명에 대한 판결을 내리는 것은 바로 반역 자신이지 다른 것이 아니다."[31] 진정한 해방의 사상가들의 그림자에 한 발 디뎠을 때도 그 너머로 나간 적이 없는 글뤽스만조차도『여자요리사와 식인종』에서 이 원칙을 자신의 것으로 만들었다. "태초에 저항이 있었다."[32] 하지만 성서의 구절과도 비슷한 이러한 표현 바꾸기가 우리에게 예언했을 수도 있는데, 이 신철학자는 저항의 우선성에서, 공포를 불러일으키는 국가가 보여 준 압도적으로 억압적인 권력으로 빠르게 주의를 돌렸다. 바디우는 작고한 프랑수아 발메 François Balmès와 함께 쓴『이데올로기에 대하여』에서 다음과 같이 주장했다. "이것이 글뤽스만의 정치적 결론들이 매우 실망스러운 이유이다. 그는 우리에게 '국가가 끝나는 바로 그곳에서 인간 존재자가 시작한다'고 말했지만, 국가를 상대로 한 대중의 전투에서 그는 음울한 지속의 반복, 끝없는 [대립의] 존속만을 볼 뿐, 이 지속되는 힘의 축적 속에서 어

---

30) Gilles Deleuze, *Foucault*, Paris: Minuit, 1986, pp. 95, 51. [『푸코』, 허경 옮김, 그린비, 2019, 152, 81쪽.]

31) Badiou, "Le flux et le parti", in *La Situation actuelle sur le front philosophique*, François Maspero, 1977, p. 25.

32) André Glucksmann, *La Cuisinière et le mangeur d'hommes*, Paris: Éditions du Seuil, 1975, p. 21.

떤 성취라도 나타내는 곳이 없다. 그의 글을 읽고 있으면 인간 존재자가 시작할 준비가 되어 있지 않은 것처럼 보인다."[33] 또한 자본주의 국가가 종말을 맞이할 어떤 실질적인 위기도 없는 것처럼 보이는데, 이는 과거 좌익 급진주의에 공통적인 이데올로기적 전향 —— 라르드로와 크리스티앙 장베는 이러한 표변의 행동 원리를 연구한 바 있다 —— 을 통해 글뤽스만 같은 사람들은 워싱턴 컨센서스와 그것에 대한 유럽의 호전적인 동맹국들을 신속하게 지원하려고 했기 때문이다.

그에 반해 우리가 순수하게 내재적인 좌익 공산주의라고 부를 수 있는 것에 대한 가장 분명한 관점은 안토니오 네그리가 가타리와의 첫 번째 공저 및 마이클 하트와의 또 다른 공저에서 발전시켰다. 네그리는 『자유의 새로운 공간』에 부친 「후기」에서 『공산당 선언』의 논의를 이어받아 다음과 같이 쓴 바 있다. "공산주의는 오늘날의 자본주의 그리고/또는 사회주의 사회 안에서, 생산에서의 협업에 전념하는 은밀한 질서의 형태로 이미 생생하게 존재하고 있다." 그에 따르면 "마르크스가 우리에게 가르치듯이, 공산주의는 계급 적대로부터, (부르주아적 형태를 띠는 것이든 사회주의적 형태를 띠는 것이든 간에) 노동과 노동의 조직화 양자 모두에 대한 거부에서 직접적으로 태어난다."[34] 그리고 하트와 네그리의 공저는 어떠한 변증법적 조정이나 지양 없이 제국의 권력과 지배력 안에 이미 현존하는 다중의 저항의 이러한 가능성의 가장 위대한

---

33) Badiou and François Balmès, *De l'idéologie*, Paris: François Maspero, 1976, pp. 52~53.
34) Negri, "Postscript, 1990", trans. Jared Becker, in *Communists Like Us*, pp. 166 and 168. [「1990년 영어판 발문」, 『자유의 새로운 공간』, 47, 48쪽.]

표현이다. 다시 말하면, 모든 질서에 대한 구성적 외부의 논리의 이런저런 판본에 의지하는 대신 권력과 저항의 관계는 내재적 가역성의 견지에서 인식되어야 하는 것이다. 권력은 위로부터 대중들 내지 평민들을 억압하는 괴물과 같은 리바이어던이나 전체주의적 강제수용소 같은 것이 아니며, 또한 저항은 투쟁의 외재적 접합 지점으로서 가장 약한 고리에 의존해야 하는 것도 아니다. 그 대신 권력과 저항은 단일한 뫼비우스 띠의 양쪽 면으로 나타난다. 중요한 것은 충분하게 멀리 밀어붙여서 슬그머니 자신이 타자가 되게끔 만드는 것이다. "다중은 자신의 대항 의지와 해방을 향한 욕망 속에서, 제국을 뚫고 나가 반대편에 도달해야 한다."[35] 그러므로 새로운 제국적 질서 내부에 있는 이러한 다중의 잠재적 역량을 인지하기 위해서는, 절대적 내재성의 원리에 더하여, 들뢰즈와 푸코가 이미 정의한 바 있는 저항의 존재론적 우선성의 원리를 채택하는 것이 필요하다.

어떤 관점에서는 제국은 새로운 리바이어던으로서 분명히 다중 위에 있고 다중을 자신이 지배하는 기계의 규칙에 종속시킨다. 그러나 동시에 사회적 생산성과 창조성의 관점, 우리가 존재론적 관점이라고 불러 온 것에서는 위계가 전도된다. 다중은 우리 사회 세계의 실질적인 생산력인 반면, 제국은 다중의 생명력에 기생할 뿐인 단순한 포획 장치 ─ 마르크스가 말했듯이 산 노동의 피를 빨아먹어야만 생존하는

---

35) Hardt and Negri, *Empire*, p. 218. [『제국』, 293쪽.]

축적된 죽은 노동의 흡혈귀 같은 체제 —— 이다.[36]

이렇게 하여 제국적 지배의 논리 내부에서 그리고 그 논리에 맞서, 마치 사진의 음화와도 비슷하지만 그러나 내부의 외부라는 익숙한 변증법적인 토포스는 전혀 허락하지 않는 가운데, 다중의 유령이 불가피하게 생겨나게 된다. 사실 제국은 결코 다중의 창조적 유동성과 욕망을 포획하고 통제하려는 불가능한 기획 이상이었던 적이 없으며, 따라서 다중에 구성적인 활력은 구성된 권력을 대신하는 모든 매개의 시도들 —— 시장과 세계화의 견지에서 이루어지는 것이든 아니면 인민이나 근대 국가의 견지에서 이루어지는 것이든 간에 —— 에 선행하여 고려되어야 한다. 이 고갈되지 않는 [다중의 역량이라는] 원천에서 분출하는 것은 멜로드라마식의 양심이 아니라 하트와 네그리식 유물론을 특징짓는 명명백백한 정치적·존재론적 낙관주의다. "제국을 지탱하는 다중의 창조적 힘은 또한 대항 제국, 즉 전지구적인 흐름과 교환에 대한 대안적인 정치 조직을 자율적으로 구성할 수 있다."[37] 권력과 저항 사이의 내재적 가역성의 원리에 토대를 둘 경우 우리는 자본주의가 더 많을수록 공산주의가 생겨날 가능성이 더 많다고 결론내려야만 할지도 모른다. "아마도 자본이 생산과 통제의 전지구적인 네트워크를 확장하면 할수록, 반역의 어떤 특이점도 더욱 강력해질 수 있을 것이다."[38] 결국 우리는 익

---

36) Ibid., p. 62. [같은 책, 102쪽.]
37) Ibid., p. xv. [같은 책, 20쪽.]
38) Ibid., p. 58. [같은 책, 97쪽.]

숙한 도식 안에 여전히 머물러 있게 되는데, 이 도식은 봉기 및 내재성의 순수한 잠재력을, 마찬가지로 순수한 초월성의 권력 및 기성 질서와 대비시킨다. 단, 지금은 이 두 가지 극단이 완전히 유물론적이고 비변증법적인 도식 안으로 포개진다는 점만 다를 뿐이다.

요컨대, 한편으로 모종의 좌익적인 구마오주의자들의 변절이 둘로 쪼개진 세계의 멜로드라마를 재생시킨다. 이는 "하나가 둘로 나뉜다"가 아니라, '선한' 대중들과 '악한' 강제 수용소 사이의 절대적 외재성과 불일치의 원리에 기반을 둔 '2 곱하기 1'이다. 다른 한편으로 우리는 서로 뒤집힐 수 있는 동일한 한 동전의 양면처럼 권력과 저항, 자본주의와 공산주의, 또는 심지어 제국과 다중 사이의 내재적 가역성에 토대를 둔 좌익 공산주의를 발견하게 된다. 이렇게 되면 더 이상 외부는 존재하지 않게 되지만, 미리 구성되어 있는 내부라는 안전한 피신처도 존재하지 않는데, 왜냐하면 내부와 외부는 모두 낡은 변증법 —— 새로운 전지구적 질서 속에서는, 노망든 것은 아니겠지만 과거를 그리워하는 퇴행의 형태로만 존속할 뿐, 이제는 완전히 쓸모없게 된 —— 의 미망적인 양극에 불과하기 때문이다. "세계 배후의 세계", 관념론적이고 유토피아적인 또는 초월적인 배후세계에 의지하지 않고서도 "다른 세계는 가능하다". 만약 이러한 관점에서도 여전히 둘이라는 것이 존재한다면, 이는 더 이상 분할이 아니라, 시간 그 자체 내의 작은 주름이 접히고 펼쳐지는 것만으로 충분할 것이다. 또한 우리는 이렇게 말할 수도 있을 텐데, 지금까지 철학자들은 다양한 방식으로 공산주의를 유토피아적 이상 내지 미래 지평으로서 구축하고자 시도해 왔을 뿐이다. 하지만 중요한 것은 공산주의를 현재의 상태 내에서 이미 작업하고 있는 것으로 표현하는 것이다.

현재의 상황과 우리의 과제 또는 코차밤바[39)]의 공산주의?

그리하여 좌익 공산주의와 기초 마르크스주의 사이의 투쟁을 훑어보고 나니 모든 것이 다음의 상황을 나타내는 것처럼 보일 수 있다. 즉 자본주의적 의회주의와 정당-형태 정치 일반의 전 세계적인 위기로 특징지을 수 있는 시대에 남아 있는 모든 것은 '순수한' 공산주의, 즉 지금은 악명 높은 이름인 마르크스, 레닌, 스탈린, 마오를 들먹였던, 역사적으로 남부끄러웠던 모든 관계로부터 정화된 좌익주의의 무제한적이고 자발적인 긍정적 에너지이다.

한 가지 사례를 들면, 바디우는 1982년에 출판된 『주체의 이론』에서 여전히 계급투쟁, 프롤레타리아독재, 혁명과 나란히 공산주의를 ── 라캉의 세미나 제목 중 하나를 농담조로 암시하면서[40)] ── 그가 "마르크스주의의 네 가지 근본 개념들"이라고 부른 것에 포함시켰다. 그러나 이 네 가지 근본 관념들 중에서 공산주의의 관념만 간직되고 있다면, 더욱이 그것이 플라톤적 혹은 칸트적인 **이념**의 지위로까지 올라간다면, 무슨 일이 일어날까? 이 공산주의의 '**이념**'을 여전히 정치로서의 마르크스주의의 역사와 이론에 정당하게 결부시킬 수 있을까? 더 일반적으로 말하면, 정치가 역사적으로 마르크스주의에 준거할 수 있었던 시퀀스가 닫혔다고 혹은 포화되었다고 간주한다면, 정치의 정당-형태

---

39) [옮긴이] 코차밤바(Cochabamba)는 볼리비아 중부의 도시다.
40) [옮긴이] 자크 라캉, 『자크 라캉 세미나 11 : 정신분석의 네 가지 근본 개념』, 맹정현·이수련 옮김, 새물결, 2008.

와 국가의 형상이라는 두 가지로부터 공산주의 가설을 완벽하게 분리하자는 바디우의 최근 주장을 우리는 어떻게 받아들여야 할까?

실제로 바디우는 공산주의와 국가라는 물음과 관련하여, 이 두 가지를 완전히 분리하는 것이 시급하게 필요하다고 본다. 그는 소련 붕괴 후에 출간된 『모호한 재앙에 대하여』에서 "주체성의 수준에서 공산주의들의 구체적인 역사(나는 공통의 정체성, 즉 체제 쪽이든 반체제 쪽이든 당, 집단, 그리고 투사들에게 공통의 정체성이 존재한 이 시대를 이렇게 지칭한다)는 무작위적 객체화로서만 도움이 될 뿐인 '지상낙원의' 국가에 의존하지 않는다"고 쓴 후에, "좀 더 강력하고 단순한 가설이 존재한다. 즉 공산주의들의 정치적이고 따라서 주체적인 역사는 본질적으로는 그것들의 국가적 역사로부터 분리되어 있다"고 덧붙인다.[41] 사실 이 견해의 싹은 『주체의 이론』에서 이미 움트고 있었다. 『주체의 이론』에서는 마오주의 및 특히 문화대혁명에 대한 결합된 경험이, 사회주의 국가에 대한 준거를 통해 공산주의를 보증하는 것에 결정적인 종지부를 찍었

---

41) Badiou, *Infinite Thought*, pp. 136~137. 다른 곳에서, 『라카니안 잉크』(*lacanian ink*)에 (매우 조악한 번역이지만) 번역되어 있는 『모호한 재앙에 대하여』(*D'un désastre obscur*)의 다른 구절에서 바디우는 정치와 국가의 분리의 일반적 원리에 대해 언급한다. "이제 정치가 철학의 조건인 한에서 정치는 진리의 주체적 절차이다. 그것은 국가를 일차적 쟁점으로도 자신의 구현물로도 간주하지 않는다." "사유의 결단과 위험을 무릅쓴 집단적 참여로 이루어진 정치의 역사는, 거듭 말하지만, 국가의 역사와는 완전히 다르다." *D'un désastre obscur*, pp. 54~55; "Of an Obscure Disaster", trans. Barbara P. Fulks, *lacanian ink* 22, 2003, pp. 85~86. 이 화두에 대해 네그리는 바디우에게 완전히 동의한다. "국가는 차가운 괴물, 그 모조물에 스스로를 내던지는 사람들로부터 활력을 끌어내는, 끝날 기미가 없는 고통에 시달리는 흡혈귀일 뿐이다." "공산주의가 싸우는 것은 행정적 기능, 제도적 기관, 정상화와 방해의 집합적 수단, 미디어 등을 갖춘, 자본주의 국가 그리고/또는 사회주의 국가에 의해 부과되는 보수적이고, 비열하며, 억압적인 모든 유형의 재영토화이다." Negri, "Postscript, 1990", in *Communists Like Us*, pp. 144~145, 140~141[『자유의 새로운 공간』, 156, 153쪽] 참조.

다고 회고적으로 평가된 바 있다. 바디우는 "우리는 선언한다. 사회주의적 국가이든 아니든 간에, 또한 국가가 행동의 이해를 위해 불변적으로 필요하다고 간주되지만, **국가는** 공산주의의 주체적 실행과 관련해서는 아무것도 보증하지 않는다"고 쓴다.

이와 정반대의 것을 믿으려면 이 사회주의 **국가를** 하나의 예외로서 ── 자신의 사멸을 스스로 알고리즘화할 수 있는 예외상태로서 ── 상상해야 한다. 반면, 레닌은 사회주의 국가를 포함한 그 어떤 근대 국가도 본래적으로 부르주아적이며, 그래서 공산주의적 위상학과 관련해서 말하면, 구조와 장애물의 범주에 속한다는 것을 이미 알고 있었다.[42]

이는 또한 공산주의를, 점점 더 멀어지는 공산주의 사회로의 이행으로서 사회주의라는 문제설정과 관련된 일체의 것으로부터 분리하기 위해 커다란 주의를 기울여야 함을 의미한다. 바디우는 『주체의 이론』의 서두에서부터 대담하게도 "사회주의는 실존하지 않는다. 그것은 자본주의와 공산주의의 모순이 다소나마 해명되게 된 새로운 조건들이 불분명한 채 묶여 있는 상태에 주어진 이름이다"고 선언하고, "마르크스주의에 중요한 점이 있다면, 이는 또한 20세기가 지겹도록 확인한 점

---

42) Badiou, *Theory of the Subject*, trans. Bruno Bosteels, London and New York: Continuum, 2009, p. 235. 네그리도 이렇게 쓴다. "국가주의적인 교활하고 추잡스러운 온갖 조작과 지치지 않고 싸워야 한다. 국가주의와 코포라티즘은 자율성과 특이성의 발전에 대한 똑같은 장애물의 두 가지 얼굴이다." *Communists Like Us*, p. 116. [『자유의 새로운 공간』, 137쪽.]

이기도 한데, 그것은 '사회주의'라는 물음, '사회주의 건설'의 물음을 결코 부풀려서는 안 된다는 것이다. 중대한 사항, **정확한** 사항은 공산주의이다. 이 때문에, 처음부터 정치가 국가보다 우월하고, 국가로 환원될 수 없는 것이다"라고 계속 쓰고 있다.[43]

　　다른 한편, 바디우는 레닌주의 당에 대해서 그의 저서 『사르코지는 무엇에 관한 이름인가?』의 마지막 장 — 이 부분은 『뉴레프트리뷰』에도 게재되었다 — 을 공산주의의 **이념**의 역사를 개괄함으로써 글을 마무리하고 있다. 이 시기 구분 — 이것의 대부분의 요소는 이미 『주체의 이론』에서, 단어 하나하나를 모조리 찾아낼 수 있다 — 에서는 정치 조직화의 당-형태가 국가 이론, 게다가 당이 국가로부터 떼려야 뗄 수 없게 된 것 같은 국가 이론을 부정적으로 평가하는 것과 같은 정도로, 극히 중요하다고 간주된다는 점을 알 수 있다. 바디우는 "당은 약화된 반동적 체제를 전복하는 데에는 적합한 도구였으나, 마르크스가 의도한 의미에서의 '프롤레타리아트 독재'의 건설, 즉 비국가로의 이행과 국가의 변증법적인 '사멸'을 조직하는 일시적인 국가의 건설에는 잘 적용될 수 없다는 것이 입증되었을" 뿐 아니라, "당-국가는 권위주의의 새로운 형태로 발전되었다"고도 주장한다.[44] 당과 당이 충족시킬 것이라고 기

---

43) Badiou, *Theory of the Subject*, pp. 7~8. 또다시 네그리는 똑같은 원리를 거의 동일한 용어로 긍정한다. "'사회주의'와 '공산주의'를 구별할 필요성이, 이제 다시 한 번 명백해지고 있다. 하지만 이번에는 둘의 경계가 흐릿하기 때문이 아니라, 둘이 그토록 대립되기 때문이다. 사회주의는 경제와 권력의 자본주의적 관리·운영에 의해 취해진 형태들 중 하나에 다름 아닌 반면, 공산주의는 절대적으로 급진적인 정치경제적 민주주의와 자유에 대한 지향이기 때문이다." *Communists Like Us*, p.167. [『자유의 새로운 공간』, 47쪽.]

44) Badiou, "The Communist Hypothesis", *New Left Review* 49, 2008, p. 36.

대되었던 임무 사이의 일치가 이루어지지 못한 결과로 인해, 1917년 10월부터 1976년에 이르는 시퀀스가 종언될 무렵에 이루어진 공산주의 가설의 마지막 역사적 실현[문화대혁명과 5월혁명]은 1848년의 반란부터, 혹은 심지어 1792년의 프랑스혁명부터 1871년의 파리 코뮌에 이르기까지의 첫 번째 시퀀스의 궤적 속에서 미해결 상태로 남겨진 [조직화라는] 문제를 해결할 수 있었던 당-형태 그 자체를 겨냥하고 있었다. 바디우가 "두 번째 시퀀스의 마지막 거대한 경련 — 문화대혁명과 가장 넓은 의미에서의 68년 5월 — 은 당의 부적절함에 대처하려고 하는 시도였다고 이해할 수 있다"[45]고 주장하는 것은 이런 의미다.

그렇지만, 거듭 말하건대, 공산주의적 불변항들의 직접적 실행인 대중들의 자율적 행동(하지만 이번에는 국가에 **반대하는** 것이 아니라 국**가로부터 거리를 둔 행동**)을 가능케 하기 위해, 모든 전통적 매개항 — 레닌의 기초 마르크스주의를 이용하면, 당, 조합, 의회 및 그 밖의 선거-민주주의적 메커니즘 혹은 타협 형성체 — 이 공제되거나 도려내진 공산주의 가설로부터 우리는 무엇을 만들어 낼 수 있을까?

바디우는 1976년에 발간한 소책자 『이데올로기에 대하여』에서 이

---

45) Ibid. 『주체의 이론』에서 바디우는 유사한 시기 구분을 제시했다. "레닌주의 당은 국가와 혁명의 모순에 완전히 새겨진 문제에 대한 역사적 답변이다. 그것은 승리를 거둔 파괴를 다룬다. 그러면 국가와 공산주의의 모순과 관련된 이 당에는, 국가 — 및 계급 — 가 더 이상 파괴되어서는 안 되지만, 이행의 결과를 통해서, 사멸해야 하는 과정과 관련된 이 당에는 무엇이 일어날 것인가? (…) 당에 이르렀을 때에는, 레닌주의의 영역에는 공산주의의 문제가 들어설 그 어떤 실제 장소도 남아 있지 않다. 당의 업무[장사]는 국가이며, 적대적 승리이다. 문화대혁명은 이 존재할 수 없는 장소의 강압을 시작한다. 그것은 마르크스주의적 실천의 전체 영역을 재탕하기 위한 '새로운 유형의 당', 포스트-레닌주의 당, 공산주의를 위한 당이라는 이름으로 우리를 초대한다." *Theory of the Subject*, p. 205.

데올로기적인 반反-소유, 반-권위, 반-위계라는 원리들을 순환 집합으로 하는 공산주의적 불변항들이라는 관념을 처음으로 도입했다. 하지만 이처럼 공산주의 가설을 최초로 소개했을 때 품고 있던 목적 중 일부는, 이데올로기 수준에서의 공산주의적 불변항들과, 새로운 종류의 당에 의해 조직되는 다양한 계급적 행위자들(이들은 정치의 수준에서 이 불변항들을 상이한 정도로 실현하는 데 성공했다) 사이의 역사적 변증법에 대한 호소 역시 포함하고 있었다. 그런데『주체의 이론』에 수록된 마지막 세미나와『사르코지는 누구인가?』사이에서 공산주의 가설은 대중, 계급, 당의 변증법을 점점 더 상실하고, 그리하여 문제의 **이념**이 다시 한번 그 순수하게 유적인 불변성의 적나라한 아름다움 속에서 나타나게 되었다. 즉 강제적인 국가에 반대하는, 혹은 거리를 둔 자율적 대중행동으로서 나타나게 되었다. 바디우의 말로 하면, "공산주의 가설은 평등에 관한 순수한 **이념**으로서 국가가 실존하게 되었을 때부터 실천적인 상태에 존재했다는 것은 의심할 여지가 없다. 대중 행동이 평등주의적 정의의 이름으로 국가의 강제에 대립하자마자, 공산주의 가설의 기초 또는 그 단편이 등장하는 것을 볼 수 있다."[46] 68년 5월 및 그 마오주의적 여파가 불러일으킨 결과는 오로지 국가로부터 공산주의의 분리를 고조시킨 것이었다. 바디우는 "68년 5월, 특히 그것에 뒤이은 5년 동안에는, 진정한 공산주의 가설, 즉 항상 국가와의 거리를 유지한다는 가설을 긍정

---

46) Badiou, *De quoi Sarkozy est-il le nom?*, Circonstances, 4, Paris: Lignes, 2007, p. 133 ; *The Meaning of Sarkozy*, trans. David Fernbach, London and New York: Verso, p. 100(나는 이따금씩 번역을 수정했으며, 정치적 국가와 주어진 상태를 구별하기 위해 국가는 볼드체로 표기했다).

하는 새로운 시퀀스가 시작되었다"고 쓰고 있다.[47] 그렇다면, 우리는 레닌뿐 아니라 아이러니하게도 바디우 자신도 30년 전에 진단을 내린 바 있는 좌익 공산주의의 도식으로 되돌아가는 게 아닐까?

물론 이 테러와 위기의 시대, 테러로서 위기의 시대에 좌익주의는 항상 매력적인 윤리-도덕적 고지高地를 제시해 준다. 사실, 좌익주의적 가설의 호소력은 패배의 내면화의 결과인 동시에 회개와 배교背敎라는 시나리오를 우회하려고 한 결과일 것이다. 발호하는 보수주의와 직설적인 반동적 정책이 세계를 석권하고 있는 상황에서, 정치적 조직화의 새로운 형태가 결여되어 있거나 불충분하게만 규명되었을 때, 가장 매혹적으로 비치는 태도는 급진적인 좌익 관념론(이상주의)idealism의 태도다. 달리 말하면, 좌익주의는 오늘날 공산주의의 아름다운 영혼[헤겔]으로서 나타나고 있다. 이 영혼이 없는 공산주의라는 **이념**은 아마 빈껍데기, 보는 자를 진정시키기 위해 방부 처리되고 미라가 된 시체는 아닐지라도, 허울뿐인 신체에 지나지 않는다.[48] 거꾸로 말하면, 조직화의 문제

---

47) Ibid., p. 136(p. 102). 분명히 런던 콘퍼런스 마지막 날 뚜렷하게 표면화된 논쟁의 일부에 응하기 위해 나중에 구두 발표문에 가필된 판본에서 바디우는 다음과 같이 논함으로써 국가의 문제를 직접 다루고 있다. 즉 정치, 역사, 주체성 사이의 이데올로기적 삼각형으로서의 공산주의의 이념은 "항상 국가의 권력으로부터 공제[뺄셈]되는 정치의 현실적인 것을 '다른 국가'라는 역사적 형상 위에 투사할 수도 있을 것이다. 다만 국가의 본질이 사멸하는 것인 한, '그 다른 국가'가 국가의 권력으로부터, 따라서 그 자신의 권력으로부터 공제된다는 의미에서, 공제가 이 주체화라는 조작에 내재적이라는 점을 인정한다면 말이다." 그리고 더 나아가 이렇게 덧붙인다. "그렇기 때문에 현대의 공산주의의 이념의 내용 중 하나 —— 새로운 국가의 작업에 의해 달성되어야 할 목표로서의 공산주의라는 주제에 반하는 그것 —— 는 국가의 사멸이 모든 정치적 행동에서 가시적인 원리(그것은 국가에 직접 포함되는 것, 국가가 요구하는 모든 신용의 요구, 모든 선거에 대한 참가 등을 의무적으로 거부하는 '국가로부터 거리를 둔 정치'라는 정식에서 나타나고 있다)가 되어야 한다는 점이다." *L'Hypothèse communiste: Circonstances*, 5, Paris: Lignes, 2009, pp. 195~196 and 201~202.

가 제기될 때마다 당 규율, 단순한 경제주의와 사회민주주의적 개량주의에 대한 비판, 모험주의에 대한 비판 같은 레닌주의의 낡은 유령들이 추악한 그 고개를 다시 한 번 쳐들고 나오게 된다. 사회 운동과 당 조직, 아나키즘과 국가주의 사이의 교착상태와 더불어, 좌익 공산주의에 대한 레닌의 팸플릿을 출발점으로 삼는다는 오류를 저지른다는 의미에서 우리는 처음부터 실패했다고 말할 수 없을까?

우리 시대의 또 다른 주요 사상가, 즉 2005년 볼리비아 대통령 선거 때 에보 모랄레스Evo Morales의 부통령 후보였고, 현재 볼리비아의 부통령인 알바로 가르시아 리네라Álvaro García Linera ── 그는 전복 활동 혐의로 1990년대에 경비가 삼엄하기로 으뜸가는 촌초코로Chonchocoro 교도소에 투옥되었을 때, 콰난치리Qhananchiri라는 필명으로 집필한 『숨은 악마와 혁명의 계기들』*De demonios escondidos y momentos de revolucion*과 『가치형태와 공동체 형태』*Forma valor y forma comunidad*를 필두로 하는, 마르크스 및 마르크스주의에 관한 중요한 책의 저자일 뿐 아니라, 아르헨티나에서 『평민의 역량』*La potencia plebeya*이라는 제목으로 몇 개월 전에 출판된, 정치·사회학 문헌 선집의 저자이기도 하다 ── 의 이론적 저작으로 향함으로써 이 교착상태에 대한 주장의 배후에 있는 전제들 중 몇 가지를 검토하고자 한다.

우선 첫째로, 바로 『평민의 역량』이라는 이 제목이 앞서 말한 좌익주의의 두 가지 형태 모두에 크게 빚지고 있다는 것을 나타내는 듯하

---

48) [옮긴이] 보스틸스는 여기에서 공산주의의 혼=이념이 그 신체=조직과 일체라고 말한다. 또한 미라가 된 육체란 아마 레닌의 묘에 놓인 레닌의 방부 처리된 사체를 가리키는 것 같다.

다(덧붙이면 가르시아 리네라는 이 저작 중 몇 곳에서 그가 분파적, 파국적, 혹은 신비적인 '사이비 좌익'pseudoizquierdistas이라고 부르는 사람들에게 집중적으로 펀치를 날리고 있는데, 이는 그가 암묵적으로 자신을 추정컨대 '진정한' 좌익주의자로 정체성 규정을 하고 있음을 입증해 준다).[49] '평민'plebes에 대한 언급(무장한 평민la plebe armada, 봉기한 평민la plebe facciosa, 평민 반란자들las plebes insurrectas 등등)은 한편으로, 혁명적 주체의 더 넓고 훨씬 더 유연한 구성을 위해 대공장의 노동자들을 모델로 한 프롤레타리아라는 고전적 형상을 우회하려고 하는 지속적인 시도를 수반한다. 리네라는 이 [혁명적 주체의] 구성을 볼리비아의 저명한 사회학자 르네 사발레타 메르카도René Zavaleta Mercado에게서 차용하여 스페인어로 '아비가라다'abigarrada라고, 즉 '잡다한'이라고 부른다. 이 개념과 그 이름은 사실은 좌익 공산주의에 관한 레닌 팸플릿의 스페인어 번역에 이미 나타나 있다.

만약 '순수한' 프롤레타리아가 프롤레타리아와 반-프롤레타리아(노동력을 팔아 생계의 일부를 꾸리고 있는 자), 반-프롤레타리아와 소농(및 소규모 장인, 수공예 노동자, 소경영주 일반), 소농과 중농 등등 사이의

---

49) 가르시아 리네라의 전-연인이자 투팍 카타리 게릴라군(EGTK)의 게릴리 전사 동료인 라켈 구티에레스 아길라르(Raquel Gutiérrez Aguilar)도 콴타 와라 와라(Qhantat Wara Wara)라는 필명으로 혼혈인들의 '부르주아 좌익주의'에 대한 비판을 제기한 바 있다. *Los Q'aras izquierdizantes: una critica al izquierdismo burgues en Bolivia*, La Paz: Ofensiva Roja, 1988. 역으로 가르시아 리네라와 라켈 구티에레스 양자의 입장 모두 좌파 수정주의로 간주된 바 있다. Carlos M. Volodia, *Contribución a la crítica del revisionismo: crítica de las posiciones ideológicas de Raquel Gutiérrez*, La Paz: Bandera Roja, 1999; Fernando Molina, *Crítica de las Ideas políticas de la nueva izquierda boliviana*, La Paz: Eureka, 2003.

대규모의 지극히 잡다하게 섞인 중간적인 유형에 에워싸여 있지 않다면, 또한 만약 프롤레타리아 그 자체가 좀 더 발전된 층과 덜 발전된 층으로 분할되어 있지 않다면, 출신 지역에 따라, 직업에 따라, 때로는 종교와 기타 등등에 따라 분할되어 있지 않다면, 자본주의는 자본주의가 아닐 것이다. 그리고 이 모든 것으로부터 프롤레타리아의 전위, 프롤레타리아의 계급의식을 가진 부문, 즉 공산당으로서는 프롤레타리아의 다양한 집단, 노동자들과 소경영자들의 다양한 당들과 협조하고 타협하는 것이 필요하다는, 그것도 절대적으로 필요하다는 점이 뒤따라나온다. 모든 문제는 프롤레타리아적 계급의식, 혁명정신, 투쟁하고 승리를 쟁취하는 능력의 **일반적** 수준을 낮추지 않고 **높이기** 위해서 이 전술을 적용할 줄 아는 것이다.[50]

이것은 또한 가르시아 리네라가 재프롤레타리아화 현상과 노동자계급의 이른바 소멸에 대한 전투적인 사회학적 조사에 의거하여, 사회·경제적 측면과 문화·상징적 측면이 함께 사고되어야 하는 잡다한 구성

---

50) Lenin, *Left-Wing's Communism*, p. 421. [『공산주의에서의 "좌익" 소아병』, 80쪽.] 스페인어 번역본으로는 *La enfermedad infantil del 'izquierdismo' en el comunismo*(Moscow: Progreso, n.d.)를 참고했다. '사회적 혼성의 형성'이라는 개념에 대해서는, René Zavaleta Mercado, *Las masas en noviembre*(La Paz: Juventud, 1983)와 *Lo nacional-popular en Bolivia*(Mexico City: Siglo XXI, 1986; La Paz: Plural, 2008)를 참조. 사발레타의 사상에 대한 방대한 개괄로는 Luis Tapia, *La producción del conocimiento local*(La Paz: Muela del Diablo, 2002)을 참조하고, 비평 논문 모음집으로는 *René Zavaleta Mercado: ensayos, testimonios y re-visiones*(ed. Maya Aguihiz Ibargün and Norma de los Rís, Mexico Cily: FLACSO, 2006) 참조. 이 개념은 또한 토니 네그리, 마이클 하트, 주세페 코코(Giuseppe Cocco)와 쥐디트 르벨(Judith Revel)이 가르시아 리네라, 루이스 타피아와 나눈 세미나에서도 토론의 주제가 된 바 있다. *Imperio, multitud y sociedad abigarrada*, La Paz: CLACSO/Muela del Diablo/Comuna, 2008.

체로서의 '평민'이라는 새로운 계급 구성을 기술하는 방식이었다.

더 일반적으로 말하면, 평민[민중]에 대한 준거는 무정형적인 것들에게 부여된 다양한 이름들, 혹은 아직 형성되지 않은 대중으로서의 다양한 이름들에 대한 좌익적 그리고/혹은 포퓰리즘적 호소와 일치하는 것이다. 헤겔의 '천민'Pöbel에서 시작해 들뢰즈의 '무리'와 '떼'를 거쳐 라클라우가 복원한 마르크스의 '룸펜'[개념]에 이르는 이름들이 바로 그것이다. 자크 랑시에르와 다니엘 랑시에르는 1970년대 프랑스 좌익주의의 궤적에 관한 중요한 논문에서, 이와 같은 수많은 명칭들, 특히 평민이라는 이름이, 모든 해방의 정치가 결국 그것과 대면하여 좌초해 버린 주요한 장애물인 재현/대표representation라는 쟁점을 회피하기 위한 우회책인지 설명하고 있다. 그들은 다시 한 번 글뤽스만 같은 신철학자 파들의 평민 개념의 사용 —— 푸코 자신의 용법은 아닐지 몰라도 —— 을 다시 언급하면서 '평민의 형상이 나타나는' 방식을 기술한다.

> 지식인은 어제 그가 프롤레타리아를 재현한 것과 똑같은 방식으로 오늘 **평민**이라는 형상을 재현하지만, 정확히 재현을 거부하는 방식으로 그렇게 한다. 평민은 민중의 고통 및 웃음의 모든 긍정성과 동시에 또한, 평민 각자가 품고 있는 거부와 부정성의 몫을 모두 의미하면서, 지식인과 민중의 무매개적인 통일을 실현하기 때문이다.[51]

---

51) Jacques Rancière(with Danielle Rancière), "La légende des philosophes. Les intellectuels et la traverse du gauchisme", *Les Scènes du peuple*, pp. 307~308. 평민의 형상이 하는 역할에 대한 이런 통찰은 랑시에르 자신이 가브리엘 고니의 저작을 '평민 철학자'의 작품으로, 즉 '이단적' 노동자의 지식의 '평민적' 전유의 역사로 파고들기 위해 제시하는 것(Louis Gabriel Gauny, *Le*

이런 식으로 사용되면 평민에 대한 준거는, 앞서 논의한 적대에 대한 좌익적 순화의 구성적인 일부가 된다.

덧붙이자면, 『평민의 역량』에서도, 평민에 대한 준거를 통해 추구된 지식인과 인민의 통일은 역설적이게도, 라틴아메리카에서는 보통 백인 지식인letrado('문인'을 뜻한다) 혹은 라디노ladino('라틴어를 아는 남자'를 뜻한다)라는 모습으로 나타나는 일체의 매개적 3항의 형상을 포기하려고 한다. 하지만 아이러니하게도 우 놈브르 케 사베un hombre que sabe, 즉 '알고 있는 남자'(지식인)가 리네라의 2005년 선거전 포스터에도 사용된 구호였을 뿐 아니라, 그가 감옥에서 쓴 저작의 상당수에서 서명으로 사용된 아이마라Aymara어 이름 카난치리Qhananchiri도 '사물을 분명히 밝히는 남자'를 의미한다는 점을 고려하면, 『평민의 역량』에서 제시된 지식인의 대표자적 형상에 대한 수많은 공격은 선견지명이 있는 자기비판으로 읽을 수 있다. 서발턴 대중들을 '위해' 말하거나 그들'에게' 말을 건다고 주장하면서도, 히드라의 머리 모양을 하고 있는 국가장치가 까이에 혹은 내부에 있는 특권적 위치에서 유래하는 도덕적이자 물질적

---

philosophe plébéien, Textes rassemblés et présentés par Rancière, Paris: La Découverte, 1983) 을 가로막지 않았다는 점을 덧붙여야 한다. 이 단어의 기존 용법에 대한 랑시에르의 정당화는 여기서 유익하다. "나는 애매함을 피하기 위해, '프롤레타리아의'(proletarian)보다는 '평민의'(plebian)라는 형용사를 사용한다. 실제로 몇몇 사람들은 '프롤레타리아의'로 어떤 유형의 근대 산업의 노동자를 지칭하고 싶다고 완강하게 주장한다. 대조적으로 '평민의'가 지칭하는 것은 상징적 관계이지, 어떤 유형의 노동이 아니라는 점은 분명하다. 평민이란 역사를 만드는 말에서는 배제된 존재이다("Savoirs hérétiques et émancipations du pauvre", Les Scènes du peuple, p. 38). 가르시아 리네라의 경우, 다른 중요한 참조처는 다음 논문이다. E. P. Thompson, "The Patricians and the Plebs", Customs in Common, Studies in Traditional Popular Culture, New York: The New Press, 1993, pp. 16~96. 이것은 유명한 논고 "Patrician Society, Plebeian Culture", Journal of Social History 7, 1974, pp. 382~405의 수정 증보판이다.

인 이익을 주시하는 이 '헌신적인 지식인들'을 괴롭히는 위험에 맞서 가르시아 리네라만큼 열심히 그리고 웅변적으로 계속 저술해 온 저자는 찾아보기 어렵다. 그렇다면 이러한 비판을 그 저자에게 돌려주는 것만큼 간단한 일은 없을 것이며, 이보다 더 성행하는 기획도 없을 것이다.

　다른 한편으로, 동시대의 좌익주의의 두번째 형상의 원천으로서 내재성이라는 문제로 되돌아가 보면, 표상/대표를 극복하려는 이러한 시도는 가르시아 리네라 저작의 제목에서 포텐시아potencia라는 요소를 통해 더 전개된다. 이 용어는 네그리의 포텐자potenza라는 용어만큼이나 영어로 번역하기 어려운 말이다. '잠재력'potentiality이라는 역어는, 화이트헤드Alfred North Whitehead나 아감벤Giorgio Agamben의 경우처럼, 현실태가 빠져 있는 반쪽짜리 아리스토텔레스주의처럼 들린다. '정력'potency이라는 역어는 과도하게 성적인 의미를 지니고 있으며, 남성 중심적이라는 우려를 낳는다. 또한 '권력'power이라는 번역어는, 그것이 스페인어 포데르poder나 이탈리아어 포테레potere의 관용적인 역어이기 때문에 끔찍한 혼동을 초래하는 결과를 낳는다. 따라서 나는 이것들 대신에 '역량'potential이라는 역어를 선택할 것이다. 그리고 영어권 독자는 스페인어에서 포텐시아의 이점은, 이 명사가 쉽게 '역량을 증진하다'potenciar(영어로 하면 empower나 문자 그대로 to potentialize)라는 동사, 즉 다른 경우라면 계속 잠재적인 것으로 남아 있을 것을 현행화하다를 뜻하면서 동시에 현존하는 상태에서는 잠복적인 것으로 남아 있는 역량을 회복하다를 뜻하는 동사로 쉽게 넘어갈 수 있다는 점이라는 것을 염두에 두어야 한다.

　실제로 『평민의 역량』에서 가장 놀라운 구절은 『공산당 선언』의 현대적 적실성을 언급한 대목이다. 거기에서 리네라는 마르크스의 『정치경제학 비판 요강』 및 이에 대한 네그리의 영향력 있는 재독해를 따르면서, 자본주의의 내재적 반反목적성을, 아직은 추상적인 공산주의에 대한 역량을 담고 있는 것으로서 밝혀낸다. 리네라에 따르면, "마르크스가 『공산당 선언』에서 이러한 자본의 세계화를 대하는 태도는 단순히, 그 속에 감춰져 있는, 하지만 이제 지배적인 자본주의적 합리성에 의해 왜곡되고 기형화된 것으로 나타나기 시작하는 해방의 역량potencias을 이해하는" 것이었으며, 따라서 "비판적 분석은 자본 안에 물질적으로 포함되어 있는 자본에 맞선 노동의 해방적 반목적성과 반경향을 실현하기 위해 투쟁해야 하며, 마르크스주의자들은 이러한 반목적성과 반경향을 이해하고 온갖 수단을 다해 자신의 수중에서 그 역량을 증진하기 위해 애써야 한다".[52] 이는 또한 평민의 역량이 순수한 비권력의 꿈을 품고 어떤 유토피아적이거나 상상적인 외부에서 자본에 맞서고 있는 것이 아니라, 아직까지는 휴면 상태에 있고 추상적으로 남아 있기는 하지만, 이미 자본의 권력 내부에 존재하고 있다는 점을 의미한다. 달리 말하면,

---

52) García Linera, "El *Manifiesto comunista* y nuestro tiempo", in *El fantasma insomne: Pencando el presente desde el Manifiesto Comunista*, La Paz: Muela del Diablo, 1999; *La potencia plebeya: Acción colectiva e identidades indígenas, obreras y populares en Bolivia*, ed. Pablo Stefanoni, Buenos Aires: Prometeo Libros/CLACSO, 2008, pp. 59~60에 재수록. 가르시아 리네라의 작업은 불행하게도 아직 영어로 충분히 번역되어 있지 않다. 번역된 다음 문헌을 참조. "State Crisis and Popular Power", *New Left Review* 37, 2006, pp. 73~85; "The 'Multitude'", in Oscar Olivera with Tom Lewis, ¡*Cochabamba! Water War in Bolivia*, Cambridge: South End Press, 2004, pp. 65~86. 또한 2007년 코넬대학에서 열린 '라틴아메리카에서 마르크스와 마르크스주의' 학술대회의 중요한 개막연설 동영상이 영어 번역과 함께 아래 주소에 올라와 있다. http://www.cornell.edu/video.

사물의 현재 상태를 폐지하는 현실 운동으로서의 공산주의는 얼마간의 사변적인 관념론/이상주의적인 꿈이 아니라, 변증법적이지 않더라도 본래적으로 유물론적이고 비판적인 방식으로, 자본주의에 고유한 경향들 및 반목적성들과 연결되어 있다.

그렇지만 평민의 역량은 자본주의의 위기와 무능impotence으로부터 자생적으로 출현하지 않는다. 왜냐하면 자본은 현재의 위기 같은 전지구적인 위기에서조차, 혹은 오히려 위기 덕분에 더 많은 자본을 생산할 뿐이기 때문이다. 마르크스가 말했듯이, "사회개혁은 결코 강자의 약함 때문이 아니라 항상 약자의 힘의 결과로 성취된다".[53] 약자의 역량 강화는, 대규모적이고 때로는 폭력적인, 꼬임torsion 내지 강압forcing의 행위에 의존한다. 그리고 이 행위에 대해 가르시아 리네라 ── 그는 바디우와 마찬가지로, 네 살짜리 아이에게 고등수학을 가르치는 것이 가능하다고 믿어 의심치 않는 숙련된 수학자이다 ── 도 공산주의적 자기결정의 곡률curvature이라는 이름을 부여했다. 리네라는 이렇게 결론짓는다.

달리 말하면, 자본은 사회적 노동의 역량을 추상으로서만, 상품가치의 합리성에 의해 끊임없이 종속되고 거세되어 있는 힘들로서만 펼친다. 이런 경향이 표면으로 나타날 수도 있다는 사실은 더 이상 자본의 현안이 아니다. 자본은 그것이 존재하는 한에서는 이 역량이 자력으로 개화하는 것을 결코 허용하지 않을 것이다. 그것은 자본이 지금까지 해온 것에 기초를 둔, 자본에 맞서고 넘어서는 노동의 현안인 것이다.

---

53) García Linera, *La potencia plebeya*, p. 65에서 인용된 마르크스의 말.

그는 이렇게 덧붙인다. "이 결정을 깨뜨리는 것, 계급들의 영역을 다른 방향으로 휘게 하는 것, 그렇지 않으면 노동을 노동 그 자체에 근거하여 정의하는 것은, 노동자 자신에 의한 노동자 구성의 물음, 자본의 자기결정에 직면하여 노동의 자기결정의 물음이다. 그것은 자기결정의 역사적–물질적인 문제이다."[54]

한 사람의 이론가로서 가르시아 리네라의 최근 작업에 관한 위와 같은 너무도 간략한 언급으로부터 나는 좌익주의적 가설과의 결코 끝나지 않은 변증법적 투쟁 상태에 있는 공산주의 가설에 관해서 두 가지 일반적인 결론을 도출해 보겠다. 그것은 자기 명료화를 위한 두 가지 과제인데, 이러한 과제는, 당과 국가로부터의 공제[뺄셈]를 위한 논거들이 바라건대 오늘날 볼리비아에서 전개되고 있는 실험들을 —— 이상화하지도 않고 예단하지도 않으면서 —— 진지하게 받아들이는 것을 배제하지 않는 하나의 공동 전선을 궁극적으로 산출할 수도 있을 것이다.

첫 번째 임무는 우리가 능동적으로 공산주의 가설을 계속 역사화할 것을 요구한다. 우리는, 아름다움과 함께 무장 해제시키는 단순함을 갖춘 이념, 또는 이념에 대한 이차적 수준의 이념 —— 이는 『이데올로기에 대하여』에서부터 최근의 『공산주의 가설』에 이르기까지 바디우의 작업에서 지속적인 준거로 남아 있다 —— 을 갖춘 서유럽 그리고/또는

---

54) Ibid., pp. 79 and 114. 리네라에게 이 결정의 곡률은 정치정당에 관한 마르크스의 정의에 정확히 대응한다. "당이란 자본이 세우는 것과는 상이한 현실을 생산할 수 있는 다수이자 대규모적인 실천적 형태들을 정교화함으로써 프롤레타리아 대중을 운명을 짊어진 주체로 역사적으로 구성한다는 커다란 운동이다. 이런 의미에서, **당이란 분파도 전위도 아니고, 대중의 물질적 사실이다.** 그것은 실천적 행동이라는 운동이지, 단순한 이론적 취득이 아니다. 그것은 노동자계급 자신에 의해 실행되는 계급투쟁이지, 프로그램도, '현실이 순응해야 하는 이상도 아니다.'"(Ibid., p. 122)

구舊소련이라는 한계를 넘어서 나아가야 한다. 이러한 바디우의 이념에 따르면, 공산주의는 한편으로 대중적인 동원이 직접 소유, 위계, 권위라는 특권들과 대결할 때면 늘 발견될 수 있는 일련의 공리적 불변항들에 의해, 그리고 다른 한편으로는 이러한 공산주의적 불변항들을 실행하는 데 역사적으로 상이한 정도로 성공하거나 실패하는 특정한 정치적 행위자들에 의해 정의된다. 그렇다면 이 첫 번째 과제는 말하자면 반反사실적인 보르헤스적 의미에서 공산주의적 영원성의 역사를 쓰는 과제로 귀착되는 것이다. 이런 관점에서 핵심 개념은 선형적인 변증법적 시대 구분에서 사용되는 **단계들** 및 **이행들**이라는 정통파의 개념이 아니라 오히려 엄격하게 내재적인 규정에 따른 공산주의 가설의 상이한 **시퀀스들**이라는 개념이며, 또한 (실패라고 불리는 것의 본성 자체에 대한 평가 및 한 시퀀스에서 다른 시퀀스로 전승된 미해결 문제들의 유산에 대한 평가를 포함하여) 실패들에 대한 평가의 측면에서 이러한 시퀀스 개념이 함축하는 모든 것이다.

공산주의 가설이 시대를 넘어서 번쩍거리는 플라톤이나 칸트적인 규제적 **이념**과 같이 영원히 반짝거리는 것으로 남지 않으려면, 공산주의는 또한 현재의 상태를 철폐하는 현실 운동으로 현재화되고 조직되어야 한다. 달리 말하면, 공산주의는 정치적 주체성의 구체적 신체, 육체, 사고 속에 다시 기입되어야 한다. 비록 이러한 주체화의 행위가 구현되기 위해 전통적인 당 형태를 통과하지 않아도 되긴 하지만 말이다. 영원성의 역사화 이후에는 바로 이것이 우리의 현재 상황에서 공산주의 가설을 쇄신하기 위한 두 번째 과제가 될 것이다. 『모호한 재앙에 대하여』에서 바디우는 다음과 같이 쓰고 있다. "하나의 사유가 자신을 국가로부터 공제하여, 이러한 공제를 존재에 기입하는 지점이 정치의 실재 전체를 구성한다. 그리고 정치 조직은 '한 걸음 내딛고 버티기', 즉 집합적으로 통합됨으로써, 자신을 정초하는 불복종의 공적인 태도를 발견하는 데 성공할 수 있었던 그 사유를 위해 **신체**를 제공하는 것과 다른 목표를 갖지 않는다."[55] 하지만 그렇다면 공산주의가 어떻게 조직되고 구현될 수 있는가 하는 것은, 이 콘퍼런스 참가자들까지 포함하여, 모든 중대한 의구심과 불일치가 나타나는 장소이기도 하다는 점 역시 확실하다.

매우 흥미롭게도 『평민의 역량』에서 가르시아 리네라는 마르크스가 1860년 2월 29일 페르디난트 프라일리그라트Ferdinand Freiligrath에게 보낸 편지에 주목하라고 거듭 촉구한다. 이 편지에서 마르크스는 다음과 같이 쓴다. 1852년 11월, 공산주의자 동맹이 자신의 제의로 해산한 후, 그 자신은 "**결코, 은밀하게든 공개적으로든** 어떠한 협회에도 다시 속하지 않았소. 따라서 당은, 그 용어가 지닌 일시적인 의미에서 본다면, 8년 전부터 내게는 존재하지 않게 되었소. (…) 나는 **당**이라는 것을 넓은 역사적 의미에서의 당으로 이해하오."[56] 이 편지에 의거하여 가르시아 리네라는 두 가지 의미의 당, 즉 일시적인 당과 넓은 역사적 의미의 당

55) Badiou, *D'un désastre obscur*, p. 67. 바디우의 책 제목 『모호한 재앙에 대하여』와 그의 최근 소설의 제목 『여기, 조용한 돌덩어리』는 스테판 말라르메(Stéphane Mallarmé)의 「에드거 앨런 포의 무덤」(*The Tomb of Edgar Allan Poe*)에 대한 암시인 것처럼, 한 걸음 내딛고 버티기(tenir le pas gagné)는 아르튀르 랭보(Arthur Rimbaud)의 『지옥에서 보낸 한 철』(*Une saison en enfer*)에 대한 암시이다.

56) "Marx to Ferdinand Freiligrath in London", *Collected Works*, vols. 41, 81, 87; García Linera, *La Potencia plebeya*, p. 82에서 재인용.

사이의 변증법을 회복하고 정확히 재해석할 것을 촉구하고 있는데, 이는 동일한 주제에 관한 바디우의 덜 알려진 몇 가지 선언, 심지어 당 없는 투사적인 정치의 형태에 호소하고 있는 논문 모음집인 『메타정치론』에서조차도 나타나는 선언과 잘 들어맞는 것이다. 리네라는 마르크스의 편지를 다음과 같이 해석한다.

> **당의 역사적 의미와 일시적 의미가** 마르크스에서는 당의 역사적 변증법을 형성하는데, 그것은 전 세계 대부분의 左派의 조직된 경험에 만연하는 당-국가를 둘러싼 비극적 경험에 직면하여 우리가 오늘날 옹호해야 하는 것이다. 모든 경우에서 당-국가는 위계적 국가 전제정의 소규모 복제품이었으며, 이는 지도자와 당 관료의 전능한 권력하에 평당원을 소외시켜 왔다. 그리고 혁명적인 사회 변혁이 출현하자마자 당-국가의 이 장치들은 놀라울 만큼 손쉽게 국가 기계와 자신을 혼합하여 일반 의지를 수탈하는 배타적 기능에 따라 자신을 재구성하면서 동시에 국가 기계를 발생시킨 자본주의적 재생산의 합리성을 강화시키고 있다.[57]

거대한 역사적 의미에서의 당을 회복한다는 이런 생각을, 아주 놀랍게도 바디우가 『메타정치론』에서 정치의 당-형태를 옹호한 것과 접합시켜 볼 수 있지 않을까? 바디우는 『공산당 선언』과 『무엇을 할 것인가?』를 직접 지시하면서, "당의 실제 속성은 이 논점에 관해 연속선상에

---

57) Ibid., p. 130.

있는 마르크스나 레닌에게 있어 당의 밀집성이 아니라 반대로 사건에 대한 당의 다공성多孔性, porosity, 즉 예측 불가능한 것의 섬광에 대한 당의 분산적 유연성이라는 점을 강조하는 것이 중요하다"고 쓴다.

> 그러므로 당은 노동계급과 연결된 밀집된 부분 ── 스탈린이라면 '분견대'라고 지칭할 어떤 것 ── 이 아니라 어떤 고정 불가능한 편재偏在를 명명하는데, 이것의 고유한 기능은 계급을 재현하는 것이라기보다는 탈-제한하는 것이며, 이로써 계급이 물질적이며 국가적인 이해관계의 강고함의 견지에서 역사가 일어날 법하지 않으며 초과적인 것으로 제시하는 모든 것과 같은 위치에 있음을 확인한다. 그렇기 때문에 공산주의자들은 의식과 의식의 예상으로부터 풀려난 다수성을 구현하며, 따라서 유대의 확고함이 아니라 불확실성을 구현한다. 잃을 것은 사슬이요 얻을 것은 세계라는 프롤레타리아의 금언이 아무런 이유 없이 있는 것이 아니다.[58]

달리 말하면, 이제 당은 당 관료에게 만장일치의 박수를 보낼 때 우리의 등 뒤에서 세상을 움직이고 있는 역사적 필연성의 화신이 아니다. 그것은 오히려 예측 불가능한 환경의 한복판에서 사건들에 대한 충실성을 다하는 유연한 조직에 붙여진 이름일 뿐일 것이다.

마지막으로 국가와 관련하여 가르시아 리네라는 파리 코뮌의 경험 이후 마르크스와 엥겔스가 이미 온전히 표현한 바 있으며, 오늘날 바디

---

58) Badiou, *Metapolitics*, p. 74. [『메타정치론』, 98~99쪽.]

우와 네그리가 끊임없이 되풀이하고 있는 생각을 공유하고 있다는 점은 분명하다. 즉 "근대 국가는 그것이 어떤 형태를 취하든, 본질적으로는 자본주의적 기계이며, 자본가들의 국가, 이상적인 집합적 자본가"라는 관념이 바로 그것이다.[59] 이 때문에 콰난치리라는 필명으로 옥중에서 쓴 초기 저술에서 가르시아 리네라는, 공산주의는 의회와 같은 장치들을 파괴하는 것은 아닐지 몰라도 그것과 아무 관계가 없다고 보는 좌익주의적·정통주의적 관점을 반복한다. "의회를 부숴라! 불태워라! 정부 및 모든 국가장치와 동시에 사라지게 하라! 주인에게 머슴살이 당하는 것에 진저리가 났을 때, 노동자는 오히려 그렇게 제안한다."[60] 바로 이것이다. 하지만 과거의 국가형태에 내재하는 부패의 역량에 반대하는 주장을 제시하는 그가 몇 년 뒤 볼리비아의 부통령이 되고 나서는 그 자신이 "원시적 아나키즘"이라고 부르는 것이 "꿈꾸는 모종의 무국가상

59) García Linera, *La potencia plebeya*, p. 101, n. 157에 인용되어 있는 엥겔스의 「유토피아적 사회주의에서 과학적 사회주의로」의 말. 주지하듯이, 이 점에 관한 마르크스의 견해는 파리 코뮌 이후 그 결과를 받아들여 변화되었다. 국가에 관한 『공산당 선언』의 [견해의] 이 '정정'에 관해 논평한 것으로, 가르시아 리네라는 에티엔 발리바르의 「『공산당 선언』의 정정」(*Cinq études du matérialisme historique*, Paris: Françis Maspero, 1974, pp. 65~101)[『역사유물론 연구』, 배세진 옮김, 오월의봄, 2019, 144~197쪽]의 연구를 참조한다. 다른 곳에서는 마르크스와 라틴아메리카에 관한 호세 아리코(José Aricó)의 유명한 논의를 반박하면서 다음의 결론을 끌어낸다. "따라서 낡은 국가 내부에서는 어떠한 사회 혁명도 가능하지 않으며, 그리하여 어떠한 국민 구성도 가능하지 않다. 이 과업은 오직 사회의 자기 조직 운동으로서만, 자기 자신을 국민으로 조직하려는 시민사회의 창조적이고 활력 있는 충동으로서만 실현될 수 있다." 하지만 가르시아 리네라는 다음과 같이 덧붙인다. "이러한 과제는 마르크스가 유럽의 절대 군주정에 관하여 시사한 바 있듯이 국가의 역할의 가능성, 또는 멕시코의 경우에는 혼혈인 엘리트들 자신의 역할의 가능성을 배제하지 않는다. 하지만 [국가가 모종의 역할을 한다면] 그것은 항상 사회의 충동들의 응축으로서, 방향을 지닌 종합으로서만 수행할 수 있다." Qhananchiri, *De demonios escondidos y momentos de revolución: Marx y la revolución social en las extremidades del cuerpo capitalista, Parte 1*, La Paz: Ofensiva Roja, 1991, pp. 255~256 참조. 이는 *La potencia plebeya*, p. 50에도 수록되었다.

태"에 반대하여 다음과 같이 경고한다.

> 국가의 외부에 있는 사회라는 생각의 순박함은 한낱 순진한 사변에 불
> 과할 것이다. 단, 이는 그러한 생각이, 어떻게 국가라는 것이 전체 사회
> 의 재화를 사회적 분파들의 총체가 지닌 힘에 따라 위계적으로 할당하
> 고, 자신이 행사하는 강제 및 그 자신이 사회 성원들 전체로부터 획득
> 하는 정당성을 수단으로 하여 이러한 권력에 대한 접근성을 신성화함
> 으로써 전체 사회의 자원들에 '기생하는'지를 '망각'하거나 은폐하기
> 에 이르지 않을 경우에만 그렇다. 따라서 국가는 단순히 '힘 있는 자'
> 내지 '권력을 갈망하는 자'의 야심이 아니라 총체적인 사회적 관계다.
> 국가는 어떤 식으로든 우리 모두를 가로지르고 있으며, 바로 이로부터
> 국가가 지닌 공적 의미가 생겨나는 것이다.[61]

바꿔 말하면, 국가조차도 궁극적으로는 오직 평민의 역량에 의지하
고 있으며 그것에 기생하고 있다. 이러한 평민의 역량은 라틴아메리카

---

60) Qhananchiri, *Crítica de la nación y la nación crítica naciente*, La Paz: Ofensiva Roja,
1990, p. 34. 이 소책자 제목[『국민 비판과 발생하는 비판적 국민』]의 후반부가 나타내듯이, 아마도
그의 가장 급진적인 소책자에서 리네라는 단지 "발생하는 비판적 국민"만이 아니라, 대안적인 "비
자본주의적" 국가의 가능성도 언급한다. 한편으로 "현재 전개되는 아이마라 족(Aymara) 케추아
족(Quechua)의 권리 옹호 투쟁은, 그러므로 비자본주의적 국민 구성이라는 문제를 우리에게 제기
한다"(pp. 18~19). 다른 한편으로 "이 공동체 연합에서 아이마라 족 노동자의 국가, 케추아 족 노동
자의 국가, 볼리비아 노동자의 국가 등등이 형성될 여지가 있는지 여부는 집합적 결정의 결과일 것
이며, 자본주의적인 국민 억압에서 생겨난 불신의 상처를 치유하기 위해 도시 노동자와 시골 노동
자 사이에서 이 모든 시기에 확립된 공동체적 유대 및 봉기의 맥락 속에서 국민적-문화적-역사적
차원이 지닌 활력에 의해 강제될 것이다"(pp. 28~29).

에서 과거 5세기 동안 결정적으로 도둑질당한 근대의 권력과 주권을 되찾기 위해 수탈자를 수탈하는 일이 일어날 때마다 항상 드러난다.

볼리비아의 국가장치를 지휘하는 2인자 지위를 이미 확고하게 차지한 후에 이루어진 최근의 인터뷰에서 리네라는 국가가 새로운 구성권력[제헌권력]constituent power에 종속된다면, 공산주의 가설을 내부로부터 '가능케 하는' 혹은 '역량을 강화하는' 구체적인 표현 중 하나일 수 있다는 것마저도 대담하게 시사하고 있다. 네그리의 작업에 대한 충성심, 더 교조주의적인 자율주의에 대한 충성심을 점차 포기하고, 거의 고전적이라고 할 수 있는 헤겔적 혹은 베버적인 견해를 지지하게 된 현직 부통령으로부터 이것 이상의 이야기를 들을 수 있을 것이라고 기대한 사람은 틀림없이 없었을 것이다. 그렇더라도 리네라의 말은 여전히 웅변적이고 도발적이다.

이 시대의 일반적인 지평은 공산주의적 지평입니다. 그리고 이러한 공산주의는 사회의 자기 조직화 능력, 부의 산출과 분배를 공동체주의적으로 자주관리하는 여러 과정에 기초하여 구축되어야 할 것입니다. 하

---

61) García Linera, "Autonomías indígenas y Estado multinacional"(2004), in *La potencia plebeya*, pp. 231~232, n. 277. 볼리비아 현대사에서 나타나는 대중, 원주민, 프롤레타리아, 농민의 봉기에서 국가의 역할 가능성을 둘러싼 현재 진행 중인 논쟁에 관한 가장 간결한 개요는 논문 모음집 『유토피아의 무기: 마르크스주의, 이단적 도발』(*Las armas de la utopía: Marxismo, Provocaciones heréticas*, La Paz : CIDES/UMSA, 1996)에 수록된 하이메 이투리 살몬(Jaime Iturri Salmon)과 라켈 구티에레스 아길라르의 논문과 이 두 명의 동지의 비판에 대한 리네라의 답변 편지 및 García Linera, "La lucha por el poder en Bolivia", in *Horizontes y límites del estado y el poder*, La Paz: Muela del Diablo, 2005(*La potencia plebey*, pp. 350~373에 일부 재수록)에서 찾아볼 수 있다.

지만 현 시점에서는 그것이 직접적인 지평은 아니며, 오히려 평등의 획득, 부의 재분배, 권리의 확대에 초점을 맞추어야 한다는 점은 분명합니다. 평등이 근본적인 이유는 5세기에 걸친 오래된 구조적 불평등의 연쇄를 끊어 주기 때문입니다. 사회 세력이 우리에게 허락하는 한에서 이것이 우리가 현재 목표로 삼는 것입니다. 이는 우리가 그 목표를 부과하기 때문이 아니라, 우리가 그 목표가 제기되는 것을 관찰하고 있기 때문입니다. 오히려 우리는 공산주의적 지평에 대한 기대와 그것을 욕망하는 시선과 함께 운동에 참여하고 있습니다. 하지만 우리는 운동의 한계를 지적한다는 점에서, 용어의 사회적 의미에서 진지하고 객관적입니다. 그리고 바로 이 지점에서 다양한 동지들과 무엇을 하는 것이 가능한가를 두고 논쟁이 벌어지게 되었던 것입니다. 제가 정부에 참여했을 때, 저는 현 정세에 대한 이러한 독해에 입각하여 국가 수준에서 행위하는 것을 정당화하고 또 그 행위를 개시하게 되었습니다. 그러면 공산주의는 어떻게 된 것일까요? 이러한 공산주의적 지평에 입각하여 국가로부터 무엇을 할 수 있을까요? 그것은 사회의 자율적인 조직적 역량이 전개될 수 있도록 가능한 한 지원해 주는 것입니다. 바로 이것이 좌파적 국가, 혁명적 국가가 할 수 있는 최대의 가능성입니다. 노동자의 기반과 노동자의 세계의 자율성을 확대하는 것, 더 공동체주의적인 네트워크, 접합, 기획이 존재하는 도처에서 공동체주의적 경제 형태들의 역량을 증진하는 것이지요.[62]

공산주의와 국가의 관계에 대한 이처럼 거의 완전한 선회 —— 항상 주류 미디어로부터 최고의 공감과 동정을 얻는 변절자들의 참회는 말할 것도 없거니와, 당 문제와 관련하여 다른 공산주의 사상가들의 저작에서 우리가 발견할 수 있는 반전만큼이나 경악스러운 선회 — 에 대한 답변으로 나는 결론 삼아 우리가 두 개의 극단적인, 그러면서도 마찬가지로 무익한 답변을 피해야 한다는 점을 주장하고 싶다. 즉 한편으로 서유럽 및 소비에트 공산주의와 유로코뮤니즘 양자의 참패에 초점을 맞춘 제한적인 역사화 작업의 이름으로 공산주의 가설과 국가 사이의 이와 같은 접합의 시도 일체를 전면적으로 단죄하는 답변이 있다. 그리고

---

62) García Linera, "El 'descubrimiento' del Estado", in Pablo Stefanoni, Franklin Ramírez and Maristella Svampa, *Las vías de la emancipación: Conversaciones con Álvaro García Linera*, Mexico City: Ocean Sur, 2008, p. 75. 국가 내부로부터 공산주의에 힘을 실어 주겠다는 생각을 이렇게 옹호하는 것에 대한 비판자들은 부족함 없이 넘쳐난다. 이 비판자들 중에서 가장 설득력 있는 인물 중 한 명은 최근 존 홀로웨이와 멕시코에서 공동 연구를 수행한 바 있는 라켈 구티에레스 아길라르이다. 특히 Raquel Gutiérrez Aguilar, "Cuatro reflexiones finales", in *Los ritmos del Pachakuti*, La Paz : Ediciones Yachaywasi/Textos Rebeldes, 2008, pp. 299~313을 참조. 최근 볼리비아 역사에서 벌어진 일련의 운동과 봉기 속에서, 그녀는 두 가지 주요한 조류를 구별한다. 하나는 공동체주의적이고 반국가주의적인 조류이며, 다른 하나는 국민적-민중적인 조류, 항상 국가의 권력을 장악하는 것을 목표로 하는 조류다. 비슷한 평가를 내리는 것으로는 Forrest Hylton and Sinclair Thomson, *Revolutionary Horizons: Past and Present in Bolivian Politics*, London and New York: Verso, 2007, pp. 127~143을 참조. 제임스 페트라스와 헨리 벨트마이어는 심지어 사회주의운동당(MAS)과 모랄레스/가르시아 리네라의 선거 수법을 더욱더 비판하고 있다. James Petras and Henry Veltmeyer, *Social Movements and State Power: Argentina, Brazil, Bolivia, Ecuador*, London: Pluto Press, 2005, pp. 175~219. 마지막으로 가르시아 리네라 자신은 "Autonomías indígenas y Estado multinacional", pp. 240~242와 "Indianismo y marxismo. El desencuentro de dos razones revolucionarias"(2005년 발표, 『평민의 역량』에 재수록), pp. 373~392에서 볼리비아에서 '원주민' 국가의 가능한 선택지들 및 그 결과들을 제시한다는 데 주의할 필요가 있다. 그는 냉정하게 이렇게 결론짓는다. "이러한 인디언 원주민 사상의 가변적인 전개와 관련하여 주목해야 하는 것은, 그것이 국가에 관한 지배적 관점의 형태를 띠는 세계관이 될 것인지, 아니면 (이 후자를 지지하는 집단들의 조직적 약점과 정치적 오류, 내적 균열이 시사하는 것처럼 보이듯이) 관습적으로 권력을 장악해 온 동일한 정치 주체들과 사회 계급들이 행사하는 과도한 국가 주권을 단순히 규제하고자 하는 몇몇 정치적 행위자들의 이데올로기가 될 것인지 여부다."(p. 391)

다른 한편으로는 파리나 볼로냐에게 나쁜 것이 카트만두나 코차밤바에 대해서는 좋을 수 있으며, 그 역도 마찬가지라는 상대주의적 결론이 있다. 우리는 오만한 보편주의도, 비굴하고 근본적으로는 관대한 척 생색을 내려고 하는 문화주의도 필요하지 않다. 그 대신 우리에게 필요한 것은, 국가의 역사와 이론, 정치적 조직 양식의 역사와 이론, 그리고 공산주의 사이의 관계에 대하여 (영웅 서사나 배교背敎 이야기 없이) 포괄적이고 집합적으로 다시 사유하는 일이다. 그리고 정치적 조직화 양식의 역사와 이론에는 단지 당에 관한 논의만이 아니라, 라틴아메리카와 아시아, 아프리카의 맥락에서는, 당과 국가라는 오래된 문제보다 더 중요한 것은 아닐지 몰라도 적어도 확실히 그 정도의 중요성은 지니고 있는, 대중 봉기 및 무장투쟁의 유산에 대한 분석도 포함되어야 한다.

공산주의의 두 번째, 세 번째 도래를 기다리기에는 너무도 주의 지속 시간이 짧은 우리와 같은 공산주의자는 말할 것도 없거니와, 바디우나 네그리처럼 어떤 국가장치와도 전혀 관계를 맺지 않으려고 하는 사람들의 경우, 아마도 일차적이고 가장 기본적인 과제는 공산주의의 역사를, 태어나 아동기와 청년기를 거쳐 노쇠해진 다음 죽음을 맞게 되는 개인의 생애에 입각하여 모델화하는 일체의 이미지를 포기해야 하는 것일 테다. 이 모든 이미지는, 개인적이면서 동시에 추정컨대 집합적인 측면에서도, 연령의 견지에서 공산주의를 최소한도로 역사화하는 데 그칠 것이며, 연령의 관점보다는 더 적절한 시퀀스의 관점에 따라 제시하지 않게 될 것이다. 이는 사실은 공산주의는 단지 하나의 에피소드에 불과하다고, 즉 공산주의와는 대조적으로 영원한 것처럼 보이는—또는 동일한 논거를 조금 더 통속화하자면, 영원한 인간 본성에 더 잘 적응하는 것처럼 보이는——자본주의의 훨씬 광범위한 틀 안에서 지나쳐 가는 하나의 유행 내지 국면에 불과하다고 또는 불과했다고 간주하는 암묵적 가정을 확증하게 된다. 그 근간을 이루는 인간학의 이름으로 현재 상황의 묵인을 옹호하는 이런 종류의 논의와는 반대로, 공산주의의 이데올로기적 작용에 대한 마르크스의 가장 간결한 정의 중 하나는 「유대인 문제에 관하여」에서 인용된 루소의 『사회계약론』에서 얻을 수 있다. "한 국민에게 법질서를 부여하고자 하는 용기를 지닌 사람은, 말하자면 **인간의 본성을 바꿀** 수 있다고 느껴야만 한다."[63] 달리 말하면, 인간 본성이라는 개념의 문제점은, 인간적이라는 점이 아니라, 그것이 자연적인/본성적인 것으로 제시된다는 점이다. 인간주의에 대한 반대 논거를 제시하려는 알튀세르의 최선의 노력에도 불구하고, 공산주의는, 인간 주체의 불변의 본성[자연]이라는 기저에 깔린 전제가 파괴되는 한, 인간주의, 적어도 주관주의일 것이다. 랑시에르는 19세기 계급투쟁에서 인간주의에 대한 참조가 맡은 유효한 정치적 역할을 언급함으로써 다음과 같은 점을 상기시켜 주었다.

부르주아지는 선포한다. [동료를 정리해고하지 않고—옮긴이] 함께 남아 있고 싶은가? 아주 좋아, 완전히 '인간적'이야. 하지만 경제는 자기 법칙을 갖고 있어. 노동자들의 담론이 답변에서 사용하는 인간은 마르크스에게서 '역사'가 수행하는 것과 동일한 역할을 수행한다. 즉 자본

---

63) Marx, "On the Jewish Question", *Collected Works*, vol. 3, p. 167. [『유대인 문제에 대하여』, 김현 옮김, 책세상, 2015, 58쪽.]

주의적 지배를 정당화하는 '본성/자연'을 비난하고, 부르주아적인 긍정(경제가 다르게 기능한다는 것은 불가능하다)을 혁명적인 긍정, 즉 다른 경제는 가능하다는 긍정으로 뒤집는 기능이 바로 그것이다.[64]

오늘날에 이르기까지 기존 경제를 옹호하기 위한 가장 비열한 이데올로기적 논거로 기여해 왔으며, 아마도 심지어 좌익주의에 맞선 레닌의 소책자에서 활용되는 미성숙함과 유치함이라는 수사법을 훼손할 수도 있는, 인간 본성에 호소하는 것이야말로 우리가 공산주의의 실천(물론 이때의 공산주의는 도래할 이상이 아니라 현재 상태의 파괴로서의 공산주의다)의 일부로서 이데올로기의 수준에서 다루어야 할 첫 번째 사항인 것은 바로 이런 의미에서다.

이 점과 관련하여 내가 예견할 수 있는 유일한 것은, 이데올로기 투쟁이 우리들 대부분이 바로 그들인 교사들과 학자들, 지식인들의 환심을 사고 그들의 기분을 거스르려고 하지 않음으로써 공통분모의 수준을 너무 낮게 설정하여, 유적 공산주의를 끝없이 되풀이하는 데 그칠 수 있다는 점이다. 이는 사실, 좌익주의를 넘어서지만 또한 그것이 지닌 가치 있는 교훈과 대화하자는 공통의 지평을 구성하는 데 별로 기여하지 못할 터인데, 우리는 이러한 공통의 지평 속에서만 현재 전개되는 가장 급진적인 정치적 실험들을 탐구하고 그로부터 배움을 얻을 수 있을 것이다.

황재민 옮김

---

64) Rancière, *La leçon d'Althusser*, pp. 172~173.

4장
두 번째는 희극으로…
역사적 화용론과 때맞지 않는 현재

수전 벅모스

1.

시간과 공간은 세계에 대한 우리의 모든 이해를 구조화하는 형식들이다. 칸트는 이러한 이유로 시간과 공간 없이 경험은 불가능하다고 단언했다. 그러나 내용에 선행하는 형식들에서처럼 형식들이 절대적인 의미에서 선험적이라고 — 사회문화적으로 특수한 시간과 공간에 불가침투적이라고 — 추정함으로써, 그는 (사물화에 대한 루카치의 초기 비판을 상기하자면) 바로 이처럼 내용으로부터 형식을 분리시킨다는 생각 자체가 역사적으로 구체적이고, 칸트 자신의 유럽적이면서, 과학으로부터 영감을 받은 계몽주의의 시공간에서 수학의 형식주의가 인식론적 정당화의 최고의 방식이었음을 반영하는 것임을 인지하는 데 실패했다.

진보 — 유럽중심주의, 발전 이론, 그리고 근대성의 '동질적이고 공허한 시간' ── 에 대한 정교한 비판을 통해 우리는 우리 시대가 그러한 편향을 드러냈고 초월했다고 생각한다. 우리의 수사학은 반어적으로 우리가 극복하고자 하는 역사 서술의 목적론적인 양식으로 되돌아가면서, 실로 우리는 그 양식을 넘어서 **진보했다고** 주장한다. 우리의 관점들의 역사적 한계로부터 벗어나려는 어떠한 시도도 이론이 실천에 대해 갖는 필연적인 관계에 걸려 넘어지게 된다. 우리의 비판 양식들이 그 자체로 역사에 영향을 미치는 행위들이라는 사실을 인정하지 않은 채 근대성의 시공간 형식들의 구성됨^{constructedness}을 비판적으로 드러내는 것만으로는 충분하지 않다. 우리의 비판적 연행은 실용적^{pragmatic} 함축을 갖는다.

역사를 만들고 진보를 믿었던 19세기에 완전히 묻혀 있던^{embedded} 유럽인으로서 마르크스는 우리의 문제를 갖지 않았다. 그러한 문제의 일부로서, 그는 역사적 진보뿐 아니라 그의 탐구가 갖는 과학적 지위, 시간을 초월하는 그 탐구의 능력을 신뢰했다. 그럼에도 불구하고 러시아처럼 자칭 '낙후된' 나라에서 사회주의 혁명의 실천적 성공과 더불어, 이론은 사실에 굴복해야만 했다. 레닌의 이른 죽음은 그가 임시 조항 이상의 예기치 않은 상황과 마주하지 않게 해주었다(1918년 브레스트-리토프스크 조약에 서명한 후, 그는 산업적으로 선진적인 독일이 아니라 러시아에서 사회주의가 성공할 수 있었던 이례적인 조건과, 시간을 벌기 위해서 독일에게 우크라이나 영토를 내주어야 할 임시적인 필요에 대해 말했다).[1]

스탈린의 '일국사회주의' 테제와 자본주의적 제국주의의 '가장 약한 고리'로서 후진적 국가들에 대한 그의 토론은 이제는 사회주의적 의복을 걸친 제국주의적이고 독재적인 러시아 유령들의 격세유전적 복귀

를 촉진하는 방식으로 현실을 도모했다. 트로츠키의 불균등 발달과 영
속 혁명에 대한 이론은 중심부와 주변부를 통해 본 전지구적 경제, 발전
스스로의 저발전의 생산 그리고 저항의 다양한 형식들의 진보적 잠재
력에 대한 분석의 길을 엶으로써 실용주의적으로 보다 유익한 것으로
증명되었다.[2]

　　요점은 마르크스주의 이론을 자기교정적이고, 목적론적인 서사 속
에서 제시하는 것이 아니라 이론과 실천의 변증법이 시간을 관통함을
주장하는 것이다. 이는, 아도르노와 더불어 그리고 헤겔에 맞서서, 진
리는 역사(이성의 전개를 통해) 속에 있지 않지만 "역사가 진리 속에 있
다"[3]고 ── 역사, 그러니까 시간적 변화는 시간에 의해 영향받지 않는

1) Susan Buck-Morss, *Dreamworld and Catastrophe: The Passing of Mass Utopia in East and West*, Cambridge, MA: MIT Press, 2000, p. 24을 보라. "1921년 소비에트 의회에 보내는 보고서에서 레닌은 다음과 같이 시인했다. '우리는 (…) 미래의 발전이 보다 단순하고, 직접적인 형태를 취할 것이라고 상상했다. 그러나 그 대신에 '이상한 상황'이 전개되었었고, 그럼으로써 '가장 낙후되고 가장 약한 국가들 중 하나'인 러시아에서 혁명이 일어나고 유지되는 것이 가능해졌다.' 역사 속에서 이러한 이례성에 대한 레닌의 응답은 '두 세계들'을 묘사하기 위한 것이었는데 이 두 세계들은 시간적으로 구별될 수는 있지만 실제로는 지리적으로 역사의 두 단계들을 가리키는 것으로 '자본주의의 오래된 세계는 혼란의 상태에 있고 (…) 그리고 부상하는 새로운 세계는 여전히 매우 약하지만 점점 자라날 것인데 왜냐하면 그것은 무적이기 때문이다.'" Ibid., p. 36. 레닌의 인용은 Myron Rush(ed.), *The International Situation and Soviet Foreign Policy: Key Reports by Soviet Leaders from the Revolution to the Present*, Columbus: Merrill Publishing Co., 1970, pp. 29 and 32에서.
2) Justin Rosenberg의 저작들(예컨대, "Globalization Theory: A Post Mortem", *International Politics* 42, 2005, pp. 2~74) 그리고 그것이 불붙인 세계화 이론에 대한 논쟁을 보라.
3) Theodor W. Adorno, Husserl ms., "Zur Philosophie Husserls"(1934-37), Frankfurt am Main, Adorno Estate, p. 141; Buck-Morss, *The Origin of Negative Dialectics*, New York: The Free Press, 1979, p. 46에서 재인용. 또 한번, "역사는 진리의 성좌(constellation)로 들어선다"(Adorno, "Reaktion und Fortschritt"[1930], *Moments Musicaux*, Frankfurt am Main, p. 159; Buck-Morss, Ibid., p. 52에서 재인용).

정초적 토대로서는 결코 이해될 수 없는 진리의 화용론에서 작용 중이라고 말하는 다른 방식이다. 경험의 일시적인 본성은 이론에 대한 존재론적 토대를 배제하고, 이론은 필연적으로 자신의 현상학을 움직이는 토대 위에 짓게 된다.

우리는 이제 누가 시간을 소유하느냐가 문제라는 것을 볼 수 있다. 만약 소위 서구에 의해 시간이 전유된다면, 유럽의 내적 발전 — 고대에서 중세, 근대에서 탈근대에 이르기까지 — 이 시간의 의미를 독점한다면, 시간과 공간에서 타자들의 실존은 그 적실성을 잃게 된다. 아직 체험되지 않은 시간은 이미 대체되어 왔고, 역사라는 기차의 수하물 칸으로 격하되어 왔다.[4] 타자들은 낙후되고, 구식이며, 시대에 뒤처졌고 그들이 [단지] 동시에 있다는 것co-temporality, 현재에서 그들의 단순한 물질성은 우리에게 역사적 의의에 대해 아무것도 말해 줄 수 없다.

시간에 대한 이러한 구조화의 권력-정치적 효과들은 자본주의적 헤게모니의 조건에만 국한되지 않았다. 소련의 정당성 또한 그러한 구조화에 의존했다. 사회경제적 정책 — 5개년 계획, 소농 집단화, 스타하노프 노동속도 향상 운동, 이슬람 여성들에 대한 강제적인 히잡 벗기기, '북쪽의 소수 민족들'의 전근대적 문화에 대한 말살 — 이 모든 것들은 진보로서의 시간이라는 동일한 시간적 구조화에 의해 정당화된다. 이는 스탈린이 말했듯 러시아 사람들이 어떤 것을 하는 데 걸리는 시간이 십년이라면, 다른 인종집단들, '원주민들'은 그것을 따라잡기 위해 '바람

---

4) 트로츠키의 정식화를 포함한 시간에 대한 볼셰비키적이고 전위적인 구상에 대한 비판으로는 Buck-Morss, *Dreamworld and Catastrophe*, pp. 60~67을 보라.

처럼 달려야' 한다고 결론 내렸던 소비에트 인류학자에 의해 생생히 표현되었다.[5] 스탈린은 시간에 대해 선전포고를 했다. '시간의 주인'으로서 그는 속도를 올려야 할 때와 속도를 줄여야 할 때, 또는 심지어 멈추어야 할 때가 언제인지 결정했다. 국가 사회주의에서 독재적 권력은 시간의 독재적 소유에 달려 있었다.[6]

만약 냉전의 양편 모두가 시간의 의미를 전유하기 위한 투쟁에 개입했다면, 양편 모두가 원시인들을 인간학적 현재와는 다른 시간으로 격하시켰다면, 추론컨대 이는 전체 제3세계의 낙후성을 함축한다. 아이자즈 아흐마드가 상기시켜 주는 것처럼 이 제3세계라는 용어의 원래 의미와는 반대로 말이다. 제3세계라는 명칭은 1955년 반둥회의에서 (이미 미국과 소련 모두를 제국주의로 정의했었던 마오를 좇아서) 냉전의 양편 모두로부터의 자율성을 보여 주기 위한 비동맹국가들의 자기선택적인 명명법이었으며, 이들은 대신 근대성에 대한 제3의 길을 추구하는 국가재건 기획을 개시했다.[7]

몇몇 이들은 공시간성에 대한 이러한 거부에 대한 해독제가 시간을 다수화시킴으로써 근대성의 다양하고 문화적으로 특수한 경험들을 허용하는 것이라고 제안했다. 그러나 대안적 근대성들에 대한 순수하

---

5) "선진적인 사람들은 역사라는 빠른 기관차에서 쏜살같이 달린다. (…) 동시에, 낙후된 사람들은 따라잡기 위해서 (…) '바람처럼 달려야' 한다." Ibid., pp. 38~39; S. M. Dimanshtein, official of the Commissariat of Nationalities(1930)의 인용; Yuri Slezkine, *Arctic Mirrors*, New York: Cornell, 1994, p. 220에서 재인용.

6) Ibid., p. 37.

7) Aijaz Ahmad, "Three Worlds Theory: End of a Debate", in *In Theory: Classes, Nations, Literatures*, London: Verso, 1992, pp. 287~318.

게 서술적이며, 현상학적인 접근은 다음과 같은 이유들로 거부되어야 한다.

1. 시간의 단순한 다수성은 진보라는 이념을 너무나 멀리 추방함으로써 정치적 판단을 왜곡한다. 사실 사회적 진보는 역사 속에서 일어났으며, 그로부터 획득한 것이 확실하리라고는 감히 말할 수는 없다 해도 이러한 사건들의 유산은 집합적 기억의 일부이다. 생도맹그Saint-Domingue에서의 혁명은 처음으로 노예제를 근본적으로 철폐했다. 또는 국제적 노동 운동의 긴 세기. 또는 여전히 가부장적인 국민국가 형식들에 의해 저지되고 있는 권리들에 대한 여성들의 국제적 운동. 의심스러운 것은 어떤 집단이 이러한 진보적인 역사적 사건들을 그 배타적인 소유로서 **갖는다**는 주장이다. ("심지어 죽은 이들조차" 현재 지배자들에 의한 전유로부터 "안전하지 않으리라"는 벤야민의 경고를 보여 주면서)[8] 공산주의적 정신이 도전해야만 하는 것이 바로 이러한 상속에 대한 권리이다. 역사적 진보의 그러한 순간들은 누구에게도 속하지 않는데 왜냐하면 그 순간들은 모두에게 속하기 때문이다. 역사적 화용론의 측면에서 보면 그 순간들의 내세의 논리는 사회주의적이다. 그것들의 기억은 공유됨으로써 그 가치가 증가한다.

---

8) "모든 세기는 전통을 제압하려고 하는 순응주의로부터 전통을 되찾아 오기 위해 새로이 노력해야만 한다. 메시아는 단순히 구세주로서만 오는 것이 아니라 반그리스도에 대한 승리자로서도 온다. 과거의 희망을 부채질할 수 있는 역사가만이 적이 승리자일 때 **심지어 죽은 이들조차** 적으로부터 안전할 수 없다고 굳게 확신하는 자이다. 그리고 적은 승리자가 아닌 적이 결코 없다." Walter Benjamin, Thesis VI. "On the Concept of History", *Selected Writings*, vol. 4, ed. Michael W. Jennings, trans. Edmund Jephcott, Cambridge, MA: Belknap Press of Harvard University Press, 2003, p. 391.

2. 다수성들에 대한 존재론적 단언은 문화적/문명적 진정성의 정초적 서사를 찬양함으로써 정치적 이해를 왜곡한다. 사실 오늘날 사람들이 자본주의, 도시화 그리고 혼종성이라는 훨씬 더 보편적인 주체적 조건들하에서 문화적으로 다공성의 삶을 살아가고 있는 때, 많은 토착적이고 근본주의적인 정치를 뒷받침하는 진정성에 대한 구상은 신화적인 구성물과 이데올로기적인 혼동, 요컨대 진정성 **없는**_inauthentic_ 정치적 주체성들을 촉진시키는 경향이 있다.[9] 그러한 이론화의 화용론적 부산물로서, 문화적 생산은 정치적 책임을 받도록 만들어진다. 예컨대 이는 우리를 위한 정치 작품을 **만들도록** 하는 예술가들에 대한 현재의 압박으로 이끈다. 그것들의 편재하는 스펙터클한 연행들은 급증하는 예술 세계들 —— 그것의 구조적 논리로부터 예술가들은 탈출할 수도 단호히 개입할 수도 없는데 —— 속에서 정치적 행동주의의 필연성과 불가능성 모두를 드러낸다.

3. 사회 운동의 화용론으로서, 차이의 존재론들은 분열된 이익들의 연합으로 이끄는데, 이는 마르크스가 분명하게 보았던바 정치적으로 우세한 계급의 권력, 그 고유한 자기이익이 보편적인 용어로 표현되어서 그것이 정당하게도 전 인류의 선을 위해 행위한다고 주장할 수 있다는 사실을 잊어버린다(마르크스의 통찰을 긍정함에도 불구하고 우리는 어떤 계급도 이러한 선을 배타적이고, 세습적인 소유로서 갖지 않는다고 주

---

9) 이러한 비판에 대해서는 Candido Mendes, "Difference and Dialectics of Reality", Academy of Latinity Reference Text for the Conference on "Human Rights and their Possible Universality", Oslo, 2009(Rio de Janeiro: Academy of Latinity, 2009).

장할 수 있다. 정치적 덕은 유전적 속성이 아니며 자유주의적 민주주의자들, 또는 프롤레타리아 또는 노예 후손들에 의한 것도 아니다).

공산주의/보편주의의 계기 없이, 정치적 강령의 절합 및 이를 따르는 이들의 상속 모두에 있어서 문화적 특수성을 대체하기 위한 지배적인 전략은 집합적 정치를 떠나서 신자유주의에 의해 이해된 것과 같은 개인으로 향하는 것이었다. 추상적이고 보편적인 권리와 스스로 선택한 정체성들로 무장한 개별 주체는 그 이데올로기적인 상관물로서 다수의, 반동적 형식의 문화적 포퓰리즘 ── 이것의 자기이해는 파시스트적 민족주의, 근본주의적 독단주의, 인종주의적 외국인 혐오의 구성과 공모하는데 ── 과 조우하게 된다. 차이에 근거하며 인권에 관한 자유주의적 이론은, 문제에 대한 이러한 개인주의적인 절합으로부터 고통받으며, 헤게모니적인 행위자로 하여금 집합적 주장들의 실용적·독점적 지배를 위한 문을 활짝 열어 놓게 된다.

심지어 제3세계 민족주의와 같은 보다 온건한 형태의 문화적 포퓰리즘에서도, 반제국주의로부터 인류 진보로 향하는 직접적인 경로는 없다. 아흐마드가 제국주의에 맞선 반동 국가들의 저항을 그 역사적 화용론의 측면에서 비판할 때, 그는 그 과녁에 있어서 옳았다.

> 많은 판본을 거쳐 온 제3세계 이론의 놀라운 특징은 이러한 이론이, 사회적 해방 ── 민주주의적 권리, 사회주의 혁명, 여성 해방 등 ── 을 위한 모든 위대한 근대 이론들과 다르다는 점이었다. 실로 반식민적 민족주의 자체가 구성된 국가 구조로부터 분화되고 대비되는 대립적 공간에서 민중 운동으로서가 아니라, 그 모든 주요한 연속적 변이에 있

어서 이미 구성된 국가 이데올로기로서 등장했다는 것이고, 그것들 가운데 몇몇에 의해 집합적으로나 다른 것과 구별되는 하나에 의해 개별적으로 공포되었다. (…) 그것이 반식민적 민족주의 이데올로기를 환기시켰던 한에서, 가장 놀라운 특징은 그 호소가 반식민적 이데올로기의 혁명적 내용, 즉 탈식민화decolonization가 이미 성취되었던 역사적 상황과 특수한 국가에서 등장했다는 것이었다.[10]

나는 이론적-실용주의적 근거에서, 즉 우리 자신의 시대의 행위 원리로서, 모두가 참여하는 **하나의** 시간만이, 안팎에서, 현재와 과거에서, 이러한 실체화된 경계들을 돌이킬 수 없이 흐리는 방식으로 존재한다고 주장하고 싶다. 당연한 결과로, 좌파의 적(자본주의? 자본주의적 계급? 제국주의? 세계 시장? 서구 헤게모니? 문화적 동질화? 미국화? 생태적 파괴?)에 대한 영원한 탐색과 반대로, 이러한 주장은 우리로 하여금 **타자인 적**enemy Other을 식별하는 것에 대개 근거하지 않는 진보의 화용론에 관여하도록 요구한다. 화용론이라는 말에 대한 나의 용법이 언어 이론(수사학, 담론적 동의, 발화행위의 수행성)을 중심으로 하는 아펠Karl-Otto Apel과 하버마스Jürgen Habermas 사이의 최근 논쟁과는 무관하다는 것에 주의하라. 여기서 화용론은 존 듀이John Dewey의 이해에 보다 가까운 것인데, 이 또한 이론과 실천의 헤겔마르크스주의적 변증법에 빚진 것이었다. 이는 특정한 역사적 정세에서 표현되는 이론의 실천적 함축에 관련된다.

---

10) Ahmad, *In Theory*, p. 292.

2.

진보에 대한 헤겔적 변증법, 부정을 통한 불가피한 초월로서 세계사에 대한 낙관적인 시나리오는 오래전에 정당성을 상실했다. 그 이후에는, 마치 비판이 철학에 요구되는 전부인 것처럼 비판적 인식론, 부정의 계기에 대한 좌파의 거의 배타적인 강조가 있어 왔다. 그러나 변증법에 관한 또 다른 잠재성이 존재하는데, 이는 철학자들과 정치인들 모두에게 대체로 간과되어 온 것이다.

헤겔적 변증법이 지양^Aufhebung이라는 말에 포함된 의미의 삼항조에 의존한다는 것을 상기해 보자. 하나는 부정으로, 대수학에 의해 예증되는 것이다. 즉 방정식의 양변에서 등가인 항이 서로를 무화할 때, 그것들은 서로를 소거한다^sie heben einander auf. 두 번째 의미는 부정이 갖는 지금은 불신되는 초월성, 우선적인 종합, 역사의 모순들을 (신적으로 보장된) 이성의 간지로서 진보로 전환시키는 '대체'이다. 그러나 동사 아우프헤벤^aufheben은 세 번째 의미 또한 갖는다. 이는 독일어 표현으로 물질적 흔적을 저장하는 것에서처럼 과거의 기억을 '보존, 간직'하는 것이다. 나는 우리가 이 의미를 보존하고, 간직했으면 한다. 이는 과거를 **구제하기**라는 발터 벤야민의 생각과 유사성을 지닌다.

물론 마르크스는 보존하고 구제하는 몸짓에 대해 헤겔이 주목했던 것에 비해서는 확실히 덜 주목했는데, 헤겔의 변증법적 논리는 보다 세심한 것이었다. 마르크스의 『루이 보나파르트의 브뤼메르 18일』의 서두의 유명한 구절을 상기해 보라.

헤겔은 어디에선가 모든 위대한 세계사적 사실들과 인물들은 말하자면 두 번 나타난다고 말한 바 있다. 그는 다음과 같이 덧붙이는 것을 잊었다. 즉 첫 번째는 희극으로, 두 번째는 비극으로…

인간은 그 자신의 역사를 만든다. 그러나 그들이 원하는 대로 역사를 만드는 것은 아니다. 그들은 스스로 선택한 여건하에서 역사를 만드는 것이 아니라, 과거로부터 주어지고 전승된 이미 실존하는 여건하에서 역사를 만든다. 모든 죽은 세대들의 전통은 꿈속의 악마/악몽*Alptraum*처럼 살아 있는 세대들/산 자들의 머리를 짓누른다. 그리고 그들이 그들 자신과 사물들을 변혁하고, 이전에 존재하지 않던 어떤 것을 창조하는 것에 몰두하는 듯 보이는 바로 그때, 정확히 그러한 혁명적 위기의 시대에 그들은 노심초사하며 과거의 유령들*spirits*을 주문으로 불러내어 자신에게 봉사하게 하고, 그들은 이러한 새로운 무대를 유서 깊은 듯 분장과 차용한 대사로 제시하기 위해서 유령들로부터 이름들, 전투 구호들 그리고 의상 등을 빌리는 것이다. 그리하여 루터가 사도 바울의 가면을 썼고, 1789~1814년의 혁명은 로마공화국과 로마제국의 장식을 번갈아 가며 걸쳤으며, 1848년의 혁명은 어떤 때는 1789년의, 어떤 때는 1793~95년의 혁명적 전통을 패러디하는 것 이상을 알지 못했다.[11]

마르크스에게 역사의 지속은 고봉*Alp*, 산 자들의 어깨를 악몽*Alp-*

---

11) Karl Marx, *The Eighteenth Brumaire of Louis Bonaparte*, Moscow: Progress, 1937, p. 10. [선집 2권, 287쪽.]

traum처럼 짓누르는 산더미 같은 "세기들의 쓰레기"[12]이다. 여기에는 멜랑콜리를 위한 여지가 없다. 이러한 역사적 잔해가 빨리 제거될수록 더 낫다 ── 그리고 그것은 제거될 것인데, 왜냐하면 역사의 힘이 그것을 요구하기 때문이다. 혁명가들이 부르주아 개인주의와 소유권에 관한 로크의 철학에 의지하기 이전에, 마르크스가 드는 분명한 예는 성서의 하박국서Habakkuk를 인용하는 크롬웰이다.

유사하게 한 세기 이전에 또 다른 발전 단계에서 크롬웰과 영국 인민은 구약성서로부터 말, 감정 그리고 부르주아 혁명에 대한 가상illusion을 빌려 왔었다. 실제 목표가 달성되었고 영국 사회의 부르주아적 변형이 완수되었을 때, 로크는 하박국을 밀어내 버렸다. 그러므로 이러한 혁명들에서 죽은 자의 깨움은 과거 투쟁의 패러디로서가 아니라, 새로운 투쟁들을 찬양하기 위한 목적으로 기능했다. 즉 현실에서 그 해결책으로부터 뒷걸음치는 것으로서가 아니라 상상 속에 주어진 과업을 찬양하는 것으로서. 혁명의 유령ghost을 다시 한 번 걸어 나오게 하기 위해서가 아니라 다시 한 번 혁명의 정신spirit을 찾기 위해서.[13]

사람들은 발터 벤야민의 이론에서 유사한 생각처럼 보이는 것을 발견하겠지만 오히려 차이가 핵심적이다. 벤야민의 『아케이드 프로젝

---

12) Karl Marx and Friedrich Engels, *The German Ideology*, London: Lawrence and Wishart, 1970, p. 95. ["모든 낡은 오물". 『독일 이데올로기』, 김대웅 옮김, 두레, 2015, 123쪽.]

13) Marx, *The Eighteenth Brumaire of Louis Bonaparte*, pp. 11~12. [선집 2권, 289쪽.]

트』에 중심적인 것은 새로운 기술들이 등장할 때 예전의 형태를 모방한다는 통찰이다(첫 번째 전기 전구는 가스 불꽃처럼 만들어졌다. 기관차 바퀴는 말발굽을 모방하도록 만들어졌다).[14] 그러나 벤야민의 예에서 새로운 것의 잠재성의 전개는 정확히 기술적으로 변형된 물질적 세계 내에서 잠재적으로 있는 유토피아적 가능성들에 관련되는 자유의 행위, 인간의 상상력에 근거한다. 왜냐하면 사회주의적 목표를 향해 저항할 수 없이 밀어붙이는 역사의 동력이란 없으며, 지배와 부자유의 격세유전적 반복의 위험은 실재하기 때문이다. 노예 소유가 부정되고 폐지되는 반면, 임금 노예제는 견고해졌다. 자본주의를 대체하는 생산의 사회화는 국가 억압의 심화로 이어졌다. 부르주아 예술의 일소는 파시즘의 정치적 미학에 의해 처참히 대체되었다.

　따라서 상상력의 교육 — 유물론적 교육학 — 이 전면에 부상한다. 모든 것은 이것에 달려 있다. 그러나 이것이 정확히 함축하는 것이 무엇인가? 그리고 여기에 놀라운 점이 있다. **유물론적** 교육의 업무는 과거라는 "세기들의 쓰레기"를 가능한 한 빨리 버리고 그것을 역사의 쓰레기통으로 치워 버리는 것이 아니라, 과거를 **구제**하는 것이다 — 내가 위에서 말했던 아우프헤붕Aufhebung의 유명하지 않은, 간과된 의미. 벤야민의 역사적, 유물론적 선언인 「역사 개념에 대하여」[15]의 서두의 테제에 일그러지고 기형적인 형태로 신학을 직접적으로 삽입한 것보다도 그의

---

14) Susan Buck-Morss, *The Dialectics of Seeing: Walter Benjamin and the Arcades project*, Cambridge, MA: MIT Press, 1989, 5장, 특히 pp. 110~124를 보라.
15) Benjamin, Thesis I, "On the Concept of History", *Selected Writings*, vol. 4, p. 389.

사유에서 이러한 놀라운 주장을 더 분명하게 드러내 주는 것은 없다. 사회주의적 기획의 구원은, 좌파의 한 세대에 있어 수호성인이 된 벤야민에게는 신학의 구제와 마찬가지이다.

3.

"신의 죽음 이후에…"라는 말과 함께한 선도적인 프랑스 지식인은 수년 전 알렉산드리아에서 열린 콘퍼런스에서 그의 기고문을 읽기 시작했다. 단순한 관계절, 그에게는 현재의 적실성에 관한 모든 토론을 위한 토대를 마련해 주는바 세속화에 대한 니체의 결정적 행위에 대한 강연자의 동의nod는 그 도시와 지역에 있는 사람들에게는 정확히 급진적, 정치적 가능성에 대한 기각이었다. 이러한 잘못된 소통을 다문화성multi-culturality이 요구되는 때에 단순히 타자에 대한 둔감함, 추정된바 유럽중심적인 보편성의 하나로 이해해야 하는가? 나는 그렇게 생각하지 않는다. 이러한 비판은 아마도 도덕적으로 열렬한 좌파들의 양심을 달래 줄 수 있을지는 모르나 실제 정치적 상황에 대한 객관적 이해를 키우는 데에는 도움이 되지 않는다. 또 다른 장소로 가 보도록 하자. 이는 과거의 구제를 요구할 것이다.

장소는 여전히 중동이며, 1964년이다. 그 해 4월 말콤 X는 메카에서 성지 순례를 했는데, 이 사건은 그의 정치에 대한 이해가 더 이상 흑인 민족주의Black Nationalism와 분리주의의 전략이 아니라 이슬람 보편주의를 통한 인종의 초월이라는 전략으로 변화했음을 보여 준다. 같은 해 사이드 쿠틉Sayyid Qutb의 소책자 『이정표』Milestones(Ma'alim fi al-Tariq)가 출간되었는데, 이는 이슬람 세계를 엄밀하게 쿠란적인 토대 위에 재창조하기 위해 종교와 정부 기관 모두에 대립하는 일반 작가의 행동 호소였다. 이 책은 이슬람인에게 사회경제적 부정의에 대한 마르크스의 비판의 핵심을 구해 주었으며, ―― 쿠란적 용어로는 가톨릭 신자들 가운데 해방신학의 동시대적contemporaneous 정치를 반향하는 ―― 신에 대한 복종이 어떤 세속적 권력의 주권적 주장도 대체한다고 주장했다. 좌파 지식인 알리 샤리아티Ali Shari'ati가, 그의 해방철학이 포스트식민주의 이론에 근본적이었던 마르티니크 태생의 마르크스주의적 정신분석가 프란츠 파농Frantz Fanon과 편지를 교환하고, 그의 작품의 이란어 번역에 공헌했던 곳인 프랑스에 망명한 후 이란으로 돌아간 해 역시 같은 해이다.[16] 이란에서 (샤Shah) 모하마드 레자 팔라비Mohammad Reza Pahlavi에게 체포되었던 샤리아티는, 마르크스주의적, 이슬람적, 페미니스트적, 반제국주의적 그리고 실존주의적인 이론적 통찰들을 다방면으로, (헤겔적 종합과는 반대로) **혼합적으로** 끌어냄으로써 참으로 **좌파적이고** 이슬람적인 정치적 입장을 분명히 하는 ('파티마는 파티마이다'[17]를 포함한) 그의 유명한 대학 강의를 시작했다.[18] 2년 후, 수단의 이슬람인 마무드 타하Mahmoud Taha는 『이슬람의 두 번째 메시지』를 출간했다. 거기서 그는 시대의 관습과 의식을 고려할 때 실용적 통치의 특수한 필요를 반영하는 메디나 계시Median revelation의 사회역사적 종별성과는 반대로, 쿠란의 독

---

16) 파농은 백혈병으로 1961년에 사망했다.

17) 초록은 www.shia.org/fatima.html에서 볼 수 있다.

18) 알리 라네마(Ali Rahnema)의 새로운 전기를 보라. *An Islamic Utopian: A Political Biography of Ali Shari'ati*, London: I. B. Tauris, 2009.

해가 예언자들의 메카 계시^{Meccan revelation}를 그 진리에 있어서 보편적이라고 해석했다고 주장했다. 곧 메카 계시는 급진적인 인종적, 성적인 평등을 표현한다.

말콤 X는 1965년 미국에서 암살당했다(미국 내 이슬람 국가 운동 US Nation of Islam이나 FBI 또는 양측 다 연루된 음모).[19] 1966년에는 사이드 쿠틉이 ── 이집트 교육부의 전직 공무원이었고 (1928년 하산 알바나 Hassan al-Banna에 의해 설립된) 이슬람 형제단^{Muslim Brotherhood}의 지적인 영감이 되었으며, 그가 고문받았던 나세르^{Nasser}의 감옥에서 몇 년을 보낸 ── 이집트 정부에 대항하는 음모를 꾸민 혐의로 처형되었다. 알리 샤리아티는 이란 혁명 발발 바로 몇 달 전에 1978년 영국 사우샘프턴에서 갑자기 사망했다(샤의 비밀경찰 사바크^{SAVAK}가 용의자로 남아 있다). 1983년에 마무드 타하는 그의 견해 때문에 수단의 독재자 누메리^{Numeri}에 의해 처형당했으며 이는 당시 이슬람 형제단 수단 지부에 의해 지지받았다.[20]

이 모든 역사적 행위자들은 1960년대 세대 ── **전지구적** 세대 ── 의 일부였으며, 이것이 요점이다. 전기적으로 체험된 시간이 집합적 시간

---

19) 1970년대에 대중들은 1950년대와 1960년대 동안의 민권 운동 조직에 잠입하고 분열시킬 목적이었던 대(對) 파괴자 정보활동(COINTELPRO)과 FBI의 다른 비밀 프로그램들에 대해 알게 되었다. 이슬람 국가 운동(Nation of Islam)의 국가 비서인 존 알리(John Ali)는 FBI의 첩보 요원으로 확인되었다. 말콤 X는 리포터에게 알리가 그와 일라이저 무하마드(Elijah Muhammad) 사이의 긴장을 악화시켰다고 털어놓았다. 그는 알리를 이슬람 국가 운동의 지도부 내에서 '주적'이라고 여겼다. 말콤 X에 대한 위키피디아 항목에 따르면, 암살 전날인 1965년 2월 20일 밤에 알리는 말콤 X를 살해한 혐의로 유죄판결을 받은 이들 중 하나인 탈마지 하이어(Talmadge Hayer)를 만났다.

20) 이슬람 형제단은 나중에 이 결정을 철회했다.

과 교차할 때 —— 이러한 역사적 마주침이 한 세대를 만든다. 우리는 두 번 태어나는데, 첫 번째로 특수자들의 문화적으로 종별적인 세계에서 태어난다. 즉 조상의 이름들, 계급적 배경들, 가족적 환경들, 종교적 전통과 교육적 가능성들. 그러나 두 번째 탄생은 역사의 보편적인 시간적 차원에서 태어나는 것으로 이러한 두 번째 시간적 세례는 우리에게 벤야민이 "**약한** 메시아적 힘"[21]이라고 불렀던 것을 부여한다.

한 세대를 만드는 개인적인 것과 정치적인 것의 마주침은 체험된 시간의 공유된 순간, 행위의 일시적인 장의 물질화이다. 왜 한 세대의 메시아적 힘은 "약한" 것으로 특징지어지는가? 유물론적-마르크스주의적 독해는 이를 객관적인 역사적 권력의 선차성에 대한 주체성의 한계라고 해석할 것이고, 또한 모든 이데올로기적인 것이 표현의 명석함을 조작한다는 점 때문에 권력을 현시하는 일이 위태로움을 인정하는 것이라고 해석할 것이다. 이러한 후자의 장애물은 단지 지배 계급의 이데올로기적 힘뿐만 아니라 이에 대립하는 실존하는 이데올로기들에도 적용된다. (1960년대 파리, 버클리, 아테네, 멕시코시티 또는 도쿄의 거리에 있던 누가 쿠틉과 샤리아티를 알고 있었는가? 카이로나 테헤란의 거리에 있던 누가 타하나 말콤 X와의 연대를 표현했는가?) 동시에, 객관적 위기는 그 순간에 적합한 새로운 의식을 추동하기에 충분하지 않다. (벤야민이 1940년대에 너무나 잘 알고 있었던 것처럼, 자신의 세대는 전통의 급진적 구제를 통해 전지구적 불황의 위기를 사회주의적 미래로 변형시키는 데 실패했다.)

---

21) Benjamin, Thesis II. "On the Concept of History", *Selected Writings*, vol. 4, p. 390.

특권이나 단순한 게으름에서 기인한 전통의 권위, 정신적 소심함을 물려주는 제도화된 교육이 문화적 유산과 역사적 보존이라는 심한 허풍 속에 스스로를 감춘다는 것에 대한 맹목이 존재한다. 이 맹목은 개념적 경계들을 넘는 것이나 현재의 상상력의 한계를 초과하는 것에 대한 거대한 저항을 낳으며, 그 대신에 스콜라적인 근면함, 분과적인 전문성과 엘리트주의적인 학식을 높이 평가하는데 이 모두는 새로운 것의 대면이라는 실용적 필연성으로부터의 탈주로들이다. 사실, 극단적인 불편함이 진정으로 새로운 것, 진정으로 "동시대적인 것", 니체가 "때 맞지 않는" 것이라고 불렀던 것 —— 단순히 우리의 기성의 전통들이나 이해의 양식들에 들어맞지 않는 현재 순간이 갖는 이러한 측면들에 의해 야기된다. 동시에, 동시대적인 것은 과거, 그러니까 새로운 계보학들을 —— 이 계보학들을 관통함으로써 전통들과 단절하며 —— 구성하는 역사적·유물론적 교육 **없이는** 이해될 수 없다.

보편성이라는 쟁점이 구체화되는 것이 바로 이 지점이다. 이 시대를 공유하는 것 외에는 별다른 공통점이 없을 우리 —— 오늘날을 사는 우리 모두 —— 는 결과적으로 정확히 **현재의 때맞지 않음** —— 참으로 새로운 것, 우리의 어떤 지식 전통도 예상하지 못한 것을 공유한다. 그럼에도 불구하고, 동시대적인 것을 장악하고 이를 전통이라는 프로크루스테스의 침대로 밀어 넣으려는 시도는 정확히 동시대적인 것의 전반적인 global 새로움을 파괴함으로써 정치적 위험의 순간이 된다. **이러한 위협은 단순히 과거 역사의 희극적 반복뿐 아니라 미래가 갖는 역사적 잠재력의 소멸을 함축한다.** 이는 정체성들과 연속성들에 대한 초-역사적 단언을 통해 —— 이를 통해 새로운 것은 항상 있었던 것으로 되어 버리고, 우리의 개인적 정체성들을 영원히 고정된 집단들 속에 사물화시킴으로써 각 정체성들은 서로 영원히 전쟁 중에 있는 것으로서 기억되는—— 과거로의 반동적 회귀의 문을 열게 된다. 이에 상응하여 정치적 판단은 허구적이고 존재론적인 상수들에 근거하여 경직된다. 곧 명확히 좋은 집단들이 있는가 하면 다른 집단들은 정의상 악하다. 참된 믿음들이 있는 반면 다른 믿음들은 이단적이다. 영속적으로 적절한à propos 행위자들이 있는가 하면 다른 행위자들은, 유전적으로는genetically 아닐지라도 유적으로 generically 시대에 뒤쳐져 있다 등등.

한 세대의 메시아적 힘은 두 가지 단절의 역사적 수렴을 요구한다. 첫 번째 단절은 사람이 만든 것일지언정 객관적인 것이다. 이는 경제적, 군사적 또는 생태적 위기의 순간, 전기적으로 체험된 시간의 연속성, 개인의 역사를 위태롭게 하는 "충격과 공포"의 순간이다.[22] 두 번째 단절은 현재의 숨겨진 잠재성들, 집합적 상상력에서의 단절에 응답할 것을 요구하는 우리 시대의 때맞지 않음, 반동적 회귀의 반정립antithesis인 전통의 변혁적 구제와 관련된다.

4.

어떻게 이것이 역사적·유물론적 교육학을 위한 조건을 정하는가? 최근의 이론적 토론을 생각해 보라. 알랭 바디우는 우리로 하여금 과거로 돌

---

22) Naomi Klein, *The Shock Doctrine: The Rise of Disaster Capitalism*, New York: Metropolitan Books, 2007. [『쇼크 독트린』, 김소희 옮김, 살림, 2008.]

아가서 이를 새로이 구제하도록 촉구하면서 '사건'이라는 용어로 '단절'의 역사적 순간에 대한 분석을 제공했다. 게다가, 이것은 문자 그대로의 의미에서 신학의 구제이다. 그에게 변혁적 사건의 원형은 사도 바울의 회심이다. 그리고 마르크스주의자, 유물론자이자 무신론자로서 그는 이러한 구제의 완전히 세속적인 성격을 주장하는데, 이는 오늘날 혁명적 정치를 위해 유익하도록 되어야 할 것이다. 그렇다면 바디우의 바울은 역사적·유물론적 교육학, 지적 상상력의 변형에 대한 기준, "탈-세속적"이라는 시제 표시를 이미 가진 우리의 기준 모두를 충족시키지 못하지 않았는가? 이는 사도 바울 사건의 역사적이고 정치적인 현상학에 관한 (지젝, 아감벤 그리고 다른 이들 사이의) 일반적 토론에서 표현된 서구 사유의 새로운 계보학으로 이끌지 않았는가?

바디우는 현대인이고 현 정세에 정통하지만, 그는 동시대인은 아니며 시류를 **거스르지도** 않는다. 사건의 단절하는 힘에 대해 정치적으로 말하기 위해 서구 전통으로 돌아감으로써, 그러나 또다시 "사도 바울의 마스크를 씀으로써"(마르크스!) 그가 긍정하고자 한 현재의 메시아적, 정치적 힘을 약화시키기 때문에 그의 행위의 화용론은 전통을 강화하고 변화를 제거한다.

이제 사이드 쿠틉의 화용론에 대해 생각해 보자. 나는 한 사람으로서의 쿠틉, 그의 고상한 척하며, 억압된 에로티시즘, 콜로라도 교회 친목회나 "자기들의 성욕을 북돋는" "검둥이들"의 "시끄러운"[23] 재즈에 대한 반미적 혐오감에 대해서는 관심이 없다. 정치적 화용론은 사람에 대

---

23) 쿠틉에 대한 위키피디아 항목을 보라. 이는 표준적인 서구적 서술을 나타낸다.

해서^{ad hominem}, 즉 행위자들의 성격(전기적 시간의 차원에서만 중요할 뿐인)에 의해서가 아니라, 그들의 개입이 갖는 메시아적 힘에 의해서 판단될 수 있다. 쿠틉이 성취한 것, 특히 『이정표』에서 성취한 것은 정치적으로 급진적인 개입을 위한 전통의 동원이다 ── 단순히 미국과 소련의 제국주의에 대항해서뿐만 아니라, 이집트의 독재적인 현 상태와 손잡고 있는 이슬람 종교적 기관에 대해서도 대항하면서 말이다.

역사적 화용론의 측면에서, 쿠틉의 행위의 급진적 보편성은 이슬람 법^{Shari'a}에 대한 그의 부흥이 아니라 신학의 혁명적 핵심에 대한 그의 구제에 있다. "인간을 신, 즉 주권의 위대한 속성들 중 하나로 옮기는 것"을 가차 없이 비판함으로써, 수니파인 쿠틉의 작업은 미국에서의 기독교에 근거한 민권 운동의 시간과 라틴아메리카의 해방신학의 시간에 비스듬히 연결된다. 샤리아티, 시아파에 의한 이슬람 부흥에 대한 좌파적 해석은 그를, 쿠틉의 말로 하자면, 종교를 단순히 믿음으로서뿐 아니라 정치적 실천, "타인에 대한 예속으로부터 인간의 자유의 선언"[24]으로서도 생각하는 사상가들의 이처럼 정치적으로 강력한 성좌로 들어서게 한다.

여기서 구제란 구체적인 형태를 띤다. 만약에 소위 서구의 우리가 서구적 이야기들만을 고수한다면, 우리의 비판적 비평들을 비판하는 데 만족하거나 종교의 혁명적 힘이 사라진 탈세속적 현재에 대해서 과거의 먼지 쌓인 우리의 사상가들을 부활시키는 데에 만족한다면, 만약

---

24) 사이드 쿠틉의 책 『이정표』의 영어 번역은 www.scribd.com에서 다운받을 수 있다. 여기서의 인용도 그 판본의 9쪽과 58쪽이다.

우리가 그들의 정치적 행위들을 보는 것조차 등한시했지만 객관적으로 **우리의** 시대에 속하며 불편한uncomfortable 의미에서 우리의 **동시대인들인** 오늘날의 종교적 작가들——쿠틉, 샤리아티, 그리고 많은 다른 이들——의 진보적 계기들을 구제하지 **않는다면,** 만약 우리가 그들의 매우 영향력 있는 저작들을 계속해서 무시하고 정치적 상상력의 장에서 그들을 포기한다면, 그들의 유산은 헤게모니적인 기획을 위해 그것들을 전유하고 싶어 하는 이들에 의해 장악될 것이다. 관련된 일화로, 나탄 쿰브스Nathan Coombs는 "『문화 전쟁』*Culture Wars*지가 내게 버소Verso 출판사의 급진적 사상가Radical Thinkers 시리즈의 발간에 대해 논평해 달라고 했을 때, 나는 '좋습니다, 알리 샤리아티를 주십시오'라고 대답했다. 그러나 샤리아티는 컬렉션에 없었다"[25]고 쓴 바 있다.

여기서 나의 요점을 오해하기 쉽다. 나는 현 질서를 비판하는 모든 이들과의 혁명적 연대라는 어떤 통념을 고수하면서 우리가 쿠틉이나 샤리아티 저작의 모든 것을 긍정할 필요가 있다고 말하는 것이 아니며, 이란 혁명 자체에 대한 푸코적인 찬양을 지지하는 것도 아니다. 나는 보다 급진적인 것을 논하고 있다. 이는 이처럼 깊이 성찰하는 지식인들의 저작에 개입할 필요가 있다는 것으로, 그들은 우리의 동시대인들이고, 그들의 사유의 도움을 통해서만 우리는 우리 세대의 **"약한 메시아적 힘"**을 강화하면서 새로이 사유할 수 있기 때문이다. (다른 많은 이슬람 지식인들처럼 샤리아티는 "서양 철학을 훤히 알고 있다"[26]는 것도 주목

---

25) 라네마의 샤리아티 전기(*An Islamic Utopian*)에 대한 쿰브스의 서평에 대해서는 『문화 전쟁』의 "Ali Shari'ati: Between Marx and the Infinite", www.culturewars.org.uk(2008년 5월에 게재).

해야 한다.) 그렇다, 우리는 종교의 급진적 핵심을 진지하게 고려할 필요가 있다. 왜냐하면 우리 시대에 혁명적 힘은 종교의 구제와 재발명에 달려 있지, '우리'는 이제 종교를 넘어 진보했다는 손쉬운 단언에 —— 세계 인구의 압도적 다수가 이러한 단언으로부터 배제되어 있다는 점을 고려하면 —— 달려 있지 않기 때문이다.[27] 동시에, 우리의 구제는 지배계급의 도구로서 이란의 반동주의자들의 전유로부터 샤리아티를 구해 낸다 —— 우리가 하는 것이 벤야민의 작업이다. 쿰브스는 "따라서 샤리아티를 진정으로 알리는 용기가 없는 것은 여기 안일하고 소박한 우리 서구인들뿐만이 아니며, 심지어 그가 태어난 이란에서조차 그의 저작의 참된 성격은 은폐되어 있다"[28]라고 쓴다. 그렇다면 우리의 정치적 책임은 우리가 우연히 태어나게 된 특수한 지적 전통을 구제하는 것을 훨씬 넘어선다.

---

26) "그의 저작의 어떤 것도 좋았던 옛날로의 회귀를 제안하지 않으며, 오히려 키에르케고르, 파농, 후설 그리고 사르트르의 면면을 반향하면서 지식인의 역할과 결단적 행위의 필요성에 대한 실존적 고려에 기울어 있다."(Ibid.)

27) "앞서 언급한 저자들[바디우, 이글턴, 지젝, 아감벤]과 같은 전략을 가지고 샤리아티를 공격하는 것, 즉 그의 철학에서 급진적 단절과 종교적 응어리(baggage)를 뿌리치려는 시도를 찾으려는 것은 너무나 쉬운 일이 될 것이다. 그러나 애석하게도(alas), 샤리아티의 이념은 결코 그와 같은 편의적인 공식에 굴복하지 않을 것이다. 종교는 그의 사유에 깊이 기입되어 있으며, 이것이 그의 저작이 대중적 명성을 얻게 한 것이다."(Ibid.) 바디우는 『세계의 논리들』(Paris: Seuil, 2006), 67~68쪽에서 "이슬람주의"를 "형식적으로 파시스트적"이고 "허무주의적"인 "모호한 주체"에 대한 그의 이론의 예라고 말한다. 그러나 그는 2004년의 인터뷰에서 "정치적 이슬람"이 "절대적으로 동시대적"인 반면 "정치적 이슬람주의"라는 말에 어떤 정치적 가치가 있는지 의심하면서 이러한 비판을 수정했다(Alain Badiou, "Las democracias están en guerra contra los pobres", *Revista* N. 23, October 2004; www.clarin.com에서 볼 수 있음). Alberto Toscano, "The Bourgeois and the Islamist, or, The Other Subjects of Politics", in Paul Ashton, A. J. Bartlett and Justin Clemens(eds.), *The Praxis of Alain Badiou*, Melbourne: re.press, 2006, pp. 354~365.

28) Coombs, "Ali Shari'ati: Between Marx and the Infinite".

이러한 이론적 화용론은 정치적 판단의 상이한 기준을 함축한다. 구제는 잠정적이고, 탈중심적이고, 절충적이며 때로는 이론적으로 정합적이지 않다. 이는 종합적이기보다는 혼합적이다. 적대적인 양편 사이의 장, '우리 편'일 필요도 '우리 편이 아닐' 필요도 없는 공간을 넓히는 데 충실한 **급진적** 중립성을 채택함으로써, 우리는 양립 불가능한 담론들의 파편들을 긍정하며 이는 그 파편들이 가진 실용적 진리에 의해 판단된다. 우리의 과업은 아프간 여성들이 그들의 자율성을 속박하는 이슬람 법에 반대하여 공개적으로 시위할 수 있는──이러한 행위가 서구의 지배적 헤게모니로 흡수되지 **않고도**── 이론적 영역을 열어젖히는 것이다. 만약 우리가 오직 서구 저자들이나 우리들이 정한 조건하에서 이루어지는 토론에 진입하는 비서구 출신의 저자들만을 계속 읽는다면, 우리는 성공할 수 없을 것이다. 만약 우리가 우연히 태어나게 된 문명의 편안한 지대에만 머문다면 이는 일어나지 않을 것이다. 우리 시대의 공산주의는 이러한 재절합, 좌파의 구제를 요구하지만, 그러한 시간은 오직 천천히 다가올 뿐이다.

오근창 옮김

5장

아디키아
: 공산주의와 권리들에 대하여

코스타스 두지나스

1.

1980년대와 90년대로 돌아가 보면, 소련에 존재하는 강제수용소와 공산주의 국가들의 붕괴에 충격을 받은 마르크스주의 지식인들은 인권을 환영하기 시작했다. 특히 클로드 르포르, 장-프랑수아 리오타르, 에티엔 발리바르, 자크 랑시에르가 이러한 움직임에 가담했다.[1] 이는 '역사

---

1) Claude Lefort, *The Political Forms of Modern Society*, Cambridge: Polity, 1986; Étienne Balibar, "Citizen Subject", in E. Cadava, P. Connor & J. L. Nancy(eds.), *Who Comes after the Subject?*, New York: Routledge, 1991; "The Rights of the Man and the Rights of the Citizen", in *Masses, Classes, Ideas: Studies on Politics and Philosophy before and after Marx*, trans. J. Swanson, New York: Routledge, 1994[「'인권'과 '시민권': 평등과 자유의 현대적 변증법」, 윤소영 옮김, 『인권의 정치와 성적 차이』, 공감, 2003]; Jean-François Lyotard, "The Others Rights", in Stephen Shute and Susan Hurley(eds.), *On Human Rights*, New York: Basic Books,

의 종말'에 관해 떠들어 댄 친자본주의적 자유주의자들 및 프랑스혁명이 공포정치와 전체주의로 인해 실패했다고 주장하는 수정주의 역사가들의 입장과 일치하는 것이었다. 이 시기는 좌파에게는 패배로 인해 사기가 저하되던 시기였다. 급진적 사상 안에 있는 단단했던 모든 것들이 공중 속으로 녹아서 사라지기 시작했다. 이러한 패배와 내면적 성찰, 참회의 시기는 최근의 금융·경제위기와 함께 종식을 고하게 되었다. 급진이론과 정치의 귀환은 자유 민주주의의 안이한 도덕주의 및 인도주의와 더불어 포스트모던 문화의 보편주의 포기에 대한 의심을 다시 불러일으켰다. 알랭 바디우는 『윤리학』에서 권리의 인간주의를 일축했고,[2] 슬라보예 지젝은 얼마간의 동요 뒤에 인권의 해방적 잠재력에 대해 의문을 제기했다.[3] 그리고 마이클 하트와 안토니오 네그리는 인권을 제국의 필수불가결한 도구로 간주한다.[4] 이전에 시도되었던 권리 개조론은 거의 완전히 거부되고 있다.

하지만 이러한 거부는 얼마간 문제가 있는 것이다. [바디우가 내세우는— 옮긴이] 보편주의는 자유주의적 인도주의자들의 슬로건이다. 바디우 자신의 조직인 오르가니자시옹 폴리티크Organisation Politique의 주

1993[엄준영·정태욱 옮김, 「타자의 권리」, 『현대사상과 인권』, 사람생각, 2000]; Jacques Rancière, "Who is the Subject of the Rights of Man?", in Ian Balfour and Eduardo Cadava, *And Justice for All?*, *South Atlantic Quarterly* 103, 2/3(2004), p. 297.

2) Alain Badiou, *Éthique*, Hatier, 1993. [『윤리학』, 이종영 옮김, 동문선, 2001.]

3) Slavoj Žižek, *The Ticklish Subject*, London and New York: Verso, 1999, pp. 215~228[『까다로운 주체』, 이성민 옮김, 도서출판b, 2005, 351~374쪽]; *The Fragile Absolute*, London and New York: Verso, 1990, pp. 54~69, 107~111.

4) Michael Hardt and Antonio Negri, *Empire*, Cambridge, MA: Harvard University Press, 2000, pp. 393~414. [『제국에 맞선 다중』, 『제국』, 윤수종 옮김, 이학사, 2001, 498~521쪽.]

요 정치 활동 중 하나인 미등록 이주자sans-papiers 옹호는 권리에 대한 언급을 피할 수 없다. 제국의 요구를 뒤집어서 급진적인 다중의 표현으로 만들자는 하트와 네그리의 처방은 사회적 권리의 형식을 띠고 있다. 자크 랑시에르는 인권에서 자신이 옹호하는 급진 정치의 좋은 사례를 발견한다. 좌파와 권리들 사이의 당혹스러운 불장난flirtation은, 보편주의는 옹호하면서 인권 이데올로기는 거부하는 방향으로 갱신되어 왔다.[5] 이제 후기 자본주의의 맥락에서 권리의 역사와 이론을 재검토할 때가 되었다. 만약 공산주의적 실천이 자유주의적 권리를 거부하는 것이었다면, 공산주의라는 철학적 이념은 (인간) 권리를 구제할 수 있는가?

2.

인권의 역사는, 인권에 대한 자유주의의 예찬과 공산주의 및 공동체주의의 인권에 대한 거부가 빚어 온 갈등으로 점철되어 왔다. 인권은 야누스와 같은 것으로, 오직 역설들만 산출해 왔다. 인권은 해방하지만 지배하고, 보호하지만 통제할 수 있는 것이다.[6] 이러한 애매한 태도는 최근까지 급진적 권리 이론에 스며들어 왔으며, 부정적인 측면이 더 뚜렷이 표명되어 왔다.

 권리에 관한 마르크스의 저술은 자본주의에 대한 좀 더 광범위한 비판의 일부를 이루는 것이었다. 봉건제에서 정치권력, 경제적 부, 사회

---

5) Costas Douzinas, *Human Rights and Empire*, New York: Routledge, 2007, 1장과 12장.
6) Costas Douzinas, *The End of Human Rights*, Oxford: Hart, 2000.

적 신분은 서로 합치했다. 다른 한편 상승하는 부르주아지의 정치적 지배는 바로 직접적인 정치권력의 외관상의 상실을 통해 확고하게 다져질 수 있었다. 인간[남성]의 권리[7]는 사회로부터 정치를 제거했으며, 경제적 지배와 정치적 지도의 동일시에 종식을 고했다. 정치는 국가의 여러 부문 중 하나로 한정되었다. 동시에 계급 지배의 보호 장치인 소유와 종교는 시민사회에 위치한 사적 기관들로 전환되었으며, 자연권의 작용을 통해 국가의 개입으로부터 보호받았다. 소유는 이처럼 사적 영역으로 '강등'됨으로써 더욱 효과적이게 되었으며, 지속적인 지배를 보장받게 되었다. 이와 같은 변증법적 공식에서 자연권의 주요 목표는 사회로부터 정치를 제거하고 경제를 탈정치화하는 것이었다. 분리 이후에 국가는 (정치적으로) 지배적인 것으로 제시되지만, 실제의 (경제적) 권력은 자본주의 사회에 놓여 있다. 부르주아지가 중세 영주와 왕들이 지닌 직접적인 정치권력을 포기한 것은, 부르주아 사회의 고양과 그 자본주의 원칙의 승리를 위한 선행 조건이었다.

이러한 부르주아의 거울의 방에서 자연권은 이기심과 사적 이윤을 뒷받침한다. 다른 한편 정치와 국가는 종교와 교회를 대체하면서 지상에 존재하는 유사–천상quasi-heaven의 지위를 얻게 되는데, 여기에서 시민들이 제한된 형식적 민주주의에 참여하기 때문에, 사회적 분할은 일

---

7) [옮긴이] 지금부터 필자는 마르크스의 『유대인 문제에 대하여』에서 제시된 인권에 대한 비판을 요약해서 소개하는데, 이 과정에서 마르크스 자신이 사용했던(이는 당대의 통상적인 언어적 표현의 반영이다) 어휘법에 따라, '인권'을 표현할 때 "human rights"라는 용어 대신 "rights of man"이라는 용어를 사용한다. 이 후자의 용어는 당연히 남성 중심인 표현법인데, 필자는 때로 이 표현법에 담긴 남성 중심주의를 부각시키는 논의를 제시하곤 한다. 그럴 경우에는 '인간[남성]의 권리'와 같은 식으로 번역하였다.

시적으로 망각되곤 한다. 자유주의적 주체는 이중의 삶을 영위한다. 한편으로는 개인적인 경제적 이익을 추구하는 갈등으로 가득 찬 일상의 삶이 있는 반면, 두 번째 삶은 마치 은유적인 안식일처럼 정치적 활동과 '공동선'에 헌신하는 삶이다. 실제로는, 한 가지 명료한 위계가 천상의 시민이 지닌 정치적 권리를, 자연권의 형태로 현존하는 자본가의 구체적 이익에 종속시킨다.

자연권에 대한 마르크스의 공격은 다양한 부류의 '이데올로기 비판'을 열어 놓았다. 첫째, 평등과 자유는 국가에서 흘러나온 이데올로기적 허구로서, 불평등, 억압, 착취로 점철된 사회를 유지하는 기능을 수행한다. 자연권들(그리고 오늘날에는 인권)은 보편적 인간성의 상징으로서 환영을 받았지만, 그것들은 동시에 특수한 이들(부르주아지)이 보유한 정치적 무기이기도 했다. 권리들의 어휘로 윤색되면, 이데올로기, 계급 이익, 이기적 관심은, 공공선을 위한 자연적이고 영원한 동력처럼 나타난다.

둘째, 권리들은 현실의 사람들을 추상적인 부호로 바꿔 놓는다.「인권선언」의 추상적 인간은 아무런 역사도 전통도, 젠더나 성도, 피부색이나 출신 민족도 지니고 있지 않은데, 이러한 요소들이야말로 사람들을 현실적인 사람들로 만드는 것이다. 모든 내용은 추상적인 인류의 제단에 희생물로 바쳐진다. 하지만 이러한 보편화의 몸짓은 그 현실적인 주체가 누구인지 드러낸다. 그는 바로 보편적 인류를 대표하는standing in for, 인간적인 아주 인간적인, 부유하고, 백인이며, 이성애자이고, 남성인 부르주아인데, 그는 인류의 존엄과 엘리트의 특권을 결합한 인물이다. 보편적인 인간[남성]의 해방은 현실적인 사람들을 아주 구체적인 규칙에 종속시킨다. "무엇보다 우리는 소위 인권, 즉 공민권the rights of the citizen과 구별된 인권이 시민사회 구성원의 권리 이외에 아무것도 아니라는 것을, 다시 말해서 인간 및 공동체로부터 분리된 이기적인 인간의 권리 이외에 아무것도 아니라는 사실을 확인한다."[8]

관련된 논거들은 권리들의 국가주의를 강조한다. 실효성 있는 권리는 국민적 소속을 따른다. 지역적이거나 역사적인 요인들을 넘어서는 보편적 인류를 대신한다고 선언되었음에도, 오직 국민으로서의 시민들만이 온전한 보호를 받게 된다. 난민, 이주자, 국가 없는 이들, 떠도는 유랑인들, 수용소와 구금 시설에 갇힌 사람들처럼 수백만 명의 사람들이 보편적 인간[남성]과 국민적 시민 사이의 간극에 놓여 있는데, 이들은 '인류'에 속하긴 하지만, 아무런 국가의 보호를 향유하지 못하기 때문에 거의 아무런 권리도 누리지 못하는 호모 사케르들이다.

셋째, 형식적 평등(소유를 지닐 수 있는 법적 자격)은 불평등한 이들을 권리와 공정의 문제로서 동등하게 다룬다. 이는 평등을 이데올로기적 구성물로 전환시킨다. 이는 또한 물질적 불평등, 가난, 박탈을 증대시키고 인간들 사이의 *끈끈한* 관계를 잠식한다.

권리의 요체는, 본성상, 오직 동일한 척도의 적용에만 있을 수 있다. 그러나 불평등한 개인들(만일 그들이 불평등하지 않다면 그들은 서로 다른 개인이 아닐 것이다)이 동일한 척도로 측정될 수 있는 것은 오로지 그들이 동일한 관점 아래 놓이는 한에서, 즉 어떤 특정한 측면에서만

---

8) 카를 마르크스, 『유대인 문제에 대하여』, 김현 옮김, 책세상, 2015, 49쪽.

파악되는 한에서다. (…) 어떤 노동자는 결혼하였는데, 다른 노동자는 결혼하지 않았다. 어떤 노동자는 다른 노동자보다 자식이 많다 등등. (…) 이러한 모든 폐단을 피하기 위해서는, 권리는 평등하지 않고 오히려 불평등해야 한다.[9]

마지막으로 특정한 권리들에 대한 마르크스의 비판은 가차 없이 제기된다. 이 권리들은, 소극적 자유가 서로를 위협적인 존재자들로 간주하는 고립된 노마드들로 이루어진 사회에 기초를 두고 있다고 선언된다. 소유의 권리는 생산수단의 사적 소유를 옹호하는 것과 다르지 않다. 의견과 표현의 자유는 사적 소유의 정신적 등가물에 해당하는 것으로, 루퍼트 머독, 테드 터너, 빌 게이츠의 시대에 온전히 정당화되는 주장이다.[10] 최근의 생명정치적 전회를 예견하면서 마르크스는 안전의 권리야말로 유일하게 현실적인 권리라고 주장한다. 이는 (공포에 사로잡힌) 개인들과 국가 사이에 인공적 연계를 구축하며, 궁극적인 사회적 가치, 법, 질서를 증진한다. "[부르주아] 이기주의를 보증하는, 부르주아 사회의 최고의 사회적 개념"[11]인 치안은 갈등 사회에서 사회적 평화와 공공질서를 유지하는 과업을 떠맡는다.

하지만 마르크스는 권리를 일축해 버리지 않았다. 1848년 혁명에

---

9) 마르크스, 「고타강령 초안 비판」, 이수흔 옮김, 『칼 맑스·프리드리히 엥겔스 저작 선집』 4권, 박종철 출판사, 1995, 377쪽.
10) [옮긴이] 이 세 사람은 흔히 미디어의 3대 황제라 불리는 사람들이다. 곧 언론 매체들을 독점하고 있는 이들이다.
11) 마르크스, 『유대인 문제에 대하여』, 52쪽.

대하여 논평하면서 그는 상이한 권리에 대해 언급한 바 있다. "노동의 권리right to work, droit au travail[12]란 부르주아적 견지에서 볼 때 하나의 허튼소리이며 하나의 가련하고 천진난만한 염원이다. 그러나 노동의 권리 뒤에는 자본에 대한 폭력이 서 있고, 자본에 대한 폭력 뒤에는 생산 수단의 전유, 연합한 노동자 계급 아래로의 생산 수단의 복속, 따라서 임금 노동과 자본과 이 양자의 상호 관계의 철폐가 서 있다."[13]

공산주의 혁명은 도덕주의적 형식 및 관념론적 내용을 부정함으로써 권리들이 제기한 보편적 약속을 실현할 것이다. 자유는 소극적이고 방어적인 것이 되기를 그치고, 다른 이들과 연합한 각자가 지닌 긍정적 권력이 될 것이다. 평등은 더는 불평등한 개인들의 추상적 비교를 뜻하지 않고, 강력한 공동체 안에서의 보편적이고 온전한 참여를 의미하게 될 것이다. 소유는 다른 모든 사람을 배제한 가운데 각자에게 부의 일부를 한정하는 것이 되기를 그치고 공통적인 소유가 될 것이다. 현실적 자유와 평등은 공동체의 구체적인 사람을 고려하며, 사회적 분배에 대한 형식적 정의를 폐기하고, 자신들의 깃발에 "각자는 능력에 따라, 각자에게는 필요에 따라!"라는 원리를 새겨 넣는다.[14] 이런 일이 일어나기 위해서는 인권이 상징하는 정치적 혁명은 인류의 해방으로 인도하게 될 사회 혁명으로 지양되어야 한다.

---

12) [옮긴이] 마르크스가 프랑스어로 사용하는 '노동의 권리'(droit au travail)는, 부르주아 개념인 '노동권'(droit du travail)과 구별되는 프롤레타리아적 권리 개념이다.
13) 마르크스, 「프랑스에서의 계급투쟁」, 『칼 맑스·프리드리히 엥겔스 저작 선집』 2권, 박종철출판사, 1992, 40쪽.
14) [옮긴이] 마르크스, 「고타강령 초안 비판」, 『칼 맑스·프리드리히 엥겔스 저작 선집』 4권, 377쪽.

3.

권리의 역설적 작용을 가장 강조했던 마르크스주의 철학자는 에른스트 블로흐였다.[15] 블로흐는 마르크스의 권리 비판의 주요 요소들을 견지하지만, 자연법 전통 내에서 역사적으로 가변적이지만 영원한 인간적 특징, 즉 지배와 압제에 저항하고 "인간이 똑바로 서서 걷게 될" 사회를 상상하고 그것을 위해 투쟁하려는 특징을 발견한다. 착취의 종식 없이는 인권의 진정한 토대는 존재할 수 없으며, 권리에 대한 존중 없이는 착취의 진정한 종식은 존재할 수 없다.

'부르주아 자연법'의 미망들에 대한 블로흐의 비판은 파괴적인 것이다. 하지만 인권은 또한 권력, 관례, 법에 대한 비판의 전통에서도 환영을 받았으며, 두 가지 방향으로 발전되었다. 처음에 권리는 도미니움 dominium, 즉 소유와 점유, 사물과 사람에 대한 법적 지배권과 결부되었으며, 채무자로부터 채권자를 보호하기 위해 발명되었다.[16] 인권은 이러한 초기의 소유권에서 생성되었지만 "피착취자, 피억압자, 박해받은 자, 무시당하는 자들에 의해 완전히 다른 방식으로 채택되었다. 혁명적 투쟁의 주체적 표어이자, 능동적으로는 이러한 투쟁의 주체적 요인이

---

15) 유토피아주의, 자연법에 대한 관심, 공산주의 국가들에 대한 유보적인 지지가 블로흐 사상에 결합되어 있다는 사실이 뜻하는 것은, 블로흐가 발터 벤야민과 프랑크푸르트학파와 친화성을 지니고 있었음에도, 서방 마르크스주의자들의 만신전(萬神殿)에 포함되지 못했다는 것이다. 이 점에 관해서는 다음 저작들을 참조. Vincent Geoghegan, *Ernst Bloch*, London: Routledge, 1996.; J. O. Daniel and T. Moylan(eds.), *Not Yet: Reconsidering Ernst Bloch*, London: Verso, 1997.

16) Richard Tuck, *Natural Rights Theories*, Cambridge: Cambridge University Press, 1979, 1장 참조.

라는, 인권이 지닌 비교 불가능한 두 번째 의미에서 나타나는 것이 바로 이러한 측면이다."[17] 블로흐는, 역사적으로 지속되어 온 저항과 반역의 의미는 "적어도 그리스 시대 이래로 억압으로부터 스스로 자유로워지고 인간의 존엄성을 세우려는 인간의 의도"를 보여 주지만, "오직 이러한 의지만이 불변적이며 (…) '인간'과 그가 지닌 이른바 영원한 권리는 그렇지 않다"고 결론 내린다.[18]

블로흐의 『자연법과 인간 존엄성』은 인권의 역사와 철학에 관한 가장 뛰어난 마르크스주의적 독해다. 독일 관념론과 마르크스의 초기 저술에 영향을 받았으며 냉전의 절정기에 저술된 이 저작은 진화론적인 역사철학을 채택하고 있으며, 공산주의에서 인간적인 것humanum이 실현되리라고 예언하고 있다. 급진적 인권은 부르주아적인 합법성을 비난하지만, 동시에 그 권리의 핵심, 즉 (사회주의적) 휴머니즘의 희망의 원리를 실현한다.

이러한 유형의 마르크스주의적 역사주의와 인간주의는 알튀세르 및 포스트구조주의 철학으로부터 심각한 타격을 입었다. 하지만 저항과 반역의 의지에 대한 블로흐의 강조는 일체의 휴머니즘적인 관념론에서 자유로우며, 규범성의 급진적 잠재력을 재위치시킬 수 있게 도와준다. 만약 진보가 더 이상 역사적 필연성에 의해 보증되지 않고, 혁명적 내기가 전혀 가망이 없어 보이는 (도래할) 사건에 확고하게 매달려 있다면,

---

17) Ernst Bloch, *Natural Law and Human Dignity*, trans. Dennis Schmidt, Cambridge, MA: MIT Press, 1987, p. 217.
18) Ibid., p. 191.

어떻게 가치들과 규범들이 재림再臨, epiphany 및 그 실현을 위해 필요한 충실성을 예비할 수 있는가? 만약 급진적 변화가 인간 정신의 선형적 전개가 아니라 영원회귀의 희귀하고 예언 불가능한 한 경우instance라면, 어떻게 사건은 도덕적 명령 및 심리적 동기부여와 연계될 수 있는가? 피터 홀워드가 강조하듯이 "모든 주체적 결정에서 작용하는 동기부여 및 결심 같은 요소들을 무시함으로써, 진리의 투사들은 이미 개종한 이들에게만 설교를 하게 될 위험이 존재하는 것 아닌가?"[19] 사람들로 하여금 바디우의 '공백'의 부름에 응답하게 하고 상황을 변화시키게 해주는, 역사주의와 유한성을 넘어서는 공시적synchronic 상수가 존재하는가?

급진 철학은 이러한 질문을 부차적인 것 또는 '상부구조적인' 것으로 경시하는 경향이 있다. 하지만 안티고네의 반항이나 바울의 개종, 레닌의 결단력은 무로부터 생겨나지 않았다. 투사들은, 극적인 행위에 앞서 존재하며 그들을 지속적인 충실성으로 인도하는, 규범과 믿음에 의해 부분적으로 대비를 갖추고 지원을 받는다. 바디우의 용어법을 따라서, 우리는 이것들을 공백의 규범적 견인력으로 또는 지젝과 더불어 실재의 규범성으로 부를 수 있다. 이러한 견인력은 어디에서 오는가? 투사 주체들을 예비하는 것은 무엇인가? 권리들이 정치의 지배적인 언어가 되고 그것들이 함축하는 일체의 문제가 제기됨에 따라, 우리에게는 아마도 급진적 규범성의 계보학이 필요할 것이다.

---

19) Peter Hallward, "Introduction", in Hallward(ed.), *Think Again: Alain Badiou and the Future of Philosophy*, London: Continuum, 2004, p. 17.

4.

현존하는 가장 오래된 그리스 문헌인 아낙시만드로스의 단편은 다음과 같이 말한다.

> 그것들로부터 있는 것들의 생성이 있게 되고, [다시] 이것들에로 [있는 것들의] 소멸도 필연에 따라 있게 된다. 왜냐하면 그것들은 [자신들의] 아디키아adikia(어긋남, 탈구, 불의)에 대한 벌과 배상을 시간의 질서에 따라 서로에게 지불하기didonai diken 때문이다.[20]

하이데거는 이 단편을 활용하여 자신의 근본적인 존재론을 확증한다. 존재자들의 고유한 현존은 '잠시 머무름'이다. 그것들이 자기 자신을 현존화할 때, 그것들은 '이음매가 어긋날adikia' 수 없으며, 반대로 그

---

20) 이 번역은, 단편에 자주 등장하는 디케, 아디키아, 티시스(tisis, 대가) 같은 용어들이 함의하는 단편의 존재론적·규범적 성격 양자를 강조하는 다수의 번역들에서 이끌어 낸 요소들을 결합한 것이다. 니체는 초기의 『그리스 비극 시대의 철학』에서 이 단편을 다음과 같이 번역한다. "사물들은 그것들이 생성되어 나온 그곳으로 필연적으로 소멸한다. 왜냐하면 사물들은 시간의 질서에 따라 벌의 대가를 치러야 하며, 그것들이 저지른 불의에 대하여 심판을 받아야 하기 때문이다."(프리드리히 니체, 『비극적 사유의 탄생』, 이진우 옮김, 문예출판사, 1997, 119쪽) 헤르만 딜스(Hermann Diels)는 다음과 같이 번역한다. "사물들은 자신들이 시작된 곳으로 필연에 따라 사라져 간다. 왜냐하면 사물들은 굳게 세워진 시간에 따라 자신들의 부주의함에 대하여 서로 배상하고 처벌하기 때문이다."(*Die Fragmente der Vorsokratiker*, 1903) 마지막으로 J. M. 로빈슨(Robinson)은 단편을 다음과 같이 번역한다. "존재하는 것들이 생겨난 것들로 존재하는 것들이 다시 사라져 간다는 것은 그럴 수밖에 없는 바에 따라 일어나는 일이다. 왜냐하면 그것들은 시간의 엄격한 질서에 따라 자신들의 불의에 대해 서로 대가를 치러야 하기 때문이다."(*An Introduction to Early Greek Philosophy*, Boston: Houghton Mifflin, 1968, p. 34) 하이데거는 「아낙시만드로스의 잠언」에서 다수의 (잘못된) 번역들을 검토한다. 마르틴 하이데거, 『숲길』, 신상희 옮김, 나남, 2008.

것들은 서로 조화롭게 연결된다(하이데거는 디케^{dike}를 이음매 또는 일치로 번역한다). 하지만 존재는 존재자들 속에서 자신을 드러내면서 자신을 빼내며, 자신을 감추고 자기 스스로 머물러 있다. 이러한 은폐/탈은폐 과정에서 존재자들은 방황하면서 표류하며 "역사가 전개된다. (…) 방황[오류]^{Irrtum}이 없다면 역사적 운명과 역사적 운명 사이의 관계도 없을 것이며, 역사도 존재하지 않을 것이다".[21] 아디키아는 존재의 무질서, 존재의 탈은폐 내지 머무름에 동반하는 존재의 은폐다.

데리다는 『마르크스의 유령들』에서 하이데거의 독해를 다루면서 그 존재론적 지향에 동의한다. 하지만 데리다는 평화로운 일치와 돌봄을 강조하는, 디케와 아디키아에 대한 일면적 해석에 대해 반대한다. 데리다에게는 아디키아의 중심성을 회복하는 것이 중요하다. 존재 안에는 어긋남과 불화가 존재하며, 탈구는 존재와 다른 타자와의 관계, 타자로서의 타자 및 죽음과의 관계에 활력을 불어넣는다.[22]

데리다가 불화로서의 존재로 돌아가는 것은 우리가 디케를, 지속하는 무질서와 갈등(아디키아)에 대한 응답으로서 존재론적으로 사고하는 데 도움을 줄 수 있다. 데리다의 교정을 따라서 읽어 보면 금언은 다음과 같이 다시 표현해 볼 수 있다. "시원적인 아디키아, 불화 내지 갈등이 존재의 탈은닉을 고무하고 있다. 이것은 아디키아의 극복(디케)의 전개 과정(티시스)인 인간 역사 안에서 지속되고 있다." 이러한 탈구 또는 불의를 창조하는 것은 무엇인가? 대가는 어떻게 계산되고 치러지는

---

21) 마르틴 하이데거, 「아낙시만드로스의 잠언」, 『숲길』, 495쪽.
22) 자크 데리다, 『마르크스의 유령들』, 진태원 옮김, 그린비, 2014, 55~65쪽.

가?[23]

소포클레스의 『안티고네』에 나오는 「인간에 관한 송가」의 합창에서 초기의 답변이 제시되어 있다.

놀랍고 두려운 것들deina이 많지만
인간보다 더 놀랍고 두려운 존재deinoteron는 없다네.(332행)[24]
polla ta deina kouden anthropou deinoteron pelei.

이 노래에 대한 하이데거의 해석은 역사의 중심에 권력, 폭력, 갈등을 위치시킨다. 핵심 단어인 데이논deinon은 두 가지 의미를 지닌다. 첫째, 이것은 테크네techne(지식, 기예, 법)에서 명백히 드러나는 인간의 폭력적이고 창조적인 힘을 뜻한다. 둘째, 디케는 압도적인 힘이자 질서, 구조로서, 인간은 여기에 던져져 있고 이것과 맞서 싸운다. 테크네는 디케와 대결하며, 폭력적인 포이에시스를 사용하여 디케의 압도적인 섭리에 맞서 존재의 질서를 폭력적으로 균열시킨다. 이러한 대결에서 인간은 친숙한 것at home에 머무르기를 그치게 되며, 친숙한 것과 낯선 것the alien이 동시에 드러난다.[25] 인간은 길들을 개척하고 경계를 세우며, 법과 제도

23) 다음 저작을 보라. Jean-François Lyotard, *Heidegger and the 'Jews'*, trans. A. Michel and A. Roberts, Minneapolis: University of Minnesota Press, 1990; Stephen Ross, *Injustice and Restitution: The Ordinance of Time*, New York: State University of New York Press, 1993, p. 4. 또한 하이데거 텍스트에 대한 탁월한 주해로는 Jacques de Ville, "Rethinking of the Notion of a 'Higher Law': Heidegger and Derrida on the Anaximander Fragment", *Law and Critique* 20(2009), pp. 59~78을 보라.
24) 소포클레스, 『안티고네』, in 『오이디푸스왕 외』, 김기영 옮김, 을유문화사, 2011, 25쪽.

를 도입하고, 대지와 바다를 정복한다.[26] 테크네와 로고스는 존재자들의 다양성 및 인간 자신의 역사적 생성을 드러낸다.

하지만 디케, 압도적인 질서는 결코 완전히 극복되지 않는다. 그것은 판트로포스pantropos(방방곡곡을 돌아다니며 경험을 쌓는) 인간을 아포로스aporos(막다른 길, 궁지)로 몰아넣는다. 인간이 힘과 압도적 힘, 곧 지식, 기예, 행위의 폭력과 세계의 질서 사이의 갈등에 놓여 있는 이상, 파국에 사로잡히는 것이 인간의 피할 수 없는 조건이다. 모든 성취 뒤에서는, 이러한 성취의 조건으로서 영속적인 재앙이 모습을 드러낸다. 아낙시만드로스 잠언은 이것을 아디키아, 곧 탈구, 어긋남 또는 불의라고 부른다. 인류는 시원적인 디케에 대하여 압도적인 힘이 행사됨으로써 생겨난 열려진 틈 위에서 생성된다.[27]

아디키아는 디케의 원인이자 결과다. "우리가 공유하는, 우리가 거기에 속하는 원초적인 불의"가 존재한다. "시간보다 오래되고, 척도와 법보다 오래된 이 불의는 평등이나 불평등에 관한 아무런 정의의 척도를 지니고 있지 않다."[28] 지배 질서에 맞서는 혁명의 투사들을 예비하는 불의에 대한 감각은 시원에서부터 지속해 온 아디키아에 대한 역사의 심판이며, 그것에 대한 보상이다. 이러한 탈구는 일체의 가능한 복원을

---

25) [옮긴이] 필자의 논의는 아래에 나오는 하이데거의 『형이상학 입문』에서의 해석을 염두에 둔 것인데, 우리가 '친숙한 것'과 '낯선 것'이라고 번역한 하이데거의 용어는 'Heimlichen'과 'das Unheimliche'다.

26) 하이데거는 『형이상학 입문』에서 「인간에 대한 송가」를 논의한다. 『형이상학 입문』, 박휘근 옮김, 문예출판사, 1991, 235쪽 이하.

27) 하이데거, 『형이상학 입문』, 263쪽.

28) Stephen Ross, *Injustice and Restitution*, New York: SUNY Press, 1993, p. 10.

초과하는 것이며, 역사를 "시간의 질서를 따르도록" 열어 놓는다. 아디키아는 테크네와 디케 사이의 끝없는 투쟁이자 그것들 사이의 경계이며, 이것이 자유와 필연을 분리하는 것이다.

사유로서의 테크네와 독사^{doxa}로서의 디케 사이의 투쟁은 철학 및 학문적 지식$^{epistemic\ knowledge}$의 탄생으로 인도한다. 동시에 테크네/디케의 적대는 투사 주체들에게 동기를 부여한다. 이것이 바로 크레온의 완고함(헤겔은 그의 업적과 곤경을 매우 중시했다)과 안티고네의 반항^{ate} 사이의 갈등이다.

> 그 법을 공표한 자, 제우스 신도 아니고
> 하계^{下界}의 신들과 함께 사는 정의의 여신^{dike}도
> 사람들에게 그런 법^{nomous}을 제정한 적이 없기 때문입니다.
> 죽어야 하는 인간에게 속한 당신의 포고령이,
> 쓰인 적 없고 절대 확실한 신들의 법$^{agrapta\ kasphale\ theon\ nomima}$을
> 압도할 만큼 강력하다고 생각하지 않습니다.(448~453행)[29]

아디키아는 테크네와 디케 사이의 세계를 만드는 싸움으로서 지속된다. 그것은 정치적, 이론적, 주체적 측면들을 지니고 있다. 그 정치적 형식은, 인간의 활동이 세계의 질서와 맞서는 시대적으로 특수한 대결이다. 그것의 철학적 형식은 아디키아, 질서, 자유 및 이것들 사이의 분규가 지닌 시대적 형식들을 탐구한다. 이것이 바로 플라톤이 그의 시대

---

29) 소포클레스, 『안티고네』, 30쪽.

의 독사에 맞서 추구한 정의 이론이었다. 이와 유사하게 승승장구하는 자본주의에 맞서 마르크스가 계급투쟁을 식별하고 공산주의를 발명한 것은 자본주의의 아디키아 또는 무질서에 대한 이론적 응답이었다.

마지막으로 각각의 아디키아의 유형은, 아디키아에 저항하고 그것을 근원적으로 전화하는 주체들을 유발함으로써 자신의 고유한 주체성을 창조한다. 디케의 챔피언으로서의 안티고네, 기술의 프로메테우스는 반역적인 주체성에 부여된 이름들이다. 이러한 주체적 응답은 아디키아의 시대적 사례로부터 생겨난다. 카이로스의 이음매가 어긋날 때, 탈구의 정서적 그리고/또는 이성적 감각은 저항과 혁명의 주체들을 촉발한다. 그러므로 저항과 그 투사들은 두 개의 상호 연관된 형식을 띤다. 지배하는 탈구에 대한 이론적 탐색과 그것에 저항하거나 그것을 바로잡으려는 정치적 행동이 그것이다. 프로메테우스에서 미하엘 콜하스[30] 및 체 게바라에 이르는 반대자들과 혁명가들은 아디키아가 초래하는 무질서의 의미에 대한 응답이다. 역사는 이와 같은 정치와 이론, 급진적 주체성의 결합 속에서 움직인다.

이제 우리는 왜 정의론이 인간 사유의 가장 오래된 실패작인지 이해할 수 있다. 호메로스와 성서, 플라톤 이래로 가장 뛰어난 정신들과 가장 용맹한 심장들은 정의를 정의하려고 시도하거나 또는 정의로운 사회의 조건들을 상상해 보려고 했다. 그들은 실패해 왔다. 사실 계속

---

30) [옮긴이] 미하엘 콜하스(Michael Kohlhaas)는 독일의 작가 하인리히 폰 클라이스트(Heinrich von Kleist, 1777~1811)의 작품의 제목이자 주인공 이름이다. 그는 민란을 일으킨 주인공이다. 『미하엘 콜하스』, 황종민 옮김, 창비, 2013.

이어진 끝없는 '정의론들'은 이러한 참담한 실패에 대한 일련의 인정들이다. 정의와 불의는 이론적-정치적 술어들이 아니라 주체적 동기들이다. 아디키아의 지속은, 우리가 정의가 어디에 놓여 있는지 모르는 채로 불의에 둘러싸여 있다는 공통의 감정을 산출한다. 이것이 정의의 역설이다. 정의의 원리는 불확실성과 논쟁 속에서 불명확하게 가려져 있는데 반해, 불의는 항상 명료하고 확실하게, 그리고 긴급함의 감각과 함께 느껴져 왔다. 우리는 불의와 마주칠 때 그것이 불의라는 것을 알고 있으며, 그것이 불의라는 진실을 느끼게 된다. 하지만 어떤 정의론이 실천에 옮겨질 때마다 그것은 곧바로 또 다른 불의의 사례로 퇴락하고 만다. 적용된 정의는 불의(의 감정들)로 인도한다. 삶은 불의와 함께 시작하고 그것에 맞서 반항한다. 사유가 그 뒤를 따른다. 정의와 불의의 변증법은 종합으로 인도하지 않는다. 불의는 정의의 대립물이 아니다. 부당한 것은 정당한 것의 반대가 아니다. 불의로 고통받는 것은 불의를 행하는 것의 논리적 대립물이 아니다.[31] 아디키아는 정의와 불의 사이의 간극이면서 동시에 그 사이에 다리를 놓으려는 끝없는, 하지만 불가능한 시도다. 상징적 질서가 억압하려고 애쓰고, 수많은 정의론들(상상적인 것)이 정당화하려고 하지만, 매번 실패하고 마는 것, 그것이 바로 아디키아다. 이런 의미에서 실재적인 것은 아디키아, 즉 사회적 유대관계를 구성

---

31) "그것이 바로 부당한 것이다. 정당한 것의 대립물이 아니라, 정당한 것과 부당한 것의 문제가 제기되는 것, 그리고 제기된 상태로 남아 있는 것을 금지하는 것이 바로 부당한 것이다." Jean-François Lyotard, *Just Gaming*, trans. W. Godzich, Manchester: Manchester University Press, 1985, pp. 66~67. 데리다의 '탈구축 불가능성', '계산 불가능성', 그리고 정의의 무조건성은 동일한 결론으로 인도한다. 정의는 항상 도래할 것으로 남아 있지만, 우리는 그것의 본성을 알지 못하며, 정의란 근본적으로 다른 것이라는 점을 선언하는 것 말고는 그것을 이론화할 수 없다.

하는 탈구에 대한 한 가지 이름이다. 장 프랑수아 리오타르가 강조하듯, 어떤 잔여, "연계되지 않은 것"[32] 또는 통제를 넘어서는 단층선faultline이 모든 공동체와 법을 정초한다. 그것은 "문명인들이 문명화되지 않았다는 예민하면서도 막연한 감정", 그리고 "건강한 것으로 간주되는 것 내부에서 수치스러운 어떤 병리성이 재발한다는 것을 드러내고, 통제할 수 없는 것의 '현존'을 드러내는""어떤 것이 문명에 관해 잘못 배치되어 있다"는 감정 속에서 마주치게 되는 "무의식적 정서"[33]와 유사한 것이다.

이 통제할 수 없는 아디키아는, 신과 세계 사이의 메울 수 없는 간극, 계급투쟁, 자기-타자 분할, 적-동지 적대 또는 죽음 충동 등으로 차례로 불려 왔다. 이 모든 명명에서 "실패한 상징화-총체화의 시도들로 둘러싸인 이 실재의 핵은 근본적으로 **비역사적**이다. 역사는 이 낯선 중핵을 파악하고, 인식하고, 상술하려는 실패한 시도들의 연속과 다르지 않다."[34] 이것의 가장 시원적인 유적인 명칭이 아디키아였다.

5.

공산주의라는 이념은 아디키아의 근대적 형식인 자본주의에 대한 응답

---

32) Jean-François Lyotard, "À l'insu(Unbeknownst)", in Miami Theory Collective(ed.), *Community at Loose Ends*, Minneapolis: Minnesota University Press, 1991, pp. 42~48, 46.

33) Ibid., pp. 44, 43.

34) Slavoj Žižek, *For They Know Not What They Do*, London and New York: Verso, 2008, p. 101[『그들은 자기가 하는 일을 알지 못하나이다』, 박정수 옮김, 인간사랑, 2004, 281쪽]. 강조는 원문.

이다. 규범들과 준칙들은 급진적 변화 및 그 투사 주체들을 예비하는 데 어떤 역할을 담당할 수 있는가? 이 질문을 아마도 근대의 가장 위대한 규범적 준칙이라고 할 만한 준칙, 곧 프랑스의 「인간의 권리와 시민의 권리에 관한 선언」이 정치적·법적 우주를 급진적으로 변혁하면서 선언한 "사람들은 자유롭게 그리고 권리에서 평등하게 태어나며 또 그렇게 존속한다"는 준칙이다. 고전 세계의 법적·정치적 준칙은 각자에게 그에게 마땅한 것을 주라$^{suum\ cuique\ tribuere}$는 준칙이었다. 이것은 도덕적이면서 법적인 원리였다. 그리스의 디카이온^{dikaion}과 로마의 유스^{jus}는 사회적 논란에 대한 도덕적으로 올바르고 법적으로 합당한 답변이었다. 전근대의 위계제 질서에서는 사회적 신분이 각자에게 마땅하게 돌아갈 것이 무엇인지, 주인이 노예에 대해, 남편이 부인에 대해, 그리스인이 야만인에게 갖는 의무가 무엇인지 규정했다. 옳고 그름은, 사회적 질서에서 각자에게 부여된 지위에 따라 각각의 사람에게 고유하게 속하는 것을 의미하는 수움^{suum}을 중심으로 정해졌다. 자연적 목적의 목적론에 의거한 사회적 지위가 역할과 과제, 의무를 할당했다.

고전적인 디케는 기독교에 의해 변형되었다. 첫 번째 도전은, 사도 바울의 "유대 사람도 그리스 사람도 없으며, 종도 자유인도 없으며, 남자와 여자가 없습니다. 여러분 모두가 그리스도 예수 안에서 하나이기 때문입니다"(갈라디아서 3장 28절)라는 언명에서 모범적으로 표현된 바 있는 보편적인 영성적 평등이라는 관념이었다. 14세기에 프란치스코파의 유명론자들인 둔스 스코투스와 윌리엄 오컴은 그리스도의 역사적 육화는 개인성을 창조의 최고 표현으로 만들었다고 주장함으로써 두 번째 공격을 개시했다. 추상적 개념들은 언어적 실천을 통해 실존할 수 있는 것이지 그 자체로는 아무런 존재론적 무게나 경험적 가치를 갖지 않는다. 오컴이 볼 때 신은, 도미니움dominium 또는 소유에 대한 통제권과 유사하게 개인들이 자신들의 생명 및 신체를 통제하게 해주었다.[35] 둔스 스코투스가 보기에, 신의 의지는 신의 이성보다 우월하다. 선한 것이 존재하는 것은, 전능한 이가 그렇게 되도록 명령했기 때문이지, 그것이 지닌 모종의 독립적인 성질 때문이 아니다.

프랑스 「인권선언」의 규범적 혁신은 마땅히 받을 만한 자격이라는 고전적 준칙과 보편적 평등이라는 기독교적 명령을 결합시켰다는 점이다. 「선언」은 수움을 사회적 지위에서 분리하여, 적어도 수사법적으로 본다면, 그것을 '모든 사람[남성]'에게 부여했다. 불변적인 존재론적 우주 내의 자연적 이성에 의해 규정되어 있는 전前근대적 유스/권리는 모든 이에게 속하는 개인적 권리의 집합으로 변모되었다.

위계적 목적론과 개인주의적 존재론 사이의 대결은 혁명을 통해 해결되었다. 혁명은 단지 급진적인 사회·정치적 변화만이 아니었다. 그것은 규범적 원리, 테크네의 근대적 표현이 되었다. 프랑스 「인권선언」의 핵심 준칙인 '압제에 대한 저항권'은 자유의 최상의 형식이 되었다. 인간[남성]의 권리는 혁명을 통해 생성되었다. '참주에 맞선 전쟁'으로서의 「선언」은 혁명을 근대성의 테크네라고, 혁명의 권리는 자유의 마땅한 몫이라고 선언했다.[36] 혁명권의 헌법 내 명기는 보편적 평등의 선

---

35) Michel Villey, *Le droit et les droits de L'homme*, Paris: PUF, 1983, pp. 118~125.

36) Norberto Bobbio, *The Age of Rights*, Cambridge: Polity, 1996, p. 88. 미라보(Mirabeau)에게서 인용한 대목이다.

언만큼이나 급진적인 규범적 쇄신이었다. 독일 관념론은 혁명이 자유를 역사 속으로 구현한 것을 칭찬했지만, 「선언」에 명문화된 혁명의 권리는 거부했다. 일단 제헌권력constituent power이 헌법 내로 제도화되자, 혁명의 권리는 물러나게 되었다. 임마누엘 칸트는 특유한 방식으로 혁명의 권리가 용어모순이라고 거부하기 위해 길게 논의한 바 있다. 법은 자신의 전복을 용인할 수 없다.

> 이미 존재하는 헌정 내에서의 혁명은 시민의 권리에 의해 통치되는 모든 관계들, 따라서 권리 자체의 파괴를 의미한다. 그리고 이것은 시민헌정의 변화가 아니라 해체다. 그리고 재탄생palingenesis을 위해서는, 이전의 사회계약(이제는 폐기된)이 아무런 영향을 미칠 수 없는 새로운 사회계약이 필요할 터이다.[37]

혁명의 권리에 대한 칸트의 윤리적·정치적 반감은 승리한 혁명가들[38]에 의해 채택되었으며, 나중에는 인권운동에 의해 채택되었다. 1793년 「선언」은 혁명의 권리를 보증된 권리들에 대한 보충 조항으로 위치시킴으로써 그 의의를 약화시키기 시작했다. 오직 보증된 권리들에 대한 침해만이(다른 일체의 불의는 배제된다) 저항을 정당화할 수 있는

---

37) Immanuel Kant, *The Metaphysics of Moral*, Cambridge: Cambridge University Press, second edition, 1996, p. 162. [임마누엘 칸트, 『윤리형이상학』, 백종현 옮김, 아카넷, 2012, 305~306쪽. 번역은 수정.] 또한 Stathis Kouvelakis, *Philosophy and Revolution*, London and New York: Verso, 2008을 보라.

38) [옮긴이] 이것은 문맥상 1793년 「인간의 권리들의 선언」을 주도했던 지롱드파를 가리키는 것으로 보인다.

데, 이는 권리가 혁명의 준칙에서 정당화의 신화로의 긴 변모를 시작했음을 말해 준다.

「세계인권선언」(1948)의 첫 번째 경구적 조항은 평등한 자유에 대한 프랑스 선언문의 조항을 반복한다.[39] 하지만 그보다 훨씬 후속 조항들에는 저항권에 대한 아무런 언급도 나오지 않는다. 반면 전문에서는 이 권리들은 혁명을 방지하기 위해 제시된다고 진술하며, 30조는 정치적·법적 체계에 대한 급진적 도전을 금지하고 있다. 유럽인권협약의 15조, 16조, 17조는 회원국들이 비상사태를 선포하고 권리를 경시하게 해 줌으로써, 기성의 법적·정치적 질서에 대한 공격을 불법화하고 외국인들의 정치적 활동을 금지함으로써 이러한 자기편의적 보수주의를 반복하고 강화한다. 이러한 인권조약 및 관련된 형법의 조항들은 심각한 결과를 낳았다. 자유주의적 수사법에도 불구하고 공산주의 정당 및 급진당과 그 모임들은 독일, 그리스, 영국, 미국 등에서 금지되었으며, 당원들은 망명을 가든가 아니면 투옥되거나 수용소에 갇혔다. 혁명의 권리와 실정적 권리들 사이의 우선 순위의 역전이 이로써 완결되었다.

칸트와 합법성을 중시하는 이들에게 혁명적 사건은 국민, 공동체 또는 계급의 재-탄생palin-genesis으로 인도하는 것이다. 이것이야말로 헌정들과 조약들이 도덕적으로 거부하고 형식적으로 부정하는 만일의 사태다. 결과적으로 혁명에 의해 창설된 질서는 매번 자신의 정초 원리에

---

39) 「세계인권선언」의 1조는 다음과 같다. "모든 인간은 태어날 때부터 자유로우며, 누구에게나 동등한 존엄성과 권리가 있다. 인간은 타고난 이성과 양심을 지니고 있으며, 형제애의 정신에 입각해 서로 간에 행동해야 한다."

대한 거부로 인도한다. 인간의 권리는 혁명적 변화의 도덕적 표시로 시작되었다. 실정적인 인간의 권리들 및 그 후속 권리들은 저항과 혁명의 가능성에 맞선 방어 메커니즘이 되었다. 혁명의 권리의 제거는 권리들을 기성 질서를 보증하는 정책으로 만듦으로써 급진적 변화를 폐제하기 위한 시도였다. 이러한 의미에서 세계의 질서는 그 탈구의 한 종류에 불과하다. 이러한 끝없는 대결은, 아디키아가 산출하는 불의의 의미를 통해 저항과 혁명을 다시 들여온다. 신성화된 혁명의 권리, 즉 테크네와 디케 사이의 지속적인 투쟁의 토대이자 보증자인 이 권리는 원한다고 해서 사라질 수 있는 게 아니다. 영속 혁명은 과학과 예술의 근대적 조건이다. 정치에서 영속 혁명은 유령적인 규범성으로 전환되었는데, 이를 '사건에 대한 권리'라고 부를 수 있을 것이다. 이는 아마도 근대성의 가장 중요한 도덕적 명령으로서 영원히 되돌아온다.

6.

1989년 이후의 세계에서 권리들은 확장되었으며, 일상적 삶의 거의 모든 부분과 관련된다. 민주주의는 일련의 권리들의 행사로 제시된다. 정책의 우선 순위 및 결정은 권리들의 연장이나 확대라는 형태를 띤다. 형법은 피해자의 권리를 보호하고, 상법은 소비자의 권리를, 공법은 시민의 권리를 지지한다. 권리는 일체의 국가 권력 —— 과세에서 건강보험, 이민 정책 및 슬럼가 정비에 이르는 —— 에 맞선 소극적 방어책이 되었다. 또한 권리는 개인적 의지의 적극적인 투영이기도 한데, 최근 영국의 한 장관이 읊조린 바와 같이 우리 모두는 제대로 작동하는 부엌살림에 대한 인권을 갖고 있는 것이다. 일체의 개인적 욕망과 욕구는 권리의 언어로 윤색될 수 있다. 부유한 중간 계급에게 권리는 무제한적인 탐욕에 대한 법적이고 공적인 인정과 같은 것이다. 자유선택의 사회에서는 금지하는 것이 금지되어 있다.[40]

이러한 사태 전개가 의미하는 것은, 권리가 정치의 장소이자 쟁점이 되었다는 점이다. 19세기에 마르크스는 소유권 및 종교적 자유의 권리가 소유와 종교적 자유에 대한 국가 개입에서 벗어나게 해주었으며, 그것들을 탈정치화함으로써 그것들에게 가능한 가장 강력한 보호물을 제공해 주었다고 주장한 바 있다. 동시대에 볼 수 있는 권리 담화의 확산 및 삶의 주요 영역을 권리가 식민화하는 것의 효과는 무엇인가? 마르크스의 선구적인 작업을 적용해 본다면, 권리는 사회적 투쟁을 법률화하려고 시도한다고 말해 볼 수 있다. 권리는 정치적 요구들을 개별화하며, 이러한 요구들을 기술적 분쟁으로 전환하여 급진적 변화의 가능성을 제거한다. 다시 말해 권리는 정치를 탈정치화한다. 이런 의미에서 인권은 이중의 영역에서 작동한다고 할 수 있다. 인권은 지배 구조를 은폐하면서 긍정하지만, 또한 인권은 불평등과 억압을 부각시킬 수도 있다. 인권이 억압에 도전하는 데 도움을 줄 수 있는가?

이러한 이중 작용은 정치와 정치적인 것의 구별 및 자크 랑시에르가 최근 이 구별을 사용하여 크게 영향을 발휘한 것을 상기시킨다.[41] 랑시에르는 정상적인 정치(또는 '치안')를 사회적 전체의 다양한 부분들

---

40) Douzinas, *The End of Human Rights*, 10장과 11장을 보라.
41) Chantal Mouffe, *On the Political*, London: Routledge, 2005, pp. 8~9.

사이의 논쟁과 교섭 과정으로 정의한다.[42] 정상적인 정치는, 이 부분들 사이의 전체적인 균형을 문제 삼지 않은 채 그것들 사이의 이익, 보상, 위상을 (재)분배하는 것을 목표로 삼는다. 이러한 진부한 치안에 맞서는 고유한 의미의 정치는 기성의 사회 질서에 대한 내파의 형태를 띤다. 바디우는 유사하게 정치를 "지배적인 질서에 의해 현재 억압되어 있는 새로운 가능성의 귀결들을 전개하는 것을 목표로 삼는, 모종의 원리에 의해 조직된 집합적 행동"[43]으로 정의한다. 고유한 의미의 정치는, 어떤 배제된 집단이나 계급, "몫 없는 몫"이 자신도 포함하기를 요구할 때 분출하게 되며, 이는 포함의 규칙들 및 기성의 균형을 변화시킬 수밖에 없다. 이러한 종류의 적대 또는 '불일치'dissensus는 "이해관계나 의견 또는 가치의 갈등이 아니다. 그것은 '상식/공통 감각'common sense 내에 투여된 분할이다. 주어져 있는 것에 대한 쟁론, 우리가 그 속에서 어떤 것을 주어져 있는 것으로 간주하게 된 바로 그 틀에 대한 쟁론이다".[44] 사회 안에 존재하는 위계화되고 가시적인 집단들, 장소들, 기능들을 초과하여 새로운 정치적 주체가 구성된다.[45] 비가시적 부분의 포함은 게임의 규칙을 전복시키며 지배의 자연적 질서를 파열시킨다. 이것은 정치적인

---

42) 자크 랑시에르, 『불화: 정치와 철학』, 진태원 옮김, 도서출판 길, 2015; 『정치적인 것의 가장자리에서』, 양창렬 옮김, 도서출판 길, 2013; "Who is the Subject of the Rights of Man?", *South Atlantic Quarterly* 103, 2/3(2004), p. 297.

43) Alain Badiou, "The Communist Hypothesis", *New Left Review* 49(2008), p. 31.

44) Rancière, "Who is the Subject of the Rights of Man?", p. 304.

45) 바디우와 랑시에르의 정치 이론 사이에 존재하는 명백한 연관성 및 몇몇 차이점에 관해서는 알랭 바디우, 『메타정치론』, 김영훈 외 옮김, 이학사, 2018 중 7장과 8장 및 이 책에 수록된 랑시에르의 글 참조.

것의 탁월한 작용이며, 바디우의 사건을 떠올리게 한다.

이러한 분석에 기반을 두고 랑시에르는 아렌트^{Hannah Arendt}와 아감벤에 맞서 권리는 주체들이나 시민들에게 배타적으로 속하지 않는다고 주장한다. 권리 없는 이들 역시 동등하게 권리를 원용할 수 있다. 인권은 원리의 추상적 진술과 현실에서 그것의 부인 사이를 왔다갔다 한다. 이러한 불협화음은 배제된 이들이 원리의 진술들을 시험에 부칠 수 있게 해준다. 자유와 평등은 사람들이 갖고 있는 성질들이 아니다. 그것들은 정치적 술어들이며, 그 의미와 범위가 정치적 투쟁의 대상이다. 인권을 급진 정치를 위해 구원하려는 랑시에르의 시도는 빼어난 것이지만 문제를 지니고 있다. 권리는 랑시에르가 비난하는 일상적인 '합의의 정치'의 주요 쟁점이자 도구가 되었다. 제헌권력의 기입에서부터 설립된 정치적·법적 질서의 중심적 표현에 이르는 권리의 전개에서 모든 것은 동일하게 보존되어 있지만, 한 가지 급진적 통렬함이 제거되어 있다. 권리는 다양한 정체성들에 대해 최소한의 인정을 부여함으로써 상호주관적 관계를 안정화시킨다. 권리는 제한된 자유와 형식적 평등에 관한 자유주의적 이데올로기의 법적 표현이다. 권리는 개인적 욕망들을 증진하고, 그것들을 (선택의) 자유의 리트머스 시험지로 전환한다. 대부분의 자유에 대한 주장은 기성의 사회 질서를 강화한다. 첫째, 이러한 주장들은 설립된 균형을 수용하며, 주변적으로 새로운 권리 주장 및 권리 주장자들이 수용되게 만드는 것을 목표로 삼는다. 둘째, 권리는 법을 사회 질서의 문지기이자 근위병으로 전환하며, 정치적 주장을 법적 허용에 대한 요구로 바꿔 버린다. 법은 사회적·정치적 갈등을 규칙에 의해 규제되는 일련의 기술적 문제들로 바꿔 버리며, 그것을 규칙 전문가에게 넘긴다. 이러한 의미에서 권리는 기성의 정치적 배치 및 사회경제적 분배 질서를 표현하고 증진하는 것이며, 치안의 영역에 속하는 것이다. 권리를 주장하는 이들은, 전체적 균형을 급진적으로 변혁하는 것을 과제로 삼는 랑시에르의 정치적 주체의 대립물이다.

성공적인 인권 투쟁은 사회적 위계를 주변적으로 재배치하며, 사회적 생산물을 얼마간 재분배한다. 권리 주장은 사회적 삶에 스며들어 있는 배제, 지배, 착취 및 피할 수 없는 갈등이 표면에 드러나게 만든다. 하지만 동시에 이러한 권리 주장은, 투쟁과 저항을 법적이고 개인적인 처방의 견지에서 표현함으로써(성공적인 경우에는 작은 개선과 사회적 건축물의 주변적인 재배치를 산출하겠지만) 갈등과 지배의 심층적 뿌리를 은폐한다. 랑시에르는 "각각의 사람이 지닌 이러한 자유는, 사회의 내재적 권력을 소유한 이들의 자유, 즉 지배다. 그것은 부의 축적 법칙의 제국"[46]이라는 점에 동의하는 것으로 보인다. 인권은 자유에 맞서 '선택'을, 상상력에 맞서 순응성을 증진시킨다. 아이들은 부모에 맞서는 권리를 부여받고 있다. 환자들, 학생들, 복지 수혜자들은 '고객'이라는 명칭으로 불리면서 소비자의 권리를 제공받고 있으며, '선택'하는 척할 수 있다. 서구 자본주의 사회에서 자유와 선택은 정치에서 외워 대는 주문mantras이 되었다. 권리는 지배 질서를 수용한 것에 대한 대가이지만, 이 질서에 도전하는 이들에게는 아무짝에도 쓸모가 없다. 배제된 위치에서 보편을 대표하는 랑시에르의 '초과적' 주체는 인정 및 제한된 재분배를 추구하는 정체성 및 사회 집단에 의해 대체되어 왔다. 배제된 이

---

46) Jacques Rancière, *Hatred of Democracy*, London and New York: Verso, 2006, p. 57.

들은, 정치적·법적·군사적 수단에 의해 폐제되는 권리에 전혀 접근할수 없다. 경제적 이주자, 난민, 테러와의 전쟁 당시의 수인들, 고문 피해자들, 아프리카 수용소의 수용자들과 같은 '일회용 인간들'은 인간성의 중심에 존재하는 '비인간적인 것'을 입증해 준다. 그들은 인권의 불가능성의 필수불가결한 선행조건이자 증거다. 법은 '잉여 주체'를 이해할수 없을뿐더러, 법의 작동 자체가 이 주체가 드러나는 것을 방해한다. 이 지점에서 우리는 "의사와 의복, 권리를 결여하고 있는 외국의 사람들에게 [이처럼 우리에게는 쓸모없는─옮긴이] 권리를, 의사 및 의복과 함께"[47] 보낸다. 웬디 브라운이 강조했듯이, 권리는 단지 "사적 소유나 가족과 같은 제도의 사회적 권력을 탈정치화함으로써 그 권력을 은폐할뿐만 아니라, 착취와 규제 대상이 되는 대규모 인구를 조직한다."[48] 권리의 어두운 면은 개인들과 인구의 감시와 분류, 통제의 거침없는 증대를 낳는다.

7.

프랑스 「인권선언」은 이중의 규범적 유산을 창조했다. 첫째, "사람들은 자유롭고 평등하게 태어난다." 둘째, 저항과 혁명에 대한 (도덕적이고 법적인) 권리가 존재한다. 평등 준칙은 세 가지 방식으로 해석될 수 있다. 제러미 벤담은 에드먼드 버크를 좇아서 사실에 대한 진술문constative

47) Rancière, "Who Is the Subject of the Rights of Man?", p. 307.
48) Wendy Brown, *States of Injury*, Princeton: Princeton University Press, 1995, p. 99.

5장_아디키아: 공산주의와 권리들에 대하여 177

으로 읽으면 「인권선언」은, 그릇된 **존재 명제**(is)에서 타당하지 않은 **당위 명제**(ought)로의 그릇되고 부당한 이행을 전개하는 형편없는 주장에 불과하다고 말했다. 인간 어린이는 자유롭게 태어나는 것이 아니라 약하고 상처받기 쉬우며, 생존을 위해서는 전적으로 타자에 의존할 수밖에 없다. 마찬가지로 젖먹이 아이는 평등하게 태어나는 것이 아니라, 열등하고 무기력하며 타인에게 종속적이다. 탄생은 우리를 우리가 선택하지 않은 세계로 던져 넣는다. 계급, 인종, 젠더 등과 같은 우연적 성질들은 우리를 위계와 조건, 규정 속으로 기입한다. 디케가 존재를 규정한다.

자유주의 법철학은 「선언」의 진술을 제한된 발화수반적illocutionary 힘을 지닌 규제적 이념으로 해석한다. 인간은 자유롭고 평등하게 태어나지는 않았지만, 그렇게 되어야 한다는 것이다. 부자유와 불평등 상태는 정치적·법적 제도의 개입을 필수적이게 만든다. 하지만 "'인간들' 및 '시민들'의 평등이 인정받는 곳에서조차 그것은 오직 헌법에 따라 설립된 법적·정치적 영역하고만 관련을 맺을 뿐이다."[49] 정통 자유주의자들은 제도적(법적·정치적·군사적) 수단을 제한된 자유와 형식적 자유를 확산하기 위한 수단으로 사용한다. 바로 이것이 주변적 효과를 낳는 '평등' 입법만이 아니라 이라크 전쟁의 토대를 이루는 것이다. 이데올로기 비판은 왜 규범적 독서가 실패할 수밖에 없는지를 설득력 있게 보여 준다. 테크네는 디케의 임시방편으로 작용한다.

공산주의는 평등을 저항 및 혁명의 권리와 연결하여 독해한다. 프랑스인들과 러시아인들은 그들 스스로 권위를 부여한 혁명을 통해 세

---

49) Rancière, *Hatred of Democracy*, p. 67.

계 무대에 평등의 관념을 올려놓았다. 혁명의 테크네는 전前근대적인 세계의 디케와 대결했다. 하지만 법적 평등은 부자와 빈자 사이의 간극을 재생산했다. 기회의 평등이 의미하는 것은, 산출 쪽의 결과가 투입 쪽의 격차를 긴밀하게 따른다는 점이다. 평등의 이름 아래 창조된 불평등은 동시대의 아디키아의 극단적 증상이다. 이것은 불의의 감정을 부채질하며, 잠자고 있는 저항권을 일깨우고 반역의 테크네를 자극한다. 투사들을 교육시키는 공산주의의 규범적 호소력은 평등 약속의 실패에서 기인한다. 이는 평등을 조건화된 규범에서 바디우가 말하는 무조건적인 공리로 전환시킨다. 사람들은 자유롭고 평등하다. 평등은 행동의 목표나 효과가 아니라 그 전제다.[50] 이러한 간단한 진리를 부인하는 것은 무엇이든 저항의 권리와 의무를 창출하게 된다. 후기 근대적인 아디키아는 공리적axiomatic 평등의 수행문을 그것의 창백한 규제적 수행문에 맞서게 만든다. "주체는 오직 부분적으로만 사건에 의해 고취된 주체일 뿐이다. (…) 사회적 행위자는 상황의 수준에서, 진리가 (…) 전적으로 의문시할 수 없는 가치, 관념, 믿음 등을 공유하고 있다."[51] 공리적 평등은 후기 근대에 투사 주체들에게 동기를 부여한다.

　　법은 저항 및 혁명에 대한 권리를 거부하고 삭제한다. 하지만 이러한 권리는 억압된 것처럼 계속 되돌아온다. 대부분의 근대 국가들은 헌법적 평등의 규칙들에 의거하여 정초되었다. 이 국가들은 혁명, 전쟁에

---

50) 알랭 바디우, 『메타정치론』, 6~8장.

51) Ernesto Laclau, "An Ethics of Militant Engagement", in Peter Hallwood(ed), *Think Again*, pp. 134~135.

서의 승리나 패배, 식민지 점령이나 해방의 결과물이다. 혁명적 폭력은 법을 중지시키며, 새로운 국가, 즉 타락하거나 비도덕적인 체계를 대체하는 더 나은 헌정과 더 나은 법을 정초하겠다는 주장을 통해 자신을 정당화한다. 혁명적 폭력은 혁명에 대한 권리에 호소하는데, 이러한 권리는 비록 법전에 기입되어 있지는 않지만 마치 유령과 같은 그림자로 모든 기성 질서에 따라다닌다. 혁명적 폭력이 발발하면 항쟁은 불법적이고 난폭하고 사악하다고 비난받는다. 하지만 그것이 성공을 거두면, 사후에 사회적 재탄생으로서, 불의에 맞서 반역할, 영원히 회귀하는 권리의 표현으로서 정당화된다.

정초적 폭력은 민족, 국가 또는 체제를 찬양하는 거대한 가장 행렬에서 왜곡된 형태로 재실행된다. 또는 새 법의 집행 및 새 헌법의 해석행위 속에서 억압된다. 프랑스혁명은 「인권선언」으로 사후에 정당화되었으며, 미국혁명은 「독립선언」과 「권리장전」으로 사후에 정당화되었다. 이 문헌들은 비록 헌정 질서로 설립된 대표의 체계 및 헌정에 대한 해석 아래로 헌정을 설립한 정초적 폭력을 감춰 오긴 했지만, 그 폭력을 품고 있다. 국가의 모든 입법 및 행정 작용 배후에는 법적 체계를 창설한 구성적 힘에 기반을 둔 '법에 대한 권리'가 놓여 있다. 마찬가지로 법이 저항 및 파업에 대하여 마지못해 제한된 권리만 허용하는 것은, 혁명에 대한 권리가 헌법에 쓰여 있지 않다고는 해도 제거될 수 없다는 것을 인정하는 것이라고 볼 수 있다.

공적 무질서와 봉기는 법의 아디키아에 대한 주체적 응답이며, 법의 억압된 토대의 증상이다. 그것들은 보통 지배 질서에 의해 비민주주의적인 것으로서 단죄된다. 1984년 영국 광부들의 파업, 반세계화 시위,

신자유주의적 개혁에 맞선 그리스의 시위 등에서 최근에 일어난 일이 바로 이것이다. 하지만 역사는, 그 당시에는 단죄되었지만, 헌정과 법, 정부를 바꾼 반역과 반항의 기록으로 가득 차 있다. 반항자들은 대부분 더 커다란 불의를 드러내기 위해, 발터 벤야민이 말한 바 있는 법보존적 폭력에 도전하며, 공공 질서 규제를 중지시킨다. 반항자들이 이런저런 개혁이나 이런저런 양보를 요구하는 한에서는, 그것이 아무리 중요한 문제라 하더라도 국가는 수용할 수 있다. 국가가 두려워하는 것은, 법적 관계를 변혁할 수 있고 스스로 법에 대한 권리로 자처할 수 있는 힘을 통해 자신의 권력에 근본적으로 도전하는 것이다. 기원에 대한 회고적 정당화에 기반을 둔 이러한 '법에 대한 권리'는 국가의 활동을 지지한다. 하지만 동시에 그것은 변화에 취약하고 종속되어 있는데, 왜냐하면 그것은 국가의 폭력적 토대를 노출시키며, 억압되어 있는 유령과 같은 혁명에 대한 권리를 드러내기 때문이다. 이러한 권리는 법의 불가능하고 금지된 중핵, 즉 정상적인 합법성과 권리들을 지탱하고 있는 실재다. 그것은 항상 억압된 것처럼 되돌아온다.

동일한 것이 평등의 공리에도 적용된다. 권리들의 형식적 평등은 일관되게 불평등을 지지한다. 공리적 또는 대수적 평등(각자는 모든 관련된 집단에서 하나로 셈해진다)은 권리 문화의 불가능한 경계다.[52] 바디우가 주장하듯이, "여기에서 살고 일하는 사람은 그가 누구든 간에 여기에 속한다."[53] 이는 건강보험은, 수단과 무관하게 그것을 원하는 모

---

52) 알랭 바디우, 「진리와 정의」, 『메타정치론』.
53) Jason Barker, "Translator's Introduction", Badiou, *Metapolitics*, p. xv에서 재인용.

든 사람에게 마땅히 주어져야 한다는 것을 의미한다. 거주 및 노동의 권리는 국적과 상관없이 세계의 한 부분에 위치해 있는 모든 사람에게 속해야 한다. 정치 활동은 시민권 보유 여부와 무관하게, 그리고 인권법의 명시적 금지에 맞서[54] 모든 사람이 자유롭게 참여할 수 있어야 한다.

바디우의 말을 바꿔 사용해서 권리는 개인들과 공동체들 사이의 인정과 분배에 관한 것이라고 결론 내릴 수 있다. 단 혁명에 대한 권리가 존재한다는 점은 제외한다면 말이다. 평등 공리를 부정하는 모든 것에 맞선 저항/혁명에 대한 권리는 공산주의 이념의 규범적 준칙을 형성한다. 평등과 저항의 결합은 보편적 개인주의 및 공동체주의적 폐쇄 양자에 대립하는 유적 인간성을 투사한다. 보편주의자들은 문화적 가치와 도덕적 규범은 보편적 적용 가능성 및 논리적 일관성의 시험을 거쳐야 한다고 주장하며, 많은 오류 가운데 하나의 도덕적 진리가 존재한다면, 행위자들은 그것을 다른 행위자들에게 요구해야 한다. 공동체주의자들은 가치들은 맥락 구속적이라는 자명한 관찰에서 시작하여 억압적 전통에 찬성하지 않는 이들에게 그 가치들을 요구하려고 시도한다. 양자 모두는 인간주의의 판본들이며, 인간으로 간주되는 것이 무엇인지 결정을 내린 이후에는 막무가내로 그것을 따르려고 하며, 여기에 거스르는 모든 것은 불필요하다고 간주한다.

보편적 원리가 함축하는 개인주의는 모든 개인이 하나의 세계이며, 다른 이들과 공동으로 실존한다는 것, 우리 모두는 공동체 안에 존재한다는 것을 망각한다. 공동으로 존재하기는 자기 자신으로 존재하기의

---

54) 유럽인권협약 19조는 외국인이 정치적 권리를 행사하는 것을 금지하고 있다.

통합적 일부를 이룬다. 자아는 타자들에게 노출되어 있으며 외재성 안에 정립되어 있어서 타자는 자아의 내면성의 일부를 이룬다. 타자들과 공동체를 이루는 것은 공동 존재 또는 어떤 본질적 공동체에 소속됨에 대한 대립물이다. 다른 한편 대부분의 공동체주의자들은 전통, 역사, 문화의 공통성을 통해, 현재의 가능태들을 무겁게 규정하는 벗어날 수 없는 과거의 결정체들을 통해 공동체를 정의한다. 공동체주의적인 공동체의 본질은 종종 사람들에게, 민족이나 국민 또는 지도자의 정신으로 정의되는 그들의 '본질', 공통의 '인간성'을 발견하라고 강요하거나 또는 '허락한다'. 우리는 전통적 가치를 따라야 하며, 낯선 것과 타자를 배척해야 한다.

공산주의적 관점에서 보면 인간성(인류)humanity이라는 것은 아무런 토대와 아무런 목적도 갖지 않으며, 그것은 토대 없음의 정의일 뿐이다. 인간성/인류의 형이상학적 기능은 어떤 철학적 본질에 놓여 있는 것이 아니라, 그 비-본질에, 즉 인간 조건의 끊임없는 변전 및 세계를 급진적으로 변혁하는 사건에 대한 그것의 개방에 놓여 있다. 혁명과 평등은, 아디키아의 영원한 변증법, 테크네와 디케의 대결에 의해 함께 이루어진다. 이 책에 수록된 글에서 알랭 바디우는 공산주의라는 이념은 우리가 우리 자신과 우리 가족, 친구들을 사건의 놀라움에 대해, 불가능한 것에서 나오는 새로운 가능성들에 대비할 수 있게 해준다고 주장한다. 하지만 어떠한 공산주의의 이념도, 어떠한 정의론도 불의에 대한 확고한 이해가 없이는 이를 성취할 수 없다. 불의에 분노하고 그것과 맞서려는 결단만이 질서에 대한 요구(디케) —— 오늘날 이것에는 권리 및 (형식적) 평등이 포함된다 —— 에 맞서 전진할 수 있다. 혁명적 평등은 권리

문화에 대한 거부이자 지양이다.

신자유주의 국가는 자본주의적 기업의 기능과 시장에 대한 경호원 역할을 겸하고 있다. 아디키아 가설 및 공산주의적 답변은, 테크네와 디케 사이의 지속적인 투쟁의 중요성과 더불어, 국가 및 법의 소멸을 기다릴 수 없다. 공산주의가 자본주의 국가에 대한 반대를 포기한다면, 그것은 생존할 수 없다. 하지만 유적 공산주의는, 남미의 빈민촌favelas, 프랑스의 방리유 또는 아테네의 거리에서 투사들이 국가가 승인하는 불평등한 차이에 맞서 모든 사람의 평등한 독특성을 선언할 때, 또한 지금 여기에서도 실존한다. 유적 공산주의의 작용은 반대와 반항을 최상의 자유의 형식으로 부활시킨다. 이 과정에서 권리는 개인적 자격 및 소유물에서 '올바름/권리 안에 있음'being in the right 또는 '존재를 올바르게-만들기'right-ing being에 관한 새로운 개념화로 변화된다.[55] 즉 모두에게 주어져야 하는 것을 평등하게 각자에게 주기. 오직 공산주의라는 이념만이 권리를 구원할 수 있을 것이다.

진태원 옮김

---

55) Douzinas, *The End of Human Rights*, pp. 209~216.

6장

공산주의
: 리어인가 곤잘로인가?

테리 이글턴

리어가 누구인지는 모두가 알고 있지만, 곤잘로에 대해서는 어떤가? 곤
잘로는 셰익스피어의 마지막 희곡 『폭풍』*The Tempest*에 나오는 [늙은] 고
문관으로, 공산주의에 관한 가슴을 뭉클하게 하고 아름다운 비전을 분
명히 표현하는데도, 그를 에워싼 젊고 비정한 냉소가들은 그의 고통을
비웃을 뿐이다.

> ⋯ no kind of traffic
>
> Would I admit
>
> No name of magistrate ⋯
>
> No occupation, all men idle, all,
>
> No sovereignty ⋯
>
> All things in common Nature should produce

Without sweat or endeavour … and should bring forth,

Of its own kind, all foison, all abundance,

To feed my innocent people.

… 어떤 종류의 상거래도

허락지 않을 것이며

재판관도 없습니다 …

직업도 없고, 남자는 모두 빈둥거립니다, 모두요,

주권도 없습니다 …

모든 것은 공동 소유이며, **자연**은 생산할 것입니다

땀이나 노고 없이 … 그리고 낳을 것입니다,

자신의 종류마다, 모든 풍작을, 모든 풍요를,

내 순진무구한 백성들을 먹이기 위해.[1]

이것은 유토피아의 상당히 전통적인 비전이다. 아르카디아^{Arcadia}, 낙원의 땅^{the Land of Cockayne}, 자생성, 방탕, 비옥, 풍요, 무궁무진한 보물, 노동으로부터의 축복받은 초월, 욕망에 의해 구멍이 뚫리지 않는 너그러운 풍만. 모든 것을 아낌없이 제공하는 **자연**이라는 거대한 젖가슴을 끝없이 상상적으로 빠는, 그 어떤 욕망도, 기획도 없이. 삼위일체로서의

---

1) [옮긴이] 셰익스피어의 글에서 인용한 것은 모두 다음의 국역본을 참조했다. 그러나 번역에는 국역본을 그대로 따르지는 않았다. 윌리엄 셰익스피어, 『셰익스피어 전집』, 이상섭 옮김, 문학과지성사, 2016. "… 어떠한 상거래도 / 허락지 않고, 재판관도 없으며 … / 직업도 없고, 남자는 모두 한가하고 / 지배자도 없고 … / 모든 것은 공동 소유며, 땀과 노동 / 없이 자연이 생산하며 … / 오직 자연이 종류에 따라 모든 것을 / 풍성하게 생산하여 순전한 내 백성을 / 먹일 것이오."(『폭풍』 2막 1장, 1627~1628쪽)

하느님의 무궁무진한 풍요라는 기독교의 관념이 그렇듯이, 파우스트적 분투라는 의미에서의 욕망——부정성으로서의 욕망, 희소성의 역사가 초래한 동학으로서의 욕망——은 정체停滯가 아니라, 이루 헤아릴 수 없는 깊이를 가진 무한한 탐구에 그 길을 양보한다. 하나의 끝없는 직선적인 과정이라는 의미에서의 무한은, 그 풍만이 초래하는 끝없는 자기 탐구와 자기 환희라는 의미에서의 무한에 그 지반을 내주는 것이다.

공산주의에 대한 마르크스주의의 이념[관념]은 선사先史 혹은 계급 사회의 방해물과 장애물에서 자유로워지고, 노동을 폐지할 정도로 충분한 잉여와 만인의 욕구를 충족시킬 수 있을 만큼의 생산력 발전을 포함한다. 아직 이 이념이 실현되지 않았다면, 다른 이유들 중에서도 특히 중대한 그 이유는 이러한 잉여를 발생시킬 수 있는 유일한 역사적 생산 양식인 자본주의가 가장 아이러니하게도, 희소성을 창출하기 위해 이러한 잉여를 교묘하게 써먹기 때문이다. 이렇게 고전적인 방식으로 이해된 공산주의의 요점은 희소성을 피해 가는 것뿐만 아니라 바로 희소성이 품고 있는 가능성을 망각하는 데 있다. 헨리 제임스Henry James의 소설에 나오는 미국의 여자 상속인들이 머리에 떠오른다. 그녀들은 굉장히 부유해서 돈 따위는 전혀 생각할 필요가 없기에, 돈 말고는 다른 아무것도 생각할 수 없는 부르주아 속물들과는 반대로, 돈이란 무엇인가라는 문제의 실마리를 사실상 거의 갖고 있지 않다(명민하게도 조지 엘리엇 George Eliot은 돈을 업신여기는 무시도 일종의 천박함이라고 깨달았지만). 간단히 말해서 공산주의에 관한 가장 무르익은 마르크스주의적 통념은 이러한 상황이 집단적 규모로 실현되고 있다는 것에 기초하고 있다. 인간의 에너지가 그 자체로 목적이 되려면, 엄청나게 많은 순수하게 도구적인 기반시설이 맨 처음에 놓여야 한다. 여러분의 사유를 더 높고, 더 순수한 것으로 자유롭게 전환시키려면, 여러분은 엄청난 부자여야 한다. 자유롭다는 것은 여가를 요구하고, 여가는 다시 물질적 자원을 필요로 한다. 그리고 만일 모두가 자유로워지려고 한다면, 물질적 자원은 가장 탐욕스러운 은행가가 품은 가장 투박한 꿈도 넘어설 것이다. 고전적인 마르크스주의의 용어로 하면, 물질적 토대는 그 야만스러울 정도로 눈에 확 띄는 현존을 간단하게 부정할 수 있고, 마치 거기에서는 보이지 않는 것처럼 신중하게 행동하면서 여러분이 필요로 하는 모든 것을 가져다주는 호텔 직원처럼 [물질적 자원을] 의식에서 깨끗하게 떨쳐낼 수 있는 지점에 이르기까지 발전되어야 한다. 미래에 대한 이런 비전에서 물질적 기반시설은 트램펄린이 되고 있는데, 그 목적은 여러분이 이 기반시설 자체를 뛰어넘게 만드는 데 있다. 초과풍요가 어떤 지점에 이르면, 물질적인 것은 스스로를 초월한다.

변증법적 마르크스주의자는 이를 비틀어서, 물질성만이 물질적인 것의 무미건조한 강박으로부터 여러분을 자유롭게 해줄 것이라고 지적한다. 자유는 결정들에서 자유롭다는 것을 의미하는 게 아니다. 자유란 우리의 결정요인들을 변형하면서도 느슨하게 변형하는 그런 방식으로 결정된다는 것을 의미한다. 그리고 여러분이 이것을 바로 물질적인 조건들 속에서 행할 수 있게 하는 것이 공산주의라면, 이런 의미에서 공산주의는 인간 자유의 극치이다. 물질적인 것만이 여러분을 물질적인 것에서 해방시킬 것이다. 확실히 이것은 관념론의 다양한 변종들에 대한 진정한 응수이다. 이것은 우리가 무슨 수를 써서라도 있는 그대로의 사물의 존재방식을 완강하게 고수해야 한다거나, 물질적 세계의 밀도와 객관성을 존중해야 한다는 주장이 아니다(이른바 객관적 관념론은 후자를 식은 죽 먹기처럼 행할 수 있다). 여러분이 사회계급을 제거하기 위해서 사회계급의 현실에 천착해야 하듯이, 혹은 혁명적인 민족주의자가 결국 민족들의 공동체에서 자기 자리를 잡을 수 있기 위해서 민족의 유일무이함을 긍정하듯이, 마르크스주의자가 마르크스주의자의 방식으로 물질적 기반시설에 천착하는 목적은 더 이상 그렇게 할 필요가 없는 지점에 도달하기 위해서이다. 그때 여러분은 릴케의 시에 나오는 천사의 이미지 같은, 또는 찰스 왕자가 큰 귀 덕분에 특히 바람 부는 날에 잠시라도 공중 부양을 할 수 있게 될 것 같은 어떤 변화를 위한 좀 더 흥미로운 어떤 것에 관해 말할 수 있을 것이다. 이것은 마르크스주의의 희극적인[우스꽝스러운] 변증법이라고, 마르크스주의 특유의 자기탈구축이라고 누군가는 주장할 수도 있을 것이다. 사회주의자는 시간제 노동자이지, 상근 노동자가 아니다. 사회주의란 자기를 폐절하는 기획이다. 사회주의자라는 것이 유대인이거나 이슬람교도라는 것과는 무관한 이유 중 하나가 이것이다. 마르크스주의 자체는 선사先史의 시대에 속한다. 공산주의 사회에서 그 역할은 가능한 한 점잖게 시들어 가는 것이다. 마르크스주의가 무릎을 꿇을 것은 역사 그 자체이다. 우리가 그에 관해 아무것도 알지 못하는 그런 역사 말이다.

이와 관련된 역설인데, 공산주의는 강도 높은 생산성의 과실인 동시에 이것의 불구대천의[가장 무자비한] 적대자이기도 하다. 그것은, 말하자면, 자신에게 반하는 것으로 전환된 생산성이다. 그리하여 병리적 생산성이라는 뿌리 깊게 찌들어 있는 습관을 우리가 [의식적으로] 떨쳐 버리는 데 얼마의 시간이 걸릴까라는 한 가지 의문이 떠오른다. 병리적 생산성은 마침내 그 자신의 거의 멈출 수 없는 계기를 획득하니까 말이다. 감각들senses, 신체, 마음씨psyche, 기질들, 욕망 자체에 대한 이 대규모 재교육에 소요되는 시간은 충분히 있을까? 이미 심각한 손상을 입고 상처를 입은 **자연**이 우리에게 충분한 시간을 내어줄까? 이 생산성은 어떻게 스스로를 가능케 하는 조건들을 무효로 할 수 있을까? 생산력의 발전에 포함된 문화적 습관을 뿌리치는 동시에 그러한 생산력들의 풍요를 어떻게 이용할 수 있을까? 공산주의는 우리에게 불가능한 것을 요구하는 것 아닐까? 이것은 전쟁상태에 관해 모조리 잊어버리고(왜냐하면 그것을 숙고하는 일은 너무도 끔찍하기에) 그 대신 영구평화를 누릴수 있다는 희망으로 가능한 한 많은 핵무기를 비축해야 한다는 냉전의 뒤틀린 논리와 유사한 것 아닐까?

　『폭풍』에서 셰익스피어는 쉴 새 없는 생산성[의 상승]을 인간보다는 오히려 **자연** 쪽에 재-위치시키고, 그리하여 최소한의 땀만 흘리는 노동을 통해 생산의 풍요를 확보함으로써 이 모순을 해결한다는 상상의 해결책을 제공한다. 셰익스피어의 시각에서 보면, 강박적이고 쉼 없이 자기를 창출하는 행동주체agency는 타인들의 감각적 욕구에 열려 있을 능력이 없다는 점에서 악에 가장 가깝다. 악마에게는 신체가 결여되어 있다. 악마가 가장 스캔들적인 것으로 보는 것은, 육체적인 것이다. 악이란 치명적으로 반反-물질적이어서, 타인들의 고통을 함께 겪을 수도, 그것에 공감할 수도 없다. 셰익스피어의 작품에 나오는 악당들의 대부분이 이런 종류의 인물이다. 그런데 곤잘로는 막대기를 놀라울 정도로 반대 방향으로 훨씬 더 구부린다. 그의 시각에서 보면 공산주의는 유쾌할 정도로 빈둥거리는 것이다. 희곡 자체는 이 빈둥거림idleness에 대해 대체로 확신에 차 있다고 할 수는 없지만. 이 때문에 프란체스코는 고문관의 일장 연설 직전에, 다음과 같은 용어로 헤엄치는 행위를 기술하는 것이다.

Sir, he may live;
I saw him beat the surges under him,
And ride upon their backs.
전하, 그[왕자]는 살아계실 겁니다.
제 눈으로 봤어요, 왕자께서 큰 파도를 때려눕히고
파도에 올라타시는 걸.[2]

여기서는 자연(대양)도 인류(헤엄치는 자)도 수동적인 동시에 능동적이다. 헤엄친다는 것은, 그것이 동시에 여러분을 지속시킬 수 있게 하는 방식으로 자연에 형태를 부여한다는 것이다. 그것은 변증법적 사태인 반면, 곤잘로의 이상적인 국가commonwealth[3]는 그렇지 않다. 이와 비슷한, 완전히 너그러운 자연에 대한 극도의 환희에 찬 판타지가 앤드류 마블Andrew Marvell의 위대한 시 「정원」The Garden에 있다.

What wondrous life is this I lead!

---

2) [옮긴이] "전하, 사신 듯합니다. / 제가 보니 왕자께서 파도를 억누르고 / 그 위에 타셨어요."(『폭풍』, 1627쪽)
3) [옮긴이] 불역본은 '공동체'로 적고 있다.

Ripe apples drop about my head.

The luscious clusters of the vine

Upon my mouth do crush their wine.

The nectarine and curious peach

Into my hands themselves do reach;

Stumbling on melons, as I pass,

Insnared with flowers, I fall on grass.

이 얼마나 경이로운 삶을 여기서 누리고 있단 말인가!

잘 익은 사과가 내 머리 부근에 떨어진다.

달콤한 포도송이가

내 입에 포도주를 짜 준다.

천도복숭아와 절묘한 맛의 복숭아가

내 손에 저절로 굴러온다.

지나가다 멜론에 걸려 넘어지고

꽃에 걸려 넘어지고, 쓰러져도 풀 위다.[4]

유쾌한 반어법으로 표현하자면 화자의 유일한 능동적인 에너지 지출은 걸려 넘어지는 것이다.

---

4) [옮긴이] "이곳에서 나는 얼마나 놀라운 삶을 누리는가! / 잘 익은 사과들이 내 머리 주위로 떨어지고, / 감미로운 포도송이들은 / 내 입 속으로 포도주를 터뜨린다; / 천도 복숭아와 묘한 복숭아들이 / 저절로 내 손 안에 닿고; / 지나갈 때면, 메론이 발부리에 걸리기 일쑤고, / 꽃에 매혹되어, 나는 잔디 위로 쓰러진다." 배경진, 「스펜서의 정원과 마블의 정원」, 『중세르네상스영문학』, 22권 2호, 2014, 129쪽에서 재인용.

그렇다면 공산주의의 진정한 전령이 프롤레타리아가 아니라, 오스카 와일드Oscar Wilde가 아이러니하게 깨달았던 것처럼 귀족이라는 것은 일리 있는 말이다. 와일드는 만찬들을 돌아다니면서 공산주의를 독실하게 믿었던 남자였다. 댄디[멋쟁이 남자]와 귀족보다 빈둥거리는 자들의 미래에 더 어울리는 이미지가 있을까? 그래서 와일드는 자신이 엄청난 특권을 부여받은 존재라는 것에 대해 [다음과 같은] 놀라운 정치적 합리화를 했던 것이다. 그저 헐렁한 진홍색 [잠]옷을 입고 하루 종일 침대에 누워 플라톤을 읽고 브랜디를 홀짝거리며 여러분 자신의 공산주의 사회를 노래하라는 것이다. 마르크스가 선사先史라고 부른 시대에서 게으르다는 것은 죽는다는 것을 뜻한다. 포스트-역사에 있어서 게으르다는 것은 가장 멋진 삶의 방식이다. 이 때문에 와일드는 확신에 찬 사회주의자인 동시에 주눅 들지 않는 탐미주의자이다. 왜냐하면 그는 예술작품에서 공산주의의 심오하게 창조적인 쓸모없음의 패러다임을 발견하기 때문이다. 그 호사스럽고 무의미하며 쓸데없으며 자기 정초적이며, 자기목적적이자 자기결정적인 방식에 있어서 예술작품은 남자와 여자가 스스로 변형된 정치적 조건들하에서 어떻게 존재할 수 있는지에 관한 맛보기를 제공한다. 예술이 있었던 곳에, 인류는 있게 될 것이다.

하지만 마르크스의 관점에서 보면 공산주의는 고전적인 예술작품 같은 것이 결코 아닐 것이다. 고전적인 예술작품은 형식과 내용의 절묘한 균형을 추구하는 반면, 사회주의 사회에서는 마르크스가 『루이 보나파르트의 브뤼메르 18일』에서 수수께끼 같은 구절로 지적하듯이, 내용이 "문구를 넘어선다".[5] 이 '문구'를 형식으로 바꿔 말할 수도 있을 것이다. 하지만 마르크스가 말하려 한 것은 사회주의가 현재의 정치적이고 경제적인 형식들을 초월한다는 것이지, 사회주의가 (공산주의처럼) 우리에게 재현의 위기를 제시한다는 게 아니다. 자본주의적 사회질서는 싸구려 예술작품을 닮았고, 너무도 추상적(상품형태, 국가의 소외)인 동시에 근시안적으로 보면 특수하다(부르주아 개인주의, 원초적 탐욕). 그것은 아나키즘적 욕망의 주지육림인 동시에 최고도로 신체 없는 이성의 군림이다. 사회주의는 고전적 또는 '아름다운' 예술작품과 마찬가지로 이러한 차원들을 균형 있게 맞추려고 애쓰지만, 그러나 여전히 척도에 의해서 그렇게 작업하는 것이다. —— 각자에게 그의 노동에 따른 정의, 공정, 평등이 그것이다.

이와 대조적으로 마르크스는 공산주의를 고전적이거나 아름다운 인공물의 대칭이 아니라 숭고한 것의 측정 불가능한 초과에 의해 특징 짓는다. 바로 이것이 『브뤼메르 18일』에서 마르크스가 '미래의 시'라고 가리키는 것이다.[6] 몇몇 마르크스주의자들이 그렇게 하듯이, 만일 우리가 공산주의를 상부구조의 소멸에 연루되는 것이라고 생각한다면, 이는 다른 무엇보다도 우선 상부구조적 형태들이 이 도식화 불가능한 초과풍요를 재현하지 못할 것이기 때문인데, 이 초과풍요는 결국 이른바 스스로를 재현해야 할 것이다. 그 유일하게 적절한 재현 형태는, 위험을 무릅쓰고 말해 본다면 그 고유한 내용에 대한 형식이라고 불릴 만한 것이지 그 내용에 외적인 것이 아니다. 마르크스가 『정치경제학 비판 요

---

5) [옮긴이] 마르크스 지음, 「루이 보나빠르뜨의 브뤼메르 18일」, 『프랑스혁명사 3부작』, 임지현 · 이종훈 옮김, 소나무, 1991, 165쪽. "내용이 형식을 압도한다."

6) [옮긴이] 같은 책, 같은 곳. 다만 영역본과 번역이 다르다. "… 과거로부터가 아니라 미래에서 영감을 받는다."

강』에서 썼듯이, 진정한 부는 선-결정된 척도에 따라 측정될 수 없다.[7] 공산주의에서는 그 자신을 위한 창조적 힘들의 해방이야말로 자기 자신의 고유한 척도이다. 말하자면, 이 용어가 현재 통용되는 의미의 척도가 전혀 아니라는 것이다. 왜냐하면 어떤 것이 자기 자신의 척도로 작용한다는 것은 루트비히 비트겐슈타인이『철학적 탐구』에서 소묘한 부조리한 상황을 메아리치는 것이기 때문이다. 여기에서는 어떤 남자가 "하지만 나는 내 키가 얼마인지 알고 있어!"라고 소리치며, 자신의 손을 자신의 머리에 올리고 있다. 또한 셰익스피어의『안토니와 클레오파트라』에서, 안토니오가 머리가 나쁜 레피두스에게 악어의 속을 알 수 없는 표정을 기술하는 모습을 생각할 수 있다. "그 모양은 본시 생긴 대로요. 넓이로 말하면 / 넓이만큼 되고, 높이[키]는 자기 높이[키]만큼 되어요. / 제 몸으로 움직여요….".[8] 말하자면, 이것은 교환가치에 대한 궁극의 논박이다. 비트겐슈타인이 지적하듯이, 유일한 문제는 사물의 그 자신과의 동일성만큼이나 쓸모없는 명제가 존재한다는 것이다. 마르크스가 염두에 둔 것은 이런 종류의 무의미한 자기-지시성이 아니다. 그것은 오히려 통약 가능한 것이라는 관념 자체의 변형인데, 이것은 평등이라는 인위적(이고 부르주아적)인 통념 전체를 넘어선다.

　　공산주의가 숭고한 것은 우상 파괴적이기 때문이다. 공산주의는 사회주의에는 들어맞지 않는 이미지나 아이콘을 따돌린다. 그것의 상당수

---

7) [옮긴이] 칼 맑스,『정치경제학 비판 요강 III』, 김호균 옮김, 그린비, 2007, 68쪽 이하.

8) [옮긴이] 윌리엄 셰익스피어,「안토니와 클레오파트라의 비극」,『셰익스피어 전집』, 이상섭 옮김, 문학과지성사, 2016. "그 모양은 본시 생긴 대로요. 넓이로 말하면 넓이만큼 되고, 높이는 자기 높이만큼 되어요. 제 몸으로 움직여요…"(2막 7장, 824쪽)

는 우리가 현재에서의 모종의 권력, 모순, 가능성으로부터 어느 정도 추정할 수 있다. 설사 그렇다 하더라도, 우리는 레이먼드 윌리엄스가 『문화와 사회 1780-1950』의 결론에서 말한 현명한 발언을 염두에 두어야 한다. "우리는 생활수단과 공동체의 수단을 확보해야 한다. 그러나 우리가 이 수단에 의해 무엇을 하며 살지를, 우리는 안다거나 말할 수가 없다."[9] 그러고 보니, 예전에 누군가가 말했듯이, 이것에는 말할 수 없는 것에 대해서는 침묵하는 편이 낫다[10]는 말이 뒤따를 것 같다. 유일한 문제는 침묵을 지켜서는 안 되는 긴급한 정치적 이유들도 있다는 것이다. 그래서 성 아우구스티누스의 『고백』을, '신'이라는 단어를 '공산주의'라는 단어로 광대극풍으로 대체하면서 인용하겠다. "그리고 우리는 무엇을 말할까, '오 나의 공산주의여, [당신은] 나의 생명이며, 나의 성스럽고 소중한 기쁨이오'라고 말할까, 혹은 누군가 당신에 대해 말할 때 그는 무엇을 말할 수 있을까? 그리고 당신을 칭찬하지 않고 침묵하는 자들에게 재앙 있을 것이다, 심지어 당신에 대해 침이 마르도록 떠드는 자들이 아무 말도 못한 눌변인 자들로 취급될지도 모르지만."[11]

공산주의의 '좋은' 숭고성 — 이라고 부를 수도 있을 텐데 — 은, 따라서, 자본주의 그 자체의 '나쁜' 숭고성과 대조될 수 있다. 마르크스에게 화폐란 일종의 괴물적 숭고성이며, 모든 특정한 정체성을 완전히 에워싸는 무한하게 다산적인 기표이며, 명확하게 정해진 형태들의 해소

---

9) Raymond Williams, *Culture and Society, 1780-1950*, London: Columbia University Press, 1958, p. 355.
10) [옮긴이] 비트겐슈타인의 『논리철학논고』의 마지막 문장.
11) St Augustine, *The Confessions of St Augustine*, London: Temple Press, 1907, p. 3.

이다. 그래서 자본주의와 공산주의는 어떤 공통적 특징을 공유한다. 즉, 자본주의와 공산주의는 둘 다 숭고성의 양식이다. 그러나 자본주의가 그 무형태성과 불비례성 때문에 숭고하게 재현 불가능한 반면, 공산주의는 실제로 하나의 형태를 갖고 있다. 그것은 칸트에게 인공물인 '법'과 마찬가지로, 이 형태가 공산주의 구성원들이 그것에 적합하도록 강제되는 선-규정된 구조라기보다는 오히려 그 구성원들의 활동에 의해 창조된 것 이외의 아무것도 아니라는 것을 의미한다. 이런 한에서 우리는 이렇게 주장할 수도 있을 것이다. 즉, 형식과 내용이라는 문제에 대한 해결책은 사회주의적 민주주의로서 알려져 있다고. 예술작품── 그 '법' 혹은 전반적 형식은 이 '활동'과는 결코 분리될 수 없는 개별적인 특수자들의 구체적이거나 실천적인 상호관계 이외의 아무것도 아닌데 ──은 이런 한에서, 아직 실현되지 못한 정치적 질서를 위한 장소를 보유하는 것이다.

지금은 이 점을 전개할 겨를이 없지만, 한 가지 점만 더 덧붙이자. 사회주의에서 공산주의로의 이행은 이런 의미에서 법의 권역^{realm}에서 은총의 영역^{domain}으로의 사도 바울적인 이행과 공통적인 어떤 것을 갖고 있다. 우리는 법 아래에서는 여전히 죄에 묶여 있다. 이는 사회주의가 여전히 국가, 계급, 정치적 지배^{dominion}(프롤레타리아트 독재) 등의 문제인 것과 똑같다. 그래서 사회주의가 기존의 정치체제를 전복하는 바로 그 순간, 그 형태들에 의해 기존의 체제에 단단히 묶인 채 옴짝달싹 못하는 것과 비슷하다. 은총은 다른 무엇보다도 덕의 획득된 습관을 뜻하며, 칸트적 또는 프로테스탄트적인 일련의 불굴의 의지의 행위라는 관념과는 대립된다. 예를 들어 계급사회에서는, 심지어 사회주의하에서도 협동이나 사심 없음이나 연대는 노력을, [즉] 도덕적이거나 정치적인 법을 준수하려는 노력을 요구한다. 자기-통치하는 협동적 사회 질서에서 이런 성질들은 사회적 제도 자체들에 탑재[내장]되기 때문에, 우리는 더 이상 그것들에 관해 생각할 필요가 없으며, 그저 우리의 몸에 깊이 밴 기질로서 자발적으로 그것들을 실행하기만 하면 된다. 이는 아리스토텔레스가 덕이라고 알고 있던 것과 정치적인 등가물이다.

하지만 초과풍요에 대한 이런 대담한 비전에는 협박을 가하는 리어의 그림자가 가로놓여 있다. 『리어왕』이 움켜쥐고 있는 역설은 잉여, 초과가 우리라는 동물 종^{kind}에게 자연적[생득적]이라고 보는 역설이다.

O, reason not the need! Our basest beggars

Are in the poorest things superfluous.

Allow not nature more than nature needs,

Man's life is cheap as beast's.

오, 필요[욕구]를 따지지 마라! 우리의 가장 천한 거지들도

가장 가난한 물건들로도 넉넉하다.

자연에게 자연이 필요로 하는 이상을 허용하지 않는다면,

인간의 삶은 짐승의 삶처럼 싸구려일 것이다.[12]

---

12) [옮긴이] "필요를 캐지 마라! 가장 천한 거지도 / 가장 못난 물건에는 넉넉하단다. / 목숨에 필요한 걸 허락하지 않으면 / 인간도 짐승처럼 하잘것없어."(614쪽) 국역본은 2막 2장의 450~460 사이의 연인 반면, 최근에는 이를 2막 4장으로 분류하고 260~270 사이의 연으로 구분하고 있다.

우리의 자연[본성]들을 대체 보충하는 것도 거기에 탑재[편입, 내장]되어 있다. 그리고 이 위험한 대체 보충에 붙여진 이름 중 하나가 문화다. 하지만 곤잘로와는 달리, 이 작품은 잉여가 지닌 잔혹할 정도로 파괴적인 형태 또한 존재한다는 점을 포착한다. 그것은 **자연**을 넘어서는 우리의 창조적인 잉여인 문화가 스스로를 **자연**의 유한성과 물질적 신체에 기반을 두게 하는 데 실패하고, 리어 자신이 그랬던 것처럼, 인류가 무한하다는 환상을 품을 때에 그렇다. 하나의 환상이 우리가 살고 있는 시대의 모종의 좌익 이론에 또다시 불쑥 나타난 것이다. 우리가 곤잘로의 인정 많고 관대한 비전을 우리의 것으로 삼지 못한다면, 이는 부분적으로 우리가 쓰라린 대가를 치르면서 **자연**이 무궁무진한 자원일 수 없다는 것을 알게 되었기 때문이다. 곤잘로의 비전에서 부^{commonwealth}는 석유가 고갈될 것 같은 이 시대의 부^{commonwealth}가 아니다. 그래서 우리는 자원이 점점 더 고갈되고 있는 세계에서 심금을 울리는 아름다운 이미지를 다시 사고해야 한다. 그리고 바로 여기에서 『리어왕』의 황량한 세계는 우리에게 뭔가 쓸모가 있다. 왜냐하면 이 작품이 우리에게 떠올리게 하듯이, 공산주의는 항상 어떤 의미에서는 유한성에 관한 것이었기 때문이다. 공산주의는 각자의 자기-발전이 만인의 자기-발전에 의해 창조적으로 억제된다는 의미에서 유한성에 관한 것이다. 이것은 또한 인간의 욕구가 미리 계산될 수 없고, 항상 상호적으로 통약 가능하지는 않다고 하더라도, 인간의 욕구가 무한하지는 않다는 사례이기도 하다. 인류에 관한 무한한 것은 욕망이며, 그리고 공산주의는, 내가 논했듯이, 물질적 개별자들을 방자한 방식으로 다루는 그 '직선적'이고 멈출 수 없는 방향을 지닌 욕망을 세계 그 자체를 위한 세계에 대한 끝나지 않는 탐구와 향유로 전환시키는 것과 관련되어 있다. 그래서 역설적이게도, 물질적 욕구의 초월은 우리를 비물질적인 것으로부터 자유롭게 해준다. 물질적 욕구의 초월이 힐난하려고 하는 것은 쉴 새 없는 획득이라는 비물질성이다. 물질적인 것의 초월은 우리를 우리가 세계의 순전한 물질적 사용가치를 만끽하는 것을 막고 있는 그런 필요와 실천으로부터 우리를 해방한다는 의미에서 물질적인 것에로 우리를 되돌려 놓는다. 공산주의를 통해서만, 우리는 자신의 신체를 다시 경험할 수 있다.

리어 자신이 명확히 밝힌 공산주의의 비전은 그러므로 곤잘로의 그것과는 매우 다르다. 그것은 감각적이고 수고로 가득 찬 물질적 신체, 그 압도적인 취약함과 한계라는 의미에서 딱할 정도로 둘로 갈라진 피조물에 기초한, 더 절제되고, 더 누그러지고 더 육체적인 비전이다. 『경제학·철학 수고』의 청년 마르크스처럼, 셰익스피어는 자기 나름의 방식으로, 사멸하는 물질적 신체에 대한 주장에서부터 공산주의자의 윤리를 논한다.

Poor naked wretches, wheresoe'er you are,

That bide the pelting of this pitiless storm,

How shall your houseless heads and unfed sides,

Your loop'd and window'd raggedness, defend you

From seasons such as this? O I have ta'en

Too little care of this! Take physic, pomp;

Expose thyself to feel what wretches feel,

That thou mayest shake the superflux to them.

And show the heavens more just …

Let the superfluous and lust-dieted man

That slaves your ordinance, that does not see

Because he does not feel, feel your power quickly;

So distribution should undo excess,

And each man have enough.

가련하고 헐벗은 비참한 놈들, 네가 어디에 있든,

이 매정한 폭풍이 들이치는 것을 견뎌야 할 것이다,

가르쳐다오, 머리를 집어넣을 집도 없이, 굶주린 배로,

구멍이 숭숭 뚫린 누더기를 걸치고서

이런 날씨를 어떻게 이겨 낼 것인지, 아아,

이를 전혀 눈치채지 못했구나! 이게 좋은 약이니 어서 들렴, 화려함을

좋아하는 놈아.

비참한 놈들이 맛보는 것을 네 몸소 맛보거라,

그리하면 남아도는 것을 그들[가난한 자들]에게 나누어 주어,

하늘이 정의로움을 보여 줄 것이다.

(…)

풍족하고 색욕에 찌든 놈들에게,

네가 만든 계율의 노예가 된 놈들에게,

자신들이 느끼지 못하기에, [남의 불행을] 못 보는 놈들에게,

당신의 힘을 재빨리 느끼게 해주소서.

그리하면 분배가 사치excess를 없앨 것이고,

각자가 넉넉히 가질 테니.[13]

이 말들은 폭풍이 휩쓸고 간 황야에서, 기진맥진한 상태에서 크게 울려 퍼진다. 이런 말들은 적절한[그 자리에 걸맞은] 시무룩함과 묵시록적인 어조로, 우리더러 다음과 같이 묻도록 다그친다. 즉, 우리가 착륙한, 우리 자신을 가장 잘 발견할 수 있는 공산주의의 종류가 리어왕의 그것처럼, 파국적인 비전 —— 희극적인 과다라기보다는 오히려 비극적인 궁핍에서 생기는 비전 —— 일지 여부를 묻도록 말이다. [아니면] 이 비전은 물질적 환경에 의해 강제되어 남자들과 여자들이 서로 공유하고 연대하게 되는 모종의 상상조차 할 수 없는 재앙의 다른 측면일 뿐일까? 요컨대 전시 공산주의라기보다는 오히려 전후 공산주의 아닐까? 보통은 사회주의와 야만은 확실히 대립하는 것으로 설정된다. 하지만 이 두 가지는 우리가 바라는 것보다 훨씬 더 가깝다는 게 드러날 수도 있을 것이다. 그러한 체제는 우리가 지금 갖고 있는 것보다 훨씬 더 거대한 평등과 협동에 의해 특징지어질 수도 있을 것이다. 그러나 그것은 마르크스주의적 또는 곤잘로의 의미에서의 공산주의는 아닐 수 있다. 왜냐하면 이 체제는 긍정적 자유에도, 부정적 자유에도 연루되지 않을 수 있기 때문이다. 고역으로부터의 해방이라는 의미에서 소극적인 자유가 없다면, 경제적인 것의 단조로운 강박으로부터 우리를 자유롭게 하여 상호 창조적인 노력을 할 수 있게 하는 자원의 초과풍요라는 의미에서의

---

13) [옮긴이] "헐벗은 인간들아, 어디 있든지. / 냉혹한 바람이 후려치는 매를 참고 / 집 없는 머리와 굶주린 배로 / 구멍이 숭숭한 누더기 속에서 / 어찌 이런 날씨를 피하겠느냐? / 오, 이런 사실을 너무도 몰랐구나! / 왕들아, 이게 약이다. 불쌍한 자가 / 느끼는 일에 너희 몸을 드러내서 / 사치를 덜고 올바른 하늘을 보여 줘.…"(3막 4장, 29~39)
"풍족이 넘치고 향락에 젖은 자는 / 교훈을 멸시하고 느낄 줄 모르기에 / 볼 줄도 모르니 너의 힘을 알게 함. / 올바른 분배 따라 사치가 사라지고 / 각 사람은 넉넉히 가져.…"(4막 1장)

적극적인 자유도 없을 것이다.

　　공산주의 이념은 아주 오래된 이념이다. 공산주의 이념이 곤잘로보다 훨씬 더 과거로 거슬러 올라가는 것은 분명하다. 마르크스주의는 상대적으로 나중에 이 무대에 나왔다. 공산주의에 대한 마르크스주의의 사고방식의 독창성은, 그것이 요청하는 물질적 조건들에 대한 고집에 있다. 이것은 상궤를 벗어난 움직임이다. 왜냐하면 정의와 평등이라는 먼 곳에 놓인 꿈에 흠뻑 빠져 있는 사람들은 보통 이러한 일상적 문제로 스스로를 들볶는 최신의 사상가들이기 때문이다. 남을 헐뜯는 자기 아내의 의견에 의존하는 맥베스처럼, 그들은 목적을 욕망하지만, 수단을 경시한다. 따라서 문제는 어떻게 공산주의자인 동시에 유물론자일 수 있는가이다. 이것은 [다음과 같이 서로 대립하는 두 가지를 동시에] 수용한다는 문제이다. 즉, 자유, 정의, 평등, 협력, 그리고 자기-실현이 이를 가능케 하는 일종의 물질적 조건들을 요구한다는 것을, 그러나 우리가 이 행성을 황폐화하고 있다는 것을 전제로 삼고, 이런 물질적 조건을 점점 더 얻기 어려워지고 있다는 것을 동시에 인정하는 것이다. 우리는 그런 정치적 현실주의에 대한 우리의 파악력을 느슨하게 해서는 안 된다. 그러나 또한 곤잘로의 꿈을 전-환경주의적 소박함이라면서 단순하게 내동댕이쳐서도 안 된다.

김상운 옮김

7장

'지성의 공산주의, 의지의 공산주의'

피터 홀워드

공산주의에 관한 질문을 그 '이념'의 측면에서 제기하는 것은 적어도 최초의initial 두 가지 장점을 갖는다.[1)]

첫 번째로, 이것은 공산주의를 순전히 그리고 단순하게 반反자본주의로 환원하는 것으로부터 구별할 수 있도록 해준다. 물론 자본주의 비판은 마르크스의 성숙기 저작에서 중심적인 관심사이며, 공산주의적인 생산양식으로의 궁극적인 이행을 예상하려 시도하는 어떠한 설명에 있어서건 본질적인 부분으로 남아 있다. 물론 자본주의는, 단순히 유토피아적인 용어를 넘어서 계급과 불평등의 폐지를 추구하는 것이 처음으

---

1) 이 장의 두 번째 그리고 세 번째 부분의 더욱 긴 판본은 먼저 다음의 제목으로 발간되었다. "The Will of the People: Notes Towards a Dialectical voluntarism", *Radical Philosophy* 155, May-June 2009.

로 가능해지는 역사적 조건을 설립하고 또한 강화한다. 그러나 공산주의의 구성에 대해 자본주의의 파괴를 특권화하는 것은 자본주의 자체에 너무 많은 것을 허락하는 일이다. 공산주의가 오직 다소간 자본주의의 자기 파괴의 '불가피한' 귀결로 생각되는 한, 공산주의의 정식화는 그것이 극복하고자 하는 역사에 의해 제한되고 위협받는 것으로 남게된다. 공산주의를 사고하기 위해서는 자본주의가 먼저 그것의 궁극적인 자기파괴를 위한 조건을 만들기를 기다려야 한다고 주장하면 할수록, 반자본주의적 저항으로부터 단순하고, 전지구적으로 통합된 생산 기계 안으로 사회적 삶의 모든 측면이 완전히 포섭되는 것에 관한 실효적인 전前자본주의적 열광을 구별하기란 어려워진다.

두 번째로, 공산주의의 이념에 관한 강조는 어떤 자유롭거나 '무모한' 사변, 이전에 실존했던 공산주의의 유산으로부터 독립적인 기획 또는 가능성으로서 공산주의에 관한 반성을 요청한다. 이는 올바르게도, 회의주의자와 환멸을 느낀 자들, 또는 그 문제 자체와 씨름하려고 하기도 전에 문제에 관한 완전한 해결책을 보고자 하는 이들에 의해 쉴 새 없이 제기되는 질문들을 부차적인 것으로서 기각할 수 있도록 해준다. 그들은 말하기를 우리가 시장에 대한 실행가능한 대규모의 대안을 생각해 내지 않고, 중앙집권적인 관료제 국가의 문제를 풀지 않고, 스탈린이나 마오 등의 유령을 축귀하지 않고서 어떻게 공산주의에 관해 감히 말할 수 있겠느냐고 한다. 이러한 종류의 반대는 일전에 미국에서 노예제의 종말에 관해 말했던 약간 다른 식의 '진보적인' 사람들을 떠올리게 한다. 심지어 토머스 제퍼슨Thomas Jefferson 같은 진정한 민주주의자도 그의 혁명적인 동시대인들과 함께 해방 또는 폐지의 질문에 관해서는 망

설였는데 왜냐하면 그들은 그들이 상속받았고 수용했던 문제들에 관한 실행가능한 해결책을 상상할 수 없었기 때문이다. 그들은 노예제가 만들어 냈던 잔인함과 분노의 유산을 고려할 때 노예제 폐지 이후에 인종적 화해가 (아프리카로의 추방이라는 환상 외에는) 어떻게 진행될지 상상할 수 없었던 것이다. 정치적 상상력의 유사한 결핍은 '대안이 없다'는 여전히 지배적인 감각을 보존하는 데 기여하며, 다른 몇몇 이념들과 더불어 공산주의를 확고히 의제에 올리지 않도록 했다.

내 생각에 우리는 로베스피에르, 투생 루베르튀르 또는 존 브라운 같은 사람들에 의해 주어진 예를 따르는 것이 나을 것 같다. 노예제와 같이 옹호불가능한 제도에 직면하여, 기회가 주어졌을 때 즉각적으로 그리고 가능한 모든 수단을 통하여 그 제도를 철폐하려고 단호하게 애썼던 사람들 말이다. 체 게바라와 파울루 프레이리는 제국주의와 압제에 맞서서 동일한 것을 했을 것이다. 오늘날 아이티, 칠레 그리고 다른 곳에서 폴 파머Paul Farmer와 그의 파트너스 인 헬스Partners in Health는 전지구적인 의료 공급에 있어서 옹호될 수 없는 불평등에 직면했을 때 얼마간 유사한 접근을 택하고 있다.[2] 각각의 경우에서 기본적인 논리는 매우 단순한 것이다. 이념, 공산주의 또는 평등 또는 정의와 같은 이념은 우리가 그 실현을 위한 수단이 실행가능하거나 정당한, 또는 심지어 '가능'한 것으로 인정되기 이전에, 어떠한 타협이나 지연 없이 그 이념을 실현하기 위해 노력해야 함을 명령한다. 이것은 의지가 불가능한 것을

---

2) 파트너스 인 헬스의 웹사이트는 www.pih.org이다; cf. Tracy Kidder, *Mountains Beyond Mountains: The Quest of Dr. Paul Farmer*, New York: Random House, 2004.

가능한 것으로 전환시키고, 실행 가능한 것의 한도를 폭발시키는 실현 자체를 향한 의도적인 노력이다.

1.

마르크스 자신은 '미래의 요리 기구 상점cook-shops을 위한 요리법'[3]을 쓰고 싶어 하지 않았으며 잘 알려진 바대로 공산주의의 이념을 확장하는 것에 주저했다. 그러나 널리 알려진 것처럼 마르크스에게서 이러한 이념은 두 가지 구별되는 관심들을 이끌어 낸다. 한편으로 공산주의에 대한 준거는 지도적 규범으로서 기능하고, 바뵈프 그리고 루이 블랑Louis Blanc에 의해 각색된 "각자의 능력에 맞게 생산하고 필요에 따라 분배받는다"[4]는 오래된 슬로건에 맞추어 조직된 사회의 예상으로서 기능한다. 이러한 의미에서 공산주의는 미래의 발전을 위한 지도적 원리로 기능한다. 『공산당 선언』에서 말하듯이 "오래된 부르주아 사회 대신에, 그 계급들과 계급 적대와 함께 우리는 각자의 자유로운 발전이 만인의 자유로운 발달을 위한 조건이 되는 연합을 가져야 할 것이다."[5] 그러한 연합을 향해 일하는 것은 마르크스 이전의 칸트 및 헤겔에게서와 마찬가지로 마르크스에게 우리의 가장 본질적인 규범적 원리를 이끄는 '자

---

3) Karl Marx, *Capital I*, postface to the second edition, trans. Ben Fowkes, London: Penguin classics, 1976, p. 98.

4) Marx, *Critique of the Gotha Programme*, Beijing: Foregn Languages Press, 1972, p. 17.

5) Karl Marx and Friedrich Engels, *Manifesto of the Communist Party*, Beijing: Foreign Languages Press, 1965, p. 59.

유의 영역'을 현실화하기 위해 노력하는 것이다. 이 원리란 "목적 그 자체로서 인간적 활력energy"[6]의 자율적 전개이다. 다른 한편으로, 단순히 '유토피아적'인 사회주의의 형태에 대해 가차 없이 비판적인 마르크스에게 있어, 공산주의는 현실적인 역사적 기획을 명명한다. "공산주의는 우리에게 설립되어야 할 사물들의 상태, 현실이 그에 맞추어 스스로를 조정해야 할 이상이 아니다. 우리는 공산주의를 사물의 현실적 상태를 폐지하는 실재적 운동이라고 부른다. 이러한 운동의 조건은 지금 현존하는 전제들로부터 기인한 것이다."[7]

이 두 가지 관심의 통합을 어떻게 가장 잘 이해할 수 있느냐에 관한 논쟁은 그 시초에서부터 공산주의적 기획의 당파들을 나누었다. 모든 단순한 경험적 예화로부터 독립적인 합리적 원리라는 칸트적 처방prescription의 한 판본('규제적 이념'으로서 이념)은 여전히 논쟁의 한 축에 서 있다. 구체적이고 역사적이며 제도적인 매개에 관한 헤겔의 주장의 판본('개념과 현실성의 통일'로서 이념)은 논쟁의 다른 한 축에 서 있다. 이 콘퍼런스를 주관한 두 사람, 알랭 바디우와 슬라보예 지젝의 저작에서 이러한 두 가지 극단을 식별하기란 쉬운 일이다 ── 그리고 이러한

---

6) Marx, *Capital III*, Moskow: Progress, 1966, p. 820.

7) 또는 다시금 1844년의 세 번째 수고에서의 보다 단호한 헤겔적인 용어로 하자면, "**인간적 자기-소외**로서 사유 재산의 **실정적** 지양으로서, 그리고 따라서 인간을 통한 그리고 인간을 위한 **인간적** 본질의 진정한 전유로서의 **공산주의**. 이것은 **사회적**인 것으로서 인간 자신에 대한 인간의 완전한 복원이다. 다시 말해 인간, 존재 ── 의식적으로 된 복원… 공산주의는 역사의 수수께끼에 대한 해결책이며 그 자신이 해결책임을 아는 것이다."(Marx, *Economic and Social Manuscripts*, in Marx, *Early Writings*, trans, Rodney Livingstone and Gregor Benton, London: Penguin Books, 1975, p. 348).

비교는 종종 이루어져 왔는데 특히 지젝 자신에 의해서도 비교되었다.

1970년대 중반에 시작된 극심한 반동적 시기 동안에 '역사의 필연적 운동'과의 타협에 대한 바디우의 거부는 그를 그의 세대에 있어 가장 강력하고 중요한 정치적 사상가로 남도록 했다. 그는 아마도 그의 시대에 있어서 보편적 정의와 평등에 관한 혁명적 이상에 대한 헌신을 결코 제한하지 않았던 유일한 위대한 철학자이다. 그의 철학은 또한 보편적 진리의 '상황적인' 성격, 예컨대 보편적 진리의 '사건적 장소'에서의 국지화, 또는 보편적 진리가 나타남 또는 실존의 지역적 규범에 의해 형성된 '신체'로 합체됨에 대해 사유하기 위한 몇몇 자원들을 제공한다. 그럼에도 불구하고, '불멸의 진리'가 갖는 예외적이고 자율적인 지위에 대한 바디우의 주장은, 지젝이 바디우의 철학을 그 방향설정에 있어서 대체로 칸트적이라고 특징짓는 것에 어떤 힘을 부여한다. 평생에 걸친 바디우의 형식화의 선차성에 관한 주장, 경험, 역사 또는 관계를 통한 매개로부터 사유의 추출에 관한 주장, 아리스토텔레스에 대한 플라톤의 우선성에 관한 주장, 일상적인 정상성에 있어 세계의 일반적으로 '사유 없는' 형세configuration에 대한 주장 등, 이 모든 것은 그의 진리관이 갖는 다소간 '세계 외적인' 편향을 보여 준다. 바디우에게 진리는 세계와 그리고 세계를 통해 설명되는 것이 아니라 세계로부터 제외되거나 추출되는 것으로, 바로 이러한 이유로 세계를 변화시킬 수 있는 절대적이고 영원한 능력을 부여받은 것이다.

이러한 세계 외적인 정향은 '공산주의 가설' 자체에 대한 바디우의 최근의 재정식화를 계속하여 이끌고 있다. 이러한 재정식화는 19세기 중반의 마르크스주의적 혁신의 '고전적' 시기에서처럼 '우리의 문제는 새로운 가설의 운반자로 여겨지는 인민 운동의 문제가 아니'며 레닌과 마오에 의해 표시된 20세기에서처럼 "승리로 이끄는 것으로 여겨지는 프롤레타리아 당의 문제도 아니"다.[8] 공산주의적 기획에 대한 이전의 기여가 갖는 중심적 측면들을 재작업하고 강화하기보다는, 바디우는 그 측면들을 포기하고 싶어 하는 것으로 보인다. 구체적으로 매개된 명법으로서가 아니라 지도하는 규범 또는 이상의 일종으로 명시적으로 구상된 공리적 원리를 위해서 말이다. "이것은 칸트적 용어로 말하자면 규제적 이념의 문제이지 강령의 문제가 아니다."[9] 바디우는 이러한 이념을 그 규제적 순수함 속에서 보존하기 위해 비싼 대가를 치를 준비가 되어 있다.

> 마르크스주의, 노동자 운동, 대중 민주주의, 레닌주의, 프롤레타리아 당, 사회주의 국가 —— 이 모든 주목할 만한 20세기의 발명들 —— 는 더 이상 우리에게 실제로 유용하지 않다. 이론적 수준에서 그것들은 확실히 추가적인 연구와 숙고를 할 만한 것이다. 그러나 실제 정치의 수준에서 그것들은 실행불가능하게 되었다.[10]

유사한 우선성들이 볼리비아, 에콰도르 그리고 다른 라틴아메리카 국가들 같은 장소에서의 최근의 정치적 동원 —— 이 동원들을 바디우는

---

8) Alain Badiou, *De quoi Sarkozy est-il le nom? Circonstance*, 4(cf p. 53, n. 44, Paris: Lignes, 2007), p. 150.
9) Ibid., p. 132.
10) Ibid., p. 150.

종종 (마오의 정치관을 넘어서 '나아가지' 못한 그들의 외관상 실패 때문에) 19세기의 혁명적 발전을 염두에 두지 않고 오래된 유클리드 기하학의 형태에 충실한 채로 남아 있는 수학자들과 정치적 등가로 제시하는데 —— 에 대해 바디우가 상대적으로 관심이 적은 것을 설명하는 데 도움을 줄 수 있을 것이다.

반면에 지젝은 때로 반대의 위험을 자초한다. '현존하는 사물의 상태를 폐지하는 실재적 운동'과 동일시하는 것까지는 아닐지언정 그는 사유와 행위가 수렴할 상이한 방식들을 실험한다. 헤겔을 따라서, 그는 자유와 진리를 주로 그것들의 구체적이거나 물질적인 실현의 측면에서 구상한다. 이 과정에서 그는 의지-외적인 강제 또는 '충동'의 '외밀한'extimate 과정을 위해 자율적이고 의도적인 자기결정을 경시하는 경향이 있다. 지젝이 무의식적 충동의 냉혹한 명법을 높게 평가하면 할수록, 그는 급진적 정치적 행위의 처방으로부터 급진성 자체 외에 모든 다른 명료하고 일관적인 기준을 박탈하게 된다. 상황에 따라서 지젝은 우리로 하여금 현실로부터 퇴각하고 '아무것도 하지 않기'('진정한 폭력적 행위가 아무것도 하지 않기, 행위하기를 거부하는 것'인 순간에)를 촉구하거나, 또는 불가능한 것을 포용하고 따라서 '모든 것을 하'도록(스탈린의 '위로부터의 혁명'이 보여 주듯이) 촉구하고, 또는 다시금 (아리스티드Jean Bertrand Aristide나 차베스의 모델을 따라서) 국가 권력을 취하고 유지할 준비를 동반하는 타협들의 일부를 받아들임으로써 최소한 '어떤 것을 할' 준비가 된 이들의 보다 실용적인 자세를 채택하라고 촉구한다.

마르크스 자신에게서처럼, 공산주의의 '이상적'이고 '현실적'인 측면들은 사유재산, 착취 그리고 불평등의 자본주의적 체제를 폐지하려는 과정에 의해 함께 모이게 된다. 『공산당 선언』이 말하기를 "공산주의의 구별되는 특징은 사유재산 일반의 폐지가 아니라 부르주아적 사유재산의 폐지이다. (…) 즉 사유재산, 자본과 임노동의 적대에 기초하는 그 현재 형태의 사유재산의 폐지" 그리고 어떤 이의 다른 이에 대한 착취의 폐지이다.[11] 마르크스에게 그러한 폐지는 오직 선진 자본주의의 종별적인 역사적 조건하에서 비로소 실행 가능한 기획이 됨에도 불구하고, 이는 무엇보다도 기획 또는 과업으로 남아 있다. 내가 보기에 마르크스에게 가장 근본적인 것은 자본주의가 그 자신의 무덤을 파는 것처럼 보이는 '불가피한' 또는 비자발적인 과정이라기보다는, 무덤 파는 단호한 이들이 나타날 수 있는 토대를 준비하는 방식이다. 결정적인 것은 이러한 무덤 파기 자체의 의도적인 과정이다. 마르크스가 제1인터내셔널을 위해 초안을 작성했던 규칙의 잘 알려진 첫 문장은 "노동계급들의 해방은 노동계급들 자신에 의해 달성되어야만 한다"[12]이다.

그렇다면 마르크스의 기획을 서술하는 최고의 방식은 그것을 "역사History를 만드는 것뿐만 아니라 역사를 실천적으로 그리고 이론적으로 파악"[13]하는 노력으로 보는 것이다. 심지어 가장 명백히 반反주의주의적인 그의 저작조차도 무엇보다도 "어떻게 자본주의를 변화시키려는

---

11) Marx and Engels, *Manifesto of the Communist Party*, p. 49.
12) Marx, "Rules and Administrative Regulations of the International Workingmen's Association"(1867), in *Collected Works of Marx and Engels*, London: Lawrence and Wishart, 1975-2005, vol. XX, p. 441; cf. Hal Draper, "The Two souls of Socialsm", *New Politics*, 5: 1, 1966, pp. 57~84; Draper, "The Principle of Self-Emancipation in marx and Engels", *Socialist Register* 8, 1971, pp. 81~109.
13) Jean-Paul Sartre, *Search for a Method*, trans. Hazel Barnes, New York: Vintage, 1968, p. 89.

의지가 성공적인 변혁적(혁명적) 활동으로 전개될 수 있"[14]는지를 보여주는 데 맞추어져 있다. 초기의 수고에서 이러한 강조는 명시적이다. 정확히 프롤레타리아 운동이 인민의 "자기의식적이고 거대한 다수의 독립적 운동"인 것처럼 "공산주의의 창조라는 **현실적** 행위 —— 그것의 경험적 실존의 탄생 —— 그리고 그것의 사유하는 의식에 있어서는 그 **생성**의 **포착되고** 알려진 운동."[15] 정치경제학에 대한 후기의 비판에서 마르크스는 자본의 집중화와 이것이 수반하는 착취 및 비참함의 강화가 자본주의의 자동적 붕괴가 아니라 '노동계급의 반역'의 크기, 빈도 그리고 강도에 있어서의 증가를 가져올 것이라고 예상한다. "수탈자에 대한 수탈"[16]이라는 의도적인 작업을 수행해야 할 것은 바로 노동계급인 것이다. 승리의 때에, 바로 이 계급은 무엇보다도 자율성, 자기지배, 목적 그리고 자유의 우위에 의해 표시된 생산양식의 설립을 주도할 것이다. 새로이 "연합한 생산자들은 어떤 맹목적인 힘인 듯 자연에 의해 지배되는 대신에 자연과의 교류를 합리적으로 규제하고 이를 그들의 공동의 통제하에 둘 것"이며 따라서 인간 창조성과 "목적 그 자체(로서) 활력"[17]의 긍정을 가능하게 할 것이다. 생산자들의 자유로운 연합은 자본을 생산과 사회의 '유사-주체'로 옮겨 놓을 것이다. 1871년의 파리 코뮌은 '의지를 가지고 그들의 해방을 그들 자신의 손으로 이루고자 한 노동자

---

14) Ben Fine and Alfredo Saad-Filho, *Marx's Capital*, London: Pluto, 2003, pp. 11~12.

15) Marx, *Early Writing*, p. 348; Marx and Engels, *Manifesto of the Communist Party*, p. 45.

16) Marx, *Capital I*, p. 929; cf. Marx, *Civil War in France*, Beijing: Foreign Languages Press, 1977, pp. 75~76.

17) Marx, *Capital III*, Chapter. 48; cf. Marx, *Grundrisse*, trans. Martin Nicolaus, London: Penguin, 1973, pp. 611, 705~706.

들'에 의해 착수된 공산주의적 연합 형태의 실행을 통해서 제한되고 짧은 형태로나마 그러한 결과를 예상한다. 마르크스는 그 과정에서 코뮈나르들Communards이 '불가능한 것'을 가능하게 했다고 적는다.[18]

이러한 의미로 이해할 때, 우리는 공산주의가 노동을 의지로 전환시키기를 추구한다고 말할 수 있다. 공산주의는 집합적 자기해방의 투쟁을 통해 고통받는 필연성에서 자율적인 자기결정으로의 이행을 완성시키고자 한다. 이는 세계적-역사적 규모에서 비자발적인 노동 또는 수동성에 대해 자유로운 의지적 행위가 우세하게 될 물질적 조건을 보편화하려는 의도적인 노력이다. 또는 차라리 공산주의란 자발적 행위가 자발적 행위를 위한 조건들을 보편화하고자 하는 기획이다.

2.

내가 보기에는 오직 그러한 '의지의 공산주의'만이 공산주의라는 이념의 두 가지 차원, 원리적 이상과 물질적 발전의 두 차원을 통합할 수 있고 그럼으로써 혁명적 이론에 혁명적 실천을 결부시킬 수 있도록 한다.

---

18) "그렇소, 신사들이여, 코뮌은 다수의 노동으로 소수의 부를 만드는 계급적 소유를 폐지하고자 했소. 그것은 수탈자들에 대한 수탈을 목적으로 했소. 그것은 생산수단들, 토지 그리고 자본, 이제는 주로 노예화와 노동 착취의 수단인 것들을 자유롭고 연합된 노동의 단순한 도구로 변혁함으로써, 개인적 소유를 참되게 만들고자(make individual property a truth) 했소. 그러나 이는 공산주의, '불가능한' 공산주의오! (…) 협동적 생산이 올가미이자 엉터리로 남지 않으려면, 자본주의적 체계를 지양하고자 한다면, 통일된 협동적 사회가 공동의 계획에 따라 국가적 생산을 규제하고자 한다면, 그것을 공동의 통제하에 놓고, 자본주의적 생산의 숙명인 영속적인 무질서(anarchy)와 주기적인 격변을 끝냄으로써 — 신사들이여, 그 밖에 무엇이 공산주의, '가능한' 공산주의겠소?" Marx, *Civil War in France*, pp. 75~76.

이 과정에서 의지의 공산주의는 '뜻이 있는 곳에 길이 있다'는 오래된 상투어에서 표현되는 진리를 시험할 새로운 방식들을 발명할 것이다. 또는 파울루 프레이리에 의해 좌우명으로 채택된 바 있는 안토니오 마차도Antonio Machado의 보다 평범한 문구를 각색하자면, 공산주의자는 만약 "길이 없다면, 걸음으로써 우리는 길을 만든다"[19]고 상정한다.

우리가 걸음으로써 길을 만든다고 말하는 것은 우리의 길을 규정하는 역사적, 문화적 또는 사회경제적인 지반의 힘에 저항한다는 것이다. 이는 해방적인 정치적 시퀀스에 있어서 '최초 심급에서 결정적인 것'이, 우리가 직면하는 지반들을 관통하여, 우리 자신의 역사의 흐름을 처방하는 집합적 의지라고 주장하는 것이다. 이는 그에 맞추어 '적응된' 행위를 통치하는 지식과 권위의 형식들과 지반의 복잡성에 대해서, 그들의 자리를 "그들 자신의 드라마의 저자들이자 배우들"[20]로서 취하고 유지하려는 인민의 목적을 지닌 의지를 특권화하는 것이다.

그러나 우리가 걸음으로써 길을 만든다고 말하는 것이 우리가 가로지르는 땅을 우리 자신이 발명한다고 주장하는 것은 아니다. 이는 의지가 그 자신 및 그것의 돌연한 또는 무로부터의ex nihilo 실행의 조건을 창조한다고 가정하는 것이 아니다. 이는 현존하는 사물들의 상태를 폐지하는 실재적 운동이 공허하거나 무규정적인 공간 속에서 진행된다고 상정하는 것이 아니다. 이는 특수한 지반을 특징짓는 장애물들 또는 기

---

19) Antonio Machado, "Proverbios y Cantares — XXIV"(1912), in *Selected Poems of Antonio Machado*, trans. Betty Jean Craige, Baton Rouge: Louisiana State University Press, 1978.
20) Marx, *The Poverty of Philosophy*, Beijing: Foreign Languages Press, 1966, p. 109.

회들을 무시한다거나 길을 닦을 영향력을 부인하는 것이 아니다. 오히려 이는 사르트르를 따라서, 장애물들은 그것들을 넘어서 오르려는 기획에 비추어서만 그 자체로 드러나게 됨을 기억하는 것이다. 이는 마르크스를 따라서, 우리가 역사의 조건을 고르지는 않지만 우리 자신의 역사를 만든다는 것을 기억하는 것이다. 이는 객체적이고 주체적인 규정 형식들을 연결함으로써, 후자(주체적인 규정 형식들)의 선차성에 의해 정향되는 변증법을 통해 지반과 방법을 구상하는 것이다.

유럽의 맥락에서도, 그러한 접근의 낙관주의적 특징은 여전히 ("최종 분석에 있어 실천적이거나 정치적인 활동과 동등한 것인 '의지'를 철학의 토대에 놓"고자 한)[21] 그람시와 ('결단', '주체적 의지' 그리고 '자유로운 행위'가 상황의 분명한 '사실'에 대해 우선하는)[22] 루카치의 초기 저작에서 두드러진다. 비슷한 우선성은 또한 보부아르, 사르트르 그리고 바디우와 같은 보다 최근의 철학자들의 정치적 저작들을 정향한다. 명백한 차이들 외에, 이 사상가들이 공유하는 것은 자기결정과 자기해방의 실천적 선차성에 대한 강조이다. 그러나 사르트르가 즐겨 말했듯이, 상황에 제약되었을 때 당신은 항상 "당신을 이루는 것을 만들어 낼"[23] 자유

---

21) Antonio Gramsci, "Study of Philosophy", *Selections From the Prison Notebooks*, ed. and trans. Quintin Hoare and Goeffrey Nowell Smith, London: Lawrence and Wishart, 1971, p. 345; Gramsci, "The modern Prince", in Ibid., pp. 125~133, 171~172.

22) Georg Lukács, "What is Orthodox Marxism?", in *Political Writings 1919-1929*, ed. Rodney Livingstone, trans. Michael McColgan, London: NLB, 1972, pp. 26~27; Lukács, *History and Class Consciousness*, trans. Rodney Livingstone, London: Merlin Press, 1971, pp. 23, 145, 181.

23) Sartre, *Search for a Method*, p. 91; Sartre, "Itinerary of a Thought", *New Left Review* 58, November 1969, p. 45.

가 있다.

그러나 전반적으로 최근의 '서양' 철학에서, 전제정과 전체주의적 테러의 선구자로 널리 비난받은 일반의지는 말할 것도 없고, 의지라는 통념만큼 호되게 비난받은 고전적 통념을 생각하기란 힘들다. 철학적 학파들에서 주의주의는 남용, 그리고 매우 변덕스러운 용어가 되었다. 맥락에 따라 그것은 관념론, 몽매주의, 생기론, 좌익 소아병, 파시즘, 프티부르주아적인 나르시시즘, 네오콘의 침략, 통속 심리학적인 착각을 환기시킬 수 있다.… 포스트사르트르주의의 관심의 중심으로부터 쫓겨난 인간 주체의 모든 능력들 또는 역량들 가운데서, 의식적인 의지작용^{volition}보다 더 확고하게 금지된 것은 없었다. 구조주의적인 사상가와 포스트구조주의적인 사상가들은 대체로 의지작용과 의도를 착각의, 상상적이거나 인본주의적-이데올로기적 오인의 영역으로 격하시켰다. 정치적 결정이 집합적인 주체의 자기결정에 의존할 방식들을 탐구하기보다는, 최근의 철학과 문화 이론은 다양한 형태의 미규정(사이에 있는 것$^{the\ interstitial}$, 잡종^{hybrid}, 양가적인 것, 모조의 것, 결정불가능한 것, 카오스적인 것…)이나 초규정$^{hyper-determination}$('무한한' 윤리적 의무, 신적인 초월성, 무의식적 충동, 외상적인 억압, 기계적인 자동성…)을 특권화하는 경향이 있어 왔다. 쇠퇴한 것으로 일컬어지는 단일한 인민$^{pueblo\ unido}$이라는 통념은 행위자들의 보다 차이 나고^{differentiated} 보다 공손한 다원성 — 유연한 정체성들, 협상 가능한 역사들, 즉흥적인 조직들, 분산된 네트워크들, '활력 있는' 다중들, 다가적인 배치들$^{polyvalent\ assemblages}$ 등등에 의해 대체되어 왔다.

심지어 최근의 유럽 철학의 가장 피상적인 개관조차도 의지를 불신하고, 유예하거나 극복하려는 일반적인 경향—쇼펜하우어에 의해, 극단적인 형태하에서 예상된 바 있는 경향—을 환기하기에 충분하다. 쉽게 확장될 수 있을 리스트에서 몇 가지 이름을 생각해 보라. 니체의 전체 기획은 말의 일상적인 (자발적인, 의도적인, 합목적적인…) 의미에서 "의지와 같은 것은 없다"고 상정한다.[24] 니체에 관한 강의 중에 하이데거는 그의 독자들로 하여금 "자진하여 의지하기를 포기"[25]하도록 촉구하기 이전에, 의지를 주체적인 지배와 허무주의적인 종결로서 비난하게 된다. 아렌트는 인민의 정치적 의지("근대의 개념과 오해들 가운데 가장 위험한 것")에서 근대 혁명가들을 독재자로 바꾸는 유혹을 발견한다.[26] 아도르노에게, 합리적 의지는 지구를 "의기양양한 재난으로 빛나도록"radiant with triumphant calamity 한 지배와 통제에 대한 계몽주의적 추구의 한 측면이다. 알튀세르는 주체 없이 진행되는 역사적 과정에 대한 과학적 분석을 위하여, 의지를 이데올로기의 한 측면으로서 평가절하한다. 네그리와 비르노Paolo Virno는 인민의 의지를 권위주의적인 국가 권력에 결부시킨다. 니체를 따라서, 들뢰즈는 자발적인 행위의 중단, 충격 또는 마비를 요구하는 변형적인 시퀀스를 특권화한다. 하이데거를 따라서, 데리다는 의지에 자기-현전과 자기-일치, 전유불가능한 것(제시불가능한 것, 양가적인 것, 결정불가능한 것, 차이 나는 것the differential, 지연되는 것, 불일치하는 것, 초월적인 것, 타자…)을 전유하려는 구제할 수 없이

---

24) Friedrich Nietzsche, *The Will to Power*, ed. Walter Kaufmann, New York: Vintage, 1968, §488.

25) Martin Heidegger, *Discourse on Thinking*, New York: Harper and Row, 1969, p. 59.

26) Hannah Arendt, *On Revolution*, London: Penguin, 1990, p. 225.

헛된 노력을 결부시킨다. 이러한 철학자들 그리고 다른 철학자들을 따라서, 그가 정치적 의지를 사실상 순수하고 단순한 파시즘과 등치시킬 때 아감벤은 최근의 많은 유럽의 사유를 요약한다. 심지어 시대의 결을 거슬러 자기결정과 자기해방의 선차성에 대해 주장해 온 사상가들조차 정치적 의지를 평가절하하는 방식으로 그렇게 주장하는 경향이 있다. 푸코, 사르트르 그리고 바디우를 생각해 보라. 푸코의 저작의 많은 부분은, 캉길렘Georges Canguilhem을 따라서, 규율적 권력에서 작동 중인 '영속적인 강제', '일반의지가 아니라 자동적인 유순성automatic docility'을 설립하도록 설계된 강제에 의해 인민이 '자발성을 잃게' 되는 방식들에 대한 확장된 분석으로 읽힐 수 있다.[27] 푸코는 정부와 권력의 새로운 억압적 형태에 맞선 '자발적 불복종'에 대한 긍정에 있어서 결코 타협하지 않았으며, 1970년대 초반 이후의 중요한 강의들에서, 프랑스혁명 직후에 어떻게 근대의 정신병원과 감옥 권력이 무엇보다도 문자 그대로 '스스로를 왕이라 여겼던' 어리석음을 가진 인민의 의지를 '압도'하고 분쇄하도록 설계되었는지를 보여 주었다.[28] 그럼에도 불구하고, 출간된 저작에서 푸코는 의지를 자기감독self-supervision, 자기규제 그리고 자기종속의 형태들과 공모하는 것으로서 보는 경향이 있다. 사르트르는 아마도 그의 세대 중 다른 어떤 철학자들보다도 해방적 기획 또는 집단이 '구체

---

27) Michel Foucault, *Discipline and Punish*, trans. Alan Sheridan, New York: Pantheon Books, 1977, p. 169.
28) Foucault, "What Is Critique?", in *The Politics of Truth*, ed. Sylvère Lotringer and Lysa Hochroth, New York: Semiotext(e), 1997, p. 32; Foucault, *Psychiatric Power*, trans. Graham Burchell, New York: Palgrave, 2006, pp. 11, 27~28, 339.

적인 의지'의 결정에 의존하는 방식을 강조했지만, 그의 철학은 어떤 종류의 주의주의에 대해서건 문제적인 토대를 제공한다. 그는 개인의 근본적 기획을 정향하는 '의도'와 목표를 '환원 불가능'한 것으로 받아들이지만, 그러한 의도와 순전히 '자발적인 숙고' 또는 동기화를 날카롭게 구별한다. 사르트르에게 후자는 항상 부차적이고 '기만적'인 까닭에, 그 결과는 일차적인 의도를 불투명하고 '해석'[29]의 너머에 있는 것으로 만드는 것이다. 그 결과로 사르트르의 후기 저작은 집합적 의지를 예외적이고 덧없는ephemeral 용어가 아닌 방식으로 구상하는 데 실패한다. 바디우가 주체의 투사적 이론을 강력하게 부활시킨 것은 보다 쉽게 주의주의적인 의제(또는 최소한 그가 **불순한 의지**volonté impure[30]라고 부른 것)와 조화되지만, 유사한 한계를 갖는다. 아감벤 및 지젝과 마찬가지로, 바디우가 예상의 지점a point of anticipation으로 기독교 전통을 고려할 때, 마태오(세계에서 어떻게 행위해야 하는지에 대한 그의 처방과 더불어: 부자를 쫓아내라, 가난한 자를 긍정하라, "네 가진 모든 것을 팔아라."sell all thou hast—「마태복음」 19장 21절)나 해방신학의 가난한 자들을 위한 우선적 선택이 아니라 바울(인간 의지의 약함에 대한 그의 경멸 및 은총의 돌연하고도 무한한 초월성에 대한 가치평가와 더불어)에 의지하는 것은 우연이 아니다.

보다 강한 철학적 옹호를 유예한 채로, 현대 비판이론가들은 의지

---

29) Sartre, *Being and Nothingness*, trans. Hazel Barnes, London: Routledge Classics, 2003, pp. 585~586, 472, 479.
30) Badiou, "La Volonté: Cours d'agrégation", notes taken by François Nicolas, available at www.entretemps.asso.fr.

라는 통념을 착각이나 일탈deviation로서 기각하는 경향이 있다. 그러나 그것이 혁명적 결정의 보다 근본적인 형태들에 대한 도착적인perverse 전유 이상이 아닌 까닭에, '각성'awakening이나 '의지의 승리'에 대한 파시스트적인 찬미를 주체에 관한 최후의 말로서 받아들일 이유는 없다. 주의주의적 철학의 근대적 발달에 있어서 진정한 혁신자들은 루소, 칸트 그리고 헤겔이며, 그러한 철학의 일반적 원리들은 루소에 대한 자코뱅 추종자들의 실천에서 가장 쉽게 인지될 수 있다.

물론 정치적 행위에 관한 자코뱅주의자들의 구상과 마르크스주의자를 분리하는 심연은 충분히 명백한 것이다. 루소로부터, 칸트와 헤겔을 경유하여, 마르크스에 이르는 운동에서 '일반의지'의 범주는 소규모의 동질적인 공동체의 시대착오적인 이상화로부터 인류 전체의 예상으로 확장된다. 칸트의 추상적인 보편화는 의지의 결정과 그것의 실현 사이를 너무나 날카로이 구별하며, 헤겔은 반대 방향으로 너무 나아간다. 나는 여기서, 궁극적으로는 칸트, 헤겔 그리고 마르크스의 측면들에 의지할 변증법적인 주의주의를 사유하기 시작할 가장 생산적인 방법은 루소 그리고 (거칠게 네오자코뱅주의적인 용어로 서술될 보다 최근의 개입에 대한 준거를 통해 보충된) 자코뱅주의자들로 돌아감으로써 시작하는 것이라고 상정할 것이다. 일반의지에 대한 루소의 구상은 의지의 공산주의를 이끄는 '변증법적 주의주의'의 일종에서 작동하는 논리에 대해 유일하게 가장 중요한 기여로 남아 있다. 그러나 루소나 헤겔과 달리 여기서 나의 관심사는 그 자연적 지평을 국민국가에서 발견하는 사회적으로나 윤리적으로 통합된 단위로서 구상된 공동체가 아니라, 일반적인 또는 일반화 가능한 의지 자체를 능동적으로 의지하고자 참여하는 인민에 관한 것이다. 그러한 의지는 완전히 공동의(그러니까 완전히 포함적이고 평등주의적인) 이익을 정식화하고, 단언하며 유지하려고 분투하는 어떠한 해방적인 집합적 힘 —— 민족해방투쟁, 사회정의를 위한 운동, 정치적 또는 경제적 연합의 역량 강화 등등 —— 의 동원에서건 작용하는 것이다.

3.

이러한 토대에 근거해서 우리는, 대체로 네오자코뱅주의적인 또는 원시-공산주의적인 계열을 따라서, 해방적인 정치적 의지에 특유한 특징들 몇몇을 간략히 열거해 볼 것이다.

　1. 정의상 정치적 **의지**는 자발적이고 자율적인 행위를 명령한다. 비자발적이거나 반사적인 반응과 달리, 의지는 만약 그것이 존재한다면 자유롭고 이성적인 숙고를 통해 행위를 개시한다. 루소에게 "어떤 행위의" 근본적인 "원리는 자유로운 존재의 의지 안에 놓여 있다. 이것보다 높거나 깊은 원천이란 없"으며 패트릭 라일리Patrick Riley가 쓰듯이, 루소의 정치관과 교육관에 따르면 "의지 없이는 자유도, 자기결정도, '도덕적 인과성'"[31]도 없다. 곧 로베스피에르는 인민이 의지하거나 "그들이

---

31) Jean-Jacques Rousseau, *Émile, ou de l'éducation*, Paris: Garnier, 1964, p. 340; Patrick Riley, "Rousseau's General Will: Freedom of a Particular Kind", *Political Studies* 39, 1991, p. 59, citing Rousseau, *Première version du Contrat social*, in *Political Writings*, ed. Charles Vaughan, New York: Wiley, 1962, I, p. 499.

있고자 하는 바대로 자유로이 있길 원"한다는 것을 깨달았을 때 가장 기본적인 정치적 함축을 끌어냈다. 시에예스 신부는 1789년 직전에 다음과 같은 점을 예상한 바 있다. "모든 인간은 스스로 숙고하고 의지할 본래적 권리를 갖는다." 그리고 "자유롭게 의지하든지 의지하도록 강제하든지 둘 중 하나이지 중간 입장은 있을 수 없다." 자발적인 자기입법 외에는 "강자의 약자에 대한 절대적 지배권empire과 그로 인한 끔찍한 결과 외에는 어떤 것도 있을 수 없다."[32]

의도적인 자유는 자유 선택free choice or *liberum arbitrium*이라는 단순한 능력으로 환원되지 않는다.[33] 만약 우리가 '인민의 의지'에 관해 말하고자 한다면, 우리는 이를 (마키아벨리나 그의 추종자들이 하듯이) 승인이나 동의와 같은 수동적인 표현에만 제한시킬 수 없다.[34] 인민의 의지는 특정한 행위 과정을 다른 것에 비해 선호할 만한 것으로 삼는 능동적인 의지 또는 선택의 과정이다. 사르트르가 논하듯이 "항상 참여하는 것으로서" 자유는 결코 "선택에 앞서서 미리 존재할 수 없다. 우리는 형성 중에 있는 선택으로서가 아니라면 결코 우리 자신을 파악할 수 없다."[35] 아우구스티누스 그리고 둔스 스코투스는 이미 "우리의 의지는 그

---

32) Maximilien Robespierre, *Œuvres complètes*, ed. Eugène Déprez et al., Paris: Société des Études Robespierristes, 1910~1967, vol. 9, p. 310; Emmanuel Joseph Sieyès, *Views of the Executive Means Available to the Representatives of France in 1789, Political Writings*, ed. and trans. Michael Sonenscher, Indianapolis: Hackett, 2003, p. 10.

33) Cf. Arendt, "Willing", in *The Life of the Mind*, New York: Harcourt, 1978, II, pp. 6~7.

34) Machiavelli, *Discourses*, trans. Harvey C. Mansfield and Nathan Tarcov, London: Penguin, 1983, 2: 24, 3: 5; cf. 1: 16, 1: 32; Machiavelli, *The Prince*, trans. George Bull, London: Penguin, 2004, Chapter 9.

35) Sartre, *Being and Nothingness*, p. 501.

것이 우리의 힘 속에 있지 않다면 의지가 아니"[36]라고 이해했다. 유사하게 데카르트도 '자발적인 것과 자유로운 것은 같은 것'임을 인정했으며, '불가분'하고 공약불가능한 의지의 자유 안에서 우리가 가진 것 중 신성divinity과 가장 근본적으로 유사한 것을 발견한다.[37] 칸트(그리고 뒤이어 피히테)는 그가 의지의 활동을 '이성을 통한 인과성' 또는 '자유를 통한 인과성'[38]으로 정의할 때, 위와 같은 주의주의적인 접근을 급진화한다. 칸트에게 의지는 경험과 객관적 지식의 제약으로부터 이성의 실천적 해방을 달성하며, 가능한 것과 옳은 것을 규정하고 이를 가능하고 옳은 것으로 만드는 것이 바로 능동적인 의지이다. 프랑스혁명이 확인하게 될 것처럼 "인민이 그들 스스로의 향상의 원인이자 (…) 저자가 될 수 있는 성질이나 힘을 갖는"[39] 것은 의지하는 존재 또는 실천적인 존재로서 그러한 것이다. 반면에, 정치적 의지에 회의적인 사람들은, 외관상 자

---

36) Saint Augustine, *On Free choice of the Will*, trans. Thomas Williams, Indianapolis: Hackett, 1993, pp. 76~77; cf. Duns Scotus, "The Existence of God", in *Philosophical Writings*, trans. Allan Wolter, Indianapolis: Hackett, 1987, pp. 54~56.

37) René Descartes, Letter to Père Mesland, 9 February 1645, in eds. John Cottingham et al., *Philosophical Writings of Descartes*, Cambridge: Cambridge University Press, 1984, vol. 3, p. 246; Descartes, *Meditations* IV, Ibid., vol. 2, pp. 39~40; *Principles of Philosophy*, Ibid., vol. 1, §35, §37.

38) Immanuel Kant, *Groundwork of the Metaphysics of Morals*, in his *Practical Philosophy*, ed. and trans. Mary McGregor, Cambridge: Cambridge University Press, 1996, pp. 4: 461, 4: 446(칸트에 대한 인용은 표준적인 독일판의 페이지를 따른다). 1930년의 칸트의 실천철학에 관한 강의에서 하이데거는 다음과 같은 점을 강조한다. "모든 것에 있어서, 순수 의지라는 당위를 의지하기에 대해 이러한 선차성을 부여하기."(to give this priority in everything, to will the ought of pure willing) Heidegger, *Essence of Human Freedom*, trans. Ted Sadler, London: Continnum, 2002, p. 201.

39) Kant, "The Contest of the Faculties", in *Kant's Political Writings*, ed. Hans Reiss, Cambridge: Cambridge University Press, 1970, p. 181.

발적인 헌신commitment은 욕구(홉스), 인과성(스피노자), 맥락(몽테스키외), 습관(흄), 전통(버크), 역사(토크빌), 권력(니체), 무의식적인 것(프로이트), 규약(비트겐슈타인), 기록(데리다), 욕망(들뢰즈), 충동(지젝) 등에 대한 깊은 무지 또는 평가절하를 감추고 있다고 추정한다.

2. 물론 **정치적** 의지는 집합적인 행위와 직접적인 참여를 포함한다. 민주주의적인 정치적 의지는 포괄적 집회inclusive assembly의 권력과 실천, 공동의 헌신을 유지할 권력에 의존한다. 루소가 일반의지라고 부른 것에 대한 단언은 그 전개의 매 단계에 있어서 집합적 의지작용의 문제이다. 최초의 "연합은 세계에서 가장 자발적인 행위이다". 그리고 연합의 능동적 참여자로 남는 것은 "공동의 또는 일반 이익 속에 있는 것을 의지하는 것이다". 그들이 이러한 이익을 추구하는 한에서(그리고 오직 그런 한에서) 각인은 "그의 인신과 그의 모든 권력을 공동의 것으로 하여 일반의지의 최고 지도 아래에 놓는다".[40] 이러한 방식으로 정의된 "일반의지는 항상 공공의 이익에 가장 유리한 편에, 즉 가장 공평한 편에 있어서 일반의지를 준수하도록 보증하는 것만이 필수적일 뿐이다".[41]

일반이익은 오직 그것을 추구하려는 의지가 특수이익의 혼란보다 강할 때에 존재한다. 일반의지가 '강하다'고 말하는 것이 일반의지가 이

---

40) Rousseau, *Social Contract*, in *Rousseau's Political Writings*, eds. Alan Ritter and Julia Conaway Bondanella, New York: Norton, 1988, pp. 4: 2, 1: 6.
41) Ibid., p. 2: 4; Rousseau, "Discourse on Political Economy", in *Rousseau's Political Writings*, p. 66.

견을 억압한다거나 획일성을 부과하는 것을 의미하지는 않는다. 이는 특수의지들 사이의 차이들을 조정하는 과정에서, 일반이익에의 의지가 궁극적으로 우세할 방도를 찾는다는 것을 의미한다. 처음에는 일반의지에 반대했던 이들이 그들의 실수를 교정하고 "나의 사적인 의견이 우세했었다면 나는 내가 의지하고자 했었던 것과는 다른 것을 한 셈"이라는 것, 즉 일반의지에 대한 나의 지속적인 참여와 비일관적인 무언가를 깨닫는 한에서 포괄적인 일반의지가 존재한다.[42] 그것이 지속하는 한에서, 국가적 운동이든, 정치적 조직이든, 사회적이거나 경제적인 연합이든, 노동조합이든 간에, 일반의지에 대한 참여는 항상 그 최종적인 판단을 준수한다는 결의를 포함하는데, 이 판단은 옳음과 그름의 즉각적인 결정자arbiter로서가 아니라 옳은 것에 관한 집합적인 숙고와 의지의 과정으로서 판단이다. 일반의지에 대한 참여는 어떤 주어진 순간이든 "인민 없이 옳은 것보다 인민들과 더불어 틀릴" 수 있다는 위험을 받아들이는 것을 포함한다.[43] 마찬가지로, 루소와 시에예스가 장기적으로는 일반의지가 결코 틀릴 수도 기만할 수도 없다고 주장할 때 우리가 그들에게 동의할 수 있는 것은, 정확히 일반의지가 집합적 권리의 추구와 의지를 능동적으로 할 수 있는 상태로 남아 있는 한에서이다.[44]

로베스피에르를 따라서, 생-쥐스트는 그가 '법이 일반의지가 아니

42) Rousseau, *Social Contract*, p. 4: 2; Louis Antoine de Saint-Just, *Œuvres complètes*, eds. Anne Kupiec and Miguel Abensour, Paris: Gallimard 'Folio', 2004, p. 482.

43) Jean-Bertrand Aristide, cited in J. P. Slavin, "Haiti: The Elite's Revenge", *NACLA Report on the Americas* 25: 3, December 1991, p. 6.

44) Rousseau, "Discourse on Political Economy", p. 66; *Social Contract*, pp. 2: 3, 1: 7 (translation modified).

라 취향의 표현'인 것처럼 생각하는 정의에 관한 '순전히 사변적'이거나 '지식인적인'intellectual 구상을 거부할 때 전체적인 자코뱅주의의 정치적 기획을 요약한다. 일반의지에 관한 유일한 정당한 정의는 "인민의 물질적 의지, 인민의 동시적 의지이다. 그 목표는 인민 다수의 수동적 이익이 아닌 능동적 이익을 축성하는consecrate 것이다".[45]

그러니까 인민의 일반의지를 동원하는 것이 단순히 반란의 전위putschist vanguardism와 혼동되어서는 안 된다. 소수의 '혁명의 연금술사들'에 의한 정부 기관의 돌연한 전유는 인민 권력의 전개에 대한 대체물이 아니다.[46] 명백한 전략적 차이에도 불구하고, 레닌은 로자 룩셈부르크와 마찬가지로 '막대한 프롤레타리아 대중들'의 동원을 통해서 '인민의 권력투쟁'이 블랑키주의적인 음모로 대체되지 않도록 하고자 한다.[47] 이는 외부적인 의지나 의식을 타성적인 인민에 부과하는 문제가 아니라 인민 자신의 의지를 명확하게 하고, 집중하며 조직화하려고 하는 인민의 문제이다. 파농은 그가 민족해방운동을 '인민 전체'의 포괄적이고 의도적인 작업과 등치시킬 때 마찬가지의 요점을 주장한다.[48]

---

45) Saint-Just, *Œuvres complètes*, p. 547.
46) 다음을 보라. Marx and Engels, "Les Conspirateurs, par A. Chenu"(1850), in *Collected Works of Marx and Engels*, vol. 10, p. 318; Marx, "Meeting of the Central Authority, September 15, 1850" in *Collected Works of Marx and Engels*, vol. 10, pp. 625~629; Engels, "Introduction", in Marx, *Civil War in France*, p. 14.
47) V. I. Lenin, "The Conference Summed Up"(7 May 1906); cf. Hal Draper, "The Myth of Lenin's 'Concept of The Party'"(1990); 모두 www.marxists.org에서 이용 가능하다.
48) Frantz Fanon, *The Wretched of the Earth*, trans. Constance Farrington, New York: Grove Weidenfeld, 1968, pp. 155~156.

3. 따라서 인민의 의지는 대의, 권위 또는 정당성의 문제이기 이전에 물질적 권력과 능동적인 권력부여의 문제이다. 사회를 분할하는 것은 인민의 자기-권력부여에 대한 사회의 반응이다. 이는 자코뱅주의자들의 통찰일 뿐 아니라 마르크스주의자들의 통찰이기도 하다. 루카치가 쓰기를 어떠한 사회적 "변혁이건 프롤레타리아의 자유로운 행위의 산물로서만 가능"하며 "오직 프롤레타리아의 실천적인 계급의식만이 사태를 변혁할 수 있는 이러한 능력을 갖는다". 그러한 실천지향적인 철학은 1920년대의 정치적 좌절 이후에도 사라지지 않았다. 사르트르는 (1970년대의 바디우 이전에) 동일한 주제를 1950년대 초에 계승했다. 정치가 관련되는 한에서, "계급은 그것을 움직이는 구체적 의지나 그것이 추구하는 목적들로부터 결코 분리될 수 없다. 프롤레타리아는 스스로를 매일매일의 행위에 의해 형성한다. 프롤레타리아는 오직 행위로서만 존재한다. 프롤레타리아는 행위이다. 만약 프롤레타리아가 행위하기를 멈춘다면, 그것은 해체될 것이다".[49]

의지는 대의가 아니라 행위의 개시를 지시한다. 정치적 의지의 실행은, ('이성' 또는 '자연권'의 문제처럼) 인민이 항상 이미 권력을 획득할 자격이 있다는 가정하에, 권력의 수신receiving이 아닌 권력의 획득을 포함한다. 프레이리는 "피억압자는, 나중에야 인간이 되기 위해서 [우선] 사물들objects로서 투쟁을 시작할 수는 없다"[50]고 쓴다. 존 브라운이 1859

---

49) Lukács, *History and Class Consciousness*, p. 205; Sartre, *The Communists and Peace*, trans. Martha Fletcher, New York: Braziller, 1968, p. 89.
50) Paulo Freire, *Pedagogy of the Opperssed*, trans. Myra Ramos, London: Penguin, 1996, p. 50.

년 그의 재판에서 주장했던 것처럼, 정의의 명법을 단순히 그들의 때를 기다려야 한다는 식의 권고로 다루는 것은 어불성설이다. 브라운은 그의 사형 직전에, "나는 신이 인간을 차별한다는God is any respecter of persons 것을 이해하기에는 아직 너무 어리다"고 말했다.[51] 유사한 조급함은 체 게바라의 전략적 주의주의를 특징짓는데, 그는 "팔짱을 낀 채로" 객관적 조건이 무르익기를 기다리는 것은 무의미함을 알았다. "다 익은 과일처럼 권력이 인민의 손에 떨어지기"를 바라는 이는 누구든 영원히 기다리기만 하게 될 것이다.[52]

오늘날 '살아 있는 공산주의'living communism의 보다 설득력 있는 지지자들 중 한 명이 제안하는 것처럼, 포괄적인 인민 정치는 '모든 인간의 인간성'에 관한 무조건적인 단언과 함께 시작해야만 한다. 더반 판자집 거주자 운동 아발랄리 베이스므존돌로의 위원장인 시부 지코데는 우리의 정치가 '우리가 차지한 장소'에 뿌리박고 있다고 말하며 계속하기를:

우리는 우리의 인간성이 어느 날 마침내 인정될 때까지 가만히 기다리지 않을 것이다. 우리는 이미 도시들 안 땅에 우리의 자리를 잡았으

---

51) Arthur Jordan, "John Brown's Raid on Harper's Ferry", *International Socialist Review* 21:1, 1960에서 인용; www.marxists.org에서 이용 가능. "일반의지가 참된 것이 되려면 그것은 그 본질에서뿐 아니라 그 대상에 있어서도 일반적이어야만 한다. 그것은 모두에게서 와서 모두에게 적용된다."(Rousseau, *Social Contract*, p. 2:4)

52) Che Guevara, "The Marxist-Leninist Party", in *Che: Selected Works of Ernesto Guevara*, eds. Rolando E. Bonachea and Nelson P. Valdés, Cambridge MA: MIT Press, 1969, pp. 104~106.

며 우리의 토대를 차지해 왔다. 우리는 또한 모든 [정치적] 토론에서 우리의 자리를 취하기로 결정했으며 이를 당장 취할 것이다. 우리는 우리의 자리를 겸허히, 그러나 굳건하게 취한다. 우리는 오지 않을 미래의 혁명이라는 이름으로 국가가 우리를 침묵하게 하도록 하지 않을 것이다. 우리는 비정부기구NGO들이 그들이 만들 수 없는 미래의 사회주의라는 이름으로 우리를 침묵하게 하도록 하지 않을 것이다. 우리는 다른 모든 이들과 동등하게 간주되는 인민으로서 우리의 자리를 잡는다.[53]

반면에 인민에 대한 신뢰가 부족한 사람들은 인내심이라는 덕성을 권고한다. 이러한 관점에서 볼 때 평등과 참여는 항상 너무 이른 것이다. 오직 평등과 참여가 '성장'하거나 진보할 때에만이, 오늘날의 인민은 타산적인 사회라면 영원히 보류할 그 권리들을 받을 자격을 갖추게 될 것이다. 루소가 예상했듯이, 인민에 관한 신뢰와 역사적 과정에 관한 신뢰 사이에 뚜렷한 선택이란 없다.

4. 자유롭거나 자발적인 어떤 형태의 행위와 마찬가지로, 인민의 의지는 그 실행의 실천적 충분성에 근거한다. 의지는 칸트, 피히테 그리고 사르트르에 의해 다양하게 재가공되고 긍정된 **코기토** 이상의 어떤 실체나 지식의 대상이 아니다. '기본적 자유'나 '이성의 실천적 실행'

---

53) S'bu Zikode, "The Burning Issue of Land and Housing", 28 August 2008; www.diakonia. org.za에서 이용 가능.

은 그것이 무엇이라는 것, 무엇을 갖거나 아는 것에 의해서가 아니라 그것이 하고 만드는 것에 의해 그 스스로를 증명한다. 자유는 그 스스로를 의지나 행위를 통해 증명하고 정당화할 뿐이지 그 외에는 아무것도 아닌 것이다. 보부아르는 우리는 자유롭다고, 그러나 자유는 "오직 스스로 그렇게 만들어짐으로써만 그러하다"고 쓴다. 우리는 "우리가 스스로를 자유롭도록 의지"[54]하는 한에서 자유로우며, 우리는 의지작용과 활동으로부터 수동성과 '소수성'을 분리시키는 문턱을 넘음으로써만 스스로를 자유롭도록 의지한다. 우리는 우리의 자유와 이전의 비자유 사이에 놓인 거리를 가로질러 스스로를 자유롭도록 의지한다.

5. 만약 정치적 연합이 존속하고자 한다면, 정치적 연합은 의당 규율되고 '불가분'한 것이어야만 한다.[55] 조직된 연합 내에서의 내적인 차이 및 논쟁과, 파당적인 분할이나 분열은 별개의 것이다. 인민의 자유는 인민이 그것을 단언하는 한에서만 존속한다. 루소의 악명 높은 논증이 말하듯이, "사회계약이 공허한 정식이 되지 않기 위해서, 그것은 일반의지에 복종하기를 거부하는 자는 누구라도 전체 단체에 의해 그것에 복종하도록 강제되리라는 약속 — 이것만이 다른 약속들에게도 힘을 부여할 수 있는 것인데 — 을 암묵적으로 포함한다. 이는 그가 자유롭도

---

54) Simone de Beauvoir, *Ethics of Ambiguity*, trans. Bernard Frechtman, New York: Citadel Press, 1976, pp. 24~25, 130~131. [『그러나 혼자만은 아니다: 보부아르의 애매성의 윤리학』, 한길석 옮김, 꾸리에, 2016, 39~40, 191쪽.]

55) "주권은 양도 불가능한 것과 마찬가지의 이유로 그것은 불가분한데, 의지는 일반적이거나 그렇지 않거나 둘 중 하나이기 때문이다."(Rousseau, *Social Contract*, 2: 2; cf. Robespierre, *Œuvres*, vol. 7, p. 268)

록 강제되리라는 것 외에 어떤 것도 의미하지 않는다". 로베스피에르의 홍미로운 구절에서, 공적인 자유의 보존은 '진리의 독재'에 대한 인정을 요구한다. 요컨대 집합적 자유는 인민이 그들 스스로를 분할과 기만으로부터 지켜 낼 수 있는 한에서만 지속할 것이다.[56]

'덕성'은 일반의지를 기만과 분할로부터 지켜 내기 위해 요구되는 실천들에 대해 루소와 자코뱅주의자들이 부여한 이름이다. 이러한 유적 의미에서의 덕성은 배타적인 애국주의의 형태를 띨 필요가 없다. 덕성을 실천하는 것은 단순히 특수 이익에 대해서 집합적 이익을 특권화하는 것이고, 사회가 '오직 공동 이익의 토대 위에서' 통치되고 "…그의 사적 의지가 전체적으로 일반의지를 따름으로써 각인이 덕스"럽도록 보장하는 것이다. 만약 "우리가 일반의지가 성취되기를 원한다면", 우리는 단지 "모든 사적인 의지들이 일반의지에 일치하도록, 또는 다른 말로 하자면 (…) 덕성이 지배하도록"[57] 장려하면 된다.

6. 의지의 실천적 행사는 당연히 저항을 무릅쓰고 진행된다. 의지하는 것은 항상 어려움이나 제약에 맞서서 의지하기를 계속하는 것이다. 계속하거나 계속하지 않거나 —— 이것은 어떤 투사적 윤리학이든 간에 쟁점이 되는 본질적 선택이다.[58] 무언가를 의지하거나 그렇지 않거

---

56) Rousseau, *Social Contract*, 1:7; Robespierre, *Œuvres*, vol. 9, pp. 83~84.

57) Rousseau, *Social Contract*, 2:1; "Discourse on Political Economy", pp. 69, 67. 번역 수정.

58) Cf. Beauvoir, *Ethics of Ambiguity*, pp. 27~28[『그러나 혼자만은 아니다』, 43~44쪽]; Badiou, *Ethics*, trans. Peter Hallward, London: Verso, 2001, pp. 52, 91[『윤리학: 악에 대한 의식에 관한 에세이』, 이종영 옮김, 동문선, 2001, 67, 107~108쪽].

7장_'지성의 공산주의, 의지의 공산주의' 233

나 둘 중 하나인 것이다. 하거나 하지 않는 다양한 방식들을 발견하게
되는 때조차도, 정치적 의지가 직면해야만 하는 양자택일들은 다음과
같은 것들이다. 예 또는 아니오, 찬성 혹은 반대, 계속하기 또는 멈추기,
"목적이 사라지기 전에" 어디서 "멈출 것인가".[59]

    만약 1793년의 자코뱅주의자들에게 '테러'가 '덕성'의 보충물로서
나타났다면, 이는 무엇보다도 특권층과 그들의 정치적 보호자들의 저
항을 극복하려는 자코뱅주의자들의 결정의 귀결로서 그런 것이다. (테
르미도르파와는 반대로) 자코뱅주의적인 의미에서의 테러는 집합적 이
익을 해치거나 약화시키려는 특수 이익들을 극복하기 위해서는 어떠한
힘이건 전개된다는 것이다. 1871년 파리 코뮌의 훨씬 더 피비린내 나는
진압과는 달리, 자코뱅적인 테러가 우리의 정치적인 기득권establishment
을 계속해서 공포스럽게 하는 이유는 연루된 폭력의 실제 양과는 거의
관련이 없다. 생-쥐스트는 이미 기득권의 관점에서는 "일반적 선을 산
출하는 것이 항상 끔찍하다"고 쓴다. 자코뱅 테러는 공격적이기보다는
방어적이었고, 인민의 폭력을 풀어놓는 것이라기보다는 억제하는 문제
였다. 당통은 "우리가 끔찍하게 되어서 인민들이 그렇게 될 필요가 없도
록 하자"고 말했다.[60]

    7. 마찬가지로, 의지의 실천적 행사는 진정한 '실현' 과정을 개시

---

59) Robespierre, *Œuvres*, vol. X, p. 572.

60) Saint-Just, "Institutions républicaines"(1794), in *Œuvres*, p. 1141; Danton, 1793년 3월 10일,
    cited in Sophie Wahnich, *La Liberté ou la mort: Essai sur la terreur et le terrorisme*, Paris:
    La Fabrique, 2003, p. 62에서 인용.

할 수 있는 능력을 통해서 단순한 소망이나 환상과 구별된다.[61] 피히테를 따라서 헤겔이 자유로운 집합적 의지 — 스스로의 해방을 의지하고 실현하는 의지 — 를 구체적인 정치적 연합을 움직이는 원리와 동일시할 때, 그는 루소와 칸트로부터 개시된 주의주의적 궤적을 보충하고 마르크스로 향하는 문을 연다. 이렇게 구상된 의지는 '스스로를 실존으로 옮겨 놓는 사유' 외에 다른 아무것도 아니며, "…의지의 활동은 주체성과 객체성 사이의 모순을 취소하고 극복하는[지양하는aufzuheben] 것에 존립하며 의지의 목적을 그것들의 주체적 규정으로부터 객관적 규정으로 옮겨 놓는 데서 존립한다."[62] 헤겔을 따라서, 마르크스는 궁극적으로 결정적인 것은 주어진 경제적이거나 역사적인 제약이 아니라 자유로운 인간 행위 — '각각의 단일한 개인'이 그 자신의 목적을 스스로 부여하고 그들 자신의 역사를 만드는 능력 — 라는 이념을 결코 포기하지 않으면서 구체적인 규정의 물질적 차원을 확장하고자 한다.[63]

8. (유일한the) 인민의 의지의 실현은 그 결과의 보편화로 정향되어 있다. 사르트르보다 보부아르가 잘 이해했다시피, 나는 만인의 자유를 의지함으로써 나 자신의 자유를 의지할 뿐인 것이다. 끝없는 자기해방의 과업을 떠맡을 수 있는 주체는 **유일한** 인민 자체, 전체 인류이다. 칸

---

61) Cf. Sartre, *Being and Nothingness*, p. 505; Gramsci, "The Modern Prince", in *Selections From the Prison Notebooks*, p. 175, n. 75.

62) G. W. F. Hegel, *Elements of the Philosophy of Right*, trans. H. B. Nisbet, Cambridge: Cambridge University Press, 1991, §4A, §28. 번역 수정.

63) Marx and Engels, *The German Ideology*, London: Lawrence & Wishert, 1970, p. 55; cf. Marx, *Capital I*, p. 739.

트, 헤겔 그리고 마르크스는 인민에 대한 루소의 협소한 구상으로부터 그것의 보편적 구상으로의 이행에 요구되는 몇 걸음을 내딛었으나 이러한 결과는 다시 한번 자코뱅주의적 실천에 의해 예상되었다. "자유로운 인민의 공동체는 지구의 모든 인민들에게 열려 있다." 그리고 유일한 "지구의 정당한 주권자는 인류이다. (…) 인민의 이익, 의지는 인류의 이익, 의지이다."[64]

9. 최종적 귀결은 정치적 의지의 선차성에 관한 다음의 주장으로부터 따라 나온다. 자발적 예속은 어떤 점에서는 외적인 지배보다 더욱 해로운 것이다. 만약 의지가 '최초 심급에서 결정적'이라면 억압의 가장 광범위한 형태들은 피억압자와의 공모를 포함한다. 이는 에티엔 라 보에티에 의해 예상된 요점이며 그 이후 듀보이스[W. E. B. Du Bois], 파농 그리고 아리스티드(그리고 또한 푸코, 들뢰즈 그리고 지젝…)에 의해 상이한 방식으로 급진화되었다. 장기적으로 볼 때, 인민의 억압자들에게 권력을 부여하는 이들은 인민이며, "그들이 억압자들을 견디고자 하는 한에서만" 그들을 해칠 수 있는 것도 인민이다.[65]

물론, 20세기의 역사를 정치적 의지의 명백한 무용함 —— 공산주의의 이념은 말할 것도 없고 —— 을 보여 주는 방식으로 쓰는 것은 어렵지

---

64) Saint-Just, *Œuvres*, p. 551; Robespierre, *Œuvres*, vol. 9, p. 469; vol. 7, p. 268.
65) Étienne La Boétie, *The Discourse of Voluntary Servitude*, trans. Harry Kurz, New York: Columbia University Press, 1942; www.constitution.org에서 이용 가능. 번역 수정.

않을 것이다. 1920년대 독일 공산주의의 실패, 1930년대 '소비에트적 인간'의 실패, 1950년대와 60년대의 반식민주의적 해방운동의 실패, 마오주의의 실패, 1968년의 실패, 반전 및 반세계화 저항의 실패 —— 이 모든 외견상의 실패들은 하나의 동일한 기본적 요점을 증명하는 것처럼 보일 수 있다. 즉 현대 자본주의, 그리고 이를 수반하는 국가 형태들과 규율 권력의 분산된, 체계적이고 따라서 극복 불가능한 본성 말이다.

내 생각에 이러한 왜곡된 역사는 20세기의 마지막 사분기에 겪은 고통스러운 패배의 합리화에 불과하다. 18세기 후반 프랑스와 아이티에서의 혁명적 격변 이래로 줄곧, 근대 세계의 역사는 무엇보다도 지배계급이 그들이 지배하는 인민을 평정시키려는pacify 결정에 의해 형성되어 왔다. 미셸 푸코가 설득력 있는 세부사항들로 증명했다시피, 인민의 의지를 범죄화하고, 분할하며 해소시키려는 —— 인민을 분산되고 수동적인 떼로서의 '정상적' 조건으로 회복시키려는 —— 광범위한 반-혁명적 전략은 프랑스혁명 동안 그리고 프랑스혁명 이후에 서둘러 전개되었다. 최근에 한 유용한 개입에서 나오미 클라인은 지난 수십 년 동안 어떻게 유사한 전략들이 새로운 수준의 강도와 흉포함과 함께 전개되었는지를 보여 주었다.[66] 지금까지의 결과는 좌절스러운 규모에서 인민

---

66) Foucault, *Psychiatric Power*, trans. Graham Burchell, New York: Palgrave, 2006. 나오미 클라인(Naomi Klein)은 『쇼크 독트린』(*Shock Doctrine*, New York: Metropolitan Books, 2007)에서 1950년대 맥길대학교에서 시행된 이언 캐머런(Ewen Cameron)의 악명 높은 정신의학 실험에 의해 예시된 패러다임을 끌어내면서, 어떻게 '재해 자본가들'(disaster capitalists)이 착취나 억압의 새로운 강렬한 형태들에 대한 인민의 저항을 약화시키기 위해서 자연 재해, 군사적 공격 그리고 심리적 복지를 체계적으로 이용하는지를 보여 준다. '쇼크'는 인민 자신의 가장 본질적인 이익을 방어할 수 있는 의지와 능력을 마비시킴으로써 인민을 고립시키고 혼란시킨다.

의 수동성과 복종의 보존이었다.

　　1940년대 후반에 이미 보부아르는 "우리는 우리 운명의 주인이 아니며 더 이상 역사 만들기를 희망할 수 없다고 생각하고, 다만 역사에 굴복할 수밖에 없다고 체념하는" 우리의 경향에 대해 한탄한 바 있다.[67] 1970년 후반에 이르러 그러한 불평은, 축하로 재평가되어 점점 더 합의의 문제가 되었었다. 이러한 합의는 지금까지 30년이 넘는 참담한 시간 동안 정치와 철학 모두에서 지배적인 것이었다. 이제는 이로부터 벗어날 시간이다.

오근창 옮김

---

67) Beauvoir, *Ethics of Ambiguity*, p. 139. [『그러나 혼자만은 아니다』, 203쪽.]

8장
공산주의에 있어서 공통적인 것

마이클 하트

2008년 가을 폭발한 경제 및 금융 위기는 정치적 상상력의 영역에서 이례적으로 급속한 큰 변화라는 결과를 초래했다. 이는 몇 년 전만 해도 주류 언론에서 기후변화에 대한 논의가 과장되고 종말론적인 것으로 조롱당하고 일축되었지만 그 후 얼마 지나지 않아 기후변화의 사실이 거의 보편적인 상식이 되었던 것처럼, 경제 및 금융 위기 또한 자본주의와 사회주의에 대한 지배적인 견해들을 바꿔 버렸다. 불과 1년 전만 해도 규제 완화, 민영화, 복지 구조 축소라는 신자유주의적 전략에 대한 어떤 비판 ── 하물며 자본 자체에 대한 비판 ── 도 지배적 미디어에서는 허튼소리로 취급되었다. [그렇지만] 오늘 『뉴스위크』는 표지에서 약간의 비아냥을 담아 "우리는 이제 모두 사회주의자다"라고 선언하고 있다.[1] 자본의 지배는 좌파에서 우파에 이르기까지 갑자기 의문에 부쳐지고, 사회주의적 혹은 케인스주의적인 국가 규제와 국가 경영이 취하는 모종의 형태가 불가피하다는 식의 모습을 보이기에 이르렀다.

그러나, 우리는 이 양자택일의 바깥을 바라볼 필요가 있다. 우리에게 남겨진 유일한 양자택일이 자본주의냐 사회주의냐, 사적 소유의 지배냐 공적 소유의 지배냐처럼 보일 때가 종종 있기는 하지만, 그렇게 되면 국가 통제에서 비롯된 질병에 대한 유일한 치료법은 민영화이며, 자본에서 비롯된 질병에 대한 치료법은 공공화하는 것, 즉 국가 규제를 가하는 것이 되어 버린다. 우리는 또 다른 가능성을 탐색할 필요가 있다. 자본주의의 사적 소유도 사회주의의 공적 소유도 아닌 공산주의에 있어서 공통적인 것이라는 가능성이 바로 그것이다.

민주주의와 자유뿐만 아니라 공산주의도 포함하여 많은 우리의 정치적 용어의 중심 개념들은 너무 훼손되어서 거의 사용할 수가 없게 되었다. 실제로 표준 용법에서 공산주의는 그 대립물을, 즉 경제적·사회적 삶에 대한 국가의 총체적 통제를 의미하게 되었다. 물론 우리는 이러한 용어들을 버리고 새로운 용어를 발명할 수도 있지만, 그 용어들에 결부되어 있는 투쟁들, 꿈들, 열망들에 대한 너무 긴 역사를 뒤에 남겨 둘 것이다. 나는 의미를 회복하거나 갱신하기 위해 개념 자체를 놓고 싸우는 것이 더 낫다고 생각한다. 공산주의의 경우, 이것은 오늘날 가능한 정치조직의 형태들에 대한 분석을, 그리고 그렇게 하기 전에 현대의 경제적·사회적 생산의 본성에 대한 조사를 필요로 한다. 나는 이 글을 정

---

1) [옮긴이] www.newsweek.com/we-are-all-socialists-now-82577, 2009년 6월 2일, 존 미챔(Jon Meacham)의 기사로, 오바마의 경제정책을 비판하며 미국이 프랑스화(복지정책을 늘리며 정부가 커지는 것)되고 있는 상황에 대해 우려를 표하면서도, 복지와 성장 사이의 균형을 잡아야 한다는 요구를 하고 있다.

치경제학 비판을 위한 예비 작업으로 한정하려고 한다.

　기존의 공산주의 가설이 더 이상 유효하지 않은 이유 중 하나는 자본의 구성 ─ 자본주의적인 생산의 조건과 생산물뿐만 아니라 ─ 이 바뀌었기 때문이다. 가장 중요하게는 노동의 기술적 구성이 변했다. 사람들은 작업장의 안팎에서 어떻게 생산하는가? 그들은 무엇을 생산하고 어떤 조건 아래에서 생산하는가? 생산적인 협동은 어떻게 조직되어 있는가? 그리고 젠더와 인종이라는 선에 따라서, 또 국지적이고 지역적이며 전지구적인 맥락들 속에서 사람들을 분리하는 노동과 권력의 분할이란 무엇인가? 우리는 노동의 현재 구성을 연구하는 것에 덧붙여서, 노동이 그것 아래에서 생산하는 소유의 관계를 분석해야 한다. 마르크스와 함께 우리는 정치경제학 비판이, 그 핵심에서, 소유 비판이라고 말할 수 있다. 『공산당 선언』에서 마르크스와 엥겔스는 다음과 같이 말한다. "공산주의자들은 자신들의 이론을 단 하나의 표현으로 집약할 수 있다 : 사적 소유의 철폐."[2]

　공산주의적 분석과 명제의 중심이라고 생각하는 소유와 공통적인 것 사이의 관계 및 투쟁을 탐구하기 위해, 나는 마르크스의 『1844년 경제학 철학 수고』의 두 구절을 읽고 싶다. 나는 『수고』를 언급함으로써 초기 마르크스를 후기 마르크스에 맞세우고 마르크스의 인간주의나 이런 종류의 것을 찬양할 생각이 없다. 이것들은, 사실, 마르크스의 작업 전반에 걸쳐 계속되는 주장이다. 또한 공산주의 개념을 갱신하기 위해

---

　2) 칼 맑스·프리드리히 엥겔스, 「공산주의당 선언」, 『칼 맑스·프리드리히 엥겔스 저작 선집』 1권, 최인호 외 옮김, 박종철출판사, 1991, 413쪽.

스승에게 호소할 필요도 없다. 『수고』는 오늘날 점점 더 적실성이 높아지고 있는 공산주의에 있어서 공통적인 것을 읽을 수 있는 기회를 제공할 뿐만 아니라, 마르크스의 시대와 우리 자신 사이의 거리를 측정할 기회도 제공한다.

내가 살펴보려는 첫 번째 구절은 「사적 소유의 관계」라는 제목을 달고 있는 「두 번째 초고」의 한 대목인데, 여기에서 마르크스는 각 시대의 지배적인 소유 형태를 부각시키는 시대 구분을 제안한다. 마르크스는 19세기 중반까지는, 유럽 사회가 더 이상 토지 같은 부동산이 아니라 일반적으로는 산업 생산의 결과물인 소유물의 동산적 형태들에 의해 지배된다고 주장한다. 이행의 시기는 두 형태의 소유 사이의 치열한 싸움에 의해 특징지어진다. 전형적인 방식으로 마르크스는 두 가지 유형의 소유주의 사회적 재화에 대한 주장을 조롱한다. [우선] 토지 소유자[지주]는 "그의 소유의 고귀한 혈통, 봉건적 회상, 추억의 시작詩作, 그의 몽상적 본질, 그 자신의 정치적 중요성 등등"[3]뿐만 아니라 농업의 생산성과 사회를 위한 농업의 필수적인 중요성을 강조한다. 이와 대조적으로, 동산의 소유자는 자화자찬하며 부동산 소유의 세계의 편협성과 정태성을 공격한다. 마르크스는, "동산 그 자체가 세계에 정치적 자유를 가져다주었고, 부르주아 사회의 질곡을 풀었으며, 서로 다른 세계를 연결시켰으며, 민족들 사이의 우정을 장려하는 교역을 낳았으며, 순수한 도덕과 호의적인 교양을 창조했다"[4]고 쓰고 있다. 마르크스는 동산이

---

3) 마르크스, 『경제학-철학 수고』, 강유원 옮김, 이론과실천, 2006, 111쪽. 번역은 약간 수정.
4) 같은 책, 113쪽.

부동산에 대한 경제적 우위를 획득하는 것이 불가피하다고 생각한다.

[발전의 **현실적** 경과는 미완성의, 반쪽짜리의 사적 소유, 즉 **지주**에 대한 **자본가**, 즉 완성된 사적 소유의 승리를 필연적으로 초래한다는 것이다. 이는 대체로] 운동은 부동성에 대해, 공공연한, 자각적인 비천함이 은폐되고 무의식적인 비천함에 대해, **소유욕**이 **향락욕**에 대해, 공공연하게 지칠 줄 모르고 기민한 **계몽의 이기심**은 편협하고 세상 물정에 밝고 꾸밈없고 게으르고 기만적인 **미신의 이기심**에 대해 승리할 수밖에 없다. 마치 **화폐**가 사적 소유의 또 다른 형태에 대해 승리할 수밖에 없는 것처럼.[5]

물론 마르크스는 이 두 소유주들을 모두 조롱하지만, 아무리 비열한 것이라도, 동산이 **"노동을 부의 유일한 본질로 여기는 이념"**을 드러내는 이점이 있다는 것을 인정한다.[6] 다시 말해, 그의 시대구분은 공산주의적 기획을 향한 증가하는 잠재력을 강조한다.

나는 오늘 두 가지 소유 형태들 사이에서 이와 평행적인 투쟁을 분석하고 싶지만, 그러기 전에 부동산에 대한 동산의 승리가 수탈의 지배적인 방식으로서 지대에 대한 이윤의 승리와 일치한다는 것을 주목해야 한다. 자본가들은 지대의 수취에 있어서는 가치생산과정에 대해 상대적으로 외적인 것으로 간주되는데, 이는 다른 수단을 통해 생산된 가

---

5) 같은 책, 114쪽.
6) 같은 책, 121쪽.

치의 추출에 불과하다고 간주된다. 이와는 대조적으로, 이윤의 발생은 생산 과정에서 자본가의 관여를 요구하며, [이를 위해] 협동의 형식, 규율 체제 등을 부과한다. 존 메이너드 케인스의 시대에 이르면, 이윤은 지대에 비해 매우 품위를 가지게 되어 케인스는 생산을 조직하고 운영·경영하는 자본주의적 투자자에 유리한 "금리생활자의 안락사"와 그에 따라 "기능을 상실한 투자자"의 소멸을 예측할(또는 처방할) 수 있었다.[7] 지대에서 이윤으로의 자본 내의 역사적 운동이라는 이러한 개념화는 많은 분석에서 언급되는 시초적 축적으로부터 고유한 자본주의적 생산으로 알려진 이행과도 일치한다. 이러한 맥락에서, 시초적 축적은 다른 곳에서 생산된 부의 전부를 수탈하는 절대 지대라고 간주될 수 있을 것이다.

지대에서 이윤으로, 그리고 부동산의 지배에서 동산의 지배에 이르는 이행들은 19세기 중반까지 부동산과 동산 두 분야에서는 대규모 산업이 그때까지 경제적 생산의 헤게모니적 형태로서의 농업을 대체했다는 마르크스의 좀 더 일반적인 주장의 일부를 이루고 있다. 그는 물론 양적인 관점에서 이런 주장을 한 것이 아니다. 당시 산업 생산은 가장 산업화된 나라인 영국에서도 여전히 경제의 작은 부분을 차지했을 뿐이었다. 그리고 대다수의 노동자들은 공장이 아닌 들판에서 육체노동에 종사했다. 오히려 마르크스는 질적인 관점에서 이런 주장을 했다. 즉, 다른 모든 형태의 생산은 산업 생산의 질을 채택하도록 강요될 것이다.

---

7) John Maynard Keynes, *The General Theory of Employment, Interest and Money*, London: MacMillan, 1936, p. 376. [『고용, 이자, 화폐의 일반이론』, 이주명 옮김, 필맥, 2013, 458쪽.]

농업, 광업, 심지어 사회 그 자체도 그 기계화의 체제들, 그 노동의 규율, 그 시간성과 리듬, 그 노동일 등을 채택할 수밖에 없게 될 것이다. 잉글랜드에서의 시계와 노동 규율에 관한 E. P. 톰슨의 고전적인 글은 사회 전반에 걸쳐 산업적 시간성이 점진적으로 부과되고 있음을 보여 주는 멋진 증명이다.[8] 마르크스의 시대 이후 1세기 반 동안 [자신의 질을 전 분야에 부과하는] 이러한 산업의 경향이 비범한 방식으로 진행되었다.

그러나 오늘날, 산업이 더 이상 경제 내에서 헤게모니적 위치를 유지하지 않는다는 것은 분명하다. 그렇지만 이것은 오늘날 공장에서 일하는 사람이 10년, 20년, 50년 전보다 더 적다는 말이 아니다──비록 어떤 면에서, 그들의 현장이 노동과 권력의 전지구적 분할의 다른 측면으로 이동하면서 바뀌기는 했지만 말이다. 다시 한 번 말하는데, 내 주장은 기본적으로 양적인 측면이 아니라 질적인 측면과 관련된다. 산업은 더 이상 경제의 다른 부문들, 그리고 더 일반적으로 사회관계에 그 질[성질]을 부과하지 않는다. 내가 보기에 이런 견해는 비교적 논쟁의 여지가 없는 주장 같다.

이런 방식으로 헤게모니를 가지게 된 산업을 어떤 생산형태가 후계자로서 이어갈 것인가를 둘러싸고 숱한 이견이 분출한다. 안토니오 네그리와 나는 비물질적이거나 생명정치적인 생산이 헤게모니적 위치를 차지하며 등장하고 있다고 주장한다. 비물질적이고 생명정치적인 것이라는 말로 우리는 아이디어, 정보, 이미지, 지식, 코드, 언어, 사회적 관

---

8) E. P. Thompson, "Time, Work-Discipline, and Industrial Capitalism", *Past and Present*, vol. 38, no. 1, 1967, pp. 56~97.

계, 정서 등의 생산을 아울러 파악하려고 한다. 이것은 고가품에서 저가품까지, 보건의료 노동자, 비행기 승무원, 교육자에서 소프트웨어 프로그래머까지, 패스트푸드 및 콜센터 노동자에서 디자이너와 광고주까지, 경제 전반에 걸친 직업들을 가리킨다. 물론 이러한 생산형태의 대부분은 새로운 것이 아니지만, 이것들 사이의 일관성은 아마도 더 식별 가능하고, 더 중요한 것이며, 그들의 질[성질]은 오늘날 경제의 다른 부문과 사회 전체에 걸쳐 부과되는 경향이 있다. 산업은 정보화를 해야 한다. 즉, 지식, 코드, 이미지는 생산의 전통적인 부문 전체에 걸쳐 그 어느 때보다 더 중요해지고 있다. 그리고 정서 및 돌봄의 생산은 가치화[가치창출 및 가치실현] 과정에서 점점 더 필수적이 되고 있다. 예전에는 산업이 쥐고 있던 헤게모니적 위치에 비물질적 혹은 생명정치적 생산이 출현하는 경향이 있다는 이런 가설은 노동의 젠더적 분할과 다양한 국제적이고 지리적인 노동 분할에 대해서는 온갖 종류의 직접적인 함의를 갖고 있지만, 이 글에서는 그것을 다룰 수 없다.[9]

만약 우리가 이 이행에 함축되어 있는 두 소유 형태 사이의 새로운 투쟁에 초점을 맞춘다면 우리는 마르크스의 정식으로 돌아갈 수 있다. 마르크스의 시대에 투쟁은 (토지 같은) 부동산과 (물질적 상품들 같은) 동산 사이에서 일어났던 반면, 오늘날 투쟁은 물질적 소유와 비물질적 소유 사이에서 벌어진다. 혹은, 다른 방식으로 말하면, 마르크스는 소유의 이동성에 초점을 맞춘 반면, 오늘날 중심적 쟁점은 희소성과 재생

---

9) 비물질적이고 생명정치적인 생산에 관해서는 Hardt and Negri, *Commonwealth*, Cambridge: MA: Harvard University Press, 2009[『공통체』, 정남영·윤영광 옮김, 사월의책, 2014, 3장] 참조.

산 가능성이며, 그리하여 배타적 소유와 공유된 소유 사이에서 투쟁이 제기될 수 있다. 자본주의 경제에서 비물질적이고 재생산 가능한 소유에 오늘날 초점을 맞춘다는 것은 소유권 법 분야를 대충 훑어봐도 쉽게 알 수 있다. 특허, 저작권, 지역 고유의 지식, 유전자 코드, 종자 정보, 그리고 이와 유사한 쟁점들이 이 분야에서 가장 활발하게 논의되는 주제들이다. 이 영역에서는 희소성의 논리가 유지되지 않는다는 사실은 소유에 대해 새로운 문제를 제기한다. 마르크스는 동산이 부동산에 대해 반드시 승리한다고 보았듯이, 그래서 오늘날에도 역시 비물질적인 것이 물질적인 것에 대해 승리하고, 재생산 가능한 것이 재생산 불가능한 것에 대해 승리하며, 공유되는 것이 배타적인 것에 대해 승리한다.

이러한 소유 형태의 새로운 지배권 확립은 매우 중요하다. 왜냐하면 부분적으로 그것은 공통적인 것과 소유 그 자체 사이의 갈등이라는 중심 무대가 존재한다는 것을 증명하며 이것으로 돌아간다는 것이기 때문이다. 아이디어, 이미지, 지식, 코드, 언어, 심지어 정서까지도 사유화될 수 있고 소유로서 통제될 수 있지만, 소유권[의 침해]을 단속하는 일은 훨씬 어렵다. 왜냐하면 이런 것들은 너무도 쉽게 공유되거나 재생산되기 때문이다. 그러한 재화들이 소유의 경계를 벗어나 공통적인 것이 되어야 한다는 압력이 끊임없이 있다. 당신이 어떤 아이디어를 가진다면, 나와 이를 공유한다고 해도 그 효용이 당신에게 줄어드는 것이 아니라 대개 그 효용성이 늘어난다. 사실, 그것들의 최대 생산성을 실현하기 위해서는 아이디어, 이미지, 정서가 공통적이고 공유되어야 한다. 그것들이 사유화되면 그 생산성은 극적으로 감소한다. ── 그리고 나는 공통적인 것을 공적 소유로 만드는 것, 즉 국가의 통제나 운영에 맡기는 것도 그와 유사하게 생산성을 감축시킨다는 것을 덧붙인다. 소유는 자본주의적 생산양식에 족쇄가 되고 있다. 여기에서 자본에 내적인 모순이 출현하고 있다. 즉, 공통적인 것은 소유로서 가둬질수록 그 생산성이 감소한다는 모순이다. 그렇지만 또한 공통적인 것의 확장은 근본적이고 일반적인 방식으로 소유 관계를 무너뜨린다.

더 넓은 관점에서는 이렇게 말할 수도 있을 것이다. 즉, 신자유주의는 공적 소유에 반대할 뿐만 아니라 아마도 더 중요하게는 공통적인 것에 반대하여 사적 소유를 옹호하는 전투로 정의되어 왔다고 말이다. 여기에서는 공통적인 것의 두 가지 유형을 구별하는 것이 유용한데, 둘 다 자본의 신자유주의적 전략의 대상이다. (그리고 이것은 '공통적인 것'의 초기 정의로 이용할 수 있다.) 한편으로 공통적인 것의 명칭은 지구 및 이와 관련된 모든 자원, 즉 토지, 숲, 물, 공기, 광물, 기타 등등이다. 이는 17세기 영어에서 '더 커먼스'(복수를 나타내는 's'를 붙인)의 용법과 밀접하게 관련되어 있다. 다른 한편, 공통적인 것은 이미 말했듯이, 아이디어, 언어, 정서 등 인간의 노동의 결과와 창의성을 가리킨다. 여러분은 전자를 '자연적인' 공통적인 것으로, 후자를 '인공적인' 공통적인 것으로 생각할 수 있겠지만, 실제로 자연과 인공의 그런 분할은 금방 허물어진다. 어쨌든 신자유주의는 공통적인 것의 이 두 가지 형태들 모두를 사유화하는 것을 목표로 해왔다.

그러한 사유화의 주요 장면 중 하나는 시에라리온의 다이아몬드나 우간다의 석유나 볼리비아의 리튬 퇴적지 및 수자원 권리에 대한 초국적 기업들의 접근을 제공하는 추출 산업이었다. 이러한 공통적인 것의 신자유주의적 사유화는 강탈에 의한 시초적 축적이나 박탈에 의한 축적의 새로운 중요성을 표시한다는 관점에서 데이비드 하비, 나오미 클라인 등 많은 저자들에 의해 기술되어 왔다.[10]

　'인공적인' 공통적인 것의 사유화를 향한 신자유주의적 전략은 훨씬 더 복잡하고 모순적이다. 여기서 소유와 공통적인 것의 갈등은 전면적으로 작용하고 있다. 내가 말했듯이, 공통적인 것은 소유 관계에 종속될수록 생산성이 떨어진다. 또한 자본주의적 가치창출 및 가치실현 과정에는 사적 축적이 필요하다. 많은 영역에서, 특허권과 저작권 같은 메커니즘을 통해 공통적인 것을 사유화하려는 자본주의적인 전략들은 모순들이 있음에도 불구하고 (자주 어려움을 동반하면서도) 계속된다. 음악 산업과 컴퓨터 산업은 사례들로 가득하다. 이는 소위 생물해적행위biopiracy의 경우이기도 하다. 초국적 기업이 공통적인 것을 지역 고유의 지식 혹은 식물, 동물, 인간에게서 유전자 정보라는 형태로 수탈하는 과정들이다. 이는 보통 특허권을 사용하여 이뤄진다. 예를 들어, 토착 종자를 자연적인 살충제로 사용하거나 식물의 치유 성질들에 관한 전통적인 지식에 특허권을 설정하는 기업에 의해 지식이 사적 소유로 전환되는 것이다. 첨언하자면 나는 그런 행위를 해적 행위라고 명명하는 것은 잘못된 것이라고 주장하고 싶다. 해적은 더 고귀한 직업이다. 그들이 소유를 훔치기 때문이다. 이에 비해 이 회사들(법인들)은 공통적인 것을

---

10) 다음 저작들을 보라. David Harvey, *A Brief History of Neoliberalism*, Oxford: Oxford University Press, 2005. [『신자유주의: 간략한 역사』, 최병두 옮김, 한울, 2014.]; Naomi Klein, *The Shock Doctrine*, New York: Metropolitan Books, 2007. [『쇼크 독트린』, 김소희 옮김, 살림Biz, 2008.] 아프리카에서 추출 산업에 신자유주의가 초점을 맞추는 것에 대한 탁월한 분석에 관해서는 다음을 참조. James Ferguson, *Global Shadows: Africa in the Neoliberal World Order*, Durham: Duke University Press, 2006.

훔쳐서 소유로 전환시킨다.

그러나 일반적으로 자본은 공통적인 것의 수탈을 사유화 그 자체를 통해서가 아니라 지대의 형태로 달성한다. 이탈리아와 프랑스의 여러 현대 경제학자들은 자신들이 인지 자본주의라고 부르는 것에 관한 연구를 진행하고 있다. 그 중에서도 가장 두각을 보이는 카를로 베르첼로네는 자본주의의 초기 단계에서는 지대에서 이윤으로의 경향적 운동이 자본주의적 수탈의 지배적 양식이었지만, 오늘날에는 이윤에서 지대로의 역운동이 있다고 주장한다.[11] 예를 들어 특허권과 저작권은 이것들이 물질적 또는 비물질적 소유물의 소유권에 근거하여 소득을 보증한다는 의미에서 지대를 발생시킨다. 이 주장은 과거로의 복귀를 의미하지 않는다. 예를 들어 특허권으로부터 창출되는 소득은 토지 소유권에서 창출되는 소득과 매우 다르다. 내가 매우 중요하다고 생각하는 이윤에 대한 지대의 지배의 출현을 둘러싼 이러한 분석의 핵심 통찰은 자본이 일반적으로 공통적인 것의 생산 과정에 외적인 채로 남아 있다는 것이다. 산업 자본과 그에 따른 이윤 발생의 경우, 자본가들은 특히 협동이라는 수단을 지정하고 규율의 양식들을 부과하는 등 생산 과정에서 내적인 역할을 맡는 반면, 공통적인 것의 생산에서 자본가는 상대적으로 외적인 것으로 남아야 한다는 것이다.[12] 공통적인 것의 생산 과정

---

11) 예컨대 다음 논문을 보라. Carlo Vercellone, "Crisi della legge del valore e divenire rendita del profitto", in eds. Andrea Fumagalli and Sandro Mezzadra, *Crisi dell'economia globale*, Verona: Ombre corte, forthcoming.

12) 『자본』1권 11장에 나오는 협업에 관한 마르크스의 논의를 보라. 마르크스, 『자본』1-1, 강신준 옮김, 도서출판 길, 2008, 449~465쪽.

에 대한 자본가의 모든 개입은, 공통적인 것이 소유로 여겨질 때마다 매번, 생산성을 감소시킨다. 지대는 자본과 공통적인 것 사이의 갈등에 대처하기 위한 메커니즘이다. 제한적인 자율성이 자원의 공유 및 협동 양식의 결정과 관련하여 공통적인 것의 생산 과정에 주어지며, 자본은 여전히 지대를 통해 통제를 행사하고 가치를 수탈할 수 있다. 이러한 맥락에서 착취는 공통적인 것을 수탈하는 형태를 취한다.

지대에 대한 이 논의는 한편으로는 시초적 축적이 절대 지대의 형태라고 불릴 수 있는 한에서 박탈에 의한 축적의 신자유주의적 과정으로 향하고 있다. 다른 한편, 그것은 상대[차액] 지대의 복잡하며 매우 추상적인 변종varieties에 의해 특징지어지는 것인 현대에 지배권을 쥔 금융에 새로운 빛을 비추고 있다. 크리스티안 마라치Christian Marazzi는 '실물경제'와 대립한다는 점에서 금융을 의제적擬製的, fictional이라고 간주하는 것에 대해 경고한다. 이런 인식은, 금융과 생산 둘 다가 소유의 비물질적 형태에 의해 점점 더 지배되는 한에서, 오해라는 얘기다. 그는 또한 산업적 생산에 대략적으로 결부된 생산성의 이미지와는 대조적으로, 금융을 단순히 비생산적인 것으로 치부하는 것에 대해서도 경고한다. 금융을 이윤에서 지대에 이르는 일반적인 추세의 맥락에, 그리고 이것에 조응하여 공통적인 것의 생산과 관련한 자본의 외적인 위치라는 맥락에 자리매김하는 것이 더 유용하다는 것이다. 금융은 공통적인 것을 수탈하여 원격 조종하기 때문이다.[13]

이제 나는 마르크스의 초기 수고에서 인용된 이 첫 번째 구절에 대

---

13) 크리스티안 마라찌, 『자본과 언어』, 서창현 옮김, 갈무리, 2013을 보라.

한 내 독해의 주요 요점을 마무리하고 논평할 수 있는데, 초기 수고에서 마르크스는 두 가지 소유 형태들(부동산 대 동산) 사이의 투쟁과 토지 소유의 지배권에서 산업 자본의 지배권에 이르는 역사적 이행을 기술하고 있다. 오늘날 우리는 또한 두 가지 소유 형태들(물질적 대 비물질적 또는 희소한 대 재생산 가능한) 사이의 투쟁을 경험하고 있다. 그리고 이 투쟁은 소유 그 자체와 공통적인 것 사이의 더 깊은 갈등을 드러낸다. 비록 공통적인 것의 생산이 자본주의 경제에 점점 더 중심이 되고 있지만, 자본은 공통적인 것의 생산 과정에 개입할 수 없고 대신 (금융 및 기타 메커니즘을 통한) 지대 형태로 외적인 것에 머물러야 한다. 결과적으로, 공통적인 것의 생산 및 생산성은 점점 더 자율적인 영역이 되고 있다. 물론 여전히 착취되고 통제되고 있지만, 그것은 상대적으로 외적인 메커니즘을 통해 이뤄진다. 나는 마르크스와 마찬가지로 자본의 이 발전이 그 자체로 좋은 것이 아니라고 말하고자 한다. 그리고 이와 더불어 비물질적이거나 생명정치적 생산의 경향적 지배는 일련의 새롭고 더 가혹한 착취 및 통제의 형태를 수반한다. 그럼에도 자본의 고유한 발전이 자본으로부터의 해방을 위한 도구를 제공하며, 특히 여기서는 공통적인 것 및 그 생산적인 회로의 증대된 자율성으로 데려간다는 점을 인식하는 것은 여전히 중요하다.

이것은 나를 『수고』에 나오는 두 번째 구절로 데려가는데, 나는 "사적 소유와 공산주의"를 고찰하고 싶다. 공통적인 것의 통념은 마르크스가 이 구절에서 공산주의에 의해 무엇을 의미하는지 우리가 이해하는 데 도움이 된다. 그는 '공산주의'가 "지양된 사적 소유의 **적극적**positive 표현"이라고 쓰고 있다.[14] 그는 공산주의를 이 개념의 잘못된 혹은 타락한 통념과 구분하기 위해 부분적으로 "적극적 표현"이라는 문구를 도입했다. 그는 조야한 공산주의가 사적 소유를 일반화하고 이를 보편적인 사적 소유로서 전체 공동체로 확장함으로써 사적 소유를 영속화시킬 뿐이라고 주장한다. 물론 이 용어는 모순어법이다. 즉, 만약 소유가 보편적이고 전체 공동체로 확장된다면, 이는 더 이상 진정으로 사적이라고 할 수 없다. 내가 보기엔, 마르크스는 조야한 공산주의에서는 비록 사적인 특징이 벗겨지더라도 소유는 남아 있다는 것을 강조하려고 한다. 그 대신 제대로 이해된 공산주의는 사적 소유의 폐지뿐만 아니라 소유 그 자체의 폐지이다. "사적 소유는 우리를 너무 어리석고 일면적으로 만들어 버렸기 때문에, 어떤 대상은 우리가 가질 때만 (…) 비로소 **우리의 것이** 된다."[15] 우리가 그것을 가지고 있지 않았을 때 어떤 것이 우리의 것이 된다는 것은 무엇을 의미할까? 우리 자신과 우리 세계를 소유[물]로 보지 않는다는 것은 무슨 의미일까? 사적 소유는 우리가 그것을 알 수 없게 만들 정도로 우리를 멍청하게 만들었을까? 마르크스는 여기서 공통적인 것을 찾고 있다. 공통적인 것의 사용을 특징짓는 개방적인 접근과 공유는 소유 관계들의 외부이며 그 관계들에 적대적이다. 우리가 너무 어리석게 되어서 우리는 세상을 사적으로만 혹은 공적으로만 인식할 수 있을 뿐이다. 우리는 공통적인 것에 대해 눈이 멀게 되었다.

마르크스는 약 20년 후 『자본』 1권에서 (소유의 폐지로서의) 공통적인 것에 대한 어떤 해석에 도달하는데, 이때 그는 공산주의를 자본의 부

---

14) 마르크스, 『경제학-철학 수고』, 124쪽. 강조는 원문.
15) 같은 책, 133~134쪽. 강조는 원문.

정 변증법의 결과로 규정한다.

자본주의적 전유 양식은, 자본주의적 생산 방식의 결과로서 자본주의적 사적 소유를 생산한다. 이것은 소유자의 노동에 기반한 개인적인 사적 소유의 첫 번째 부정이다. 그러나 자본주의적 생산은 자연과정의 필연성에 따라 그 자신의 부정을 낳는다. 즉 부정의 부정인 것이다. 이 부정은 사적 소유를 다시 만들어 내는 것이 아니라, 자본주의 시대의 획득물[즉 협업과 토지 공유 및 노동 자체에 의해 생산되는 생산수단의 공유]을 기초로 하는 개인적 소유를 만들어 낸다.[16]

자본주의 발전은 협업 및 공통적인 것의 중심적 역할의 증대로 불가피하게 귀결된다. 이는 다시 자본주의 생산양식을 전복하기 위한 도구들을 제공하고 대안적인 사회 및 생산양식, [즉] 공통적인 것의 공산주의를 위한 기반들을 구성한다.

그러나 내가 『자본』의 이 구절에서 불만을 느끼는 것은, 변증법적인 구조와는 별도로, 마르크스가 언급하고 있는 공통적인 것, 즉 '협업과 토지 공유[공동소유]possession in common 및 생산수단의 공유[공동소유]'는 일차적으로 물질적 요소를 문제로 파악하며, 소유의 부동산적 형태와 동산적 형태를 공유된 것으로 파악한다는 점이다. 달리 말하면, 이 정식은 오늘날 자본주의적 생산의 지배적인 형태를 파악하지 못한다. 그러나 우리가 앞서 인용한 『수고』의 구절을 되돌아본다면, 그리고 청

---

16) 마르크스, 『자본』 1-2, 1022쪽. 번역은 약간 수정.

년 마르크스의 인간주의를 걸러 낸다면, 우리는 공산주의에 대한 정의를 발견하며, 또 비물질적 측면이나 실제로는 생명정치적 측면을 강조하는 공통적인 것의 정의를 발견한다. 첫째로, 마르크스가 조야한 통념을 제쳐 놓고 제안하는 공산주의의 이 정의를 생각해 보자. "**인간의 자기 소외인 사적 소유의 적극적 지양으로서**, 그리고 따라서 인간에 의한, 인간을 위한 **인간적 본질의 현실적 전유로서 공산주의.** 그러므로 **사회적,** 다시 말해서 인간적 인간으로서 인간의 자기 자신으로의 완전한 (…) 회복으로서의 공산주의."[17] 마르크스는 "인간에 의한, 인간을 위한 **인간적 본질의 현실적 전유**"라는 말로 무엇을 말하려는 것일까? 분명히 그는 지금은 이상해 보이는 맥락에 전유라는 통념을 적용하면서 일반적이지는 않은 전유의 개념을 만들어 내려 하고 있다. 즉 더는 사적 소유의 형태로의 대상의 전유가 아니라 우리 자신의 주체성, 우리의 인간적이고 사회적인 관계들의 전유 개념 말이다. 마르크스는 이 공산주의적 전유, 이 비소유적 전유를 인간 감각중추의, 그리고 창조적이고 생산적인 역량의 전 범위에 입각해서 설명한다. "인간은 자신의 전면적인 본질을 전면적으로 전유한다." 이 말에 대해 그는 "세계에 대한 인간의 모든 **인간적 관계들,** 보고 듣고 냄새 맡고 맛보고 느끼고 생각하고 직관하고 지각하고 바라고 활동하고 사랑하는 것"[18]에 입각해서 설명한다. 여기서 '전유'라는 용어는 오해의 소지가 있다고 생각한다. 왜냐하면 마르크스는 이미 존재하는 어떤 것을 포획하는 것에 대해 말하고 있는 것이 아니라 오히

---

17) 마르크스, 『경제학-철학 수고』, 127쪽. 강조는 원문.
18) 같은 책, 133쪽.

려 새로운 어떤 것을 창출하는 것에 관해 말하고 있기 때문이다. 이것은 주체성의 생산, 새로운 감각중추의 생산이다. 실제로는 전유가 아니라 생산인 것이다. 텍스트로 되돌아가 보면, 우리는 실제로 마르크스가 이렇게 분명하게 표현하고 있는 것을 볼 수 있다. "우리는 적극적으로 지양된 사적 소유라는 전제 아래서 인간이 어떻게 인간을, 자기 자신과 다른 인간을 생산하는지…[살펴보았다]."[19] 이 독해에서 초기 수고에 있는 마르크스의 공산주의 통념은 인간주의와는 거리가 멀다. 즉 선재하는 영원한 인간의 본질에도 결코 의존하지 않는다. 대신 사적 소유의 폐지에 조응하는 공산주의의 적극적 내용은 주체성의 자율적인 인간에 의한 생산, 인간성의 인간에 의한 생산이다. 즉 새로운 보기, 새로운 듣기, 새로운 생각하기, 새로운 사랑하기이다.

이것은 우리를 경제에 있어서 생명정치적 전환에 대한 분석으로 돌아가게 한다. 산업 생산의 맥락에서 마르크스는 자본주의 생산이 대상뿐만 아니라 주체도 창조하는 것을 목표로 한다는 중요한 인식에 도달했다. "따라서 생산은 주체를 위한 대상뿐만 아니라 대상을 위한 주체도 생산한다."[20] 그러나 생명정치적 생산의 맥락에서 주체성의 생산은 훨씬 더 직접적이고 강렬하다. 사실, 몇몇 현대 경제학자들은 마르크스의 초기 수고의 정식을 메아리치는 용어로 자본의 변형을 분석한다. "만약 우리가 앞으로 수십 년 안에 출현할 모델에 대해 굳이 추측해야 한다면" "우리는 필경 인간에 의한 인간의 생산을 언급해야 할 것이다"라고 로

---

19) 같은 책, 129쪽.
20) 마르크스, 『정치경제학 비판 요강』, 김호균 옮김, 그린비, 2007, 62쪽.

베르 부아예는 주장한다.[21] 크리스티안 마라치도 마찬가지로 자본주의적 생산에 있어서 작금의 이행을 '인간발생론적 모델'로 나아가는 것으로 이해하고 있다. 고정자본으로서의 생명 존재들은 이러한 변형의 중심에 있으며, 삶의 형태의 생산은 부가가치의 기초가 되고 있다. 이것은 일단 작동하기 시작하면, 인간의 능력, 적성, 지식, 정서 —— 이런 것들은 일에서 획득되지만, 더 중요한 것은 노동의 바깥에서 축적된다 —— 가 직접적으로 가치를 생산하는 과정이다.[22] 그렇다면 머리와 심장의 한 가지 변별적인 특징은 역설적이게도 생산의 대상이 실제로는 예를 들자면 사회적 관계 또는 삶의 형태에 의해 정의되는 주체라는 것이다. 이는 적어도 이 생산 형태를 **생명정치적**이라고 부르는 근거를 밝혀 주는 것이다. 생산되는 것은 삶의 형태이기 때문이다.

만약 우리가 이 새로운 시각에서 마르크스로 돌아간다면, 그의 저작에서 자본의 정의의 점진적 변화가 실제로 우리에게 이 생명정치적 맥락을 분석하는 데 있어서 중요한 실마리를 제공한다는 것을 알게 된다. 마르크스는 자본주의 사회에서 부가 처음에는 상품들의 막대한 집적으로 나타나지만, 자본이란 실제로 상품들의 생산을 통해 잉여가치를 창출하는 과정이라는 점을 드러내고 있다. 그러나 마르크스는 이러한 통찰력을 한 단계 더 발전시켜 자본이 그 본질에 있어서 **사회적 관계**라는 것을 발견한다. 또는 이를 더욱더 확장해서, 자본주의적 생산의 궁극

---

21) Robert Boyer, *La croissance, début de siècle*, Paris: Albin Michel, 2002, p. 192.

22) Christian Marazzi, "Capitalismo digitale e modello antropogenetico di produzione" in ed. Jean Louis Laville, *Reinventare il lavoro*, Rome: Sapere 2000, 2005, pp. 107~126.

적인 대상이 상품들이 아니라 사회적 관계나 삶의 형태들이라는 것을 밝혀낸다. 생명정치적 생산의 관점에서 우리는 냉장고와 자동차의 생산이 냉장고를 둘러싸고 움직이는 핵가족의 노동 및 젠더 관계의 창출과, 고속도로를 달리는 자동차 안에서 함께 있으면서도 사실은 서로 고립되어 있는 개인들로 이루어진 대중 사회를 창출하는 중간 지점에 불과하다는 것을 알 수 있다.

나는 공산주의에 대한 마르크스의 정의와 자본주의 경제의 현대적 생명정치적 전환 사이의 대응 또는 근접성을 강조했다. 둘 모두 인간성, 사회적 관계들, 삶의 형태들에 대한 인간적인 생산을 지향한다. 이 모든 것들은 공통적인 것의 맥락 속에 있는 것이다. 이 지점에서 나는 내가 이 근접성을 어떻게 간주하는지 그리고 왜 그것이 중요한지 설명할 필요가 있다. 그러나 그렇게 하기 전에 논의에 또 하나의 요소를 추가하도록 허락해 주었으면 한다.

미셸 푸코는 (마르크스처럼 젠더적으로 정의된 정식을 사용하여) "인간이 인간을 생산한다"는 결론에 이르는 마르크스 사고의 선이 지닌 모든 기묘함과 풍부함을 높이 평가한다. 그는 마르크스의 구절을 인간주의의 표현으로 이해해서는 안 된다고 경고한다. "내가 보기에, 반드시 생산되어야 하는 것은 자연[본성]이 설계한 것으로서의 인간, 그 본질이 처방하는 것으로서의 인간이 아닙니다. 우리는 아직 존재하지 않는 것을, 그것이 무엇일지 모르는 것을 생산해야 합니다." 그는 또한 이것을 단지 관습적으로 이해되는 바로서의 경제적 생산의 연속으로서만 이해해서는 안 된다고 경고한다. 즉 "나는 이 인간에 의한 인간의 생산이 가치의 생산, 부의 생산 혹은 경제적 상품 생산과 동일한 방식으로 이루어진다고 이해하는 사람들에 동의하지 않습니다. 반대로 그것은 현재의 우리를 파괴하는 것이며, 완전히 다른 어떤 것의 창출, 총체적인 혁신입니다."[23] 다른 말로는 우리는 이 생산을 생산하는 주체와 생산되는 대상에 입각해서는 이해할 수 없다. 대신에 생산자와 생산물은 둘 다 주체이다. 즉 인간이 생산하고 인간이 생산된다. 푸코는 이 상황의 폭발성을 (완전히 이해하는 것 같지 않지만) 확실하게 감지한다. 생명정치적 과정은 사회적 관계로서의 자본의 재생산에 국한되지 않고 자본을 파괴하고 완전히 새로운 것을 창조할 수 있는 자율적 과정의 잠재력을 또한 제시한다. 생명정치적 생산은 분명히 착취와 자본주의적 통제의 새로운 메커니즘을 내포하고 있지만, 푸코의 직관을 따라, 어떻게 생명정치적 생산이, 특히 그것이 자본주의적 관계들의 경계를 초과하고 부단히 공통적인 것을 지시하는 방식으로, 노동의 자율성을 증대시키고 자유·해방liberation의 기획에서 행사될 수 있는 도구나 무기를 제공할 수 있는지 또한 인식해야 한다.

　　이제 우리는 공산주의 이념과 현대 자본주의 생산 사이의 근접성을 승인하는 지점을 이해할 수 있는 위치에 있다. 그것은 자본주의 발전이 공산주의를 창조한다거나 생명정치적 생산이 즉각적으로 또는 직접적으로 해방을 가져오는 것은 아니라는 점이다. 그 대신, 자본주의적 생산 —— 아이디어, 정서, 사회적 관계, 삶의 형태들의 생산 —— 에서 공통

---

23) Michel Foucault, "Entretien" (with Duccio Tromadori), *Dits et écrits*, vol. IV, Paris : Gallimard, 1994, p. 74. [『푸코의 맑스』, 이승철 옮김, 갈무리, 2004, 118~119쪽.] 인터뷰의 이 대목에서 푸코는 자신과 프랑크푸르트 학파의 차이점에 관해 논하고 있다.

적인 것의 증가하는 중심성을 통해, 공산주의적 기획을 위한 조건과 무기가 출현하고 있다. 다른 말로 하면, 자본은 자기 자신의 무덤을 파고 있는 것이다.[24]

나는 이 글에서 두 가지 주요 논점을 추구하려고 시도했다. 첫째는 정치경제학 비판에 대한 탄원, 아니 오히려 어떠한 공산주의적 기획도 그곳에서 시작되어야 한다는 주장이다. 그러한 분석은 우리의 시대구분에 도움이 되고, 자본의 구성composition만이 아니라 계급의 구성에 대한 탐구를 이끌어 감으로써 —— 다른 말로는 일터의 외부와 내부에서, 임노동 관계의 외부와 내부에서, 사람들이 어떻게 생산하며, 무엇을 생산하며, 어떤 조건에서 생산하는지를 물음으로써 —— 우리 현재 순간의 새로움을 드러낸다. 그리고 이 모든 탐구는 공통적인 것의 증가된 중심성을 드러낸다고 나는 주장한다.

두 번째 요점은 정치경제학에 대한 비판을 소유에 대한 비판으로 확장하는 것이다. 그리고 특히 공산주의는 소유의 폐지는 물론 공통적

---

24) 이 시점에서 자크 랑시에르의 정치 개념에서 공통적인 것의 경제적인 논의와 공통적인 것의 기능 방식의 관계의 사이를 조사하는 것은 흥미로울 것이다. 그는 다음과 같이 말한다. "정치는 정확히 말해 사람들이 이윤과 손실을 맞추는 일을 중단할 때, 공동의 것의 몫들을 분배하고, 기하학적 비율에 따라 공동체의 몫들과 이러한 몫들을 얻을 만한 자격들, 공동체에 대한 권리를 부여하는 가치들(axiai)을 조화시키는 데 몰두하는 경우에 시작된다." 자크 랑시에르, 『불화: 정치와 철학』, 진태원 옮김, 도서출판 길, 2015, 30쪽. 랑시에르의 개념에 따르면 공통적인 것은 구분, 분배, 공유의 과정인 분할의 중심적이고 아마도 배제적인 지형이다. 랑시에르는 계속해서 다음과 같이 말한다. "정치는 계쟁일 수밖에 없는 어떤 공통적인 것의 활동 영역이며, 아무리 더한다 해도 결코 전체와 동등하지 않은 당파들 및 자격들인, 부분들 사이의 관계다." 같은 책, 43쪽[국역본 중 '공동의 것'을 '공통적인 것'이라 수정함]. 내가 여기서 생각하는 공산주의는 아마도 랑시에르의 정치 개념, 즉 공통적인 것의 일부에 해당하는 유일한 형태일 것이다. 나는 랑시에르가 간단히 "공통적인 것의 생산과 배급"이라고 한 공통적인 것의 역할을 탐구한다.

인 것의 긍정 —— 즉 개방적이고 자율적인 생명정치적 생산의 긍정, 새로운 인간성의 연속적인 창조 —— 에 의해 정의된다. 가장 종합적 용어로 표현하면, 사적 소유는 자본주의이며, 국가 소유는 사회주의이며, 공통적인 것은 공산주의이다.

나의 두 요점 —— 자본주의적 생산은 점점 더 공통적인 것에 의존하고 있으며 공통적인 것의 자율성이 공산주의의 본질이다 —— 을 합치면 공산주의적 기획의 조건과 무기는 그 어느 때보다도 오늘날 잘 이용할 수 있다는 것을 알 수 있다. 이제 우리의 임무는 이를 조직하는 것이다.

강길모 옮김

9장

공산주의, 단어[1]

장-뤽 낭시

개념 이전의 단어가 아니라, 개념으로서의, 그리고 역사적 대행자^{agent} 내지 행위자^{acteur}로서의 단어 그 자체가 문제다.

　'공산주의'는 이상한 역사를 지닌 단어다. 엄밀하게 이 단어의 기원을 추적하는 일은 아주 어렵다. 하지만 '공산주의자'라는 단어가 이미 14세기에 존재했다는 것은 확실한데, 그때 이 단어는 "'양도 불능의 부동산 소유권'^{mortmain}에 속하는, 즉 상속법에서 벗어나는 소유물을 공동으로 소유하는 이"라는 의미였다. 가령 수도원은, 개별 수도승에서 독립

---

1) 이 노트는 런던에서 열린 '공산주의라는 이념' 학술대회를 위해 영어로 작성되었으며, 이 판본에 따라 나중에 학술대회 회의록으로 출간될 예정이다. 나는 학술대회에서 이 노트에 기반해서 발표하겠다고 생각했지만, 이 노트를 전혀 완성된 텍스트라고 생각하지는 않았다. 그러나 나는 런던에 갈 수 없었고, 이 노트는 그대로 남겨 두었다. 이 노트를 프랑스어로 번역해 줄 것을 요청받고서 이곳저곳을 손질했고 조금 더 부연한 대목도 있지만, 이는 체계화하려는 의도를 담고 있는 것은 아니다.

적인 공동체로서의 수도승 공동체에 속하는 것이었다. 따라서 수도원은 상속에 의해 이양될 수 없었고 사적 문서에 의해 매각될 수도 없었다. 더욱이 같은 시기에, 심지어 조금 더 이른 시기인 12세기에 이미 '공산주의적'이라는 단어는 중세 코뮌의 자치법의 몇몇 측면을 지칭하게 된 것처럼 보이며, 부르주아지의 시초를 이루었던 중세 코뮌 운동과 연계되어 있던 것처럼 보인다. 그렇다면 코뮌이란 무엇보다도 봉건적 예속에서 전체적으로든 부분적으로든 벗어나 있는 모든 것이었다.

이후 18세기에 이 단어는 1785년, 따라서 프랑스혁명 4년 전에 빅토르 뒤페 드 퓌보Victor d'Hupay de Fuveau가 쓴 한 텍스트에서 나타난다. 당시 이 단어는, (아주 정확히 말하자면 수도승들의 생활 공동체를 대체하는 것으로 가정된) 생활 공동체를 세우려는 기획 내지 몽상을 지칭하고 있다.

예컨대 뒤페는 이렇게 쓰고 있다.

이러한 도덕 경제적 특성을 지닌 연합 및 공동체는, 각 개인의 운을 뒤섞지 않고서도, 플라톤의 『국가』의 옹호자들이 결코 인정하려고 하지 않았던 방식에 따라 각자가 지닌 상이한 재능을 공정하게 평가함으로써 모든 신분 내에서 작은 집단들에 의해 실행될 수 있을 것이다. 이는 동일한 시민 집단classe 내부에서 혐오감을 부추기는 일체의 무익하고 외적인 구별 ─ 각각의 신분 질서를 어지럽게 하고 온갖 범죄를 초래하는 유치한 경쟁 ─ 을 배제함으로써 각각의 직업 내에서 인간적인 우정을 강화할 것이다. 이러한 해로운 오용은, 우리의 두 명의 앙리의 모델인 훌륭한 이도메네우스 왕[2]의 검소한 사치규제법Lois Somptuaires

으로 치유되었다. 최초의 기독교인들의 아가페는, 평화와 종교를 유지하는 데 가장 적합한 수단인 이러한 검소한 정신으로 사람들을 결합함으로써 동일한 목표를 지향했다. 따라서, 오늘날에는 쓸모가 없어진 수도승들의 공동체를 계속 옹호하고자 했던 모든 이들이 모든 신분 질서에 따라 각자 자신에게 알맞은 기능을 수행하는 이 참되고 새로운 모델을 점점 더 사람이 줄어들고 있어서 더 바람직한 방향을 모색하고 있는 여러 수도원 내에 위치시키는 작업은 조국의 아버지라는 칭호를 기꺼이 받아들이고자 하는 군주가 해야 할 작업일 터이다.

뒤페는 레티프 드 라 브르톤Restif de la Bretonne의 친구였는데, 그는 처음으로 "코뮤니즘 또는 공동체"를 다양한 통치 양식 중 하나로 명명한 최초의 인물로 보통 간주되는 사람이다. 그는 자신의 자서전(『니콜라 씨』)에서 코뮤니즘을 새로운 통치 유형 중 하나로 제시하면서, 이러한 통치 양식은 남아메리카 사람들에게만 실제로 존재하며, 그 성원들은 "아침에는 함께 일하고 오후에는 함께 논다"고 구체적으로 묘사한다(이러한 묘사는 마르크스가 『독일 이데올로기』에서 아침에는 일하고 오후에는 바이올린 연주를 하는 자유 노동자에 관해 말한 것과 별반 다르지 않은 것이다).

얼마 뒤 혁명 당시에 —— 이는 우리가 잘 기억하고 있는 에피소드

---

2) [옮긴이] 원래는 그리스 신화에 나오는 크레테의 왕을 가리키지만, 여기에서는 맥락상 프랑수아 드 페늘롱의 교육소설 『텔레마코스의 모험』(1699년 출간)에 나오는 가상의 왕국 살렌툼의 지도자를 가리키는 것으로 보인다.

다 —— 그라쿠스 바뵈프는 최초의 '봉기 코뮌'(1789년 창설된 '파리 코뮌'[3]을 계승한)에 참여한다(12세기 이래 '코뮌'은 일시적이든 영속적이든 간에 '부르주아' 결사를 지칭하는 것이었으며, 따라서 도시 자치 제도를 가리키는 경향이 있었다. 동시에 17세기에 영국인들은 코뮌이라는 프랑스어에서 '커먼스'commons라는 말을 만들어 냈는데, 이 말의 의미는 '하원'House of Commons과 '상원'House of Lords의 대립에서 명료하게 제시되어 있다). 바뵈프는 '평등한 이들'에 관한 그의 사상 및 '국민 공동체'라는 정식의 맥락에서 '공산주의자'communautariste라는 단어를 여러 번 사용했다.

용어의 명시적 사용과 별개로 동일한 것을 가리키는 다른 단어들을 상기해 보는 것이 유익하겠다. 예컨대 16세기 영국 디거스Diggers —— 처음에는 자신들을 '진정한 수평파' 또는 '진정한 평등파'라고 불렀던 이들의 별칭 —— 의 교의는 땅을 '공동의 보고'라고 불렀다. 여기서 공동적인 것이란 평등 및 공동 소유 모두를 함축한다. 당시는 1차 영국혁명 시기였으며, 이 혁명은 라틴어 레스 푸블리카res publica의 동의어에 해당하는 커먼웰스commonwealth라는 이름 아래 최초의 공화정을 창설하게 되었다.

당연히 실질적인 연구를 통해 완결되어야 하는 이 몇 가지 사실은 우리에게 '공산주의'의 기원에 대해서도, 의미에 대해서도 알려 주지 않는다. 우리가 '의미'를 기대하는 것은 결코 역사도 아니고 어원도 아니

---

3) [옮긴이] 이것은 마르크스가 프롤레타리아 독재의 최초 형태라고 말했던 1871년 파리 코뮌과 다른 것이다. 이것은 자치 공동체로서의 파리를 지칭하는 명칭이다. 파리 코뮌을 대의제 위에 구성하려는 세력과 파리의 각 구(district)의 자치권에 우선권을 두려는 세력 사이의 갈등이 지속된 끝에 1792년 '봉기 코뮌'으로 대체되었다.

다. 하지만 오래전부터 '공동적인' 것과 더불어 어떤 능동적인 것이 계속 작용한다는 점은 불변적인 사실로 남아 있다. 그것은 '공동적인' 것이 위계적 형태를 띤 주어진 질서와 항상 대립하는, 해방이면서 동시에 평등의 옹호라는 점이다. '공산주의'라는 단어가 만들어졌을 때 (누구에 의해?) '–주의'-isme라는 접미사는, 암묵적인 압력과 기대감, 항상 불확실하게 남아 있지만 완강히 지속되는 불가피한 생각을 담고 있었는데, 이 생각은, 어떤 단체société가 '사회'société가 될 때, 즉 집단을 결사와 다른 것으로 만드는 집합들(간단히 '전체론적'holiste 집합들이라고 말하자)에서 생겨난 '사회'가 될 때 경험하게 되는 것에 대한 생각이다.

이러한 질서에 속하는 어떤 것이 역사 속에서 작동해 왔다. 이 단어의 역사는 역사 자체 속에 담겨 있는 것이다. 어떤 것이 항상 우리 앞에 존재하는데, 왜냐하면 우리는 항상 오직 '사회' 속에 존재하기 때문인데, 이는 곧 우리가 '사람들'personne, '이해관계들' 또는 더 정확히 말하면 정서들 사이의 '연결/유대'lien에 선행하는 것 속에 존재함을 뜻한다 ('집단 심리'의 정서는 무엇인가? 프로이트는 이 질문에 대해 답변하지 못했으며, 이른바 '동일시'identification의 문제를 유보 상태로 놓아 두었다). '공동적인' 어떤 것이 우리에게는 발견해야 할 것으로, 발명해야 할 것으로 남아 있다.

* * *

다시 한 번 **공산주의**라는 단어. 의미작용signification 그 이상인, 현존, 감성, 감각/의미sens로서의 단어.

이 단어의 역사에 관한 연구 및 주석이 극히 드물다는 것, 무엇보다도 공산주의 전통 자체에서도 마찬가지라는 것은, 어느 정도는 기이하게 보인다. 마치 사람들이 늘 이 단어의 의미와 그 유래가 자명하다고 간주했다는 듯이. 물론 사람들은 이 점에 관해 합의를 볼 수도 있겠지만, 그러나 그렇다 해도 그 자명성 자체에 대해서는 질문이 제기되지 않는다. 왜 우리는 이 단어가 뜻하는 것, 그것이 함축하는 것을 곧바로 알고 있다고 생각하는 것일까? (마르크스는 그의 시대, 그리고 그 이전 시대의 '사회주의' 및 '공산주의'라는 단어들의 증식에 대해 완벽하게 깨닫고 있었다. 하지만 바로 이 점이 그로 하여금 "하나의 유령이 유럽을 배회하고 있다…"고 말하게 해준 것이다. 그는 감상적, 종교적, 관념론적 공산주의자들이나 사회주의자들을 혹독하게 비판했지만, 공산주의를 목표로 삼아야 하는 이유와 수단에 대한 분석에서 엄격한 절차를 규정하려는 그의 의지는 의심받지 않는 명증성의 후광 속에서 자신의 목표를 드러내고 있다.)

비록 이 단어의 '운명'이라고 부를 수 있는 것을 설명하는 데 역사가 충분치는 않지만, 그럼에도 사실적인 요소 한 가지는 남아 있다. 즉 커뮤니티community —— 코이노니아kooinonia, 코뮤니타스communita, 코뮤니즘Kommunism —— 같은 단어들은 격심한 사회 변혁 및 사회 질서의 동요 내지 파괴의 시대에 등장한다는 점이다. 이는 문명 전체가 실로 와해되고 있던 전-기독교 고대 시대, 그 뒤에는 중세 말기, 더 뒤에는 1차 산업 혁명 시대가 바로 그런 시대였다.

아마도 우리는 이와 비견될 만한 시대, 기술적·생태적·문화적 혁명의 시대에 처해 있는 듯하다(이는 또한 앞선 시대의 '공산주의'를 낡은 것으로 만드는 요인이지만, '공동적인' 것을 쇄신해야 할 필요성을 제거하지는 않는다).

　따라서 첫 번째 시대는 고대 세계의 사회·문화 구조 전체의 전환기였다. 즉 고대 세계를 열어 놓았던 농업 문화와 신정神政이 탈구축되는 시대였다. 이러한 탈구축은 문명의 건축물 아래 또는 그 안에 감춰져 있던 것을 가시적이게 또는 전면에 드러나게 만들었다. 사람들(심지어 다른 존재자들, 즉 동물, 식물, 더욱이 별과 돌 등과 더불어)의 함께-존재함être-ensemble이 바로 그것이다. 함께-존재함은 그리스(서구) 세계 이전에 그리고 그 바깥에 주어져 있다. 우리는 이를 '**전체론적 사회**'(루이 뒤몽Louis Dumont의 개념을 따른다면)라고 이름 붙이는데, 이는 이 사회(사회라는 단어를 막연하게 이해한다면) 스스로 자기 자신을 하나의 홀론holon, 즉 전체로서 이해한다는 것을 가정하는 것이다. 이것은 아마도 문제가 되는 것에 대한 표상/재현représentation과도 일치하지 않을 것이다. 하지만 우리는 이런 식으로 정립하게 되는데, 왜냐하면 우리는 어떤 '전체'를 '부분들'로부터, 그 전체와 별도로 고려된 부분들로부터 사고하기 때문이다. 그러므로 전체는 우리에게는 부분들과 다른 것, 또는 부분들(개체들이라고 말해 두자)의 전체다. 하지만 '전체'의 본성은 우리에게 신비스러운 것으로 남아 있으며, '부분들'의 본성도 마찬가지다. 하지만 우리는 이를 알려고 하지 않는다.…

　어떤 식으로든 동일한 질문이 제기된다. 결합체, 집합, '함께'라는 것은 어떻게 존재할 수 있는 것인가? 우리는 다른 [문명에 속하는―옮긴이] 이들이 이 점에 관해 어떻게 말하는지 모르며(우리는 그저 '전체론적 사회'라고 말한다), 우리 스스로도 알지 못한다. 우리는 어떻게 연결/유대가 존재하는지, 어떻게 연결/유대가 존재할 수 있고 또한 존재해야 하느지 묻는다. 하지만 연결/유대가 존재한다는 것은 불변적인 사실이다. 실제로는 연결/유대와는 다른 어떤 것이 사후에 서로 구별되는 존재자들을 연결하러 나타난다. 왜냐하면 우리는 항상 '함께'가 '없이'에 선행하며, 공동적인 것이 개체에 선행한다는 것을 알기 때문이다(아주 혼동스러운 방식으로 아는 것이기는 하지만). 하지만 이러한 '함께' —— '함께'의 특수한 형태로서의 이러한 '전체' —— 가 더는 주어져 있지 않고, 아마도 더는 다른 어떤 방식으로도 주어질 수 없다면 어떻게 해야 하는가?

이렇게 해서 코이노니아에 관한 독자적인 사유 또는 그것으로의 추동력, 공동체의 충동이 생겨난다. 이러한 충동이 생겨나며 아마도 스스로 자기 자신을 창조할 터인데, 왜냐하면 그것이 명명하거나 지칭하는 것, 즉 '공동적인' 것 및 '공'$^{co-}$은 주어져 있지 않으며 또는 더는 주어져 있지 않기 때문이다.

확실히 공동적인 삶$^{la\ vie\ commune}$ —— 또는 엄밀히 말하자면 공동의 삶$^{la\ vie\ en\ commun}$ —— 의 중요한 특징은 최초의 인류와 함께 이미 주어져 있었다. 최초의 인류는 '개인'도 '집단'도 아니었다는 점 역시 확실하며, 엄밀한 의미에서 확실하다. 함께-존재함의 어떤 것이 **주어져** 있으며, '전체'의 한 측면, '집합적' 사실로서 인간적 사실의 전체성^{totalité}의 한 측면과 함께 또는 그것에 의해 주어져 있다(이는 '전체주의'와는 무관한 것이다. 정반대로 이 용어는 [공동의 삶—옮긴이]의 함께 출현함^{comparution}[4]

---

4) [옮긴이] 'comparution'은 일반적으로는 '출두', '출석'을 뜻하지만, 장-뤽 낭시의 용어법에서는 주로 'com-parution', 'com-paraître' 등으로 분철되면서 '함께 출현함', '함께 나타남'의 의미로 쓰인다.

에 대한 희화화, 그것을 흉내 내려는 몸짓인데, 함께 출현함의 기원은 인간 자체의 기원과 마찬가지로 자신을 감추고 있다).

만약 함께 존재함이 이러한 '전체'의 측면 없이 주어진다면, 즉 만약 함께 존재함이 '사회' —— 가족, 부족 내지 씨족(우리가 이에 관해 말할 수 있는 바에 의거하면)과 같은, 말하자면 '통합체'^{intégration}가 아니라 결사로서의 '사회' —— 로 주어진다면, 결사 자체는 자기 자신의 가능성, 자기 자신의 일관성^{consistance}에 관한 문제제기를 열어 놓는다. 어떻게 욕망하지 않는, 심지어 거부하는 것처럼 보이는 이들을 결합시키는 것이 가능한가? 그러므로 사회란 그 성원들 —— 소키이^{socii5)} —— 이 받아들여야 하고 정당화해야 하는 것이다. 근대 사상, 특히 로크 시대 이후의 근대 사상은 거듭 이 문제를 다루어야 했다.

(어원에 따르면 소키우스와 코뮤니스는 이 점에서 가까운 뜻을 지니는데, 왜냐하면 소키우스는 함께 있는 이 또는 함께 가는 이를 의미하며, 코뮤니스에서 'co-' 또는 'con-'은 '함께'를 의미하고 무누스^{munus}는 로베르토 에스포지토가 분석한 바와 같이 공동으로 떠맡은 것을 가리키기 때문이다. 하지만 두 단어의 운명은 서로 벌어졌는데, '사회주의'와 '공산주의'가 서로 분명히 구별되면서도 교차하는 것과 마찬가지다.)

코뮤니타스 또는 코뮤니오는, 성원들의 현존을 계승하는 것의 이념으로서 형성되는 게 아니라, 그 자체로 자신의 성원들의 현존을 정당화하거나 정초하는 것의 이념으로서 형성된다.

공산주의는 개인들의 실존에 속하는 것으로(이는 하이데거의 용어

---

5) [옮긴이] 'socii'는 동료, 친구, 동무 등을 의미하는 라틴어 '소키우스'(socius)의 복수형이다.

법에 따르면 실존론적인^{existential} 의미에서 개인들의 본질에 속하는 것을 뜻한다)⁶⁾ 이해된 함께 존재함 —— [하이데거의 개념을 사용하면 —옮긴이] 미트자인^{Mitsein} —— 이다. 소키에타스는 서로 분리되는 것을 본질로 지니고 있는 개인들을 연결해 준, 비본질적이고 도구적인 것으로서 사고된다.

('사회주의'와 '공산주의'는 어떻게, 그리고 왜 서로 교차되고 분리되는 역사를 가진 것일까? 나는 이를 풀어 보려고 하지 않겠다. '공산주의'가 우리에게 영향을 미쳐 왔다는 것[지금까지도 여전히?], 이 점은 의미심장한 것으로 남아 있다. 그리고 우리가 알고자 하는 것이 바로 이 점이다. 진정한 과제이자 긴요한 것. 유대들을 연결하는 게 문제가 아니라, 본질적인 것-실존적인 것을 다뤄 보는 것이다.)

'공산주의'는 사회적·정치적 의미 작용 이상의 것, 그리고 그것과 다른 어떤 것에 대해 말한다는 것, 내게는 이것이 중요한 점이다. 공산주의는 소유/속성/고유성^{propriété7)}에 관해 무언가를 말하고 있다. 소유/속성/고유성은 단지 재화의 소유가 아니다. 그것은 엄밀히 말하면 소

---

6) [옮긴이] 하이데거는 '실존적'(existenziel)이라는 개념과 '실존론적'(existenzial)이라는 개념을 구별한다. 전자는 어떤 존재자가 지닌 이런저런 성질이나 특성과 관련된 문제에 관련되는데(예컨대 학생으로서의 고민, 남자로서의 성격, 전쟁에 나가는 군인의 상황 등), 이때 이 문제는 그 존재자가 이미 지니고 있는 본질(학생, 남자, 군인 등)에서 유래하거나 그것과 얼마간 상관적인 것으로 이해된다. 반면 '실존론적'이라는 개념에서 보면, 인간 존재자(하이데거가 '현존재'라고 부르는)는 다른 존재자들과 달리 이미 주어져 있는 어떤 본질에 의해 규정되거나 그 본질에 의해 파악되는 것이 아니며, 자신의 존재에 대하여 끊임없이 질문을 던지는 존재자, 따라서 확정된 본질에 의해 규정되기보다는 스스로 자신의 가능성을 끊임없이 설계하고 기획하면서 자신의 현재의 실존을 문제 삼는 존재자다. 따라서 실존론적인 측면에서 보면 현존재의 '본질'은 바로 그것의 실존성에 의해 규정된 '실존'과 다르지 않다.

유^{possession}에 관한 모든 법적인 가정을 넘어서(그리고/또는 그 아래에) 있다. 이는 여하한 종류의 소유를 **고유하게**^{proprement} 어떤 주체의 소유로, 즉 고유하게 그 주체의 표현으로 만드는 것이다. 소유/속성/고유성은 나의 소유가 아니다. 그것은 바로 나다.

('사회'에 관한—— 그리고 마찬가지로 '국가'에 관한—— 근대 사상 전체가 근본적으로 소유/속성/고유성에 관한, 소유/속성/고유성의 **권리**에 관한, 따라서 근대적 의미에서 **주체**로 존재할 수 있는 권리에 관한 사유에서 출발하여 전개된 것은 전혀 놀라운 일이 아니다. 로크에서 루소까지, 그 뒤에는 마르크스까지의 역사가 이를 웅변해 준다. 소유/속성/고유성에 관한 모든 관념은 사회에 관한 관념과 관련하여 재구성되었다.)

하지만 나, **자**아라는 것은 결코 혼자 실존하지 않는다. 나는/그것은 본질적으로 다른 실존하는 존재자들과 함께 실존한다. '함께'는 외적인 연결^{lien}이 아니며, 전혀 연결이 아니다. 그것은 **함께-존재함**이다. 그것은 관계, 교환, 매개, 무매개, 의미, 감정, 나눔이다.

'함께'는 '집합적인 것'^{collectif}이라 불리는 것과는 아무 관계가 없다. 집합성은 집합된 사람들, 즉 이렇게 말할 수 있다면, 이곳저곳에서 수집된 이후 함께하게 된 사람들, 집합성^{collectivité} 또는 컬렉션^{collection}의 어떤 부분에서 집합성 또는 컬렉션의 부분-바깥^{hors-partie}(그리고 비-장소)로 향하는 사람들을 명명한다. '집합성'의 'co-'는 '공산주의'의 'co-'와

---

7) [옮긴이] propriété는 영어의 property와 마찬가지로 주로 '속성'이나 '소유'라는 뜻으로 많이 쓰인다. 하지만 낭시는 이 두 가지 의미 이외에도 특히 '고유성'이라는 의미를 강조하고 있다. 이하에서 낭시의 논의를 이해하는 데 propriété 개념의 다의성이 매우 중요하기 때문에, propriété 개념을 '소유/속성/고유성'으로 옮겼다.

같은 것이 아니다. 이것은 단순히 의미론의 문제가 아니다(무니레^{munire} 대 리가레^{ligare}).[8] 이것은 존재론의 문제다. '집합성'의 'co-'는 순수하게 외재적인 것이며, '곁에 나란히' 있는 것을 함축한다. 그리고 이러한 '곁에 나란히'는 곁에 있는 것들 사이의 또는 "외재적인 부분들"[9]에 속하는 부분들 사이의 아무런 관계도 함축하지 않는다.

'공산주의'의 'co-'는 다르다. 하이데거가 미트자인^{Mitsein}의 미트^{mit}에 관해 사용한 용어들을 빌려 온다면, 이러한 'co-'는 '범주적인' '함께'가 아니라 '실존범주적인' '함께'다.[10] 범주적이라는 것은, 다소간 칸트적인 의미에서 단순히 형식적이라는 것을 뜻하며, '함께'와 '없이'를 구별하는 것밖에 하지 못한다(당신은 여기 나와 함께 있지만, 당신은 나 없이 다른 곳에 있을 수도 있다. 그리고 이 점은 당신이 여기에 —— 또는 거기에 —— 있다는 사실도, 당신은 당신이고 나는 나라는 사실도 전혀 변화시키지 않는다. 적어도 우리는 이러한 상황을 모종의 도구적이거나 작용적인 병치 —— 여기에서 여러분은 내가 말하는 것을 듣고 있다는 식의 —— 로 이해

---

8) [옮긴이] communsime은 'co-'와 'munire'의 어근으로 이루어져 있는데, 여기에서 'munire'는 '담을 둘러 쌓다', '방어하다'를 뜻한다. 반면 collectivité는 'co-'와 'ligare'의 어근으로 이루어져 있는데, 여기에서 'ligare'는 '묶다', '연결하다'를 뜻한다.

9) [옮긴이] "partes extra partes"는 문자 그대로 하면 "부분 바깥의 부분"을 뜻한다. 서로 아무런 내적 관계도 맺지 않은 가운데 물리적으로 병치되어 있는 부분들 사이의 관계를 가리킬 때 관용적으로 사용하는 표현이다. 이 표현은 데카르트의 기계론적 자연학에서 유래하는 것이다.

10) [옮긴이] 하이데거는 『존재와 시간』(Sein und Zeit)에서 '범주'와 '실존범주'(Existenzial)를 구별한다. '범주'가 일반적인 사물들의 존재규정(아리스토텔레스식으로 하면 실체, 속성, 양, 관계, 장소 등)이라면, '실존범주'는 일반적인 사물들과 구별되는 현존재의 성격을 나타내는 개념들이다. 『존재와 시간』에서는 '세계 내 존재', '마음 씀/염려'(Sorge), '심려'(Fürsorge), '처해 있음/심정성'(Befindlichkeit) 등이 실존범주로 간주되는데, 장-뤽 낭시는 『무위의 공동체』(La Communauté désoeuvrée)를 비롯한 여러 저술에서 '함께 있음'(Mitsein)을 하이데거의 중요한 실존범주로 제시한 바 있다.

할 수 있다고 믿는데, 이러한 병치는 우리 사이에서 아무런 '공동의 것'도 함축하지 않는다. 하지만 우리는 이러한 분석은 충분치 못하다는 것을 금방 깨닫게 되는데, 예컨대 우리가 버스 안에서 함께 있는 상황을 가정한다고 해도 충분치 못할 것이다). 실존범주적인 '함께'는, 당신도 나도 우리가 함께 있을 때와 떨어져 있을 때 동일한 자기 자신이 아니라는 것을 함축한다. 이는 '함께'가, [우리 자신의─옮긴이] 구성 자체 또는 (여러분은 이렇게 말하기를 원할 수도 있겠지만) 성향 자체에 속하며(그런데 정확히 말하면 여기에서 구성과 성향은 서로 겹친다), 각자의, 그리고 함께하는^{ensemble} '우리'의 '존재'에, 이렇게 말할 수 있다면 우리 마주침의 존재에 속한다는 것을 함축한다.

사실 하이데거의 원리, 즉 '본래적인' 것은 '비본래적인' 것의 변형된 포착에 불과하다는 원리('본래적인'과 '비본래적인'이라는 단어는 알다시피, 원래 '고유한'과 '비고유한'을 뜻하는 독일어 원어를 부적절하게 번역하고 있다)[11]에 따라, 실존범주적인 것은 다르게 이해되고 포착되고 사유되고 체험된 범주적인 것에 불과하다고 말해야 할지도 모른다. 병치는 병치로 남아 있을 뿐 포함, 내치^{內置, intraposition}, 통합이 아니다. 하지만 '병'^{juxta}과 '~의 곁에'의 의미는, 축약해서 말하자면, **존재의 의미에서 관계되어 있음**으로 변형된다.

실존범주적 '함께'에는 그 이상의 것이 존재한다. 이 경우에만 '우

---

11) [옮긴이] '본래성'과 '비본래성'의 독일어 원어는 'Eigentlichkeit'와 'Uneigentlichkeit'인데, 독일어에서 'eigen'이라는 어근은 '자기 자신의', '소유의', '고유한'의 의미를 지니고 있다. 낭시가 문제 삼는 프랑스어 번역어는 'authenticité'와 'inauthenticité', 그리고 형용사형으로는 'authentique'(단어 뜻 그대로 하면 '진정한')와 'inauthentique'('비진정한')이다.

리'라고 말할 수 있다. 더 정확히 말하자면, 만약 **우리**라는 것이 오직, 그리고 매번 하나의 **발화행위**^{speech act}라면, 오직 실존범주적으로 언표된 (사유되거나 감지된) '우리'만이 자신의 의미작용^{signifiance}을 **수행할** 수 있다. (이러한 의미작용^{signifiance}이 어떤 것인가에 관해서는 다른 데서 더 논의해 봐야 할 것이다. 그것은 적어도, '나란히 곁에'를 통과해서, 그리고 그것에 의해서 이행하는, 관계, 관련성의 의미작용^{signifiance}이다. 대담에서의 마주보기 — 더욱이 이것은 우선 우리에 앞선, 그리고 **우리** 안에서의 **너/나**를 함축한다 — 는 '함께'가 즉각적으로, 그리고 모든 존재자 사이에서 함축하는 일반적 관계[비록 말하는 존재자들만이 '우리'라고 말할 수 있는 유일한 존재자들이라고 해도, 그들은 …로 이해된 말하는 존재자들이 아니라 모든 존재자들에 대하여 이를 말해야 할 의무가 있다]의 한 경우에 불과하다.)

(사실 순전히 '나란히 곁에'라는 것이 존재하는지는 확실치 않다. 하나의 관계는 항상 이미 시작되었으며, 그 다음 '나란히 곁에'와 '얼굴을 마주하고'를, '더불어'와 '떨어져서'를 구별할 수 있게 해주는 것이 바로 그것이다.)

* * *

따라서 이제 다음과 같이 말할 수 있을 것 같다. **공산주의**는, 그것이 존재론적으로 공동으로-있음^{être-en-commun}인 한에서 실존의 **발화행위**다. 공동적인 것, 즉 관계의 존재론적 진리는 어떤 세계 '안에서'의 존재자들의 공동현존^{coprésence}을 떠받치고 있는 것 자체다(세계는 이러한 공동현존에 의해서만 이루어진다). '존재'는 결코 어떤 사물('존재자')이 아니라, 공동현존하는 존재자들의 존재다. 그리고 관계는 의미^{sens}라고 불리는 것과 다른 무엇이 아니다.

공동적인 것의 진리는 의미인데, 왜냐하면 의미는 어떤 것에서 다른 것으로 갈 수밖에 없기 때문이다. 의미는 항상 '상식/공동 의미'$^{sens\ commun}$인데, 비록 그것이 이 표현에 일차적으로 주어지는 의미들 중 하나가 아니라 해도 그렇다(그것은 일방통행로$^{sens\ unique}$가 아니다).[12] 의미의 자리로서 공동적인 것의 진리는 고유한 것^{propre} 또는 고유성이다. 만약 '자아'에 고유한 의미가 타자들을 통과함으로써만 생겨날 수 있는 것이라면, 어떻게 '고유한' 의미가 도래할 수 있을까?(이는 언어에서 고유한 의미 또는 비유적 의미에 관해 제기될 수 있을 법한 동일한 질문이다.) 만약 소유/속성/고유성이 소유가 아니라 어떤 소유물의 '고유한' 전유^{專}$^{有,\ appropriation}$라면, 이는 소유/속성/고유성이 나의 '고유함'에서 다른 것들로 나아가는 어떤 의미 속으로 진입하기 때문이다. 이 때문에 이는 권리/올바름^{droit}의 문제이지만, 단 권리/올바름이라는 단어의 가장 심층적인 의미에서 그러하다. 즉 권리/올바름이란, 규칙들의 집합이 되기 이전의 의미의 공간의 발명인 것이다.

마르크스는 그가 '개인적 소유/속성/고유성'이라고 명명한 것, 즉 그가 '사적 소유/속성/고유성' 및 '집합적 소유/속성/고유성'과 구별했던 어떤 소유/속성/고유성으로의 길을 열어 놓고 싶어 했다.[13] '사적'과 '집합적'

---

12) [옮긴이] 프랑스어의 '상스'(sens)라는 단어는 영어의 sense와 마찬가지로 '감각', '의미'를 뜻하기도 하지만, '일방통행'(sens unique)이라고 할 때처럼 '방향'이라는 뜻도 지니고 있다. 낭시의 논점은 자신이 말하고자 하는 '의미'라는 개념이 '방향', '통행로'라는 뜻을 담고 있지는 않지만, 그 자체로 '공동 의미'라는 뜻을 담고 있다는 점이다.

이라는 것은 양자 모두 법의 영역에 준거하는 것이며, 법이 이 양자를 미리 규정해야 한다. 이 법은 형식적이고 외재적인 연결^{liens}만 알고 있을 뿐이다. 하지만 법은 내가 방금 전에 언급했던 가장 기원적인 권리/올바름에 의해서만 가능한 것이다. 즉 주체들을 서로서로에 대해 배치시키는 의미의 도래가 바로 그것이다. 마르크스의 '개인적' 소유/속성/고유성은 법에 의해 귀속되는 소유/속성/고유성이 아니라 주체의 '고유함'에, '고유함'으로서의 주체 자신에, 즉 주체들 사이의 관계 속에서(그리고 말하는 주체든 아니든 간에 모든 존재자들과 함께 의미를 만드는 것을 가능하게 하는 관계 속에서) 의미의 축으로서의 주체 자신에 준거하는 소유/속성/고유성을 지칭하고 싶어 했다.

　　주체는 '고유화'^{propriation}라고 부를 수 있는 것의 역량을 지칭한다. 이때 고유화란, 그것 자체로 본다면, 어떤 것을 소유하는 것과 무관한 어떤 관계 또는 연결, 관련, 소통에 참여하는 것이다. 게다가 이러한 관계는 또한 우리가 보통 소유하는 대상들과도 이루어질 수 있는데, 이러한 관계에서 이 대상들은 더 이상 어떤 '주체'의 '대상들'이 아니라, 그것들 자체가 다른 주체들의 위치에 놓이게 된다(돌, 탁자, 병은 고유한 의미에서는 나의 대화 상대방이 될 수 없겠지만, '비유적' 의미에서 본다면 그것들 자신이 자신의 '고유함'을 새로운 가능성들로 이끌어 간다…). 나는, 내 자신이 관계(내가 **소통함**으로써 **관여하는**)에 참여하는 한에서 **고유하다** 또는 **고유화되어** 있다. 즉 내가 공동적인 것 안에 있는 한에서, 요컨대

---

13) [옮긴이] 마르크스 자신은 낭시처럼 propriété(독일어로는 Eigentum)라는 개념을 복합적으로 사용하지는 않지만, 앞의 번역과의 일관성을 위해 여기에서도 '소유/속성/고유성'으로 번역했다.

내 자신이 공동적인 한에서, 즉 내가 의미 속에, 그리고 교환 속에 있는 한에서, 내 자신이 의미되고 교환되는 한에서, 내 자신이 사실은 의미와 교환의 원천이자 축이면서 또한 의미와 교환에서 유래된 것인 한에서, 나는 **고유하다** 또는 **고유화되어** 있다.

프로이트가 '자아'는 거의 점과 같은 작은 원반이라고, 세계의 다른 존재자들(프로이트는 여기에서 다른 인간들을 염두에 두고 있지만, 인간이 동물이라는 것을 누구보다 잘 알고 있다…)의 총체와 다르지 않은 거대한 **이드**(그것)^{ca}의 표면에 솟아 있는, 거의 점과 같은 작은 원반이라고, 계란 노른자 위에 있는 배반胚盤 같은 것이라고 설명할 때, 그는 우리에게 이를 가장 적절하게 보여 주고 있다. 고독 속에서조차 나는 세계 전체로부터 이루어지는 것인데, 이는 세계가 '나'와 함께 또는 '내' 안에서 새로운 의미의 지점, 감수성, 감정, 의미작용^{signifiance}의 지점을 발견하는 한에서 그렇다.

따라서 **공산주의**는 모든 독특성들 또는 주체들, 즉 모든 예외들의 공동의 조건을 지칭한다. 예외들은 규칙으로부터가 아니라 자기 자신으로 폐쇄되어 있는 순수한 내재성의 비감성적이고 비의미적인 무구별로부터 자신들을 제외시킨다. 따라서 공동적인 것은 실존자들의 기저에 놓여 있는 것이 아니다. 실존은 침묵하고 폐쇄되어 있는 비실존하는 무에 대한 예외로서만 존재한다. 공동적인 것은 비공동적인 것의 조건인데, 이러한 비공동적인 것들의 연관망이 세계를 이루고 의미의 가능성을 이룬다.

그러므로 공산주의는 정치에 속하는 것이 아니다. 그것은 정치에 대하여 절대적인 선결조건을 제시한다. 그러한 조건은 바로 공동적인 것 그 자체에 공동적인 공간, 즉 사적인 것도 아니고 집합적인 것도 아니고, 분리도 아니고 총체성도 아닌 공간을 열어 놓는 것, '공동적인 것' 그 자체의 완성을 허락하지 않고서, 그것을 실체화하거나 주체로 만들지 않고서 열어 놓는 것이다. **공산주의는 정치의 활성화 및 한정의 원리다** (예전에는 정치는 공동적인 것, 공동적인 것이라고 가정된 존재를 떠맡는 것이라고 사고되었다).

이 지점에서 ~주의에 대해 문제제기하는 것이 필수적인 일이 된다. 이러한 형태의 모든 접미사는 표상의 체계 및 (마르크스적인 의미만이 아니라 또한 한나 아렌트적인 의미에서의 '**이데올로기**'인) 이데올로기화의 형식을 함축한다. '**데카르트주의**'는 데카르트의 원초적인, **고유한** 운동의 체계화이자 이데올로기화다.

나는 여기에서 사람들이 아주 이상한 방식으로 '**현실 공산주의**'라고 불러온 것에 대해 토론하고 싶지는 않다. **공산주의**는 항상 이데올로기가 될 위험에 노출되어 있으며, 이 때문에 자신의 ~**주의**를 해체하도록 노력해야 한다. 공동적인 것마저도, 코뮌까지도 불안정하지 않게 남아 있어서는 안 되며, 확정된 형태를 취하고 표상/재현을 제시하려고 하는 것이어서는 안 된다. 오직 **함께**^{cum~14)}로 남아 있어야 한다. 쿰이라는 라틴어 전치사^{préposition}는 보편적인 선-정립^{pré-position}으로, 모든 실존, 모든 실존의 배치의 전제로 간주된다.

---

14) [옮긴이] 'cum'이라는 라틴어는 단독으로 쓰이면 주로 '~와 함께'(영어의 with나 프랑스어의 avec처럼)라는 뜻으로 쓰이는데, 접두사로 쓰일 경우 이것은 communism이나 community, common 등의 단어에 포함된 'com~'이라는 접두사의 라틴어 어원에 해당한다.

이것은 정치학이 아니라 형이상학인데, 단 형이상학이라는 말은, 니체와 하이데거가 이 말에 부여한 고정된 의미와 다른 뜻을 지니는 것이다. 아니면 여러분이 원한다면 존재론이라고 해도 좋다. 존재한다는 것, 그것은 함께^{cum} 존재한다는 것이다(내가 이 글을 쓰고 있는 바로 이 순간 나는 햇볕을 쬐면서 마드리드 광장에서 열광적인 축구팬들의 함성과 노랫소리에 둘러싸여 있다. 이들은 공동적인 것에 관한 기호들과 문제들, 감각들과 정서들로 넘치는 다중이다…).

하지만 이것(이 함께)은 정치에 대하여 다음과 같은 문제를 제기한다. 어떻게 사회와 정부, 법에 관하여 사유할 것인가? 단 이것들에게 **공동적인 것을 완수하려는 목표를 할당하지 않고 단지 공동적인 것이 도래하게 하고, 공동적인 것이 자신의 기회, 의미 ── 유일하지도 않고 최종 심급에서 의미화할 수 있는 것도 아니며 **공동 의미$^{sens\ commun}$인**, 즉 공동적인 것의 의미를 전달하는 것이 아니라 반대로 더 많은 의미의 순환(예술, 사랑, 사고)에 자신의 공간을 재개방하는 의미 ── 를 만들 수 있는 자신의 고유한 가능성을 영위하게 할 수 있으리라는 희망과 노력 속에서만 어떻게 사유할 것인가? 소유물의 순환이 아닌 속성들/고유성들의 순환, 나눔. 나의 속성/고유성 또는 나의 고유함이 그것의 참여 자체로 인해 고유하게 될 때 이루어지는 순환, 나눔. 정확히 말하면 바로 이것이 때로는 '우정'으로, 때로는 '사랑'으로 또는 '신뢰', '충실성' 또는 '존엄성'으로, 때로는 '예술', 때로는 '사유', 때로는 심지어 '삶' 또는 '삶의 의미'라고 불리는 것이다. 이 모든 이름에는, 다양한 양상과 음조에 따라, 항상 공동적인 것을 위한, 공동적인 것에 의한, 공동적인 것 속으로의 참여가 존재한다.

＊　＊　＊

　　만약 공산주의의 문제가 사적인 것도 아니고 집합적인 것도 아니지만, 개성적인personnelle 것과 동시에 공통적인 것인 —— 공동적이기 때문에 개성적이며, 개성적이기 때문에 공동적인 —— 소유/속성/고유성의 문제라면, 다음과 같은 이중의 문제가 제기된다.

　　1. '개성적'('개인적'이라고 말하지 않기 위해 이렇게 표현하겠다)이면서 동시에 '공동적'이라는 사실은 무엇을 의미하는가? 우리는 '공동체의 개성'과 '개성들의 공동체'를 어떻게 이해할 수 있는가? 또는 다른 식으로, 좀 더 긴요한 방식으로 말해 보자. 독특성들/단일성들singularités[15]의 공동적인 것과 공동적인 것의 독특성/단일성은 매번 독특하게/단일하게 재연再演되는가?

　　2. 공동적-개인적 소유/속성/고유성이라는 영역 위에서 부와 가난을 어떻게 사고할 것인가? '독특한/단일한' 것은 정확히 그 소통의 행위 자체 속에서 **고유한** 것을 지칭하기 위한 단어일 것이다. 가령 우리가 어떤 목소리의 독특한/단일한 음색에 대해 말할 때, 우리는 (그것들 역시 독특한/단일한 듣는 귀들에게…) 듣고 경험하게끔 주어진 것으로서의 이 목소리를 절대적으로 구별해 주는 것에 대해 말하는 것이다.

　　첫 번째 질문에 대하여 나는, 내가 조금 전에 선취했던 바와 같이,

---

15) [옮긴이] 프랑스어에서 singularité는 '독특한'이라는 뜻과 아울러 '단일한', '유일한', '단수의' 등의 뜻을 지닌다. 뒤의 논의에서 볼 수 있듯이 낭시는 '독특한'이라는 뜻과 함께 '단일한'이라는 의미를 함께 활용하고 있기 때문에 이처럼 번역하였다.

복수적 단수/독특한 복수^{singulier pluriel}라고 다른 곳에서 말했던 것[16]은 두 가지 의미로 이해되어야 한다고 답변하고 싶다. 한편으로 이는 하나와 다수의 역설적인 연결을 나타내는데,[17] 이 역설은 라틴어 **싱굴리**^{singuli}에서 해소된다. 이 라틴어 표현은 복수로만 존재하는 것인 '하나하나씩'을 의미하기 때문이다. 다른 한편으로 이는 기묘한, 비정형적인^{atopique[18]} '복수'라는 의미를 지니는데,[19] '독특한'이라는 것이 분산되고 병치된, 서로 외재적이면서 잇달아 놓여 있는 단순한 복수 내지 다수가 아니라, 관계들, 반송들, 주소들의 복수성을 가리키기 때문이다.[20]

부와 가난이라는 주제의 경우, 문제는 일견 명백한 듯하다. 부는 실존의 **공동성**이 요구하는 것(일반적인 것, 평범한 것) 이상을 소유함을 의미하며, 가난은 그 이하를 소유함을 의미하는 것이다. 최초의 공동적인 (공산주의적인) 명령은 명백히 정의의 명령이다. 즉 공동(모두)에게 공동적인 것(일반적 평등)이 요구하는 것을 주는 것이 바로 그것이다. 이러한 요구는 간단하고 자명하면서도(어떤 의미에서 이것은 인권 속에 포

---

16) [옮긴이] Jean-Luc Nancy, *Être singulier pluriel*, Galilée, 1996.

17) [옮긴이] 이런 뜻을 고려하면, 이 문구는 '복수적 단수'로 번역할 수 있다.

18) [옮긴이] 그리스어 topos는 '장소'를 뜻하는데, 수사법에서는 전형적인 문구나 표현들을 가리킨다. atopos는 단어 뜻 그대로 하면 '장소 없음' 내지 '자리 없음'이 되지만, 수사법적 의미에 비추어 생각하면 '전형적이거나 상투적이지 않은'을 뜻한다. 이런 점을 고려하여 '비정형적인'이라고 옮긴다.

19) [옮긴이] 이렇게 이해된다면, 이 문구는 '독특한 복수'로 번역할 수 있다.

20) [옮긴이] 이 문장에서 '관계들, 반송들, 주소들'의 원어는 'rapports, renvois, adresses'인데, 이 세 가지 단어는 다의적인 의미를 지니고 있어서 하나로 번역하기가 거의 불가능하다. 'rapport'는 '관계'라는 뜻으로 가장 많이 쓰이지만, '보고'나 '이야기'라는 뜻으로도 많이 쓰인다. 또한 'renvoi'는 우편물이 반송되는 것을 가리키지만, 또한 '해고'나 '면직'을 뜻하기도 하며, '참조'나 '준거'라는 뜻도 있고, '지연'이나 '연기'를 의미하기도 한다. 그리고 'adresses'는 '주소'가 일반적인 뜻이지만, '항목'이나 '표제'를 의미하기도 한다.

함되어 있지만, 다른 시각에서 보면 논의의 여지가 있을 수 있다) 동시에 불분명하다. 즉 욕구에서 욕망 또는 소망으로 나아가면 명백하고 간단한 구별은 존재하지 않는다. 따라서 다른 식으로 사고해야 한다. '욕구'의 일차적 수준과 그 '충족'을 제기하는 것으로는 충분치 않다. 우리가 당연히 만족의 최저치를 부여해야 한다고 해도 그렇다. 하지만 우리는 또한 각각의 욕구 안에는 그 욕구의 진정한 본질로서 무한한 것이 포함되어 있다는 점을 고려해야 한다. 욕구는 어떤 것(빵, 물, 공간 같은 것)을 전유하려는 충동이지만 또한 그에 못지않게 더는 하나의 사물이 아닌 것, 아마도 무한과 다르지 않은 것(끝나지 않는 먹기의 기술, 환상 속의 액화燃料, 무한한 확장…)을 향한 자극이기도 하다.

이 지점에서 우리는 ── 다시 한 번… ── 자본주의, 즉 사물들(이것들은 축적될 수 있는 것[그 이름은 '화폐'다]이라는 척도에 따라 측정된다는 점에서 모두 등가적이다. 그리고 화폐 자체는 돈 벌기의 끝없는 과정으로 간주된다)의 끝없는 축적으로 간주된 무한성에 가까워진다. 자본주의는 무한이라기보다는 끝없는 것이다. 또는 **자본** 그 자체의 끝없는 생산으로 간주된 무한이다.

이처럼 무한을 끝없는 것으로서 규정하는 것은 말하자면 문명의 선택이었다. 어떤 시기(분명히 몇 세기에 걸친, 심지어 사실은 그리스 시대에서 12세기에 이르는)에 서양 문명은 끝없음을 선택했다(동시에 서양 문명은 무한으로 개방되었는데, 이러한 무한에 대한 최초의 정식 중 하나는 "나의 내밀한 내면보다 더 내적인"interior intimo meo[21]이었는데, 이것은 실로 내면성의 발명 자체였다). 이 시기 동안 각각의 실존 속에 포함된 절대자로 주어진 무한은 끝없는 축적 과정으로 변모되었다. (하지만 양자[무한과 끝없음]를 간단히 대립시키고, 끝없음을 무한의 배반으로 표상하고자 시도하는 것은 여의치 않은 일이다. 운동은 훨씬 더 복잡했으며, 내면성은 축적하는 외면성으로 열리지 않은 채로는 발견되지 못했을 것이다.)

물론 이는 부의 변화에 상응하는 것이었다. 축장적이고 '과시적인'glorieuse 또는 내세우는 부에서 축적되고 투자되는 부, 자기생산적인 부로 전환이 이루어졌다.

시장 조절만으로는 충분치 않다고 결론 내릴 수 있을 것이다. 감당해야 할 도전은 단지 생산-소비의 체계를 정비하는 —— 또는 '관리하는' —— 것에만 있는 게 아니다. 도전은 부, 따라서 가난의 의미작용 내에 있다. 부와 가난은 축적/손실(부유화/궁핍화)일 수도 있고 '과시'/겸손 humilité일 수도 있다('겸손한 이들'humbles이라는 도덕적 표현이 가난한 이들을 가리키는 명칭이 된 방식을 생각해 보라).

아마도 과시와 겸손은 부와 가난이라고 명명될 수 없을지도 모르겠다. 이 용어들은 플러스와 마이너스로서 서로 연결되어 있는 게 아니라, 말하자면 황금 제단 앞에 거친 승복을 걸치고 있는 수도자와 같이 연결돼 있다. 또는 베토벤 4중주 음악을 듣는 나 자신과 같이 연결돼 있다.

아마도 이러한 연관(이것의 고유명('고유성'?)은 숭배 내지 예찬이며, 이는 일종의 기도임과 동시에 사랑을 명명하는 것이다)은 결코 사회 속에서 그 자체로 나타날 수는 없었을 것이다. 또는 항상 이미 부와 가난의 대립과 섞여 있거나 그러한 대립으로 전환되어 왔을 것이다. 하지만 사

---

21) [옮긴이] 이것은 아우구스티누스의 『고백』 3권 6장에 나오는 문구다. 나의 가장 깊은 내면에 있는, 나 자신의 내면보다 더 내적인 존재가 바로 신, 하나님이라는 뜻이다.

실 부/가난의 쌍은 그 자체로, 그리고 철학적이면서 도덕적이고 종교적인 주제 내지 모티프로서 정확히 전자본주의 시기에, 플라톤── 돈벌이를 추구하는 소피스트에 대한 그의 비판──과 그리스도── 부자들에 대한 그의 신랄한 비난──사이의 고대 시기에 형성되었다. 이 시대는 더 이상 영예로서가 아니라 반대로 대표적인 거짓된 광휘로서 사고된 부에 대한 비판이 이루어진 첫 번째 시대, 아마도 어떤 의미에서는 마지막 시대였을 것이다.

* * *

우리의 문명은 정신분열적이다. 우리 문명은 자신의 바로 그 가치, 그것에게 고유한 가치(돈)를 거짓된 가치로 사고한다.

소유^{propriété}의 문제는 고유한 속성/고유성^{propriété}의 문제이며, 이것은 바로 그 '개성'에, 고유한 독특성에 속하는(누가 속하는가? 누가 준거하는가?) 것이다. 즉 '영예로운/과시적인' 고유한 '부'에 속하는 것이다. 광휘, 확장, 관대함인 이것은 요컨대 '감각/의미'와 다른 것이 아니며, '고유한' 감각/의미는 이러한 독특성에 의해 일어나며, 이러한 독특성이다. 오직 바로 이러한 소유/속성/고유성만이 또한 공동적일 수 있다. 이러한 소유/속성/고유성은 사적인 것으로서는 의미를 만들지 못할 것이다(한 사람만을 위한 의미는 의미가 아니다). 이러한 소유/속성/고유성은 집합적인 것으로서는, 집합성을 단 하나의 것^{seul}으로서, 하나의 기계적 단위로서 취급하게 될 것이다. 소유/속성/고유성이라는 것은 공동적인 것 속에서 도래할 수 있다.

공동적인 것은 존재의 고유성propriété 또는 고유화propriation를 말하는 데 적합한 단어다. 더 정확히 말하면, 어떤 존재자가 존재하게/그것이게 해주는 이러한 존재의 고유화를 말하는 데 적합한 단어일 것이다. 그것은 공동적인 것으로서만 '존재할/그것일' 뿐이다.

이는 한 가지 '가설'이 아니다. 이는 '존재'l'être 또는 더 정확히 말하면 '있음/~임'être의 주제에 관한 보충적인 사변이 아니다. 우리가 있음/~임을 순전히 사물로 또는 일종의 '존재'로 사고하는 한, 그것은 불가능한 것이다. '있음/~임'은 사물이 아니며, 비-사물, 아무것도 아님이다. 그것은 어떤 사물도 아'니며'[22](우리가 이렇게 말할 수 있다면), 또는 어떤 사물도, 어떤 종류의 사물도 지칭하지 않는다. '있음/~임'은 다른 존재들 내지 사물들 사이에서 발견될 수 없다. '있음/~임'은 모든 존재자의 공동적인 특징을 의미한다. 이 공동적인 특징은 그 자체로는, 그것들이 '있다/~이다'는 단순한 사실과 다른 어떤 것이 아니며, 그 사실 이상의 것이 아니다. 그것들? 그렇다. 모두, 전체, 모든 사물…

결과적으로 공동적인 것은 존재자들의 속성 내지 성질인 어떤 '공동성/공동체'communauté와는 무관하다. 공동적인 것은 존재자들 사이의 공간의 열림을 지칭하며, 이 공간이 자신을 열어 놓고 다시 열어 놓는, 그러면서 또한 자신을 변화시키고 변형하는, 때로는 자신을 가두기도 하는(하지만 결코 고립되어 있는 단 하나의 유일한 '존재자'가 자신이 고립되는 바로 그 순간 사라져 버리게 만들 정도의 극한까지 가두지는 않는),

---

22) [옮긴이] 이 문장에 해당하는 원문은 "il 'est' … aucune chose"이며, 영어로 하면 "it 'is' no thing"이다.

무한정한, 아마도 무한한 가능성을 지칭한다.

공동적인 것은 공간, 공간 내기, 거리와 가까움, 분리와 만남을 의미한다. 하지만 이러한 '의미작용'은 하나의 의미작용은 아니다. 이것은 정확히 말하면 의미작용 너머로 자신을 열어 놓는다. 이런 한에서 '공산주의'는 의미작용을 갖지 않으며, 의미작용을 위반하고 넘어서며, 벗어난다고 말할 수 있을 것이다. 우리가 있는 여기, 저기에서.

진태원 옮김

10장

공산주의
: 개념과 실천에 관한 몇 가지 사유들[1]

안토니오 네그리

역사유물론의 토대에는 역사가 계급투쟁의 역사라는 단언이 놓여 있다. 역사유물론자가 계급투쟁을 연구할 때, 그녀/그는 정치경제학 비판을 통해 연구한다. 정치경제학 비판은 계급투쟁의 역사의 **의미**가 공산주의, 즉 "사물들의 현재 상태를 폐지하는 진정한 운동"(마르크스, 『독일 이데올로기』)이라고 결론짓는다. 여기서 중요한 것은 이 운동의 **내부**에 머무르는 것이다.

　사람들은 종종 [『독일 이데올로기』의] 이 단언이 역사철학의 표현

---

1) [옮긴이] 이 글의 원제는 'Comunismo: qualche riflessione sul concetto e la pratica'로 '공산주의: 개념과 실천에 관한 몇 가지 성찰'이다. 원래 영문을 기초로 번역을 한 후, 이탈리아어로 대조했다. 따라서 영문 번역본과 다른 점이 있음을 미리 짚어 둔다. 그러나 문단 구성은 다른 글들과 마찬가지로 영문본을 따랐다. 원문은 다음에서 찾을 수 있다. www.sinistrainrete.info/teoria/450-materiali-resistenti-tracce-della-resistenza-umanaper-un-planetarismo-antiglobalista. html.

이라는 것에 반대한다. 그러나 나는 비판의 정치적 의미가 역사적 **목적**^{telos}으로 잘못 받아들여져서는 안 된다고 생각한다. 역사에서 생산력들은 보통 사회적 관계들과 제도들을 생산하며, 이것들이 생산력들을 담지하고 지배한다. 이것은 분명한 것처럼 보이며, 모든 역사적 결정론에 기입되어 있다. 그렇다면 왜 누구나 이러한 상황을 뒤집을 가능성이, (작동하고 있는 계급투쟁의 의미를 좇아) 생산력을 자본주의적 생산관계들의 명령으로부터 해방시킬 가능성이 역사적 환상^{illusione}, 정치적 이데올로기, 혹은 형이상학적 허튼소리[무의미]로 간주되는 것일까? 우리는 전혀 그렇지 않다는 것을 증명하려고 노력할 것이다.

1.

공산주의자들은 역사가 항상 계급투쟁의 역사라고 상정한다. 어떤 사람들은 이런 입장을 지지할 수 없다고 본다. 그들이 보기에는 역사가 너무 이미 결정되어 있고 이제는 자본에 의해 완전히 지배되었기에 역사가 계급투쟁의 역사라는 상정은 효과가 없고 검증할 수 없기 때문이다. 왜냐하면 역사는 자본에 의해 결정되고 지금은 전적으로 지배되고 있어서 그러한 가정이 효력이 없고 검증도 불가능하기 때문이다.

하지만 그들은 자본이 항상 **권력관계**(세력관계)라는 것을 잊고 있다. 자본은 견고하고 압도적인 **헤게모니**를 조직할 수도 있지만, 이 헤게모니가 항상 권력관계 내부에서의 특수한 명령의 기능이라는 점을 망각하고 있다. 자본의 개념이든, 이것의 역사적 변종이든 자본은 프롤레타리아트가 부재할 때에는 실존할 수 없을 것이다. 프롤레타리아트는 자본에 의해 착취당하면서도 자본을 생산하는 항상 산 노동이다. 계급투쟁은 사장과 프롤레타리아 사이에서 표현되는 권력관계[세력관계]다. 즉, 이 관계는 착취와 자본주의적 지배 사이에서 확장되며, 이윤의 생산과 유통을 조직하는 제도들에서 확립된다.

다른 사람들은 역사가 단순히 계급투쟁으로 환원될 수 없다고 주장하는데, 이는 '사용가치'가 영구적으로 존속한다고 상정하는 것이다. 그들은 사용가치를 노동력의 가치로, 또는 인간 노동을 에워싼 자연 및 생태학의 가치로 간주한다. 이러한 상정은 자본주의 발전에 대한 설명으로 근본적으로 부적절할 뿐만 아니라, 현재의 자본주의의 형태에 대한 기술로도 확실히 잘못된 것이다.

자본은 생활세계 전체를 정복하고 뒤덮고 있으며, 그 헤게모니는 전반적globale이다. 나로드니키narodniki가 들어설 여지는 전혀 없다! 계급투쟁이 전개되는 것은 여기, 즉 '지금 실존하는 전제들로부터'이지 다른 상황하에서가 아니다. 즉, 계급관계는 이런 역사적 결정(역사 결정론)과 (고용주뿐만 아니라 프롤레타리아의) **주체성**의 새로운 **생산**에서 구축된다.

먼저, 이러한 맥락에서 더 이상 '외부'가 없고, 그 투쟁(투쟁뿐만 아니라 투쟁 중인 주체들의 일관성consistenza까지도 포함하는)이 이제 완전히 '내부'가 되었다는 점에 주목해야 한다. 더 이상 '사용가치'의 유사물rimembranza이나 반영은 없다. 우리는 '교환가치'의 세계에, 그리고 그 잔인하고 맹렬한 현실에 완전히 빠져 있다.

역사 유물론은 교환 가치가 왜 그리고 어떻게 계급투쟁의 중심인지를 설명한다. "예를 들어 부르주아 사회에서는 노동자가 객관성 없이 순전히, 주관적으로 놓여 있다. 그러나 그의 **맞은편에 놓여 있는 것**[교환가치의 축적 —네그리의 추가]이 이제 **진정한 공동체**^{das wahre Gemainwesen}[보존하는 공동체]가 된다." 프롤레타리아트는 "공동체^{Gemainwesen}를 제 것으로 만들려고 하지만, 오히려 공동체가 이들을 삼켜 버린다."[2]

분명히 그렇다. 하지만 이 대안적 전유 —노동자의 전유에 맞선 자본가의 전유—에서 자본은 분명히 하나의 관계로 나타난다. 공산주의는 프롤레타리아가 '게마인베젠'^{Gemainwesen}, 즉 진정한 공동체를 재전유하기 위한 자신의 목표로 삼고, 그것을 새로운 사회의 질서로 전환하려고 할 때, 구체적으로 형상화되기^{configurarsi} 시작한다.

그러므로 교환가치는 매우 중요하다. 교환가치는 노동, 화폐 그리고 심지어 자본의 단순한 유통[순환]으로 더 이상 거슬러 올라갈 수 없는 방식으로 공고해진 공통의 사회적 현실이다. 그것은 이윤으로 전환된 잉여가치, 축적된 이윤, 토지와 부동산에서 나온 지대, 고정자본, 금융, 1차 자원[원료]의 축적, 대지로 그리고 그 다음에는 우주공간으로 발사된 생산적 기계와 장치들, 커뮤니케이션 네트워크, 그리고 —마지막이자 특히— 화폐, 즉 거대한 공통의 패러다임이다. "[화폐] 그 자체가 공동체^{Gemainwesen}이며, 자신보다 더 우월한 공동체를 견딜 수 없다."[3] 여기에 역사적 결정이 있다. 교환가치는 이미 공통의 형태로 주어진다. 게마인베젠^{Gemainwesen}으로서. 그것이 바로 여기이며, 그것이 세계이며, 이것 외에는 다른 아무것도 없고, 외부도 없다.

예를 들어, 금융의 세계를 생각해 보자. 누가 금융의 형태에서 화

---

2) Marx, *Grundrisse*, Notebook V, trans. M. Nicolaus, London: Pelican, 1973, p. 496.

3) Ibid., Notebook II, p. 223.

폐 없이 뭔가를 하겠다고 생각할 수 있을까? 화폐는 과거의 하이마트 *Heimat*(조국)를 대신해 공통의 대지가 되었다. 점유가 **공유지**로 조직되었을 때인 '고딕 시대' 말기에 사람들을 고르게 조직했던 조국을 대신해서. 그 공유지와 그 토지는 이제 자본가들의 수중에 있는 교환가치다. 만약 우리가 이 토지를 되찾고 싶다면, 우리는 [자본가들의 수중에 있는 교환가치인] 이 토지 속에서 그것을 위한 조건들을 되찾는다. 즉, 교환가치에 의해 더럽혀진 자본주의적 전유의 정점에서 말이다. 어떠한 순수함과 순진함에 대한 환상도 없이.

스피노자가 히브리 국가에서는 국가설립 50주년에는 모든 빚이 탕감되고 시민의 평등이 회복되었다고 말했을 때, 또는 마키아벨리가 평민들의 토지 재전유가 또한 민주적 과정을 갱신했기 때문에 농지법이 로마 공화국에 새로운 생명을 주었다는 사실을 주장했을 때, 그들은 자연과 민주주의로 돌아갈 수 있다는 환상에 붙잡혀 있었다.[4]

하지만 우리에게는, 노동력의 해방을 규정하는 것과 공산주의자라는 것은 기원[독창]적인 것도 민주적으로 바람직한 것도 아니고 오히려 거꾸로 우리가 피나는 노고를 통해 그것[공통의 현실]을 재생산한 후에 권력으로서 우리에게 대립해 있는 것인 공통의 현실의 재전유를 요구한다.

하지만 낙담하지 말자. 그람시가 계급투쟁에 대한 그의 독해에서

---

4) Niccolò Machiavelli, *Discourse on Livy*, London: Penguin, 2007, Book I, Chapter. 27, p. 99; Benedict de Spinoza, *A Theological-political Treatise*, Cambridge: Cambridge, 2007, p. 216.

10장_공산주의: 개념과 실천에 관한 몇 가지 사유들 293

우리에게 가르쳤듯이, 역사유물론은 계속된 **변신**^{metamorphosis}, 혹은 오히려 기술과 자본주의적인 사회적 조직화의 프롤레타리아적 사용에서 얻어진 상이한 경험들을 통해 노동자의 특성의 인간학을 포착하도록 제안한다.

이는 새로운 물음을 도입한다. 왜냐하면 노동자가 투쟁 속에서 그녀 자신을 변화시킴에 따라, 자본에 진정한 **변신**을 부과하기 때문이다. 투쟁의 시기^{epochs} 혹은 투쟁의 순환이라는 게 있다면, 그 존재론적 일관성은 그러한 인간학적 토대에 비추어서 측정된다. 그 어떤 자연도, 그어떤 동일성도, 그 어떤 젠더나 인종도 자본과 노동자 사이의 관계의 변형의 운동과 역사적 변신에 저항할 수 없다. 다중은 이런 동력학에 의해 형성되고 항상 재-규정된다. 이는 또한 계급투쟁에 있어서의 시간의 정의에도 들어맞는다. 계급투쟁이 주체성의 생산과 변형으로서 등장할 때, 혁명적 과정은 장기적인 시간성, 대항권력의 존재론적 축적, 프롤레타리아적 '이성'의 물질적 힘에 대한 '낙관주의', 연대로 생성변화하는 욕망, 항상 이성적인 사랑, 그리고 스피노자를 좇아서, [의지의 '낙관주의'와 관련되어 한 말인] '의지의 비관주의'를 띤다. 자유의 정치적 구조들의 구축을 위해 열정들이 동원될 때 스피노자는 말했다, '조심하라!' 우리를 안내하는 것은 반란의 우발적인 출현, 캄캄한 밤에 빛의 길을 새겨서 보여 줄 수 있는 신의 희망의 불꽃이 아니다. 우리를 인도하는 것은 조직화라는 끊임없고 비판적인 노력과 작업, 봉기에 수반되는 위험의 계산이다. 철학적 상상력은 현실^{the real}에 색깔을 입힐 수 있지만, 역사를 만드는 노력을 대체할 수는 없다. 즉, 사건은 항상 하나의 결과이지, 결코 출발점[기원]이 아니다.

2.

공산주의자라는 것은 국가에 반대한다는 것을 의미한다. 국가는 자본을 구성하고 자본가와 프롤레타리아 노동력 사이의 갈등을 규율하는 관계를 항상 정규적으로, 그렇지만 항상 예외적으로 조직하는 힘이다.

　이렇게 국가에 반대한다는 것은 **사적** 소유와 생산수단의 **사적** 소유가 무엇보다 노동력의 **사적** 착취와 자본의 순환의 **사적** 통제 같은 모든 조직화 양식에 반대하도록 방향이 정해져 있다. 하지만 이는 또한 **공적인 것**, 즉 노동 역량potenza의 소외를 초래하는 모든 조작의 **국가적**이고 **국민적인** 배치에 반대하는 것이기도 하다.

　공산주의자라는 것은 공적인 것이 노동 ── 우리의 경우에는 공통common 노동 ── 에 대한 소외와 착취의 한 형태라는 인식을 수반한다. 그렇다면 공적인 것이란 무엇인가? 위대한 루소가 말했듯이, 공적인 것은 사유 재산의 적이며, "아무에게도 속하지 않은 것"(장 자크 루소, 『인간 불평등 기원론』 2부)이다. 그러나 이것은 모두에게 속한 것을 국가에 귀속시키는 궤변일 뿐이다. 국가는 말한다. "당신이 공통적인 것the common을 만들었고, 공통으로in common 공통적인 것을 생산했고, 공통으로서as common 공통적인 것을 발명했고 조직했다는 사실에도 불구하고, 공통적인 것은 당신에게 속하는 것이 아니다"라고. 국가에 의한 공통적인 것의 해방, 다시 말해 우리 모두가 생산했고 그렇기에 우리에게 속한 것의 해방은, 이제부터는 경영, 위임, 대표… 라는 이름으로 진행될 것이다. 공적 프래그머티즘의 무자비한 아름다움이여!

　따라서 공산주의는 사회주의의 적이다. 왜냐하면 사회주의는 프롤레타리아의 역량potenza을 소외시키는 이 두 번째 모델의 고전적 형태이기 때문이며, 프롤레타리아의 주체성 생산의 왜곡된 조직화를 요구하기 때문이다. '현실 사회주의'의 도착the perversions은 한 세기의 계급투쟁을 무력화하고 역사철학의 모든 환상illusions을 불식시켰다. 어떻게 '현실 사회주의'가 거대한 집단화 과정을 개시했음에도 불구하고 사법적이든 정치적이든 인간 과학에 관련된 것이든 명령의 규율들에 절대 의문을 제기하지 않았는지를 보는 것은 흥미롭다. 사회주의의 제도적 구조와 정치적 양극성은—루소에 따르면, 공과 사가 서로 중첩됨에도 불구하고—공과 사를 자의적으로 대립시키는 이데올로기에 의해 생산되었다. 그리고 자신들은 선택된 '전위'라고 주장했음에도 불구하고 그 명령 기능들이 자본주의적인 **엘리트**의 명령 기능들을 재생산한 것이었던 지배계급을 인가한 하나의 이데올로기에 의해 생산되었다.

국가에 대립한다는 것은 무엇보다 우선 생산의 전체 시스템을 관리·운영하려는 욕망과 능력을 표현한다는 것을 뜻한다. 여기에는 노동 분업과 부의 축적 및 재분배를 근본적으로 민주적인 방식으로, 즉 '모두의 민주주의'로서 수행하려는 욕망과 능력도 포함되어 있다.

여기서 새로운 정의를 제공하는 것은 가치 있는 일이다. 역사유물론은 또한 '주체성의 내재주의'이다. 역사유물론은 우리가 살고 있는 세계에는 '외부'가 없을 뿐만 아니라, 또한 이 세계의 '내부'에서 유래하는 노동자, 시민, 모든 주체는 항상-현존하는 특이한 저항의 요소이며, 살아 있는 공통적인 것이 취하는 상이한 형태의 구축에 항상-현존하는 계기[순간]이기도 하다는 것을 의미한다.

그들은 심지어 가장 애처롭고 가장 음울한 역사적 소강상태가 우리를 답답하게 할 때에도 존재한다. 다중은 계급 개념이며 다중을 구성하는 특이성들은 자본에 의해 부과되는 복종의 관계에서 항상 저항의 핵이다. 특이한 것은 그렇게 해야 하고 달리 무엇을 할 수 없기 때문에 복종하지만, 그러한 그는 권력관계의 내부에서, 바로 거기에서, 항상 하나의 저항으로서 존재한다. 이러한 [양의적인] 관계를 깨뜨리는 것은 항상 하나의 가능성이지만, 이는 명령 관계의 유지가 하나의 가능성인 것과 똑같다. 여기서 우리는, 그 어떤 역사철학의 외부든, 이 공통적인 것의 현상학의 내부든, 권력, 그 질서와 남용에 반대하는 가능한 분노, 그리고 임금노동(그리고/또는 자본주의 사회를 재생산하려는 목적에 종속된 노동)의 거부가 사회의 또 다른 모델의 형성, 즉 상이한 질서, 삶의 또 다른 전망의 현재적 잠재-실효성virtuality[잠재-실효적인 현존virtual presence]을 목표로 하는 한에 있어서 얼마나 중심적이고 얼마나 본질적인지를 지각한다. 이것은 단절에 대한 압력을 높이며 또 그렇게 할 수 있다. 왜냐하면 항상 가능한 이 단절은 현실화될 수 있거나 혹은 필연화될 수 있기 때문이다. (이 단절에 대해서는 나중에 다시 살펴보자.) 즉, 혁명이 있을 수 있다.

분노, 거부, 반란을 주장하는 것은 반드시 **구성권력[제헌권력]**potenza costituente으로 번역될 수 있어야 한다. 국가와 국가를 조직하고 대표하는 모든 헌법들에 대항하는 투쟁은 새로운 지식을 수단으로 하여 새로운 권력을 생산할 수 있는 능력을 또한 포함해야 한다. 번개를 결코 맨손으로 잡을 수는 없으며, 오직 다중만이, 반란을 일으키는 계급투쟁의 역사만이, 그렇게 할 수 있다. 그러나 역사적 상황과 주체성의 생산 사이의 관계는 계속 변화하고 있다. 앞서 말했듯이, 이[변화하는 관계]는 노동자의 인간학이라는 끊임없는 변신이 발전하는 영역들 중 하나이다. 노동력의 **기술적** 구성ᶜᵒᵐᵖᵒˢⁱᵗⁱᵒⁿ[조성]은 끊임없이 변동하며, 항상 적절하면서도 상이한 주체성의 생산에 상응한다. 이것은 현재의 상황에서 혁명을 위한 표현과 욕망의 구체적인 형식들을 찾아야만 하는 **정치적** 구성ᶜᵒᵐᵖᵒˢⁱᵗⁱᵒⁿ이기도 하다.

주체성의 생산과 새로운 정치적 구성은 또한 혁명적 과정이 구축되는 역사적이고 사회적인 조건을 예상할 수 있지만, 물질적 결정과 집합적 욕망의 혁명적 긴장 사이에는 항상 변증법적 연결이 있다. 이 연결은 끊어질 수도 있지만 그대로 남는 탄력적 밴드와 같은 것이다. 레닌의 말처럼 이중 권력은 항상 단명하기 때문에 반란 권력은 주체적 예측(주체성의 전방 방향으로의 밀어냄) 속에 역사의 시간을 붙잡아 두어야 한다. 제헌권력은 국가에 대항하는 혁명적 의지를 예측하고 실현하는 열쇠다.

전통적인 국가이론에서, 아나키[무정부 상태]와 독재는 주권적 명령이 취할 수 있는 모든 형태들에서 정반대의 극단들이지만, 우리가 국가에 대항하는 **공산주의적 민주주의**에 대해 말할 때는 아나키와 독재 사이의 가능한 매개에 기반해서는 그 틀을 채택하지 않는다. 반대로, 우리는 이 양자택일을 극복할 것을 제안하는데, 왜냐하면 혁명적 투쟁은 외부가 없을 뿐만 아니라, 외부가 정의하는 이 '내부'가 전복적인 역량, 즉 주권의 '위'와 대립되는 '아래'를 알고 있기 때문이다. 공산주의적 존재는 이 '아래'에서부터, 구성적 욕망이 권력 및 대안적 내용물의 표현으로 전환함으로써 실현되는 것이다. 그래서 그람시의 가르침처럼, "『자본』에 반하는" 혁명 또한 일어날 수 있다.

3.

공산주의자라는 것은 자본의 착취와 국가로의 종속이 제거된 새로운 세계를 건설하는 것을 의미한다. 우리의 현재 상황에서 출발해서 우리의 지금의 조건을 특징짓는 역사적 결정으로부터 우리는 어떻게 공산주의의 실현을 향해 현실적으로 나아갈 수 있는가?

우선 다른 무엇보다 먼저 이렇게 말하자. 즉, 이러한 결정론은 오직 명령하는 힘보다 우월한 힘을 세워야만 타파되고 극복될 수 있다고. 하지만 이것은 어떻게 하면 가능할까? 우리가 말했듯이, 분노, 거부, 저항, 투쟁이 일단 스스로를 실현하고자 하는 구성권력[제헌권력]을 일단 산출해 버리면, 그 다음에는 정치적 단절이 필요한 것 같다. 오직 힘만이 이 운동을 앞으로 나아가게 할 수 있고, 이 구성적인 단절을 가능하게 만든다. 파업, 산업현장의 태업[사보타주], 지배의 체계의 파괴와 탈취, 이주자의 탈주와 폭동으로의 이동성, 반란, 대안권력의 구체적 배치 등에서 시작해야 한다. 이것들은 집합적인 혁명적 의지가 취하는 한눈에도 뚜렷하게 인지 가능한 형상들이다.

이러한 이행은 근본적이다. —— 공산주의적 상상력은 단절의 순간에 고조되니 말이다. 노동 착취에 대항하는 더 높은 임금, 금융위기에 대항하는 보편 소득, 독재에 대항하는 모든 사람들의 민주주의. 이것들은 구성적 의지volontà costituente를 산출하는 역사의 결과물이다. 하지만 이것만으로는 충분하지 않다. 원인이 불충분하다고 해서, 그것을 갖고서 요구가 필수적이지 않다고, 덜 필요하다sine qua non고 해서는 안 된다. 사건의 고양으로는 충분하지 않았듯이, 조직 없는 혁명은 없기 때문에 충분하지 않다. 신화에 의지하거나 신체의 벌거벗음에 대한 신비적인 참조에 의지하거나, 억압의 편재성에 대립된 빈곤의 문턱에 의지하는 것 ─ 이 모든 것은 충분하지 않다. 왜냐하면 조직화의 힘과의 단절의 운동을 투자하고 이 운동에 관여하는 이성적인 계획은 여전히 없기 때문이다.

스피노자는 다음과 같이 썼다. "Cupiditas, quae ex ratione oritur, excessum habere nequit."(이성으로부터 생겨나는 욕망은 과도할 수가 없다)[5] 따라서 이 말은 (아마도 객관적) 한계로 스스로에게 제약을 가하는[스스로를 검열하는] 욕망이라는 식의 어떠한 정의도 금지한다. 내가 말하고자 하는 것은 우리가 이 틀에 대해 생각하고 실험할 때 어떤 목적론이나 역사철학도 작동하고 있지 않으며 집합적 욕망만이 작동하고 있다는 것이다. 힘으로 조직된 잉여를 투쟁들의 우발적인 전체 과정을 통해 수립하는 집합적 욕망만이 작동하고 있는 것이다. 조직된 잉여, 이것은 착취의 역사의 완만한 반복과 관련된[반복을 뛰어넘을 때 생산되는] 공산주의의 잉여이다. 공산주의는 오늘날 이런 목적을 향해, 우리에게 더 가까이 다가오고 있다(물론 이것은 공산주의가 거의 임박했다는 뜻이 아니다). 왜냐하면 노동력으로부터 추출된 잉여 노동은 ─ 이것은 인지적 변신metamorphosis에 따라 변하는데 ─ 자본가가 이윤으로 조직하는 잉여 가치로 번역되고 전환되고 있기 때문이다. 물론 이것은 어려움을 동반한다. 인지적 노동은 자본한테는 매우 소화하기 어려운 것이다.

그러나 어떤 이들이 말하는 것처럼, 주체적 초과[과잉]와 공산주의

---

5) Spinoza, *Ethics*, Part 4, Proposition LXI, New York: Dover Publications, 1959, p. 229.

적 기획 사이의 관계가 다중의 전복적, 봉기적 운동들을 통해 주어진다는 주장에는 그 어떤 증거도 없다. 맞는 말이다. 하지만 우리는 이 주장에 이렇게 대답하고 싶다. 즉, 역사유물론과 혁명적 기획의 내재성은 하나의 정당으로서, 성숙하고 완성된 조직으로서, 형식적으로가 아니라, 저항이 더 강하고 또 더 잘 접합됨에 따라, 다중이 그 자체로 **하나의 특이한 제도들의 전체**이게 되는 저항의 존재 덕분에, 자본에 대립하는 주체와 <u>스스로</u>를 반자본주의적 역량으로 조직하는 특이성들의 다중을 보여 준다고 말이다. 후자[저항운동]는 삶의 형태들, 투쟁의 형태들, 경제적·조합적 조직화, 파업, 착취의 사회적 과정의 단절, 재-전유의 경험, 저항의 마디들을 포함한다. 어떤 때에는 다중은 사회의 자본주의적 조직화에 중심적인 쟁점들에 대해 크게 부딪치면서 승리한다. 또 다른 때에는 패배하지만, 주체화subjectivation[예속화]의 새로운 양식에 있어서 잔재로서 기능하는 적대의 수준들을 항상 유지한다.

다중은 권력관계의 음영grado 및 추이vicende와 관련하여 상이한 정치적 구성[조성]이 반복해서 취하는 제도들의 집단이다. 제도들은 프롤레타리아트의 기술적 구성 요소 이상의 것이며, 피억압자들의 우발적인 그리고/또는 정세적인 조직들 이상의 것이다. 제도들은 정치적 재구성[재조성]의 현행 계기들이자 공산주의적 주체성의 전복적 생산의 응고물이다. **욕망하라**Cupiditates![6] 이것들의 심급들은 해방을 향한 욕망의 표현(임노동, 사회 운동, 정치적 표현)과 정치적이고/또는 경제적인 개혁의 요구 사이의 상이하고 다양화된 관계들이다.

---

6) [영역자] Passions, Longings, desires, eagerness!

현대[동시대]의 생명정치적 사회의 관점에서 보면 **개혁**^{*reform*}과 **혁명**^{*revolution*}의 관계는 산업사회의 그것과는 다르다. 개입해 온 변형은 실질적이며, 주권의 행사에 있어서 **거버넌스**의 방법론의 일반화에 대한 분석, 즉 정부의 고전적 형태의 작금의 약화에 대한 분석을 통해 쉽게 입증될 수 있다. 후기 산업사회에 있어서 **거버넌스** 관계의 흐름, 압력, 변경은 운동과 정부 간의 충돌이 번갈아 가며 낳는 결과가 펼쳐지는 새로운 지형을 보여 준다. 그러나 이것들은 다중에게 형상을 부여하고 다중을 내적으로 절합하는 개혁 제안들 및 전복적인 긴장들로 [형성된] 투쟁과 조직을 위한 자산들의 증식을 일관되게 드러낸다. 여기서 우리는 공통적인 것의 새로운 **제도들**을 언뜻 보기 시작한다.

이 과정은 아래에서부터 시작한다. 이는 힘으로 긍정되는 운동이다. 이를 기술하는 것은 변증법이라기보다는 긍정에의 의지다. 이것은 우리가 마키아벨리의 유물론적 이론과 전복적 실천에 윤리적이고 역사적인 목적원인론^{*finalism*}을 얹어 버리지 않는 한, 목적론적이지 않다. 오히려 다중은 '하나가 둘로 나뉠' 때 시작된 이행의 과정에 몰두하는데, 왜냐하면 우리가 일찍이 말했듯이, 인지적 프롤레타리아트의 잉여 노동을 이윤으로 전환하는 것이 어렵기 때문이며, 이윤은 스스로를 혁명적 잉여(초과)로 드러내기 때문이다. 그것은 생산의 어떤 단계나 양식에서 다른 생산단계나 생산양식으로의 이행이라기보다는, 다중 그 자체 내부에서 펼쳐지는 하나의 변화이다. 그것은 주체들의 인간학적 변신을 사회와 정치의 변화, 따라서 공산주의적 해방의 가능성에 연결하는 네트워크 위에 자신을 드러내고 활동한다. 우리가 살고 있는 사회는 실질적으로 완전히 자본에 포섭되었다. 우리는 이 명령을 **자본주의적 생**

명권력이라고 부른다. 그러나 생명권력의 헤게모니가 전지구적일 때에도 생명권력이 자본의 활동의 산물이라고 해도, 생명권력은 여전히 다음과 같은 관계에 기초할 필요가 있다. 항상 모순되고 적대적일 수 있는 자본 관계는 생명 그 자체가 작용하고 그 모든 측면이 권력에 의해 투자되는 생명정치적 영역 안에 위치한다. 그러나 또한 이 생명정치적 영역에서는 저항도 나타나며, 프롤레타리아트는 사회적 노동이 실현되는 모든 형상들 속에 현존한다. 또 이곳에서는 인지적 노동력이 가치의 과잉을 표현하며 다중이 형성된다. 이 다중은 무장해제되지 않는데, 왜냐하면 다중을 가로지르는 이 모든 과정들은 또한 다중의 제도적인 접합과 저항의 증대, 그리고 주체적 출현들emergenze soggettive을 기술하기 때문이다.

우리가 말했듯이, 다중은 욕망들의 총체이자 저항, 투쟁, 구성권력[제헌권력]의 궤적들의 총체이다. 우리는 또한 다중이 제도들로 이루어진 하나의 전체라고 덧붙인다. 공산주의가 가능한 것은, 공산주의가 목적으로서가 아니라 조건으로서 이미 이 이행에 존재하기 때문이다. 공산주의는 특이성들의 전개이며, 이 구축의 실험experimentation이며 — 권력관계들이라는 부단한 파도 속에서 — 긴장, 경향, 변신인 것이다.

4.

공산주의자의 윤리란 무엇일까? 이미 봤듯이, 그것은 국가에 반대하는 투쟁의 윤리이다. 왜냐하면 공산주의자의 윤리는 종속을 향한 분노와 착취에 대한 거부에서 출발하기 때문이다. 분노와 거부의 결절점 위에 공산주의적 윤리를 정의하는 두 번째 요소가 놓여 있다. 그것은 전투성이라는 요소이며, 배제와 빈곤, 소외와 착취에 반대하는 투쟁의 공통적인 구축이다.

이 [처음] 두 가지 요소들(투쟁과 공통의 전투성)은 하나의 새로운 평면[지평]에 이미 열려 있다. 이 평면은 고립에서 벗어나 그들 자신을 다중으로 만들기 위해 노력하는 특이성들의 전체이다. ── 사적임^{privacy}에 반하는 공통적인 것을 추구하는 다중. 이것은 민주주의를 성취한다는 것을 의미하는 것일까? 거의 3세기 동안 우리는 민주주의를 공공재[공동선]의 행정관리로, 공통적인 것에 대한 국가의 전유를 제도화하는 것으로 인식했다. 우리가 오늘날 민주주의를 추구한다면, 민주주의를 공통적인 것의 공통적인 운영·관리로서 근본적으로 재고해야 한다. 이러한 운영·관리는 (세계시민적인) 공간과 (구성적인) 시간성에 대한 재정의를 수반한다. 민주주의는 더 이상 모든 것이 모두의 것이며 그래서 누구에게도 속하지 않는다는 사회계약의 형태를 정의하는 사례가 아니다. 즉, 모두에 의해 생산되면, 모든 것은 모두에게 속한다.

이 변동은 조직화라는 이름으로만 일어날 것이다. 공산주의적 운동의 전체 역사는 조직화의 문제를 근본적인 것으로 간주했다. 왜냐하면 조직화는 ~에-맞서는-집합적-존재, 제도의 원리, 그래서 다중-형성의 본질 자체이기 때문이다. 신자유주의의 위기, 개인주의 문화, 사회에서 나고 자란 인간 존재들의 고립에 대한 자연적인 거부, 고립은 죽음이라는 인식, 이런 사실들은 개인주의적 도덕성 속에서 자본이 주체들을 재-억압하려고 하는 고립으로의 새로운 환원에 맞서는 저항의 조직화로서 스스로를 표명한다.

공산주의적 윤리의 처음 세 가지 요소들은 다음과 같다. 국가에 반하는 반란, 공통의 전투성, 제도의 생산이다. 분명히 이것들은 두 개의 근본적 정념에 의해 관통되어 있다. [첫째는] 자연적 욕구와 경제적 빈곤을 자본의 명령에서 자유로워진 노동의 힘과 과학으로 이행시키는 정념이다. 그리고 [둘째는] 고립에 대한 거부에서 공통적인 것의 정치적 구성으로 나아가는 사랑의 정념이다(놀랄 것도 없지만, 종교, 부르주아 미학, 모든 뉴에이지 이데올로기는 이런 정념들을 소생시키고 신비화하고 중성화하려고 한다). 저항과 조직에 있어서 공통적인 공존의 새로운 형태들을 결합시키고 발전시킴으로써, 공산주의의 구성권력[제헌권력]이 발명된다. 이 구성권력 개념은 자본과 그 국가가 조직한 헌법적 구조들과는 무관하다. 이 지점에서, 한편으로는 노동력의 역량^{potenza}, 다중의 발명, 프롤레타리아트의 구성적 표현과 다른 한편으로는 자본가의 권력, 부르주아지의 규율적 오만함, 국가의 억압적 소명은 타협의 여지가 없다. 왜냐하면 공산주의의 구성적 윤리는 더 깊은 곳에 이르며, 역사적 재생산의 생명정치적 차원을 구비하며^{invest}, 계급투쟁이 역사적 존재를 만들어 감에 따라 우리 시대의 결정들 내부에서 생명정치적 **장치들** 전체로 퍼져 나가기 때문이다. 여기서 공산주의적 윤리는 삶(과 죽음)이라는 거대한 쟁점과 대면하는데, 이것이 빈자의 역량과 사랑·평등·연대에 대한 공통적인 욕망의 비옥하고 창조적인 접합으로 나타날 때, 거대한 존엄성의 성격을 띠게 된다.

우리는 이제 '사용가치'의 실천이라는 관념이 재-출현하는 지점에 이르렀다. 이 사용가치는 더 이상 투쟁에 의해 만들어진 역사의 **외부**가 아니라 **내부**이다. 그것은 자연의 회상 혹은 추정상의 기원에 대한 반성도 아니고, 시간에 있어서의 심급이나 지각의 사건도 아니고, 하나의 표현, 하나의 언어, 하나의 실천이다.

마지막으로, 그 어떤 상황에서도 그것은 하나의 동일성, 하나의 보편적인 것으로의 삽입 지점으로서 간주되는 구체적인 성격에 대한 하나의 반성이 아니다. 그것은 하나의 혼합, 하나의 공동체적이고 communal, 다중적인multitudinal, 혼종적이고 잡종적인 구축물, 그렇지 않다면 우리보다 앞서 있던 암흑의 수세기 동안 동일성으로서 알려져 있었던 모든 것의 극복이다. 이 윤리에서 출현하는 인간은 다채로운 오르페우스이며, 역사가 기원이라기보다는 오히려 부로서, 비참보다는 도래할-욕망으로서 우리에게 돌아왔음을 가리키는 하나의 가난이다. 그리고 이것이 새로운 사용가치이다. 즉 **공통적인** 것이다. 우리의 실존은 일련의 공통의 조건들, 자본주의적 소외와 국가의 명령으로부터 이 조건들을 철수시킴으로써 해방시키고자 계속 원하는 일련의 공통의 조건들을 신호로 나타낸다. 사용가치는 노동의 기술적 합성[구성]의 새롭게 획득된 형태이며, 뿐만 아니라 역사 속에서 세계를 구성하는 실천들의 기반foundation에 놓여 있는 공통의 정치적 **장치**이다. 이 새로운 사용가치는 투쟁의 조직화를, 그리고 자본주의적 명령 및 착취를 파괴하는 힘을 위한 새로운 길을 열고 있는 공통적인 것의 이런 **장치**들로 이루어져 있다.

강길모 옮김

11장
공산주의 없는 공산주의자들?

자크 랑시에르

내가 여기서 할 말은 단순하며, 심지어 너무 단순하기 그지없다고 보일 수도 있겠다. 그러나 우리에게 요구되는 것은 오늘날 공산주의라는 단어로 무엇을 의미하고 싶은 것인지를 성찰하는 것이기 때문에, 몇 가지 기본적인 물음들을 다시 거론하고, 몇 가지 단순한 사실들을 고려하는 것은 정당한 일이다. 내 생각에 우리가 설명해야 할 첫 번째 사실은 다음과 같다. 즉, 공산주의라는 단어는 과거의 영광스러운 운동들과 괴물 같은 국가권력들만을 가리키는 게 아니다. 또한 이를 재건하기 위한 영웅적이고 위험천만한 책무를 져야 한다는 버림받거나 저주받은 이름도 아니다. 오늘날 '공산주의자'는 인민의 수가 가장 많은 국민을 통치하는 당[중국공산당]의 이름이자, 세계에서 가장 번영하는 자본주의 세력들 중 하나의 이름이다. '공산주의'라는 단어하에서의 국가적 절대주의와 자본주의적 착취의 이 연결은 오늘날 이 단어가 무엇을 의미할 것인지에 관한 모든 성찰이 이루어질 지평에 현존되어야 한다.

이 단어에 관한 나의 고찰은 바디우가 프랑스 공산당의 기관지 [『뤼마니테』*L'Humanité*]에 최근 게재한 어떤 인터뷰에서 추출한 어떤 발언에서 출발한다. "공산주의 가설은 해방의 가설이다"라는 것이다. 내가 이해한 바에 따르면, 이 발언은 '공산주의적'이라는 단어의 의미가 해방의 실천에 내재적이고, 공산주의가 이런 실천들에 의해 구축된 보편성의 형태라는 것을 의미한다. 나의 이런 이해가 맞다면, 나는 그에게 전적으로 동의한다. 물론 거기에 어떤 공산주의가 내포되어 있는지를 알기 위해서는 해방이 무엇을 뜻하는지를 정의하는 일이 남아 있기는 하다.

놀랍지 않겠지만, 나는 내 눈에 가장 강력하고 가장 일관성 있는 지적 해방의 사상가로 보이는 조제프 자코토^{Joseph Jacotot}에 의해 정식화된 해방 개념에서 시작할 것이다. 해방이란 소수자성^{minorité}의 상황에서 벗어난다는 것이다. 소수자란 자신들의 방향 감각을 따라다니다가 길을 잃고 헤매게 될 위험을 겪지 않도록 안내받아야 할 필요를 지닌 사람들이다. 전통적인 교육학적 논리를 지배하는 것은 이러한 관념인데, 이 관념에서 스승은 학생들이 무지 —— 그러니까 불평등 —— 하다는 상황에서 출발해, 그 혹은 그녀를 도래할 평등한 길이기도 한 지식의 길로 한 걸음 한 걸음 안내하는 이를 가리킨다. 이는 계몽[주의]의 논리이기도 하다. 교양 있는 엘리트가 무지하고 미신에 사로잡힌 인민을 진보의 길로 안내해야 한다고 여겨지는 논리인 것이다. 자코토에게 이 논리는 평등의 이름으로 불평등을 영속화하는 유효한 수단이다. 무지한 자와 인민을 가르침으로써 그들을 약속된 평등으로 인도하겠다고 마련된 과정은, 사실 지성[지능]의 두 종류 사이에는 축소할 수 없는 불평등이 있다고 전제한다. 거기에서는 학생이 교사와 평등해지는 일이 결코 없을 것이다. 왜냐하면 교사는 둘 사이의 차이를 만들어 내는 학, 아이로서의 학생과 인민으로서의 학생이 결코 성취할 수 없는 학을 스스로 보유하고 있기 때문이다. 그것은 무지의 학(지식)일 뿐이다. 이 불평등의 논리에 대해 해방의 사유는 두 개의 공리에 의해 정의된 평등의 원리를 대립시킨다. 첫 번째 공리는 평등이란 도달해야 할 목표가 아니라는 것이다. 즉, 평등은 출발점이며, 가능한 진위 검증의 장을 여는 전제인 것이다. 두 번째 공리는 지성이 하나라는 것이다. 스승의 지성과 학생의 지성, 입법자의 지성과 장인의 지성 등등과 같은 두 가지 지성이 있는 것이 아니다. 사회 질서의 어떠한 지위에도 대응하지 않고, 아무나의 지성인 한에서 아무나에게 속하는 하나의 지성이 있다. 그래서 해방은 이 하나인 지성의 긍정과 다양한 지성의 평등이 품고 있는 잠재력의 [진위]검증을 의미하는 것이다.

지성들의 이런 이원성이라는 교육학적 전제와 결별하는 것, 이것은 또한 플라톤이 장인들은 자신들에게 고유한 일을 해야 하며 다른 것을 전혀 해서는 안 되는 이유를 해명하는 『국가』의 두 가지 명제들에서 정착시킨, 사회적 지위를 배분하는 사회적 논리와의 결별이기도 하다. 그 두 가지 명제들이란 다음과 같다. 첫째로 일은 기다려 주지 않기 때문이며,[1] 둘째는 신은 그들에게 그 일을 실행하기에 적절한 소질 aptitude —— 그러므로 다른 모든 직업에는 소질 없음 inaptitude을 내포한다는 의미에서 —— 을 부여했기 때문이다. 노동자의 해방, 그러므로 노동은 기다려 줄 수 있다는 것, 그리고 장인에게 고유한 소질 —— 그러므로 소질 없음——따위란 없다는 것을 내포한다. 해방은 하나의 직업을 지성의 한 형태에 연결시키는 필연성의 연결이 파열된다는 것을 내포하며, 그들의 노동에 고유한 지성, 즉 노동자의 종속된 지위에 상응하는 (비)지성만을 갖고 있다고 간주되었던 사람들에게 평등하게 보편적인 능력이 있다는 것의 긍정적인 확언을 내포한다.

이리하여 해방은 '무능력'한 자들의 능력의 증명 속에서 작동하는 지성의 공산주의를 내포한다. 스스로 학습하는 무지한 자의 능력이라고 자코토는 말했다. 우리는 이렇게 덧붙일 수 있다. 노동자가 자신의 시선과 정신을 자신의 손에 의한 노동으로부터 도망칠 수 있게 내버려 두는 노동자의 능력, 일이 기다려 주지 않을 때에도, 노동자들이 그들의 생활을 위해 일을 필요로 할 때에도 노동하기를 멈추고, 작업장이라는 사적 공간을 공적 공간으로 변형하고, 그(녀)들 자신이 생산을 조직하고, 또는 통치자들이 버려 두거나 배신하는 하나의 도시의 통치를 기꺼이 떠맡는 노동자들의 집합성의 능력, 그리고 해방된 남녀들의 집합적 역량을 증명하는 데 고유한 평등한 발명의 모든 형태를.

나는 "우리는 덧붙일 수 있다"고 말했다. 이것은 다음을 뜻한다. 우리는 지성의 공산주의라는 테제로부터 이 공산주의가 집합적으로 현실화되는 데 있어서 취하는 형태들을 도출할 수 있다. 그리고 바로 이곳에

---

1) [옮긴이] 랑시에르가 말하고자 하는 것은, 플라톤의 국가 기획에서 장인들은 자신들이 수행해야 할 노동으로 인해 다른 업무, 가령 정치에 참여하는 일을 할 수가 없다는 점이다. "장인들은 자신의 일 이외에 다른 것에 헌신할 시간이 없기 때문에, 공통적인 것들에 종사할 수 없다고 플라톤은 말한다. 일은 기다려 주지 않아서 그들은 다른 곳에 있을 수 없다." 자크 랑시에르, 『감각적인 것의 나눔』, 양창렬 옮김, 현대정치철학연구회, 2019, 6쪽. 강조는 원문.

서 어려움이 등장한다. 즉, 아무나의 지성의 공산주의(자)적인 긍정적 확언은 어떤 척도 속에서 한 사회의 공산주의적 조직화와 일치할 수 있는가? 자코토는 이 가능성을 전면적으로 부정했다. 해방이란 개인에서 개인으로 무한하게 전파될 수 있는 행동의 한 형태라고 그는 주장했다. 이런 점에서 해방은 사회체들의 논리, 즉 물리적 중력의 법칙들과 유비적인 사회적 중력의 법칙들에 의해 지배되는 군집agrégation의 논리와 엄격하게 대립된다. 아무나는 스스로를 해방할 수 있고, 다른 사람들을[사람들로부터] 해방할 수 있으며, 해방된 개인으로 이루어진 인류 전체를 상상할 수도 있다. 하지만 한 사회가 해방되었다고는 할 수 없다.

이것은 기발한 생각을 지닌 사상가의 단순한 개인적 확신 따위가 아니다. 또 개인과 집단 사이의 대립이라는 단순한 사태도 더 이상 아니다. 문제는 다음을 아는 것이다. 즉, 아무나의 능력의 집단화는 어떻게 한 사회의 전반적 조직화와 일치할 수 있는가, 해방의 아르케-없는[아나키적인an-archique] 원칙은 어떻게 장소들, 책무들, 권력들의 사회적 배분의 원칙이 될 수 있는가? 바로 지금 이 물음을, 자발성과 조직화에 대한 구태의연한 훈계들과는 거리를 두고 제기해야 할 것이다. 해방이 하나의 무질서라는 점은 두말할 것도 없다. 하지만 이 무질서는 자발성과는 무관하다. 또 그 반대로, 조직화는 사회적 규율의 실존 형태들의 자발적 재생산에 지나지 않는다. 해방의 규율이란 무엇인가? 이런 물음이 발단이 되어, 자코토가 살았던 세기[18세기 후반부터 19세기 전반]에 [에티엔] 카베Étienne Cabet 같은 공산주의자들의 집단이주지colonies의 창출이나, 마르크스와 엥겔스 같은 공산주의자들의 정당들의 창출 같은 시도가 기획되었던 것이다. 카베가 미국에서 지도한 이카리아의 집단

이주지 같은 공산주의자들의 집단이주지들[의 설립][2]은 실패로 돌아갔다. 안일하게 생각하는 의견에 따르면, 집단이주지들은 개인들의 특징을 코뮌적 규율에 따르게 할 수 없었기 때문에 실패한 것이 아니라, 거꾸로 공산주의적 능력, 모두에게 속한 능력의 나눔이 공산주의적 인간의 사적인 덕으로서 개인 소유화되지 못하고 변형되지 못했기 때문에 실패했다는 것이다. 해방의 시간성 —— 집단 지성의 힘을 탐구하는 시간성 —— 은 남녀 각각에 그 자리와 기능을 부여함으로써 조직화된 사회의 시간표와 일치할 수 없었다는 것이다. 공산주의자가 실험한 집단이주지들을 닮은 그 밖의 공동체는 사회의 시간표에서 훨씬 잘 탈출했다. 그 이유는 간단하다. 그 공동체들은 해방된 공산주의적 노동자들로 구성된 것이 아니라 하나의 종교적 규율의 권위 아래에서 결집한 남성과 여성들로 구성되었기 때문이다. [다른 한편] 이카리아의 **공동체**는 공산주의자들로 구성되었다. 또 이카리아의 공산주의는 그 출발부터, 공동체의 **신부**의 지시를 받는 일상생활의 공산주의적 조직화와 공산주의자들의 공산주의를 구현하는 평등한 회합assemblée으로 [두 부분으로] 쪼개져 있었다. 결국 공산주의적 노동자란 유익한 노동자로서의 자신의 역할을 실행하는 것에 국한하기보다는 공동의 법을 만들고 토론하는 자신의 능력을 긍정하는 노동자다. 이 문제를 자신만의 방식으로 풀어낸 것이 플라톤의 『국가』임을 잊어서는 안 된다. 이 국가에서 노동자들, 즉 철의 혼을 갖춘 인간들은 공산주의자일 수가 없다. 하지만 황금의 혼을 가진 입법자들만은 공산주의자들이 아닌 노동자들의 생산에 의거하여, 공

---

2) [옮긴이] Étienne Cabet, *Voyage en Icarie*, 1848.

산주의자들로서 살기 위해 물질로서의 황금을 포기할 수 있고 또 그렇게 해야 한다. 따라서 국가는 고유하게 말해서, 노동자들에 군림하는 공산주의자들의 권력으로 정의된다. 이것은 낡은 해결책이지만, 이 해결책은 내가 이 발표를 시작하면서 언급한 공산주의 국가에서는, 수호자 부대들을 엄청나게 강화한 덕분에 여전히 존중되고 있다.

카베는 수호자들을 잊고 있었다. 마르크스와 엥겔스에 관해 말한다면, 그들은 자신들이 만든 공산당을 해산하기로 결정했고, 그들의 이론을 전혀 이해하지도 못하면서도 스스로 그들의 형제자매라고 생각했던 저 "어리석기 짝이 없는 당나귀들"[3]을 대신하는 진정한 공산주의적 프롤레타리아가 생산력의 발전을 통해 도래하는 것을 기다리기로 결정했다. 마르크스와 엥겔스에게 공산주의란 집단생활을 이기주의와 사회의 부정의에 대한 응답으로서 실험하는 해방된 개인들의 결합réunion일 수 없다. 그것은 생산의 자본주의적 조직화와 생활 형태의 부르주아적 조직화에서 이미 작동하고 있던 보편성의 한 형태의 완전한 실현이어야 했다. 그것은 공산주의의 정반대의 형태 그 자체인 사적 이해의 특수성의 형태하에서 이미 실존하고 있는 집단적 합리성의 현실화였다. 그들에게 해방의 집단적 힘들은 이미 실존했던 것이다. 이를 주체적이고 집단적으로 재전유하는 형태만이 결여되었을 뿐이었다.

유일한 문제는 이 "단지 ~일 뿐"이었다. 하지만 두 개의 공리 덕분에 어려움을 극복할 수 있었다. 첫 번째 공리는 생산력의 발전[4]에 내재

---

3) [옮긴이] 프랑스어 원문은 ânes bâtés인데, 직역하면 '길마가 얹혀진 당나귀'를 가리킨다. 더 의역하면 '실제로 존재하는 노동자들'이다.

적인 동역학이 존재한다는 것이다. 즉, 이 발전은 그 자체에 의해, 자본
주의적인 사적 이해라는 형태들을 폭파시킬 수밖에 없는 공동체의 역
량을 작동시킨다는 것이다. 두 번째 공리란 다음과 같다. 즉, 이 발전은
그 논리 자체에 의해 공동체의 다른 모든 형태들, 가족이나 국가나 종교
등 다른 모든 전통적인 사회적 관계들에 의해 구현된, 모든 분리된 공동
체의 형태들을 파괴하기 때문에 더욱더 그럴 수밖에 없다는 것이다. 이
렇게 "단지 ~일 뿐"의 문제가 극복되었다. 즉, 공산주의는 다른 공동체
들의 궤멸 속에서, 유일하게 가능한 공동체의 형태로서 등장한 것이다.

이리하여 공산주의자들과 공동체 사이의 긴장을 제거할 수 있게
되었다. 이 해결에 어울리지 않는 것이 있다면, 그것은 사회 질서의 발
전 논리와 관련하여 해방의 논리가 지닌 이질성을 말소해 버린다는 점
뿐이었다. 이 해결은 해방의 핵심에 있는 것을 말소했다. 해방의 핵심
에 있는 것은 지성의 공산주의, 즉 아무나가 존재할 수 없는 곳에서 존재
하고 아무나가 행할 수 없는 것을 행하는 아무나의 능력을 긍정하는 것
이다. 오히려 이 해결은 그들의 무능력에 공산주의의 가능성을 정초하
려는 경향이 있었다. 하지만 이 무능력의 선언은 그 자체로 이중적 측면
을 지니고 있다. 한편으로 이 선언은 공산주의적 주체성이라는 가능성
을 역사적 과정에서 비롯되는 박탈의 경험에 결부시킨다. 즉 마르크스
에 따르면 프롤레타리아트라는 사회 계급은 더 이상 사회의 하나의 계
급이 아니라 모든 계급의 분해의 산물이다.[5] 그래서 프롤레타리아트는
자신의 사슬밖에는 잃을 것이 결코 없다. 그리고 스스로를 혁명세력으

---

4) [옮긴이] 영역본에서는 "생산력의 발전" 대신에 "집단적 세력들의 현실화"라고 적혀 있다.

로 구성하는 데 필수적인, 자신의 상황에 대한 프롤레타리아트의 의식은 이 상황 자체가 그것을 획득할 것을 강요하는 바로 그것이다. 이리하여 프롤레타리아의 능력^{compétence}은 철의 인간의 경험, 공장과 착취의 경험의 산물에 다름 아닌 인식이라는 황금과 동일시된다. 하지만 다른 한편으로, 이를 가르쳐야 할 이 조건은 이데올로기적 지배의 메커니즘 그 자체에 의해 산출된 무지의 조건으로서 정립되었다. 즉, 철의 인간, 착취 체계에 사로잡힌 인간은 이데올로기라는 전도된 거울 속에서만 이 체계를 볼 수 있을 뿐이다. 이 때문에 프롤레타리아의 능력은 그의 능력일 수 없는 것이다. 이 능력은 전반적 과정에 관한 인식 —— 그리고 자신의 무지를 아는 것 —— 이며, 기계에 사로잡히지 않은 자들만이, 공산주의자들이라는 것 외에는 다른 어떤 자격도 없는 공산주의자들만이 접근할 수 있는 하나의 인식이다.

그러니까 우리가 공산주의 가설은 해방의 가설이라고 말할 때, 이 두 가지 가설 사이의 역사적 긴장을 잊어서는 안 된다. 공산주의 가설은 해방의 가설에 토대를 둘 때에만 가능하다. 그것은 아무나의 힘의 집산화로서만 가능하다. 하지만 여러 기원들을 가진 공산주의 운동 —— 나는 이것을 공산주의 사회의 창출을 그 목표로 삼는 것으로 이해한다 —— 에는 정반대의 전제, 다양한 형태들을 띤 불평등이라는 전제가 스며들어 있다. 즉, 지성들 사이의 차이라는 교육학적–진보주의적 가설이 바로

---

5) [옮긴이] "하나의 특수한 신분으로서의 사회의 이와 같은 해체는 [바로] **프롤레타리아트**이다." 칼 맑스, 「헤겔 법철학의 비판을 위하여」, 『칼 맑스·프리드리히 엥겔스 저작 선집』 1권, 박종철출판사, 1991, 14쪽. 강조는 원문.

그것이다. 예를 들어 프랑스대혁명을 공동체와 연대의 전통적 형태들을 파괴하는 개인주의의 개화로 보는 반혁명적 분석이 그렇다. 또 위대한 말이나 이미지, 관념, 갈망을 인민의 아이들이 야만적으로 전유한다는 부르주아지의 고발 등이 그렇다. 해방의 가설은 신뢰의 가설이다. 그러나 마르크스주의의 과학과 공산주의적 정당들의 발전은 이 가설을 그 대립물과 섞어 버렸다. 대부분의 사람들이 보고 파악하는 데 있어서 무능력하다는 전제에 기초를 둔 불신의 문화와 섞어 버린 것이다.

　매우 논리적이게도, 이 불신의 문화는 공산주의자와 노동자 사이의 낡은 공산주의적 대립[6]을 무대에 다시 올렸다. 불신의 문화는 노동자의 경험이라는 이름으로는 공산주의자들의 열광을 자격 박탈하고, 공산주의적 전위의 지식이라는 이름으로는 노동자들의 경험을 자격 박탈하는 **이중구속**의 형태하에서 그렇게 했다. 이런 이중구속 속에서 노동자들은 자신들의 직접적인 경제적 이해들의 저편을 보지 못하는 이기적 개인이라는 역할을 맡기도 했고, 이것과 번갈아 가면서, 노동과 착취라는 오래되고 대체 불가능한 경험에 의해 형성된 숙련가의 역할을 맡기도 했다. 공산주의자는 공산주의자의 편에서, 자신들의 갈망이 한시라도 빨리 실현되기를 바라면서, 과정의 더디고 필연적인 행보를 위험에 빠뜨릴 각오로 프티부르주아적 아나키스트의 역할을 맡거나, 집단적 대의에 전면적으로 헌신하는 교육받은 투사의 역할을 맡기도 했다. 노동자라

─────────────

6) [옮긴이] 프랑스어본에서는 "공산주의적 대립"이라고 되어 있는 것을 영역본에서는 "플라톤적 대립"이라고 옮겼는데, 이는 랑시에르가 앞에서 플라톤이 『국가』에서 제안한 국가는 "노동자들에 군림하는 공산주의자들의 권력"을 의미한다고 말했다는 점을 감안하면 충분히 일리가 있는 번역이다. 그러나 여기에서는 원문을 그대로 살렸다.

는 철의 인간에 의해 공산주의적 황금의 영혼이 억압되고 공산주의자의 황금의 영혼에 의해 노동자라는 철의 인간이 억압된다는 이 상호 억압은 레닌의 신경제정책^{NEP}에서 문화대혁명에 이르는 모든 공산주의적 권력들에 의해 자행되었으며, 이 억압은 좌파조직들에 의해서는 물론이고 마르크스주의적 과학에 의해서도 내부화되었다. 우리 세대는 생산의 담지자가 사로잡힌 피할 수 없는 환상들의 베일을 벗겨 내라는 책무를 부여받은 과학에 대한 알튀세르적 신봉에서부터, 공장 노동에 의한 지식인들의 재교육과 노동자들의 권위에 대한 마오주의적 열광—— 육체노동에 의한 지식인들의 재교육과 강제노동에 의한 반대자들의 재교육을 혼동한다는 위험을 무릅쓰고—— 에 이르기까지 경험했는데, 그 방식을 생각하는 것만으로도 이 억압의 내부화를 이해할 수 있다.

새로운 무언가를 공산주의적 이념이라는 이름으로 사고해야 한다면, 이런 **이중구속**으로부터 공산주의적 이념을 벗어나게 하는 것이 내가 보기에는 본질적인 목표인 것 같다. 사실 엄청나게 많은 사망자를 내고 터무니없이 많은 끔찍한 짓을 저지른 공산주의, 유일한 우두머리에 이끌린 공산주의적 이념을 소생시키는 것은 쓸데없는 일이지만, 아무튼 자본주의 그리고 자칭 민주주의 국가들 역시 자신들의 손에 엄청난 피를 묻히고 있다. 나치의 집단학살에 의한 유대인 희생자들의 수를 이스라엘 점령하의 팔레스타인 희생자들의 수와 비교하거나, 나치즘에 의한 유대인 희생자들의 수를 국외추방과 노예제도에 복종한 수백만 명의 아프리카인들, 프랑스 공화국에 의한 식민지화의 희생자들, 혹은 민주주의를 표방하는 미국에 의해 대량학살당한 인디언들을 비교하는 것은 똑같은 장르의 논법이다. 다양한 악들을 비교하고 서열을 매기는 이런 방식은 항상 자신의 정반대로 굴러떨어지는 것으로 끝난다. 즉, 그것은 어떤 착취와 다른 착취의 등가성의 이름으로 모든 차이들을 말소하는 것인데, 이는 모종의 마르크스주의적인 허무주의가 의거하는 마지막 구실이다.

　　이런 논증에 많은 시간을 바치는 것은 쓸데없는 일이다. 좋은 조직화와 '권력장악'의 수단들에 관한 논의를 소생시키는 것도 쓸데없다. 공산주의 정당들과 공산주의 국가들의 역사는 권력을 장악하고 보존하기 위한 조직화를 탄탄하게 하려면 어떻게 해야 하는지를 가르쳐 줄 수 있을 것이다. [그러나] 이 역사는 아무나의 권력으로서의 공산주의가 무엇과 비슷할 수 있는지에 대해서는 고유한 사항을 거의 말해 주지 않는다. 그러니까 나는 해방의 역사로서의 공산주의의 역사가 무엇보다 우선 공산주의자들의 계기들이며, 이 계기들은 일반적으로 말해서 국가적 제도들의 소멸, 제도화된 정당들의 영향력 쇠퇴의 계기들이었다고 생각한다는 점에서 알랭 바디우에게 동의한다. 계기라는 단어에 대해 잘못 생각해서는 안 된다. 하나의 **계기**^{moment}는 단순히 시간의 흐름에 있어서의 소멸하는 점이 아니다. 그것은 또한 하나의 **모멘텀**^{momentum}, 즉 균형들의 이동^{déplacement}, 시간의 다른 흐름의 개시이기도 하다. 공산주의자의 **계기**, 그것은 '코뮌'^{commun}이 의미하는 바의 새로운 편성, 가능한 것들의 우주의 재편성이다. 그것은 단순히 묶여 있던 것에서 풀려난 미립자들의 자유로운 순환의 시간일 뿐만이 아니다. 공산주의적 계기들은 관료제적 진부함^{routine}보다 훨씬 더 조직적 능력을 갖고 있음을 보여 준다. 하지만 이 조직화는 장소들, 기능들, 정체성들의 '정상적' 배분과 관련해서 보면, 항상 무질서의 조직화였다는 것이 실상이다. 만일 우리에게 공산주의가 사고 가능하다면, 그것은 이런 유명하거나 모호한 이 계기들에 의해 창출된 전통으로서 사고 가능한데, 이 전통에서 단순한 노동자들이나 평범한 남성과 여성들은 자신들의 권리와 만인의 권리를 위해 투쟁하는 능력을, 아무나와 아무나의 평등이라는 힘을 집산화함으로써 공장들, 사회들, 행정기구들, 학교들, 혹은 군대들을 운영하는 능력을 보여 주었다. 공산주의라는 기치에 재구축되어야 할 장점을 가진 무엇인가가 있다면, 그것은 이 계기들의 연결접속을 특이한 것으로 만드는 시간성의 형태이다. 이 재구축은 국가들, 정당들, 공산주의적 담론들 속에서 사용된 불신의 문화에 의해 약화되거나 파괴된 가설, 즉 신뢰의 가설에 대한 재긍정을 내포한다.

어떤 특정한 주체성의 긍정과 자율적 시간성의 재구축 사이의 이런 연관성은, 공산주의 가설에 관한 오늘날의 모든 고찰에 결정적으로 중요하다. 그런데 이 점에 대한 논의는, 자본주의적 과정의 논리와 관련된 몇 가지 '자명한' 문제구성들에 의해 방해받고 있는 것 같다. 이런 '자명한' 문제구성들은 오늘날 주로 두 가지 형태를 띠고 있다. 한편으로 우리는 공산주의를 자본주의의 내재적 변형의 결과로 만들어 버리는 테제가 강력하게 재긍정되는 모습을 목격했다. 비물질적 생산의 형태들의 현행적 발전은 『공산당 선언』에 있는 두 개의 본질적 테제들 사이의 연관성을 증명하는 것으로서 제시되었다. 한 가지 테제는 "견고한 모든 것은 대기 속으로 사라진다"고 단언하는 것이며, 다른 테제는 자본가들이 자신들의 무덤을 파고 있다고 단언하는 것이다.[7] 오늘날 자본주의는 [사적으로] 전유할 수 있는 재화들을 대신해 지적 커뮤니케이션의 네트워크를 생산하며, 이 네트워크에서는 생산, 소비, 교환이 하나의 동일한 과정이 되고 있다고 얘기된다. 그런 식으로, 자본주의적 생산의 내용은 집단적인 비물질적 노동이라는 공산주의적 힘과 점점 더 동일시됨으로써, [자본이라는] 자신의 형태를 폭파시켜 버릴 것이라고도 얘기된다. 이와 동시에 황금의 영혼을 지닌 공산주의자와 철의 영혼을 지닌 노동자 사이에 잠복해 있는 대립은 역사적 과정에 의해 전자에 유리하게 결판이 날 수 있다고도 한다. 그러나 노동자에 대한 공산주의자의 이 승리는 그 자체로, 점점 더, 공산주의자들의 공산주의에 대한 자본의 공산주의의 승리로서 나타나고 있다. 안토니오 네그리는 그의 책『굿바이 미스터 사회주의』[8]에서 현대의 어떤 이론가의 주장을 인용한다. 그것에 따르면, [현대의] 금융제도는, 특히 연기금을 통해서, 축적되고 통일된 노동의 척도를 제공할 수 있는 유일한 제도, 이 집단적 노동의 실상을 구현할 수 있는 유일한 제도이다. 그렇다면 거기에는 다중의 자본주의[9]로 '그저' 변형되어야 할 자본의 자본주의가 있을 '뿐'이다. 오늘 콘퍼런스의 발언에서, 안토니오 네그리는 이 '자본의 공산주의'가 사실상 자본에 의한 공통적인 것$^{le\ commun}$의 전유였으며, 따라서 다중으로부터 공통적인 것의 수탈이었다고 분명하게 강조했다. 그러나 이것을 '공산주의'라고 부른 것은 과도하다. 이 과정의 역사적 합리성을 이렇게도 신성시하는 것도 과도하다. 현재의 금융 '위기'가 물음에 부치는 것은 바로 이 합

---

7) [옮긴이] 칼 맑스·프리드리히 엥겔스, 「공산주의당 선언」, 『칼 맑스·프리드리히 엥겔스 저작 선집』 1권, 403쪽, 406쪽.

8) [옮긴이] 안토니오 네그리, 『굿바이 미스터 사회주의』, 박상진 옮김, 그린비, 2008.

9) [옮긴이] 프랑스어판에는 '다중의 자본주의'(capitalisme des multitudes)로 적혀 있지만, 영어판은 '다중의 공산주의'(communism of the multitude)로 되어 있다.

리성의 합리성이다. 현행의 '위기'는 사실상 소비에트 제국의 붕괴에 뒤이은 20년 동안, 전적으로 군림한 자본주의적 유토피아, 즉 시장의 자기조절이라는 유토피아, 제도들과 사회적 관계들의 총체를 재조직화할 가능성이라는 유토피아, 인간의 삶(생활)의 모든 형태를 자유시장의 논리를 따라 재조직화할 가능성이라는 유토피아를 정지시키는 일격이다. 오늘날 공산주의 가설을 재점검한다는 것은 이렇듯이 자본주의의 거대한 유토피아의 파탄을 구성하는 전대미문의 사건들을 설명해야 한다는 것이다.

이 똑같은 상황은 우리를 마르크스주의적 담론의 또 다른 현대적 형태를 의문에 부치도록 이끌 것이다. 이 또 다른 형태란 '최후의 인간'의 군림이라는 니체의 예언을 구현하면서 세계 속에서 프티부르주아지를 산출하는 자본주의의 최종 단계를 가리킨다. 자본주의의 최종 단계란 상품과 스펙터클을 숭배하고 향락이라는 초자아의 명령을 따라, 일반화된 자기-실험이라는 나르시시즘적 형태들을 따라 재화를 위해 전적으로 헌신하는 세계이다. 우리에게 이 '대중의 개인주의'의 전반적 승리를 그려서 보여 주는 자들은 이 '대중의 개인주의'에 민주주의라는 이름을 부여한다는 점에서 일치한다. 이리하여 민주주의는 자본의 지배와 이것이 동반하는 공동체와 보편성의 모든 형태들의 급격한 파괴에 의해 생산되고 체험된 세계로서 나타난다. 따라서 이 서술은 단순한 양자택일을 그려 낸다. 민주주의 —— 즉 '최후의 인간'에 의한 비열한 군림 —— 냐, 아니면 이 경우에는 매우 자연스럽게 공산주의의 형상을 취하는 '민주주의의 저편'이냐라는 양자택일이 바로 그것이다.

문제는 오늘날 많은 사람들이 이 서술을 공유하면서 이로부터 정확히 대립되는 결론들을 끌어내고 있다는 점에 있다. 민주주의에 의한 사회적 유대와 상징적 질서의 파괴를 개탄하는 우파 지식인들, 낡고 선한 사회비판을 1968년 반란의 유독한 '예술적 비판'에 대립시키는 구식 사회학자들, 보편적인 풍요의 군림을 받아들이는 것에 대한 우리의 무능력을 조롱하는 포스트모던한 사회학자들, 자본주의에 새로운 정신적 내용을 불어넣음으로써 자본주의를 구제하는 것이 오늘날의 혁명적 임무라고 퍼뜨리는 철학자들이 그런 자들이다. 이 성좌의 한가운데에는 단순한 양자택일(민주주의의 수렁이냐, 이러한 수렁에서 공산주의의 도약이냐)이 재빨리 문제적인 것으로 등장한다. 이 상황을 보편적인 민주주의적 나르시시즘에 의한 악명 높은 군림으로 기술할 때, 확실히 우리는 다음처럼 결론을 지을 수도 있다. 즉, 공산주의만이 이 구렁텅이로부터 탈출하게 해준다는 것이다. 하지만 이 경우 질문이 제기된다. 즉, 누구와 함께, 어떤 주체적 힘들과 함께 이 공산주의를 구축한다고 내세울 것이냐라는 질문이다. 도래할 공산주의에 대한 호소는, 이 경우 심연의 가장자리로 다시 돌아가라고 호소하는 하이데거의 예언을 훨씬 더 많이 닮거나, 아니면 적을 때려눕히고 자본주의적 기계를 방해하는 것을 그 유일한 목적으로 정하는 행동의 형태들을 결정할 뿐이다. 문제는 혁명적 투사들보다 미국의 **증권 거래인**들과 소말리아 해적들이 훨씬 더 유능하게 경제적 기계를 방해할 수 있다는 것이다. 불행하게도 증권 거래인들과 해적들의 유능한 사보타주는 공산주의를 위한 어떤 공간도 창출하지 못한다.

따라서 오늘날 공산주의 가설에 관한 재검토는, 공산주의를 자본주의에 내재적인 과정의 결과로 보거나 공산주의를 심연의 가장자리에 있는 사람들이 움켜쥐어야 할 마지막 기회로 보는 시간적인 시나리오들로부터 가능성의 형태들을 풀어내기 위한 작업을 전제한다. 이 두 가지 시간적인 시나리오들은 여전히 불평등의 논리가 해방의 공산주의적 논리를 오염시키는 두 가지 거대한 형태들에 의존하고 있다. 그 첫 번째 형태는 자본을 무지한 노동자들을 가르치는 스승으로 만들고 무지한 노동자들을 항상 도래할 평등에 대해 준비시키는 계몽주의자들의 진보주의적 교육학의 논리이다. 그리고 그 두 번째 형태는 체험된 경험의 근대적 형태들을 공동체에 대한 개인주의의 승리와 동일시하는 반진보주의적인 반동적 논리이다. 공산주의 가설을 소생시키려는 기획은, 이 기획이 이런 두 개의 오염 형태를 의문에 부치고, 또한 이 오염 형태들이 우리의 현재에 대한 자칭 비판적 분석들을 여전히 지배하고 있는 방식을 의문에 부치는 한에서만 의미를 가질 수 있다. 즉 이른바 포스트모던한 세계에 관한 지배적 서술을 의문에 부치는 한에서만 어떤 의미를 가질 수 있다. 노동시장의 분열, 새로운 불안정성, 사회적 연대 체계의 파괴와 같은 자본주의의 현대적인 형태들은, 오늘날 매우 많은 사회학자들이 기술하고 있는 하이테크 기술자들의 세계 혹은 소비에 대한 광신적인 숭배에 홀딱 빠진 프티부르주아의 세계적 군림보다는 19세기 프롤레타리아의 그것과 매우 가까운 생활형태들과 노동경험들을 창출하고 있다. 그러나 중요한 것은 이런 서술의 정확성에 이의를 제기하는 것만이 아니다. 더 근본적으로 중요한 것은, 전반적인 역사적 과정들에 대한 분석과 가능적인 것에 관한 지도 제작 사이의 어떤 연계 유형을 문제 삼는 것이다. 우리는 사회 변화에 대한 분석에 기초를 둔 거대한 전략들이 얼마나 문제적인지를 잘 파악해야 한다. 해방에 관해 말하자면, 이것은 역사적 필연성의 완수도 아니고 이 필연성의 영웅적인 역전도 아니다. 해방을 그 반시대성에서 출발해 사고해야 한다. 이 반시대성은 두 가지를 의미한다. 첫째, 그 실존에 기초를 부여하는 역사적 필연성의 부재이다. 둘째, 지배의 시간에 의해 구조화된 경험의 형태들과 관련된 그 이질성이다. 검증의 수고를 거칠 만한 공산주의의 유일한 유산은 어제와 똑같이 오늘도, 아무나의 능력의 실험의 형태들의 다양체가 우리에게 제공해 준 유산이다. 이런 실험을 통해 구축된 집단지성만이 공산주의적 지성이다.

아마 누군가는 내가 민주주의를 정의하기 위해 사용한 용어들과는 그다지 다르지 않은 용어들로 공산주의를 정의한다고 반론을 제기할 수도 있을 것이다. 나는 나의 해방 개념이 민주주의(이를 부르주아지의 지배의 국가적 형태로 이해하든, 상품의 권력에 의해 조직된 삶의 세계로 이해하든 간에)에 공산주의를 대립시키는 테제를 명백히 문제 삼는 것이라고 응수하겠다. 우리는 '민주주의'라는 말이 매우 상이한 것들을 뜻할 수 있다는 점을 알고 있지만, 그러나 우리는 또한 '공산주의'라는 말도 똑같이 그럴 수 있다는 점을 알고 있다. 그리고 역사적 필연성에 대한 믿음을 불신의 문화와 결합하게 되면, 우리가 매우 특정한 유형의 공산주의에 이르게 된다는 점은 사실이다. 국가권력에 의한 생산력 전유 및 '공산주의적' 엘리트에 의한 국가권력의 통제로서의 공산주의[10]가 바로 그것이다. 다시 한 번 더, 이것이 자본주의를 위한 장래일 수도 있다. 그러나 이것은 해방을 위한 장래가 아니다. 해방의 미래는 아마 평등의 원리를 실행하는 남녀의 자유로운 연합에 의해 창출된 공통적인 것le commun의 영역의 자율적 발전 속에만 있을 것이다. 이를 '민주주의'

라고 부르는 것으로 만족해야 할까? 이를 '공산주의'라고 부르는 것에 어떤 장점이 있을까? 나는 이 후자의 이름을 정당화할 수 있는 세 가지 이유를 알고 있다. 첫 번째 이유는 이 이름이 지성들의 통일과 평등의 원리를 강조하기 때문이다. 두 번째 이유는 이 이름이 이 원칙의 집단화에 내재한 긍정적 면모를 강조하기 때문이다. 세 번째 이유는 이 이름이 이 과정에 내재한 자기지양의 능력을, 아직 상상조차 할 수 없는 미래들을 발명할 가능성을 내포하는 그 무한함을 가리키기 때문이다. 거꾸로, 이 능력이 세계의 전반적 변혁을 실현할 수 있고 또 우리가 거기에 도달할 길을 알고 있다는 점을 의미한다면, 나는 이 용어를 거부할 것이다. 우리가 알고 있는 것, 그것은 그저 이 능력이 싸움, 삶, 집단적 사유라는 불화로 가득 찬 형태들로서 오늘날 실현될 수 있다는 것뿐이다. 공산주의 가설의 재검토는 이 형태들에 내재한 집단지성의 잠재력의 탐구에 의해 진행된다. 이 탐구는 그 자체로, 신뢰의 가설의 완전한 복원을 전제한다.

김상운 옮김

---

10) [옮긴이] 프랑스어판에는 이 구절이 다음과 같이 되어 있다. "le communisme comme appropriation des forces productives par le pouvoir d'Etat et 〈leur gestion par une élite 'communiste'〉…." 이 구절을 원문대로 옮기면 "국가권력에 의한 생산력 전유 및 〈'공산주의적' 엘리트에 의한 생산력의 통제〉"가 된다. 하지만 영역본에서는 프랑스어판의 〈 〉 표시한 부분을 "its management by a 'communist' elite"라고 옮기고 있는데, 이렇게 되면 이 구절을 "국가권력에 의한 생산력 전유 및 '공산주의적' 엘리트에 의한 국가권력의 통제"로 이해할 수 있다. 영역본처럼 이해하는 것이 전체 논의에 더 부합하는 것이라고 판단되어 여기에서는 영역본을 따라서 옮겼다.

12장

문화대혁명은 공산주의를 끝냈는가?
오늘날의 철학과 정치에 대한 8가지 논평

알레산드로 루소

1.

오늘날 사회학, 특히 투표 결과를 세고 또 세는 어리석은 짓에 자신의 할 일을 제한하는 정치사회학은 주체성들의 문제에 대한 특유한 이론적 무기력함에 영향받고 있다. 따라서 '공산주의라는 이념'에 대한 사회학 워크숍은 생각할 수 없을 것이다. 그래서 이 콘퍼런스는 내가 정치적 주체성에 관한 철학자들의 논의를 들을 수 있는 드문 기회이다. 뛰어난 철학자들이 이곳에서, 그들의 모든 이론적인 차이에도 불구하고, 그들이 공산주의가 철학에 있어 근본적인 용어라는 이념을 공유하고 있다고 선언할 것이라는 사실은 이 모임을 평범한 학술 행사가 아닌, 현대 철학에서 특별한 사건으로 만드는데, 특히 철학이 정치와 맺는 관계에서 더욱 그렇다.

정치에 관한 한, 우리 모두는 공산주의라는 바로 그 이름의 존재가 적어도 지난 30년 동안 얼마나 문제가 많은 것이었는지 아주 잘 알고 있다. 한편으로 그것은 중대한 포기 선언의 대상이었는데, 특히 구舊 공산주의 관료층 사이에서 그러했다. 다른 한편으로 같은 이름이 여전히 세계에서 가장 큰 강대국 중 하나의 휘장insignia에 보인다. 물론 그 문자 그대로의 의미는 다소 수상쩍지만. 우리는 1848년의 『공산당 선언』과 2008년의 『중국공산당 규약』 사이에 공통점이 많다고 믿을 수 없다.

이런 상황에서, 우리는 이곳에서 공산주의라는 이름이 정치에서 철학으로 옮겨 가는 것을 목격하고 있다고 생각할 수도 있다. 하지만 이런 결론은 너무 성급한 것일 것이다. 정치와 철학 사이의 단절discontinuity은 이 콘퍼런스에 참석한 사람들에 의해 오랫동안 논의된 문제이다. 예를 들어, 자크 랑시에르는 정치와 철학 사이의 **불화**에 대해 기술했는데, 그것은 단순한 의견 차이misunderstanding 이상의 것이다. 그것은 오히려 의견 충돌disagreement이며, 때로는 매우 격렬한 충돌이다. 알랭 바디우는 철학 그 자체의 다른 '조건들'뿐만 아니라, [그 조건들 중 하나인] 정치에 대한 그의 철학 체계의 기본적인 자율성intransitivity을 탐구하여 그의 철학 체계의 결정적인 특징들을 발전시켰다. 슬라보예 지젝은 최근 마오의 철학 문헌들과의 개인적인 친밀감과 거리감을 시험하면서, 정치 사안들과 철학 사안들을 풀어내려 하고 있다. 간단히 말해서, 우리 중 다수는 정치와 철학의 분리라는 원칙은 둘 다에게 필수적이라고 여기면서 동시에 정치 없는 철학은 존재할 수 없다고 여기고 있다.

따라서 '공산주의 가설'에 대한 나의 첫 번째 해석 —— 이 가설에 대한 나의 가설이라고 말하겠다 —— 은 그 '가설'이 자신의 '정치적 조건'

에 관한 '철학의 윤리'를 위한 이름이라는 것이다. 나는 '플라톤 이래로 공산주의는 철학자가 견지할 만한 유일한 정치 **이념이다**'라는 테제를 **철학에 대한 철학적 선언**으로 읽었다. 나는 간절하게 이 주장을 명료하게 설명해 줄 다른 발표자들의 얘기를 듣고 싶지만, 지금 나는 이 테제를 무엇보다도 **철학을 방어하기 위한 선언**으로 여긴다. 누구에 대한, 무엇에 대한 방어인가? 그 대상은 물론 영원한 적수인 억견臆見이지만, 또한 현대의 특유한 표적인, 소위 **탈-정치화**라고 불리는 것이다. 탈-정치화는 **친구/적**^{amicus/hostis} 대립이 줄어든 것을 의미하는 것이 아니라, 현재의 여론 체제가 가능한 모든 정치적 발명과 사상의 발명으로서의 정치라는 개념에 강제하는 금지를 의미하는 것이다. 현재 '여론'의 지배하에서는 국가 권력의 논리 바깥의 어떠한 정치도 생각할 수 없다. '공산주의라는 이념'을 선언하는 것은 '협치'의 '동굴' 안에 정치를 사슬로 묶어 두려는 것에 대한 철학의 급진적인 반대를 드러내는 것이다.

오늘날의 탈-정치화는 실제로 철학에 치명적이다. 왜냐하면 탈-정치화는 철학의 근본적인 조건 중 하나를 억누르면서, 철저하게 철학 자체를 약화시키고 철학을 학문적 억견으로 만드는 것을 목표로 하는데, 이는 결국 철학을 억누르기 위한 것이기 때문이다. 반대로 내가 보기에, 철학자의 욕망은 탈-정치화와 대조를 이루지 않고는, 그리고 동시에 실현 가능한 평등주의적 발명품들을 찾아서 정치의 영역을 면밀히 검토하지 않고는 존재할 수 없다. 그래서 나의 가설은 다음과 같다. 철학자들이 자신의 욕망을 포기하지 않기 위한 조건 중 하나는, 철학이 그 자체로 절대적으로 평등주의적인 것처럼 정치는 모든 사람을 위한 발명품일 수밖에 없다는 가설을 지지하는^{promote} 것이다.

2.

같은 이유에서 공산주의는 정치를 위한 가설이 될 수 있을까? 이 질문은 매우 다른 관점을 요구하는데, 왜냐하면 철학과 정치 둘 모두에게 본질적인, 철학과 정치를 분리하는 원칙은 철학과 정치 각각에서 같은 이름이 매우 다른 운명을 맞을 수도 있다는 것을 함축하기 때문이다. 철학에서 하나의 이름으로서의 공산주의는, 유물론적으로 다시 만들어지더라도, 플라톤의 이데아와의 연속성 안에서 생각될 수 있다. 하지만 정치에서 하나의 이름으로서의 공산주의는 마르크스의 『선언』으로 시작된 특유한 '시대'와 얽혀 있고, 이 콘퍼런스의 개회사에서 얘기되는 것처럼 '획기적인 변화'에 압도되어 있다. 이 변화의 위치를 어디에 놓을 것인지, 이 시대를 궁극적으로 어떻게 볼 것인지에 대해서는 더 많은 논의를 필요로 한다.

정치, 또는 오히려 이곳에서 논의될 가치가 있는 유일한 정치는 대중의 자기-해방의 형태를 발명하려는 독특한 욕망을 분명하게 표현하고, 그 역량을 끊임없는 주체적인 불연속들discontinuities의 영역에 기입한다. 그것은 영원한 이데아들에도, 영구적인 적수들에게도 의존할 수 없다. 정치는 가장 드물고 가장 불연속적인 주체성의 양식 중 하나이다. 또는 실뱅 라자뤼스가 정확하게literally 알아냈듯이, 정치는 오직 주어진 '시퀀스'에만 존재하는데, 이 시퀀스의 주요 특징은 일반적인 찰나성과 강한 지적 독특성이다. 정치는 합리성의 특이한 양식이고, 각각의 정치적 시퀀스는 자신만의 지적인 이해관계stake을 가지고 있기에 결국 자신만의 정치를 갖는다. 이런 발명과 재발명에서 벗어나면, 피지배자들을 지배하기 위해 지배자들과 지배자가 되려는 사람들이 벌이는 끊임없는 싸움들이라는 정치의 모조품들만 존재한다.

정치라는 드물고 간헐적인 현상을 다루는 이론은 일련의 새로운 질문들을 제기하는데, 이 질문들은 정치를 '계급투쟁의 역사'로, 또는 객관적인 조건들을 주체적 과정에 반영시키는 것으로 이해하는 이전의 관점에 입각해서는 해결될 수 없다. 만일 정치가 고유하게 주체적인 불연속성의 영역이고, 관건이 되는 독특한 사안들에 의해 결정되는 이산적인 시퀀스들에서만 존재한다면, 두 개의 다른 시퀀스 사이의 관계를 사고하는 것이 가능할까? 그리고 일반적으로 짧게 존재하는 정치적 시퀀스와 탈-정치화의 장기 국면 사이의 관계를 고려할 수 있을까? 게다가 이런 관점에서, 관례적인 역사주의가 가지고 있는 모호한 목적론을 피하면서 '시대'와 획기적인 변화라는 바로 그 범주를 다시 사고할 수 있을까?

시대 구분의 문제는 획기적인 변화라는 사안이 문제가 되는 한 논의되어야만 하는 문제이다. 이 콘퍼런스의 개회사는 1990년을 결정적인 전환점이라고 언급하면서 "한 시대가 끝났다"고 얘기한다. 이 점에 대해서는 의심할 수 없지만, 그 변화의 본질은 무엇이었나? 그리고 그 추동력은 무엇이었나? 잘 알려진 것처럼 90년대 초는 무엇보다도 20세기 국가 체제에서의 주요한 변화, 다시 말해, 소련과 거의 대부분의 공산주의 당-국가들의 붕괴로 특징지어진다. 물론 중국은 특별한 연구를 필요로 하는 아주 커다란 예외이다. 그런데 그 붕괴를 결정한 것은 무엇인가? 쿠데타도 아니었고, 현실의 군사적 패배도 아니었고, 처참한 경제 위기도 아니었고, 심지어 민중 봉기revolt도 아니었다. 그 나라들은 겉보기에 가장 평범한 조건들 속에서, 마키아벨리가 좋아하는 용어 중 하나를 사용하자면, '파멸했다'. 일련의 국가 장치들의 해체가 너무 갑작스럽고, 뜻밖이고, 그리고 전례가 없던 일이었기 때문에 '별들의 전쟁'의 위협, 교황의 기도, 폴란드의 검은 성모 숭배나 전체주의에 대한 민주주의의 타고난 우위 등 매우 기상천외한 설명들이 여전히 널리 퍼져 있다.

3.

내가 제안하는 연구의 방향은 다르다. 1990년대는, 국가 장치들이라는 측면에서 본다면, 적어도 20년 전으로 돌아가는 일련의 결정적인 정치적 사건들의 결과가 뒤늦게 나타난 것으로 연구되어야 한다. 다른 말로 하면, 공산주의 당-국가의 종언 — 실제로는 단지 공산당만의 종언은 아니었지만 — 은 1960년대의 정치적 독특성들을 심각하게 고려하지 않고는 고찰될 수 없다. 나는 60년대 후반의 정치적 사건들과 90년대 초반의 사회주의 국가들의 몰락 사이의 관계가 결코 자명하지 않다는 것을 안다. 중국 문화대혁명과 소련의 종말 사이, 그리고 1968년 5월과 베를린 장벽의 붕괴 사이에는 적어도 20년의 시간 간격이 있다. 이데올로기적 분위기, 여론의 구조, 지정학적 틀, 세력 균형 등에 있어서의 큰 차이는 두 상황 사이에 비교할 수 없을 정도의 거리를 만들어 낸다. 그래서 90년대 초반은 명백하게 획기적인 변화를 나타내는 것으로 보인다. 반면, 이런 관점에서 보자면, 60년대는, 모든 종류의 주체적 동요들이 불가사의하게 넘쳐 났음에도 불구하고, 표면적으로는 낡은 정치 세계의 공허한 연장일 따름이다. 그래서 90년대에 대한 60년대의 지연된 영향이라는 문제에 답하기 위해서는 일련의 논쟁적인 단계들을 거칠 필요가 있고, 그 첫 번째 단계는 필연적으로 문화대혁명의 본성nature과 관련된 것이다.

여기서 문화대혁명이라고 언급한 것은 중국에만 국한되지 않았다. 문화대혁명은 도리어 60년대 중반부터 70년대 후반까지 국가들에 따라 매우 다른 상황 속에서 확산된 정치적 시퀀스들의 진앙지였고, 세계적인 규모의 정치적 형세였다고 말할 수 있다. 문제는 어떻게 이질적인 정치적 주체성들을 같은 형세에 속하는 것으로 고려할 수 있는가 하는 것인데, 어떤 의미에서 이 모든 것들이 '획기적인 변화'와 관련되는가? 이 '정치적 형세'와 '시대' 사이의 관계는 유독 심하게particularly 얽혀 있는데, 1960~70년대는 정치를 해석하기 위한 중요한 범주들의 집합으로 [역사를] 이해하고 받아들였던 이전의 역사관이 뿌리째 흔들린 순간이었기 때문이다. 우리는 실제로 두 개의 겹치는 종료를 검토해야만 한다. 그것은 70년대 후반의 정치적 형세의 종료와 한 '시대'의 종료이다.

나는 1960~70년대를 한 획기적인 정치적 지식의 시대를 끝낸 정치적 시퀀스로 여길 것을 제안한다. 우리는 그것을, 푸코의 잘 알려진 범주를 빌려서, 한 '정치적 에피스테메'의 종말이라고 부를 수 있을 텐데, 다만 한 가지 차이를 지적할 수 있다. 이중의 종료를 검토하기 위한 전제 조건은 세계적인 규모의 시퀀스로 나타난 정치적 지성의 독특한 형태들을 바디우가 '상황의 언어'라고 불렀을 것을 구성한 정치 문화로부터 구분하는 것이다. 문화대혁명에 고유한 특징은 정치사상과 정치적 지식 사이의 극적인 대결이었다.

당시의 형세에서 나타났던 정치적 주체성의 모든 형태들에 '당',

'계급투쟁', 그리고 '프롤레타리아'를 핵심 범주로 삼는 정치 문화가 깊이 스며들어 있었다. 이것을 '근대의 혁명적 에피스테메'라고 부르자. 그럼에도 불구하고, 정치적 주체성의 모든 형태들이 실제로 존재했던 과정 —— 그것들의 대두, 성장, 쇠퇴, 그리고 소진 —— 은 그 정치 문화의 기본적인 요소로부터 비판적으로 거리를 두는 정도나, '혁명적 에피스테메'의 경계를 넘어 정치적으로 사고하도록 스스로에게 권한을 부여하는 강도에 의해 결정되었다. 나는 바로 그 시퀀스에 존재했던 정치적 주체성과 정치 문화 사이의, 즉 사고와 지식 사이의 해소될 수 없는 긴장을 고려하여 '이중의 종료', 즉 '정치적 형세'의 종료와 한 '시대'의 종료를 검토하자고 제안한다.

정치적 지식의 일반적 영역이 세 가지 차원으로 구성되었고, 그 영역 안에서 60년대의 혁명가들이 생겨났다. 실제로, 무대 위에 혁명가들이 등장하면서 근대적인 정치적 에피스테메의 삼차원 구조가 드러났다. 당시 [정치적] 형세에 존재했던 모든 정치적 주체성들의 성패가 달려 있는 주요하고 결정적인 사안이 된 정치 문화의 세 기둥은 다음과 같다. 첫 번째, 정치의 유일한 장소인 당-국가. 두 번째, 계급에 기반을 둔 정치관과 국가관. 그리고 세 번째이자 가장 결정적인 것은 국가에 상징적인 노동자의 모습을 포함시키는 것의 정치적 가치였다.

세 가지 요소들의 상호 정합성은 거의 2세기에 걸친 일련의 과정들과 국면들을 통해 형성되었다. 하지만 가장 중요한 것은 그것들의 정합성은 그것들의 근본적인 비정합성이라는 관점에서만, 즉 1960~70년대의 독특한 정치적 형세에서만 파악될 수 있다는 것이다. 그 시퀀스에서 당-국가들에 대한, 그것들의 관료적인 보수주의에 대한, 그리고 마지막으로 그것들의 반-정치적인 태도에 대한 새로운 정치적 주체성들의 반대는 바로 근대 정치 문화의 일반적인 영역의 다른 두 차원을 관련시켰다. '계급'의 관점과 '노동자'의 정치적 존재라는 차원이 바로 그것이다. 전체 과정은 진짜 매우 길고 복잡했고, 자세한 연구가 훨씬 대규모로 수행되어야만 하지만 핵심적인 흐름은 위에서 언급된 세 가지 인식론적인 기둥 ── '당', '계급', 그리고 '노동자' ── 이 전례가 없는 정치적 격변 속으로 잇따라 들어가는 것으로 묘사될 수 있다.

4.

대부분의 사례들을 중국 문화대혁명에서 가져올 것인데, 비록 문화대혁명이 가장 덜 진지하게 연구된 1960년대의 구성요소이긴 하지만, 전체 형세의 핵심 요소들을 완전히 드러냈던 계기였기 때문이다. 이런 의미에서 중국은 1960년대의 정치적 진앙지였다. 지역적인 '문화', '관습', '전통', '사회-경제적 조건'과 더불어, 중국을 특정한 사회·문화 지역으로 구성했던 모든 결정 요인들이 당시 중국의 정치적 사건들에 분명히 영향을 미쳤지만, 그것들은 문화대혁명이 전 세계적인 규모에서 엄청난 영향을 미친 것에 대해서는 아무것도 말해 주지 않는다. 문화대혁명의 정치적 독특함은, 특정한 '중국적인' 결정 요인들과 무관하게, 1960~70년대의 형세에서 문화대혁명의 보편성의 조건들이었다.

  자율적으로 조직된 새로운 정치적 주체성의 형태들과 20세기 내내 정치의 조직적 원칙이었던 당-국가 사이의 대립은 처음부터 최고조의 긴장을 이루었다. 중국에서 독립적인 조직들의 발생은, 비록 그것들이 초기 형태에 머무르다 겨우 2년 만에 정치적 독창성을 소진했음에도 불구하고, 결정적인 새로움을 이루는 것이었다. 1966년부터 1968년까지 수천 개의 이런 조직들이 존재했고, 대부분의 조직들이 자신만의 독립적인 정기간행물과 책자들을 출판했다. 이런 어마어마한 기록들이 역사 연구에서 거의 검토되지 않았고, 오직 소수의 기본적인 요소들만이 실제로 알려졌다는 것 또한 기억되어야 한다.

그것은 그렇다고 치고, 그들의 존재가 결국 당시의 정치 문화의 틀 내에서는 해결할 수 없는 문제로 판명되었다는 사실은 '전체주의' 체제에만 특정한 결과가 아니었다. 60년대 중반 이전, 세계적으로 당-국가는 정치가 조직될 수 있다고 생각할 수 있는 유일한 장소였다. 1966년 중국에서는 무제한적인 다수의 정치적 장소가 중국공산당 외부에 완전하게 존재할 수 있는 가능성을 인정할 것인가 부정할 것인가 하는 문제가 되돌릴 수 없는 분열을 일으켰고, 이 분열은 이후의 모든 전개에 결정적으로 영향을 미쳤다. 잘 알려진 것처럼, 마오는 '홍위병'을 조직 원리에 새로운 활력을 부여할 원천으로서 따뜻하게 받아들였지만, 류사오치와 덩샤오핑은 홍위병에게서 오직 어떤 무질서의 요소만을 보았는데, 이 무질서는, 그들의 표현에 의하면, '내부적인 것들과 외부적인 것들을 구분하는 선'을 그어서 강하게 저지해야만 할 것이었다. 물론 경계선은 정치의 유일한 합법적인 장소로서의 당-국가와 정치적 선언들을 공표할 수 있는 독립적인 실체로 존재하겠다는 '홍위병'의 주장 사이에 있었다. 그러나 문제는 이런 정치적 선언들의 실제 내용이 결국 정치적 선언들을 공표할 수 있는 독립적인 정치체로 존재하겠다는 주장이라는 점이었다.

동어반복만이 눈에 띄는데, 그 이유는 당시 모든 사람들이 사용했던 '계급', '혁명', '프롤레타리아' 등과 같은 문화적 상투어구들이 사람들의 입장 차이를 전혀 이해할 수 없는 것으로 만들었기 때문이기도 하지만, 무엇보다도 일차적 '경계선'이 무제한적인 다수의 정치의 장소의 존재와 당-국가의 유일성 사이의 대립과 관련되었기 때문이다. 당시의 정치적 쟁론의 핵심적 내용은 정치 그 자체, 즉 정치의 조직 상황의 기본적인 조건에 대한 것이었다. 사실 이것은 중국에만 국한된 문제가 아니었는데, 1960~70년대의 정치 형세의 중심에는 당-국가의 정치적 가치에 대한 일련의 대규모 쟁론이 있었기 때문이다.

당과 독립적인 조직들 사이의 경계선에 대한 논쟁 외에, 새로운 조직들이 마주친 주요한 이론적-정치적 장애물은 '계급'과 '계급투쟁'에 관한 일군의 범주들이었다. 당시 가장 널리 퍼진 경향은 당-국가의 '개량주의', 혹은 반-정치적인 경향과 대조를 이루기 위해 '계급' 관점을 급진화하는 것이었다. 마오는 "절대로 계급투쟁을 잊지 말라"고 얘기했다. 하지만 계급에 기반을 둔 관점은 재-정치화될 수 없었을 뿐만 아니라, 그 자체가 탈-정치화의 심각한 요소라는 점이 드러났다. 어떤 경우에는 '계급' 원칙을 언급하는 것, 특히 가장 극단적인 형태로 언급하는 것이 고의적으로 혼란을 만들어 내기 위한 것이기도 했다.

계급에 기반을 둔 관점에서 거리를 유지하는 것이 얼마나 중요했는지, 반대로 계급에 기반을 둔 관점이 얼마나 심각하게 정치적 주체성의 새로운 형태들이 발전하는 것을 막았는지를 보여 주기 위해 60년대 중국의 몇몇 사례들을 열거할 수 있다. 1966년 8월 초 독립적인 조직들을 환영한다고 언명한 「프롤레타리아 문화대혁명에 관한 결정안 16개조」가 발표되자마자 '홍위병' 조직을 만들고 참여할 수 있는 자유가 어느 정도까지 확장될 수 있는가 하는 것이 가장 핵심적으로 견해가 나누어지는 문제가 되었다. '계급' 기준은 그들의 존재를 제한하기 위한 주요한 논거 중 하나였다는 점을 주목해야 한다. 예를 들어, 당-국가의 간부들의 자식들에 의해 주로 관리되었던 가장 이른 시기의 '홍위병' 조직들에서 가장 우세했던 태도는 주로 그리고 때로는 배타적으로 '좋은' 계급 배경이 있는 학생들의 정치적 행동주의를 인정하고 거기에 특권을 부여하는 것이었다.

그 '계급' 관점은 소위 '혈통론'과 관련해서 특히 둔감했는데, 그 주장에 의하면 '나쁜 계급'에 속한 부모의 아들과 딸들은 결정적으로 반혁명적이며, 반대로 '혁명 간부'를 포함한 '좋은 계급'의 혈통을 가진 아들과 딸들은 선천적으로 혁명적이었다. 이것은 말할 것도 없이 역사적이고 정치적인 '계급' 관점이 타락한 것이었지만, 잠시 동안 실제로 영향력을 발휘했고 '계급'에 대한 언급이 사회주의 국가의 여론에서 어떻게 작동하는지를 보여 주는 중요한 징후였다. 이 일탈적인 '생물학적 계급주의'는 쓰디쓴 대립 끝에 패퇴했는데, 결국 학생들의 폭발적인 정치적 행동주의가 이런 규율적 술책을 통해서는 억눌릴 수 없었기 때문이었다. 하지만 '홍오류紅五類론'[1]의 효과 중 제일 안 좋은 것이 이후 이데올로

---

1) [옮긴이] 문화대혁명 초기 일부 고급 당 간부들의 자제들은 빈농, 노동자, 혁명 간부, 군인, 혁명유가족과 같은 다섯 가지 계급적 배경을 가진 사람들만이 홍위병이 될 수 있는 자격을 지니고 있으며, 역으로 구 지주계급, 구 부농분자, 반혁명분자, 악질분자, 우파분자와 같은 다섯 가지 계급적 배경을 가진 이들은 홍위병이 될 수 없다고 주장했다. 전자를 '홍오류'라고 하고 후자는 '흑오류'(黑五類)라고 한다.

기적 분위기에 계속해서 나쁜 영향을 주었다.

문화대혁명에 대한 학문적인 연구는 매우 척박한 분야이고, 중국에서는 정부가 강요한 '철저한 부정'에 의해 엄격하게 제한되어 왔다. 하지만 현재의 역사 서술이 전적으로 비이성적인 폭력 시위로 변함없이 묘사하는 것들을 자세히 분석하면 그것들이 때로는 학생들 사이에서 정치적 행동주의가 확대되는 것을 막으려는 의도에서 준비된 일련의 방해 공작과 얽혀 있음을 볼 수 있을지도 모른다. '계급'에 대한 언급은 매우 거칠게 왜곡되어 가장 자주 이용된 덫 중 하나였다. 또 다른 악명 높은 예는 '부르주아' 가정에 대한 초기 '홍위병' 조직들의 폭력 행위에 대한 일화들이다. 부르주아 가정에는 저명한 예술가와 작가들의 가정이 포함되었는데, 홍위병들의 쉬운 목표가 되었고(어떤 경우에는 경찰 관료들이 학생들에게 주소를 제공하였다), 실제로 문제였던 독립적인 조직들이 어느 정도까지 존재할 수 있는가 하는 쟁점에서 정치적 행동주의의 관심을 돌리는 데 사용되었다.

최종적으로 사건들의 추이를 결정한 것은 학생들과 더불어 노동자들 역시 그들만의 독립적인 정치적 조직을 형성할 수 있는가 여부였다. 계급에 기반을 둔 정치적 관점에 대한 언급은 분명히 어디에나 있었고, 역시 독립적인 조직들을 억누르기 위한 구실로 이용되었다. 하지만 이 경우 논쟁은 근본적인 이론적 요소들과 조직과 관련된 요소들을 포함하고 있었기에 매우 긴박했고 현실적인 대안들을 찾는 쪽으로 더 정향되어 있었다. 하지만 문화대혁명의 정치 현장에 노동자들이 거대한 규모로 등장한 것은 '계급' 이슈를 명료하게 하지도 못했을 뿐만 아니라, '혁명적 에피스테메'의 '노동계급'이라는 바로 그 범주를 언급하는 전체 연결망을 심각한 난맥상으로, 그리고 마침내 파멸의 과정으로 몰아넣은 요인이었다.

1966년 가을 상하이에서 첫 번째 노동자 집단들이 당-국가에 독립적인 '조반파造反派 노동자들', 혹은 '홍위병' 조직[2]을 만들었다고 선언했을 때, 그들은 중국공산당의 전체 지도부를 심각한 곤경에 처하게 했다. 심지어 당시 실질적으로 당-국가의 중앙 기관들을 좌우하고 있던 베이징의 마오주의 지도부인 '중앙문혁소조文革小組'조차 명확한 태도를 바로 밝힐 수 없었다. [중국공산당의] 지부인 상하이 당위원회는 그들과 분명하게 맞섰으며, '적위병'이라 불리는 다른 조직을 육성했다. 대부분의 적위병 구성원들 역시 노동자들이었지만, 그들의 정치 강령은 '조반파'는 반-혁명적이고 '노동계급'의 적이기 때문에 존재해서는 안 된다는 주장을 무엇보다도 우선해서 선언했다. 분명하게 '홍紅'보다 밝다고 주장하는 이름인 '적위병'에게 노동자들의 조직에 관한 유일한 조건은 당-국가의 지도에 의해 설립된 형태로 견고하게 남아 있는 것이었다.

대립하는 조직들은 순식간에 수십만 명의 구성원을 모았고, 2, 3주 후 거의 모든 상하이의 '노동계급'은 분란에 빠져들게 되었다. 1월 폭풍

---

2) [옮긴이] 왕훙원(王洪文) 등이 주동이 되어 만든 조반파 노동자 조직이 바로 '상하이 노동자혁명 조반 총사령부'(공총사工總司)다. 당시 중국 공산당 상하이 시정위원회가 이 조직에 대해 "인정도, 지원도, 참여도 허용하지 않는" 방침을 세우자, 공총사의 일부 회원들은 1966년 11월 10일 베이징에 가서 상하이 시정위원회의 그릇된 방침을 고발하겠다고 말하면서 상하이 인근의 안팅역 철도를 봉쇄하고 31시간 동안 상하이-난징 노선을 차단했다. 이것이 이른바 '안팅사건'(安亭事件)이다. 이 사건을 계기로 상하이 시정위원회는 반동분자로 낙인찍혀 무너지게 되었으며, 여기에 고무된 전국 각지의 홍위병들의 총공세가 시작되어 당시 실권자들인 류사오치, 덩샤오핑이 실각했다. 이것을 '1월 폭풍'이라고 한다.

은 상하이 당위원회와 지역위원회를 붕괴시켰는데, 이 두 조직은 상황에 대처할 수 없었고, 저항을 가라앉히기 위해 노동자들에게 예정에 없던 보너스를 지급하는 등 혼란을 키운 조치들만을 시행했다. 이 모든 것들이 결국 노동자들의 충성을 확보할 수 있는 능력을 상실했다는 의미에서 권위의 실추로 이어졌다. 사실상 그것은 상부에서 물러나게 한 것이 아니라 권력을 포기한 것이었다.

그런데 무엇이 진짜로 두 진영이 서로를 적대하게 한 것인가? 그리고 당국자들이 상황에 대처하는 것이 왜 그렇게 어려웠을까? 20세기의 거대한 정치적 사건들 중에서 '상하이 1월 폭풍'만큼 적게 연구된 사건이 없다. 이것은 부분적으로는 1976년 이후 중국 정부에 의해 시행된 문화대혁명 연구에 대한 심각한 검열의 결과이다. 하지만 가장 근본적인 이유는 의심할 나위 없이 이론적인 것이다. '홍'紅과 '적'赤 사이의 대립의 강도는 전통적인 역사유물론과 대학의 정치사회학 양쪽의 '계급 분석'이라는 용어를 이용한 개념화에 의해서는 설명될 수 없다. 이 주제에 관한 얼마 안 되는 연구들은 모두 두 진영 사이의 분리를 중국공산당 지도부 내의 두 파벌(마오주의 대 '중도파')의 영향의 결과로서뿐 아니라 사회-경제적인 조건의 귀결로도 분석했는데, 설득력 있는 결과를 거의 만들어 내지 못했다. 주의 깊게 조사하니, 서로 다른 조직에 속한 노동자들의 사회-경제적 지위는 거의 비슷한 것으로 밝혀졌고, 당 지도부 사이의 분열의 영향은 매우 논쟁적이고 모순적이었다. '적위병'의 경우 지방 당의 지원은 명백했지만, 그것이 결정적인 요인이었다고 생각하지 않는다.

분열은 본질적으로 주관적인 것이었지, '객관적인' 사회-경제적 조건이나 관료 세력을 반영한 것이 아니었다. 노동자 대중은 다름 아닌 동시대 정치에서 노동자의 모습에 대해 널리 퍼진 불안감에 영향을 받았다. '조반파 노동자들'에게는 '문화대혁명을 수행할' 자신들만의 정치 단체를 조직할 수 있는 역량이 진정으로 중요했다. 반면에 '적위병'에게 독립적인 조직을 형성한다는 것은 생각할 수 없는 것이었다. 이 경우 '경계선'은 역시 당-국가의 유일성과 독립적인 정치 조직들의 제한되지 않는 복수성 사이에 놓여 있었다. 여기에 상징적인 노동자의 모습이 당-국가의 무모순성에서 핵심적인 요소였다는 문제가 더해지는데, 이 사안은 중국이나 공산당에만 국한되는 것이 아니었다. 학생 조직들이 당-국가의 안정성에 대한 도전으로 인식되고 중국공산당의 지도력에 되돌릴 수 없는 균열을 만들었다면, 독립적인 노동자 조직들의 존재는 훨씬 더 급진적인 위험이 되었다. 왜냐하면 그것은 사회주의 국가라는 바로 그 존재의 근본적인 핵심에 영향을 미쳤기 때문이다.

5.

나는 여기에서 문화대혁명에 대한 매우 짧은 개념적 역사를 더 확장할 의도는 없다. 요점은 중국이라는 진앙지에서 보이는 1960년대의 정치 형세가 정치 지식의 전체 연결망을 끝냈다는 것이다. 그것은 정치 지식의 일관성을 조직했던 세 개의 기본 개념들이 정치적으로 그 역할을 다했다는 것을 증명했다. 즉, 첫 번째, **당-국가들**은 반-정치적이다. 두 번째, **계급에 기반한 정치**에 대한 **관점**은, 급진적인 견해일지라도 정당에게 새로운 활력을 줄 수 없고, 반대로 새로운 정치적 주체성의 발전에 방해가 되었다. 세 번째, 국가에 상징적인 노동자의 정치적 모습을 포함하는 것은 정치적으로 잘못된 것이었으며, 공장과 국가 질서에서 새로운 규율 형식으로 빠르게 변하였다.

하지만 이 근대 정치적 에피스테메의 세 개의 '기본 개념들'이 공산주의 당-국가에만 국한된 게 아니었다는 점은 명백하다. 정당은 20세기 모든 형식의 국가에 특유한 새로운 제도였다. 실뱅 라자뤼스가 주장했듯이, 모든 '[20]세기의 체제들' ── 사회주의, 의회주의, 그리고 파시즘 ── 은 당-국가의 결정적인 역할을 중심으로 세워졌다. 비슷한 얘기가 계급에 기반을 둔 관점에 대해서도 주장되어야 할 것이다. 마르크스 자신이 인정했듯이, 계급과 계급투쟁은 마르크스주의의 발명품이 아닌 리카도David Ricardo, 기조François Guizot, 티에리Augustin Thierry, 미네François Mignet 등을 포함하는 '부르주아 역사가들과 경제학자들'이 발명한 개념이었다. "모든 역사는 계급투쟁의 역사다"라는 테제를 발명한 사람은 마르크스라기보다는 기조였다. 계급에 기반을 둔 관점은 여러 가지 형태로 19세기 이래 모든 형태의 근대 국가의 기본적인 지향점이 되었다. 마르크스는 자신에게 고유한 새로운 개념은 계급투쟁이 아니라 '프롤레타리아의 독재'를 통한 계급 철폐의 이론이라고 말했다. 노동자의 정치적 가치마저도 사회주의 국가에 배타적인 것이 아니었다. 그것은 형식과 정도가 다르지만 의회주의 국가들에서도 비슷한 가치를 가지고 있었다. 예를 들어, '복지 국가'는 좌파 정당, 노동조합 등의 방식으로 노동자를 국가에 '포섭'하지 않고는 구상될 수 없는 것이었다. 간단히 말해서, 근대의 정치적 에피스테메의 종말은 사회주의 국가에 국한된 것이 아니었다.

'획기적인 이행'은 사실상 모든 형태의 20세기 국가와 관련되었다. 콘퍼런스의 개회사는 90년대에 사회주의 국가들이 실패했을 뿐 아니라 무엇보다도 모든 '민주적 좌파'도 실패했다고 얘기한다. 노동계급과 공산당 사이의 관계가 곤경에 빠졌던 사건인 중국의 문화대혁명에 뿌리를 두고 있는 사회주의 국가들의 붕괴는 전 세계적 수준에서 위기를 초래했고, 국가를 조직하는 일반적 형태인 '정당'에 근본적으로 영향을 주었다는 것이 나의 주장이다.

6.

우리가 중국의 문화대혁명이 근대 혁명의 에피스테메를 끝냈다고 말한다면, '공산주의'라는 이름에 대해 무엇을 얘기할 수 있을까? 이 글의 제목에 있는 질문은 명확해질 필요가 있다. 사실, 문혁은 '공산주의'라는 이름을 끝내지 않았다. 마오가 좋아했던 철학적 모토처럼, 문화대혁명은 공산주의를 **끝냈다**기보다는 그것을 둘로 나누었다. 문화대혁명과, 말할 필요도 없이, 중국에서 마오주의의 마지막 10년을 끝낸 근본적인 난관의 결과는 '공산주의'란 이름이 둘로 나누어진 것이다. 다시 말해, 그것은 '공산주의'란 이름을 철학에서의 이름과 정치에서의 이름으로 분열시켰다. 우리가 이 콘퍼런스에서 볼 수 있듯이 철학에서의 이름으로서 '공산주의'는 존재한다. 우리는 문화대혁명이 철학적 이념으로서의 공산주의를 끝냈다고 말할 수 없다. 그것은 철학자의 욕망, 아마도 탈-정치화라는 현재의 조건들에 의해 더 예민하게 된 그런 욕망의 이름이다.

정치에 대해서는 무엇을 말해야 할까? 불연속적인 정치의 특성을 고려한다면, '공산주의'는 독특한 정치사상의 이름이기보다는 다른 정치적 시퀀스들이 참조했던 어떤 정치 문화 안에 있는 이름이었다. 공산주의는 위에서 논의되었던 의미에서의 정치적 지식 영역이 최대한 확장된 상태를 위한 이름이었다. 그것은 19세기부터 1970년대까지 다른 시간대와 장소들에서 여러 다른 독특한 정치적 형세들이 준거했던, 일관된 '근대의 혁명적 에피스테메'의 이름이었다.

그렇다면 '공산주의'는 오늘날 정치에서 하나의 이름이 될 수 있을까? 내가 위에서 짧게 언급했던 문제가 있다. 공산주의는 강력한 당-국가의 이름으로 여전히 존재한다. 따라서 만일 오늘날 어떤 정치적 창조 행위, 즉 대중의 자기-해방의 형태들을 만들어 내는 것을 목표로 하는 새로운 정치 조직이 '공산주의'라는 이름에 준거하면, 하나의 문제가 바로 발생한다. 중국공산당을 어떻게 다룰 것인가? 같은 '공산주의'인가? 만일 '그렇다'라고 답한다면, 문제는 해결되지만, 우리 중 일부는 여러 가지 이의를 제기할 것이다. 더욱이 중국공산당 역시 많은 이의를 제기할지도 모른다. 하지만 만일 같은 '공산주의'가 아니라면 '공산주의'라는 이름에 준거하기로 결정할 어떠한 정치 조직도 이내 60년대 초반 중국공산당이 소련공산당과 그 위성 정당들과 적대했던 것과 비슷한 정치적 분쟁에 반드시 휘말리게 될 것이다. 그래서 그들은 다음과 같은 글들을 쓸 것이다. 「원자바오 동지와 우리의 차이점」, 혹은 「덩샤오핑의 가짜 공산주의와 세계를 위한 그것의 역사적 교훈」. 그러나 오늘날 누가 그런 분쟁에 현실적으로 참여할 수 있을까? 나는 그렇게 하는 것이 어떤 의미도 없다고 믿는다. 그리고 원자바오 동지는 그런 분쟁을 심각하게 받아들이지 않을 많은 이유가 있을 것이다. 중국 당-국가의 전략과 전술에서 무엇이 맞고 무엇이 틀렸는가의 문제는 이런 지평에서는 논의될 수 없다.

'공산주의'를 현대의 정치적 기획의 이름으로 선언하는 것은 바로 막다른 골목에 다다를 것이다. 이것은 해방적이고 평등주의적인 정치 프로젝트가 존재할 수 없다고 말하는 것이 아니라, 어떻게 '공산주의'라는 이름이 혁명을 위한 기초적인 문화적 전거의 역할을 할 수 있을까 하는 것을 말하는 것이다. 진짜 공산주의와 가짜 공산주의를 구분하는 원칙은 어디에서 발견할 수 있을까? 즉, 오늘날의 정치적 창조 행위는 대중의 자기-해방을 지시하는 다른 이름들을 만드는 것을 반드시 포함해야 한다.

7.

사실상 이 콘퍼런스는 실제로 이름들과 관련된 것이 아니고, 철학과 정치의 오늘날의 관계, 즉 한편으로는 존재와 외양에 대한 어려운 성찰과 다른 한편으로는 평등주의적이고 해방적인 창조 행위에 대한 능동적 욕망의 관계에 대하여 심사숙고하기 위해 우리를 초대한 것이다. 아마 오늘날 가장 문제가 되는 사안은 정치가 철학에게 무엇을 요구할 수 있는가 하는 것이다. 어떤 의미에서, 이 사안은 정치적 측면보다는 철학적 측면에서 훨씬 더 분명하다. 나의 처음 가설은, 철학이 자신의 근본적인 존재 조건들 중 하나를 간혹 생겨나는 정치적 발명품들에서 찾고 있다는 점이다. 이런 측면에서 이런 탐색을 '공산주의'라고 부르는 위대한 철학자들이 있다. 하지만 '공산주의 에피스테메' 안에서 정치와 철학 사이에 존재했던 과거의 관계들로 인해 정치는 철학에게 무엇을 요구할수 있는가라는 사안이 특히 더 어려운 문제가 된다.

과거에 혁명적 정치는 철학에서 무엇을 요구했는가? 정치는 철학에서 정치적 발명품들을 강화할 지적 자원들을 찾아왔는데, 이는 평등주의적이고 해방적인 욕망을 포기하지 않기 위해서였다. 예를 들어, 마르크스 이래로 변증법은, 비록 때때로 변증법과의 지적인 거리를 강조하고 심지어 성급하고 유보적인 요소로 간주하긴 했어도, 정치가 철학에서 찾은 주요한 철학적 버팀목이었다. 신비한 외피에서 이성적인 핵심을 분리하려는, 또는 헤겔 변증법의 관념론적인 전도를 유물론적인 것으로 바로잡으려는 열망은 잘 알려져 있다. 변증법만 있는 것은 아니지만, 특히 변증법은 정치에 다시 활력을 불어넣는 역할을 했다. 잘 알려진 것처럼 유물론은 또 다른 기본적인 준거점이었다. 어떤 경우이든, 모든 차이에도 불구하고, 혁명적 정치는 철학을 매우 중요한 지적 자원으로 보았다. 어떤 의미에서 철학은 정치가 역사에 너무 가까워서 파생된 제약 조건들에 대해 균형을 잡는 역할을 해왔다.

하지만 결과들은 모순적이었다. 한편으로 철학적 자원들은 이론적으로 새로운 활력을 제공했고, 정치적 발명품들을 강화했지만, 다른 한편으로는 주어진 시퀀스에서 정치적 지성의 독특성을 불명료하게 만들었다. 우리는 단기적으로는 철학이 정치를 강화하는 결과를 만들었지만, 장기적으로는 정반대였다고 말할 수 있다. 가장 널리 인용되는 경우는 아마도 『무엇을 할 것인가?』와 『유물론과 경험비판론』 사이의 관계일 것이다. 『무엇을 할 것인가?』는 정치적 조직화에 대한 새로운 개념의 발명을 의미했다. 라자뤼스는 레닌의 정치적 발명품들이 그가 '볼셰비키적 정치 양식'이라고 불리는 고유한 시퀀스에서만 존재했고, 그것은 극도로 제한된 기간이라고 주장할 수 있는 많은 이유들을 제시했다. 그러나 『무엇을 할 것인가?』가 나온 지 몇 년 후, 『유물론과 경험비판론』에서, 다시 말해서 같은 정치적 시퀀스에서 레닌이 '철학에서의 당파들과 지도자가 없는 철학자들'이라는 문제를 제기했을 때, 그 특유한 정당의 발명은 유물론과 관념론 사이의 철학적 분할의 영원한 존재에 포섭된 것이 아니었을까?

8.

정치와 철학 사이의 새로운 관계가 발명될 필요가 있다. 다양한 방식의 합리성이 존재하고, 마찬가지로 다양한 세계와 다양한 논리가 존재한다. 하지만, 철학이 사상의 주요한 자원을 이루지 않는 세계는 매우 비참한 세계일 것이다. 철학에서 발견되는 자원들을 보지 않는다면, 정치학을 포함한 모든 형태의 사상은 여론의 지배에서 유래된 허무주의에 저항할 기본적인 무기를 뺏기게 될 것이다. 마오는 철학은 도서관과 강의실을 떠나서 '대중의 손 안에 있는 무기'가 되어야 한다고 말했다. 우리는 '인민 전쟁'people's war의 언어로 가급적 덜 기록된 정식들을 채택할 수도 있지만, 오늘날 정치는 철학과의 새로운 형태의 관계를 반드시 발견해야만 한다.

 물론 이러한 재발명을 위한 기본적인 조건은 정치-철학의 '봉합'이 반복되어서는 안 된다는 것과 정치와 철학 사이의 분리의 원칙이 강조되어야 한다는 것이다. 그러나 가장 결정적인 조건은 새로운 관계가 영원의 철학*philosophia perennis*에서 시작하는 것이 아니라 정치뿐만 아니라 철학에서도 문제가 되고 있는 현재의 조건들에서 시작되어야만 한다는 것이다. 상이한 철학들과 철학자들이 존재한다는 사실은 두말할 필요도 없지만, 나는 현대 철학 전체에 대하여 본질적으로 새로운 적어도 두 개의 사안들이 존재하며, 만일 정치가 새로운 지적 **동반자 쌍**intellectual *vis-a-vis*의 관계를 수립하고자 한다면 이 사안들을 포기할 수 없을 것이라고 믿는다. 그것은 바로 주체 이론에 대한 새로운 탐구와 국가 이론을 유물론적으로 다시 사고하는 것이다.

현대 철학, 즉 적어도 60년대 이후 그 핵심을 구성했던 프랑스 철학에서, 주체와 주체성의 영역에 대한 새로운 탐구가 시작되었다. 그것은 이전의 개념들, 초월적인 주체와 연결된 개념들과 객체와 주체 사이의 변증법의 개념들 모두에서 급진적으로 벗어난다. 알랭 바디우는 확실히 가장 심도 있게 주체 이론의 새로운 논리적 가능성들을 탐구해 온 철학자인데, 그가 탐구해 온 이 주체 이론은 존재론 체계의 급진적 재구성에 의해 강화되고 있으며, 주관적 특이성의 이론들의 장이라는 틀 내에서 주체에 관한 질문을 제기하고 있다. '철학의 조건들', 무엇보다도 상호 독립적인 조건들이라는 관념 자체는 커다란 이성적 자원이며 진정으로 해방적인 관점인데, 이는 단지 철학뿐 아니라 정치를 포함한 모든 개별적인 사유 양식에 대해서도, 그리고 이 사유 양식들 사이의 상호 관계(여기에는 당연히 철학과의 관계도 포함된다)에 대해서도 그렇다.

현대 철학에서 정치사상이 주의 깊게 고찰해야 하는 또 다른 주요한 쟁점은 국가의 고유한 물질성에 관한 문제이다. 국가가 주권이나 심지어 정의의 이상을 구현하고 있다는 이전의 개념만이 아니라 국가가 외부적이고 더 구조적인 물질성을 반영하고 있다는 이전의 개념 역시 결국 단지 '이상성'의 영역에 국가를 위치짓는 것으로 수렴되었는데, 이 관념성의 영역에서 국가의 모호한 객관성에 합리적인 한계를 설정하는 것은 매우 어려웠다. 현대 사상에서 사르트르 이후의 모든 위대한 철학적 인물들은 국가라는 형상의 영속성이 주체적인 세계 그 자체에 내재적인 일종의 구조적인 객체성의 결과라는 문제, 또는 말하는 존재들의 근원적인 공동체 결핍의 결과라는 문제에 깊이 관련되어 왔다. 알튀세르의 '국가 장치' 이론, 푸코의 '통치성', 바디우의 '상황 상태' 또는 하트와 네그리의 '제국' 개념 등 여러 철학자들에 의해 매우 다른 연구 경로가 개척되었음에도 불구하고, 또 모든 차이에도 불구하고 그것들은 급진적인 방식으로 국가에 대한 관점을 쇄신하기 위한 풍부한 지적 참고 사항들을 제공하는 철학적 형세를 구성해 왔다.

이런 문제들에 관한 한, 모든 가능한 현대의 정치적 발명품들은 결단코 철학과의 새로운 지적 친밀성을 획득해야 한다. 게다가, 주체성과 국가에 관한 이러한 탐구들은 분명히 가장 시급한 정치적 사안들을 배경으로 가지고 있다. 잘 알려져 있는 것처럼, 마오는 올바른 관념은 천국에서도 오지 않고, 타고난 것도 아니고, 그것들은 다양한 형태의 '실천'에서 오는 것이라고 말했다. 주체의 독특성과 국가의 고유한 물질성에 대한 많은 현대 철학의 아이디어들은 '사회적 실천'과 얽혀 있고, 그리고 위에서 언급된 모든 철학적 인물들은 정치적 투쟁 상황과 연루되어 있었다. 실제로 이런 철학적 고찰에 대하여 '공산주의의 에피스테메'의 종결 과정은 주요한 원천 이상의 것이었다. 그것은 종종 개인의 지적 여정에 깊게 영향을 미쳤고, 현대 철학을 위한 독특한 '정치적 조건'을 만들어 냈다. 정치적 이름으로서의 '공산주의'가 끝난 후에 '공산주의'가 철학에서 중요한 이름으로 다시 한 번 생겨나고 있는 것은, 아주 역설적으로 보일 수도 있겠지만, 사실은 철학이 평등이라는 바로 그 개념을 주축으로 하는 특정한 정치적 관심을 포기할 수 없다는 사실을 나타내는 것이다. 이 과정은 정치사상이 철학과의 장기적인 '의견 충돌'을 재평가하고 지적인 우정을 위한 새로운 영역을 수립해야만 한다고 선언하는 것에서 시작되고 있다.

최재혁 옮김

13장

추상화의 정치
: 공산주의와 철학

알베르토 토스카노

철학에서의 공산주의자라는 것은, 혹은 공산주의를 철학적 관념으로 다룬다는 것은 무엇을 의미할까? 공산주의를 폄하하는 사람들한테 이 물음은 추문이거나 시대착오로 보일 텐데, 상대적으로 드물고 사면초가에 몰린 공산주의의 열성 지지자들은 이 물음을 좀체 받아들이지 않을 것 같다. 이들에게 사변적 추상화는 구체적 정치의 불구대천의 원수이다. 이 글은 내가 추상화의 정치 —— 이것은 공산주의의 개념적 정의에 대한 정치적 논박들과 추상적 정치로서의 공산주의에 대한 종종 논쟁적인 특징들도 모두 의미하는데 —— 라고 부르고 싶은 것을 전면에 내세우려 하는데, 이는 철학이 공산주의의 이념의 출현 그 자체에 사로잡혀 있는 그런 방식을 재고하기 위해서이다. 공산주의는 철학**으로부터**, 그리고 철학에 **맞서서** 발전되었다. 오늘날 공산주의의 이념을 재사고한다는 것은 이런 이중의 운동을, 즉 내재성과 분리, 계승과 거부를 재사고한다는 것이기도 하다.

공산주의에 관한 철학적 성찰은 겉보기에는 대립된 두 가지 응수와 즉각적으로 대면한다. 가장 완강한 반대자들의 관점에서 보면, 공산주의는 역사의 밀도와 자연의 관성inertia에 아무런 주의를 기울이지 않는 추상화의 정치적 병리이자, 현세적 차이와 관습에 대한 폭력적 부인이다. 그것은 세계를 [현재] 있는 그대로의 것과는 다른 어떤 것으로 바꾸기 위해 세계를 철학화하려는 불운한[저주받은] 시도이다. 헤겔의 어휘로 말하면, 공산주의는 **광신**의 한 형상이다. 즉, [헤겔의] 『역사철학』을 인용하면, "추상적인 어떤 것에 대한 열광, 사물들의 기성 질서를 향해 부정적인 입장을 지속하는 추상적 사유에 대한 열광인 것이다. 광신의 본질은 바로 구체적인 것을 황폐화하고 파괴하는 관계를 간직할 뿐이라는 점이다".[1] 차이들, 위계들, 계층화의 세계에서, 평등주의라는 비타협적인 정치보다 더 광신적인 게 무엇이 있겠는가? 프랑스대혁명에 대한 반작용에서 처음으로 득세한 그런 견해 —— 특히 버크와 그의 추종자들에게서 —— 는 바디우가 "유적 공산주의"generic communism라고 불렀던 것의 다양한 예시들에도 계속 그림자를 드리우고 있다. 이것은 냉전 시대의 반-전체주의 문헌들에 해당된 (그리고 여전히 해당되는) 사례인데, 이들에게 스탈린주의의 황폐화와 파괴는, 최종심급에서는, 정

---

1) G. W. F. Hegel, *The Philosophy of History*, New York: Dover, 1956, p. 358. 이 구절은 헤겔이 이슬람에 관해 논의하는 대목에서 가져온 것인데, 헤겔은 다른 곳에서는 이슬람의 추상의 정치를 프랑스혁명의 공포정치와 유사한 것으로 간주한다. Hegel, *Lectured on the Philosophy of Religion, Vol. III: The Consummate Religion*, Berkeley: University of California Press, 1985, p. 218. 나는 『광신』에서 이 구절 및 20세기에 이슬람과 공산주의를 논쟁적으로 유추하는 논의들을 다룬 바 있다. 알베르토 토스카노, 『광신』, 문강형준 옮김, 후마니타스, 2013.

치투쟁과 계급투쟁의 논리나 소비에트 연방의 호전적인 고립화, 혹은 심지어 관료화라는 사악한 메커니즘을 가리키는 게 아니라, 근본적으로 역사적 공산주의에서의 정치적 통치의 특징인 '이데올로기 지배적'ideocratic 성격을 가리킨다. '이데올로기-지배'라는 표현이 넌지시 비추듯이, 추상적 사유는 비난받아야 한다는 것이다.[2] 현대의 매우 사소한 사례로서, 바디우의 『사르코지는 무엇에 관한 이름인가?』에 관한 영국의 최근 서평에서 몇 줄을 인용해 보자. "그러므로 그[바디우]가 마오쩌둥에 찬성하면서 인용하고 문화대혁명의 옳고 그름에 대해서는 말끝을 얼버무릴 때, 우리[『옵서버』 독자]가 순수한 정치적 추상화의 폭정에 맞서도록 예방주사를 놓는 무미건조한 앵글로-색슨의 경험주의에 대해 어떤 자부심을 느끼는 일은 거의 어렵지 않았다."[3]

하지만 추상화에 대한 이런 비난[4]은 또한 —— 그리고 이것이 나의 두 번째 논점인데 —— 공산주의적 사고 자체에, 특히 그리고 무엇보다도 그 마르크스[주의]적 변종들에 내적인 것이기도 하다. 마르크스는 일찍이 1843년에 『독불연보』에 게재된 루게에게 보낸 편지에서, "교조적 추상화"로서 작동했던 공산주의 —— 바이틀링이나 카베 같은 무리와 연결된 종류의 공산주의 —— 의 해방적 힘에 의구심을 던진다. 그가 말하듯이, 바로 "우리가 세계를 교조[독단]적으로 예견하지 않고 그 대신

---

2) 이 용어는 『소비에트의 비극』(*The Soviet Tragedy*)에서 역사가 마틴 말리아(Martin Malia)가 사용한 바 있는데, 클로드 르포르는 (상당히 동감하는 견지에서) 이를 비판한 바 있다. Claude Lefort, *Complications: Communism and the Dilemmas of Democracy*, trans. Julian Bourg, New York: Columbia University Press, 2007.

3) Rafael Behr, "A Denunciation of the 'Rat Man'", *Observer*, 1 March 2009.

4) Peter Osborne, "The Reproach of Abstraction", *Radical Philosophy* 127, 2004를 참조.

낡은 세계에 대한 비판을 통해 새로운 세계를 발견하려고 한다는 것이 이 새로운 운동의 장점이다. 그동안 철학자들은 온갖 수수께끼의 해결을 자신의 책상 속으로 집어넣었고, 어리석은 얼치기들은 그저 입만 벌리고 절대적인 학^{science}의 꼬치가 입 속으로 뛰어들기를 기다리면 그만이었다."

이 때문에 새로운 운동의 열성 지지자들은 "새로운 교의를 갖고서 세계와 대결하면서 '여기에 진리가 있다, 그 앞에 무릎을 꿇어라!'라고 선언하는" 것이 아니다. "이것은 우리가 세계의 현존하는 원리들로부터 세계에 대해 새로운 원리를 발전시켜야 한다는 것을 뜻한다."[5] 이런 비판적·정치적 내재성의 고백은 철학을 단순하게 내동댕이치는 것일까? 전혀 아니다. [오히려 정반대이다.] 마르크스의 문제는, 그리고 공산주의 정치와 공산주의 이론의 문제는 비-교조적 예견의 문제로 남을 것이다. 그리고 이런 예견의 성격과 양상은 이런 예견과 대면하는 정세^{conjuncture}에 맞추어서 변동할^{mutate} 것이다.

이런 관점에서 마르크스의 「헤겔『법철학』비판 서설」을 하나의 상징적인 예로 취한다면, 철학의 예견적 기능이란 그것이 개입하는 상황의 혁명적 성숙성과는 반비례한다고 지적할 수 있다. 급진화를 호소하는 마르크스의 청원은 독일의 후진성에 입각해서 끈질기게 맥락화된다. 이 텍스트에서 어쩌면 가장 이목을 끄는 것은 바로 강령들을 가장 잘 아우르는 것인 보편적인 사회적 해방이 [마르크스에 의해] 어떤 특이한 정

---

5) Karl Marx, *Early Writings*, trans. Rodney Livingstone and Gregor Benton, London: Penguin, 1975, pp. 207 and 208.

치적 곤경 속에 꼼꼼하고도 전략적으로 위치되는 방식이다. 독일인들이 '본질적으로 완료되었다'고 간주한 종교 비판의 결과들을 서정적으로 요약한 후, 마르크스는 종교적 추상화의 가면을 벗기는 것을 사회적이고 정치적인 추상화의 격파로까지 연장하는 것을 방해하는 장애물, 즉 '천상의 비판'의 격파를 '지상의 비판'으로, '**종교의 비판**'을 '**법의 비판**'으로, '**신학의 비판**'을 '**정치의 비판**'으로까지 연장하는 것을 방해하는 장애물과 대결하게 된다. 그러나 독일 상황의 **퇴행적인** 성격은 발생적이고 내재적인 부정성으로서의 비판의 힘을 훼손한다. 마르크스는 신랄하게 비꼬면서 이렇게 말한다. "우리의 현재 정치적 상황에 대한 부정조차도 근대 국민들의 역사적 헛간에서는 먼지투성이의 사실이다. 머리카락을 붙인 가발을 썼다는 점을 부정한들, 여전히 머리카락이 없는 가발을 갖고 있는 것이다."[6] 혹은 현대식으로 바꿔 말하면, "내가 서브프라임 모기지론[대출]을 부정해도, 내겐 여전히 대출[모기지론]이 남아 있다."

마르크스가 지적하듯이, "자기 자신을 신뢰한다고 여전히 착각하고 있을 뿐인" 시대착오적인 체제와 직면했을 때,[7] 비판적 철학자는 무엇을 해야 할까? 독일은 이중적 의미에서 시대착오에 빠져 있다. 한편으로 실천에 있어서 혁명 없는 복고라는 소극이며, 다른 한편으로 이론에 있어서 미래의 예견이다. '관념적 역사'[8]라는 순수하게 사변적인 이미지의 생산적 부정으로부터 현재 상태의 진정한 전복을 위한 무기를 추

---

6) Ibid., p. 245. [『칼 맑스·프리드리히 엥겔스 저작 선집』 1권, 최인호 외 옮김, 박종철출판사, 1991, 2쪽. 번역 수정.]
7) Ibid., p. 247. [같은 책, 5쪽.]
8) Ibid., p. 249. [같은 책, 7쪽.]

출해 낼 수 있는 것은 일종의 내재적 비판을 할 만한 값어치가 있는 자 뿐이다. 달리 말해, 철학의 급진주의 ── 즉, 철학의 자기비판으로서의 철학의 실존이 갖는 급진주의 ── 는 실천적 후진성과 이론적 선진성의 역설적 공존에 의해 강제된다. 철학을 고유하게 급진화하기 위해 마르 크스가 개괄한 상황은, 그러므로 철학을 통과해 가도록 **강요받는다**. 철 학에 대한 실천적 배격도, 실천에 대한 철학적 극복도 가능하지 않다. "**철학을 실현하지 않고는 철학을 지양할 수 없으며**", "**철학을 지양하지 않고서 는 철학을 실현할**" 수 없다.[9] 이것들이 보편적인 구속력을 가진 공준처럼 보인다고 해도, 독일의 변칙적인 지체, 정치적 시대착오("머리카락을 붙 인 가발")와 철학적 예견(물론 독일에는 실제로 존재하지 않았던 근대국 가에 대한 가장 진일보한 해명인 헤겔『법철학』이 있다) 사이의 혼합이라 는 특성을 지니고 있었다는 점을 강조하는 게 중요하다. 이 변칙성 덕분 에 마르크스는 다음과 같이 묻고 있듯이, 비교적 독일의 혁명적 장점을 암시할 수 있었다. "독일은 **원리들의 높이에 있는** 실천에 도달할 수 있을 까, 즉 독일을 근대적 국민들의 **공식적** 수준으로까지 드높일 뿐 아니라 그들의 바로 다음의 미래가 될 **인간적 수준**으로까지 드높이는 혁명에 도 달할 수 있을까?"[10]

마르크스는 이론적 해방을 믿었고, 이론이 관념의 단순한 집적 collection이 아니라 "**능동적 원리, 일련의 실천들**"[11]이라는 자신의 확신을 믿었음에도 불구하고, 철학의 실천적 전환은 혁명적 실천을 위한 '**수동**

---

9) Ibid., p. 250. [같은 책, 7~8쪽.]
10) Ibid., p. 251. [같은 책, 9쪽.]

적 요소'나 '물질적 토대'[12)의 부재에 의해 가로막힌 것처럼 보인다. 이 토대는 보통 시민사회의 영역에서, 욕구의 영역에서 발견될 것이다. 즉, "급진적 혁명은 급진적 욕구의 혁명일 뿐이지만, 그러한 욕구의 선재조 건과 온상지가 결여되어 있는 것처럼 보인다." 달리 말해서 철학에 대한 내재적 비판에서 출현하는 '이론적 욕구'는 '실천적 욕구'로 번역되지 못한다. 독일의 정체政體, polity가 순전히 미성숙하고 통합되지 못했다는 점은 부분적이고 정치적인 혁명의 '고전적' 모델이 작동하지 않는다는 점을 뜻한다. 하지만 마르크스는 본질이나 철학의 수준에서 간단하게 규정된 실천을 지지할 수가 없었다. 그래서 그가 명쾌하게 말하듯이, "사유가 자기 자신을 실현시키려고 애쓰는 것만으로는 충분치 않다. 현실이 스스로 사유를 향해 다가가도록 애써야 한다".[13) 나중에 마르크스의 "경향의 방법"[14)이게 될 이 맹아적 판본은 급진적 해방이 **근본적 사슬로 연결된 하나의 계급의 형성체**", 즉 프롤레타리아트에 있어서 그 목표나 "**적극적 가능성**"을 발견한다는 것을 가리킨다. ─ 즉 불가능한 것

---

11) "마르크스는 역사에서 '관념들'(또는 '이론')의 중요성을 거부하기는커녕 그것들에게 주도적인 역할을 부여했으며 혹은 심지어, 아마도, 그것들을 역사를 이끄는 힘으로 만들었을 터인데, 단 이는 문제의 '이론'이 관념들의 집적이 아니라 능동적 원리, 실천들의 집합이라는 조건하에서 그랬다 (그리고 이러한 조건이야말로 분명히 그가 관념론과 단절했다는 사실을 표시하는 것이다)." Stathis Kouvelakis, *Philosophy and Involution: From Kant to Marx*, trans. G. M. Gosligarian, London and New York: Verso, 2003, p. 324.

12) [옮긴이] 『칼 맑스·프리드리히 엥겔스 저작 선집』 1권, 10쪽.

13) Marx, *Early Writings*, p. 252. [같은 책, 10쪽.]

14) Antonio Negri, "Crisis of the Planner State", in *Books for Burning*, ed. Timothy S. Murphy, London and New York: Verso, 2005, pp. 26~30[「계획자 국가의 위기: 코뮤니즘과 혁명적 조직화」, 『혁명의 만회』, 영광 옮김, 갈무리, 2005]을 보라.

이 현실real이 되는 것.[15]

이 짧은 여담의 목적은 다음을 강조하는 것이다. 즉, 비판적 착목이 정치적 국가의 한계에서 생산양식 및 그 운동법칙으로 이동할 때에도, **비-교조적인** 예견이라는 마르크스의 요청이 마르크스의 저작을 계속 정의하고 있기 때문이며, 마찬가지로 '새로운 운동'이라는 접근법과 교조적 예측이라는 접근법 사이의 차이를 강조할 필요가 있기 때문이다. 또 교조적 예측이 그것에 비추어 사회 변화를 판단하는 기준으로서 기능하는 진리에 대한 '철학적 환상'이라는 형태를 취할 때에는 특히 그럴 필요가 있다. 『공산당 선언』에서 마르크스와 엥겔스가 유토피아적[공상적] 사회주의를 주로 고발한 이유가 이것이다. 처음에는 사유를 갈구하는 현실에 입각해서 틀이 지어지고, 나중에는 자본주의의 경향에 대한 비판적 지식에 포함되고 또한 지양된 이러한 철학적 예견이 취하는 형상은 공산주의라는 우리의 관념 자체에 중대한 영향을 미쳤다. 공산주의의 특정성specificity은 그 고유하고 특정한 시간성에서 유래한다. 즉, 공산주의의 특정성은 결코 단순하게 비-철학적 혹은 반-철학적이지 않지만, 그 내부에 실현, 이행, 혁명을 향한 긴장을 불가분하게 담고 있는 관념이라는 사실에서 유래하는 것이다.

나는 개념의 철학적 충분성이나 자율성에 도전하는 공산주의라는 통념이 지닌 서로 연결된 네 가지 차원들에 입각해 이 논의의 결과들을 간략하게 끌어내고 싶다. 그 네 가지 차원이란 평등, 혁명, 권력, 그리고 지식이다. 이것들은 현대의 급진사상이 때로는 공산주의 정치의 역사적

---

15) Marx, *Early Writings*, p. 256. [『칼 맑스·프리드리히 엥겔스 저작 선집』 1권, 14쪽.]

흥망성쇠와 이것과 연결된 정치경제학 비판과는 때로는 **대조적으로** 정의하는 차원들이다. 그러므로 **경제적** 평등은 때때로 **철학적** 원리나 공리로서의 평등에 대한 대응물로서 다뤄지곤 한다. 또한 권력, 특히 국가권력은 공산주의에 관한 철학적 물음에 외적인 차원으로 간주된다. 그리고 **지식**은 **진리**와 병치되며, 혁명은 기껏해야 수수께끼 같은 것, 그리고 최악의 경우에는 해방적 변화의 한물간 모델로 간주된다.

평등에서 시작하자. 정치적 행동 준칙인 동시에 사회적 목표로서의 평등의 긍정 뒤에는, 물론 공산주의를 위험한 평준화의 힘으로 바라보는 아주 오래된 관점, 즉 사회에 깊이 뿌리 내린 관습과 다루기 힘든 차이의 세계에 자유롭게 풀어놓아진 폭력적인 추상화로 바라보는 관점이 놓여 있다. 그러나 공산주의는 —— 이른바 공산주의의 말로 하면 —— 또한 상이한 시대에, 추상화로서의 평등에 관한 **자신**의 비판을 분명히 밝혔다. 「고타강령비판」과 레닌이 『국가와 혁명』에서 「고타강령비판」에 대해 붙인 주석을 생각해 보자. 정의에 관한 진정으로 '경제주의적인' 이론(평등은 공정한 분배를 의미하고, 만인이 노동의 평등한 산물에 대해 평등한 권리를 갖는다는 사회민주주의적인 이상)에 직면해서 마르크스는 —— 평등 **개념**에 관하여 그것이 담고 있는 중요한 함의가 아직 충분히 해명되지 않고 있는 구절에서 —— 공산주의에 대한 이런 분배주의적 비전에 내포된 평등이라는 통념은 부르주아 사회를 지배하는 추상화 자체에 여전히 푹 젖어 있다고 쏘아붙인다. 자본주의 사회로부터 **출현하는** —— 그리고 단순히 자본주의 사회의 부정이 아니라 이것의 **규정된** 부정인 —— 공산주의적 사회에 관해 사색하면서 마르크스는 착취 및 잉여가치의 자본주의적 전유의 폐절이 가치의 추상화에 의한 사회적 관계의 지배에 본래적인 부정의의 형태에 아직은 종지부를 찍지 않는다고 지적한다. 초창기 공산주의 사회에서 분배는 여전히 "상품 등가물들의 교환과 **똑같은** 원리에 의해 지배"된다. "즉, 어떤 형태의 동일한 만큼의 노동은 다른 형태의 동일한 만큼의 노동과 교환되는 것이다."[16]

이러한 맹아적, 이행기적 공산주의에서 평등은 여전히 하나의 표준인 노동의 지배에 의지하고 있는데, 이 노동이라는 표준은 그 자체가 불평등들 ── 능력, 생산성, 강도 등등 ── 의 담지자다. 사회민주주의자가 그토록 경솔하게 들먹인 평등한 권리는, 그러므로 "**다른 모든 권리와 마찬가지로, 그 내용에 있어서 불평등의 권리**"이다. 왜냐하면 "권리는 그 본성상" 불평등한 개인들에게 "평등한 표준을 적용하는 것에만 있을 수 있기" 때문이다.[17] 달리 말해서, 추상적이고 보편적인 척도 또는 표준이라는 관념에 기초하여, 평등을 하나의 권리로서 간주하는 정치적이고 철학적인 통념은 노동의 가치에 토대를 둔 사회적 척도의 한 형태라는 모반母斑을 여전히 담지하고 있다. 레닌의 풀이로는, "생산수단을 사회 전체의 공동 재산으로 단순히 전환하는 것만으로는 (…) 생산물이 '노동에 따라' 분할되는 한, 분배의 결점과 '부르주아적 권리'의 불평등을 **제거하지 못하며, 이 권리가 계속해서 지배한다**".[18]

우리의 공산주의 이념을 위해 이런 언급에서 끌어내야 할 철학적

---

16) [옮긴이] 「고타 강령 초안 비판」, 『칼 맑스·프리드리히 엥겔스 저작 선집』 4권, 최인호 외 옮김, 박종철출판사, 1995, 376쪽.

17) Karl Marx, "Critique of the Gotha Programme", in *Karl Marx: A Reader*, ed. Jon Elster, Cambridge: Cambridge University Press, 1986, p. 165. [같은 책, 377쪽.]

18) V. I. Lenin, *The State and Revolution*, Beijing: Foreign Languages Press, 1976, p. 114. [『국가와 혁명』, 문성원·안규남 옮김, 돌베개, 2015, 157쪽.]

교훈은 무엇일까? 무엇보다 우선, 공산주의가 자본주의의 단순한 부정이 아니라 **규정적인** 부정인 한에서 —— 즉, '교조적 추상화'가 아닌 한에서 —— 평등의 실현이라는 문제는 평등 개념에 고유하게 존재한다는 점이다. 공산주의적인 평등의 문제는 레닌을 인용한다면, "**어떠한 권리의 표준도 없는**"[19] 평등의 문제이다. —— 즉, 자본주의하에서 가치의 척도들, 특히 노동-표준에 의한 사회관계들의 지배에 의해 발생된 불평등을 영속화하지 않는 평등. 그런 '비-표준/표준-없는' 평등은 혁명과 이행의 결과로서만 예상될 수 있다. —— 즉, 가치 척도, 특히 노동이라는 표준에 의해 지배되는 사회적 관계들이 자본주의하에서 발생시킨 불평등들을 영속화하지 않는 평등의 문제인 것이다. 그런 '표준 없는' 평등은 혁명과 이행의 결과로서 구상될 수 있을 뿐이다.

철학적 견지에서 보면, 평등이라는 통념 자체가 여기에서 여전히 작동하고 있는 것인가라고 의구심을 품을 수 있다. 공산주의적 '평등'은 인간 존재들의 원칙화된 평등을 긍정하거나, 이들의 결과적인 수평화를 약속하는 것이라기보다는, 오히려 불평등들이 작동하지 않도록 만들고, 권리의 동등한 표준이나 척도하에서의 불평등으로는 더 이상 포섭되지 않는 사회적 관계들을 창출한다는 것을 내포한다. 권리와 가치를 넘어서는 평등이라는 이런 관념은 물론 그 자체로 매우 추상적이다. 하지만 그것은 첫째, 공산주의의 철학적 기여가 어떤 유형의 추상화(이는 가치의 자본주의적 형태와 이것이 부과하는 표준에서 파생되는 것의 일종이다)에 맞선 투쟁에 어떻게 연루되는가를 분명히 보여 준다. 둘째, 그것은

---

19) Ibid., p. 115. [같은 책, 158쪽.]

실현의 물음이 어떻게 공산주의의 이념에 내재적인지를 분명히 보여준다. 실제로 나는 이 물음이 평등에 관한 마르크스와 레닌의 논의에 이르게 될 때, 공산주의의 이념이라기보다는 공산주의의 문제에 대해 말하는 편이 더 적절할 수 있다고 생각한다. 여기서 말하는 문제란 들뢰즈가 『베르그송주의』에서 제시한 어떤 문제에 대한 정의와 연장선상에 있는 것으로, 그는 마르크스를 참조하면서 이렇게 말한다. [들뢰즈가 여기에서 말하는 문제란] "이것이 언급된 방식에 입각해서(즉 이것이 하나의 문제로서 정해지는 조건에 입각해서), 그리고 문제를 언급하기 위해 우리가 마음대로 다루는 수단과 용어에 입각해서, 마땅히 주어져야 할 해법을 언제나 갖고 있다. 이런 의미에서 이론적 관점뿐만 아니라 실천적 관점에서도 인간의 역사는 문제들의 구축의 역사이다."[20]

평등 개념과 관련된 논점에서 우리는, 그러므로 공산주의적 철학이나 이론이, 그것에 비추어 공산주의의 심급들을 측정하는 그 자신의 미래학적 표준을 생산한다는 의미에서가 아니라, 공산주의가 필요로 하는 문제들과 해결의 방향을 해명함으로써, 어떻게 공산주의적 정치를 '예견하는지'를 알 수 있다. 평등 개념과 관련하여 내가 제안하고 싶었듯이, 공산주의는 경직된 강령적 원칙이나 시대착오적인 반복어구에 입각해 구상되어서는 안 되는 반면, 그 자신의 해법의 방향을 정하는 문제들에 입각한다면 쓸모 있게 이해될 수 있다. 엥겔스의 『공산주의의 원리』에 나오는 자극적이고 최소한의 정의를 인용하면, 공산주의는 "프롤레

---

20) Gilles Deleuze, *Bergsonism*, trans. Hugh Tomlinson and Barbara Habberjam, New York: Zone Books, 1991, p. 16. [질 들뢰즈, 『베르그송주의』, 김재인 옮김, 문학과지성사, 1996.]

타리아트의 해방을 위한 조건들에 관한 교의"이다.[21] 교의와 조건들은 불변적인 것이 아니기 때문에, 공산주의는 그 실현의 계획 방안protocols 을 정식화할 필요로부터 결코 자유로울 리가 없다. 이것은 공산주의에 관한 철학적 논쟁에 중대한 결과를 가져온다. 이것은 또한 공산주의적 **권력**에 대한 논쟁일 수밖에 없다. 내가 말하는 권력이란 공산주의의 원리들을 미리 형상화하고 이를 실행할 수 있는 집단적 능력이다. 최근 논의에서는 짧은 20세기에 공산주의적 정치의 음울한 흥망성쇠에 응답하는 동시에 (베버의 지배에서 푸코의 통치성에 이르는) 사회과학 및 정치과학에서 권력 관념에 부여된 의미에 응답하면서, 공산주의의 철학과 정치가 스스로를 권력으로부터 분리시킬 필요가 있다고 생각하는 경향, 정치의 차원을 힘, 통제, 권위의 문제들로부터 떼어내어 생각하는 경향이 너무도 강하게 나타나곤 했다. 하지만 바로 공산주의는 그 실현의 — 강령이라기보다는 — 문제로부터 분리될 수 없기 때문에, 공산주의는 또한 권력의 물음으로부터 분리될 수 없다.

이것은 광대한 논쟁인데, 이를 몇 줄로 정당화하기란 불가능하지만, 그럼에도 불구하고 두 가지 점을 지적할 수 있다고 생각한다. 첫째, 공산주의와 권력의 문제가 흔히 있는 덫에 빠지지 않고 제기되려면, 우리는 사회적 변혁을 그 목표로 삼는 정치적 **조직화**의 한 형태에 대한 이름으로서의 공산주의와, 사회적 평등을 **실천**하고자 하는 사회적이고 경제적인 **어소시에이션**의 한 형태로서의 공산주의 사이의 외관상의 이율배반을 극복할 필요가 있다. 우리가 말할 수 있는 최소한의 것은, 20세

---

21) [옮긴이] 『칼 맑스·프리드리히 엥겔스 저작 선집』 1권, 321쪽.

기에는 권력 탈취를 위한 수단을 공들여 주조하는 것과 일상생활의 변혁을 실행하는 것 사이의 관계가 엄청나게 문제적이었으며, 더욱이 마르크스의 정식화를 사용한다면, '생산자들의 정치'라는 개념 자체가, 얼마간의 드문 예외가 있지만, 코뮌·평의회·소비에트라는 유산을 보류 상태로 남겨 둔 역사적 갈등에 의해 압도되었다는 것이다. 그러나 문제 —— 공산주의적 실천의 두 가지 측면인 조직화와 어소시에이션을 함께 사고하는 문제 —— 는 남아 있다. 이 두 측면을 정치와 경제의 분리라는 형태로 사물화하는 것은 매우 불만족스럽다. 왜냐하면 내가 평등과 대면해서 이미 지적했듯이, 권리를 넘어서고 가치를 넘어서 나아가는 문제는 불가분하게 정치적 문제이자 경제적 문제이기 때문이다. 실제로 이것은 정치와 경제의 구별 자체를 직접적으로 전복해 버린다. 조직화와 어소시에이션, [권력 획득의 ―옮긴이] 도구와 공산주의의 일상적 실천 사이의 이율배반을 극복하려고 하면 우리는 권력의 문제와 씨름하지 않을 수 없다. 하지만 우리는 이 물음을 경솔하게 국가의 차원으로 환원해서는 안 된다. 국가권력의 장악이 지닌 악덕과 미덕을 둘러싼 꽤나 불모적인 교리적 논쟁들은 권력의 분열에 입각해서 ―― 어떤 세력도 폭력과 정치적 권위를 독점하지 못하는 상황에서 두 (혹은 그 이상의) 사회세력들 사이의 대결이라는 모습을 취하는 게 아니라 권력의 유형들 사이의 근본적인 비대칭성을 추구한다는 의미에서 ―― 혁명적 정치를 사고하려는 시도가 제기하는 더 큰 도전은 모호하게 하는 경향이 있다. 이 때문에 전 세계의 다양한 정세가 시사하듯이, '이중권력' 개념이 제기하는 문제들은 그 자체로 정치적이고, 심지어 철학적인 의의를 여전히 갖고 있다. 비록 2월혁명과 10월혁명 사이의 정치적 공백기interregnum

에 레닌이 제시한 이중권력의 정식화와 동일한 방식으로 인식될 수는 없다고 해도 그렇다.[22]

이중권력이 제기한 긴급한 도전은, 이것이 권력 개념 자체에 도입하는 비대칭에 놓여 있다. 권력은 축적되어야 하는 동질적인 요소가 아니라, 실천의 이질적이고 갈등적인 형태들에 붙이는 이름이다. 그러므로 소비에트가 휘두른 권력은, 그것이 아무리 '민주적'이라고 하더라도 그 부르주아적인 맞수의 권력과 통약 불가능하다. 왜냐하면 소비에트 권력의 원천은 의회의 법령이 아니라 민중의 주동성에 놓여 있기 때문이다. 또한 권력은 상비군이 아니라 무장한 인민에 의해 시행되기 때문이다. 그리고 권력은 정치적 권위를 관료제의 노리개에서 다음의 상황으로, 즉 모든 공직자가 인민의 의지와 이들의 소환 권력의 손아귀에 놓이게 되는 그런 상황으로 바꿨기 때문이다. 코뮌이 그 귀감을 이루는 이 권력은 전략적 목표를 구현한다는 의미에서 **조직적**이면서 동시에, 이 권력이 일상생활의 변혁과 분리될 수 없다는 의미에서 —— 그러나 더 정확하게 말하면, 조직할 수 있는 정치적 능력이 어소시에이션의 실천에 있어서, 그리고 이 실천을 통해서 세워지기 때문에 —— **어소시에이션적**이다. '예시적像示的 공산주의'라는 통념은 여기에서 그 자리를 차지한다.[23] 이것은 오늘날 특히 의미심장하다. 왜냐하면 공산주의 가설을 실존하게 만들 수 있는 수단을 발견한다는 것은, 바디우의 정식을 채택한다면, 그

---

22) Alberto Toscano, "Dual Power Revisited: From Civil War to Biopolitical Islam", *Soft Targets* 2.1 (2007) 참조. www.softtargetsjournal.com[2021년 10월 현재 접속 불가].

23) Carl Boggs, "Marxism, Prefigurative Communism, and the Problem of Workers' Control", *Radical America*, 11.6(1977) and 12.1(1978)을 보라.

런 정치적 능력을 키우는 효율적인 방식을 찾아낸다는 것을 뜻하기 때문이다.

어쩌면 — 이 글의 초반부에 도입한 용어를 반복하면 — 공산주의의 **비-교조적 예견**에 관심을 기울이는 철학에 가장 어려운 문제는 정치적 역량으로서의 권력을 세운다는 이런 주체적인 요구를 현대 자본주의의 정세를 가로지르는 경향들에 관한 지식의 물음과 연결하는 것일 터이다. 만일 — 그리고 내가 생각하기에 이런 것들은 평등이나 해방 개념과 구별되는 개념으로서 공산주의가 인식 가능하기 위한 선행적 조건들인데 — 공산주의가 자본주의 및 그것의 추상적 지배의 구체적 형태들에 대한 규정적 부정으로서 이해되어야 한다면, 그리고 엥겔스가 말했던 "해방의 조건들"과 관련된 것으로서 이해되어야 한다면, 지식의 역할은 무엇인가? 결국 혁명에 대한 공산주의적 개념은 — 그 혁명이 어떤 특수한 형태를 띠는가 여부와는 무관하게 — [한편으로는] 정치적 역량이나 세력의 현존과 [다른 한편으로는] 그런 조직화된 역량의 당파적 관점에서 볼 때 공산주의가 — 규정된 방식으로, 그리고 단호하게 — 부정하려고 하는 세계의 실제 경향들을 실천적으로 알고 예견하는 것이 가능하다는 생각 사이의 교차점에 놓여 있다. 권력과 지식 사이의 모종의 그런 접합이 없다면, 공산주의 혁명이라는 개념은 인식 불가능할 것이다.

하지만 공산주의 정치가 현실의 동역학 속에서 자신의 구체적인 발판을 찾되, 청년 마르크스가 하려고 했던 것처럼 "현실이 스스로 사상을 추구하는"[24] 현실 세계 자체의 논리를 요청하지 않으면서 그렇게 해야 한다고 요구하는 것은 무엇을 의미하는가? 만약 공산주의 철학이 정치의 준비와 예견에 전념한다면, 이러한 철학은 공산주의의 문제들이 실현되는 현대적 분야를 상세히 기술하려고 애쓰는 예견적 지식의 형태들 —— 후기 마르크스가 생산하려고 했던 종류의 당파적 지식 —— 과 어떤 관계를 맺고 있을까? 마리오 트론티가 마르크스의 당파적 인식론에 관해 지적했듯이, "투쟁으로서의 과학은 일시적 지식"이라는 것이 사실일까?[25] 만일 내가 믿듯이 공산주의의 이념 혹은 문제가 그 실현의 문제와 분리 불가능하다면 —— 이는 철학이 공산주의와 맺는 관계에 중요한 결과를 낳는다 —— 공산주의의 전망을 현실적인 것 및 그 경향에 관한 당파적인 지식과 어떻게 연결하느냐의 물음, 이런 경향을 미리 형성된 논리나 역사철학과 오인하지 않고서 어떻게 연결하느냐의 물음이 중요해진다. 이 임무는 우리가 지금 직면하고 있는 세계, 마르크스의 말을 상기해 본다면, "여전히 자기 자신을 믿고 있다고 상상할 뿐인" 세계에서는 특히 긴급하다. 1842년에 『라인신문』에 게재된 글에서 마르크스는 이렇게 썼다. "시대의 물음이 그 내용에 의해 정당화된, 그러므로 합리적인 모든 물음과 공통적으로 갖고 있는 운명은, 대답이 아니라 물음이 주요한 어려움을 구성한다는 것이다. 그러므로 진정한 비판은 대답이 아니라 물음을 분석하는 것이다. 문제가 가장 단순하고 가장 날카로운 형태로 제기되기만 한다면, 대수 방정식의 해답이 얻어질 수 있듯이, 모든 질문은 그것이 현실적 질문이 되자마자 곧바로 대답이 얻어진

---

24) [옮긴이] 해당 문구는 「헤겔 법철학의 비판을 위하여」에 나온다. 온전한 문장은 다음과 같다. "사상의 실현을 추구하는 것으로는 부족하며 현실이 스스로 사상을 추구해야 한다." 『칼 맑스·프리드리히 엥겔스 저작 선집』 1권, 10쪽. 번역은 수정.

25) Mario Tronti, *Cenni di castella*, Fiesole: Cadmo, 2001, p. 19.

다."[26] 공산주의라는 물음을 현실의 물음으로 전환하는 것, 이것이 우리의 오늘날의 임무이다. 그렇게 되면, 우리는 마땅히 얻을 수 있는 답변을 얻게 될 것이다.

김상운 옮김

---

26) Karl Marx and Friedrich Engels, *Collected Works*, vol. 1, Moscow: Progress Publishers, 1975, pp. 182~183.

14장
약한 공산주의?[1]

잔니 바티모

1. 이 장의 제목은 진부해 보인다. 오늘날 공산주의는 하나의 정치세력으로서는 그 어느 때보다 더 약하다.

2. 이 표현은 또 다른 의미를 갖고 싶어 하는데, 이 의미는 현대의 정치적 공산주의의 약함과 완전히 이질적인 것은 아니다. 이 표현은 공산주의가 여러 나라들에서 선거라는 무대로 들어서기 전에도 사회 전반에 걸쳐 정치세력들 사이에서 유의미한 현존을 되찾기 위해서는 [공산주의가] 약해야 마땅하다고 시사한다.

---

1) [옮긴이] 이 장은 이탈리아어 판본(Gianni Vattimo, "Comunismo debole")을 기초로 번역했다. 다만 문단 구분 등의 체재(體裁)는 영어판을 따랐다. 이탈리아판은 다음을 참조. www.controlacrisi. org/notizia/Altro/2011/3/24/11332-Gianni-Vattimo:-Comunismo-debole.

3. 내가 지금 언급하고 있는 약함은 이론적 약함으로, 공산주의를 원래 마르크스주의적으로 정식화할 때 공산주의를 특징짓던 '형이상학적' 전제들을 바로잡는 데 필수적이다. 공산주의는 이론적으로 '약해'져야만 한다. 그러나 이는 단순히 공산주의가 자본주의와의 그 역사적 투쟁에서 이제 패배했기 때문만이 아니다. 나는 레닌과 스탈린이 (역사법칙에, 프롤레타리아트의 거의 신성한 사명에, 계획 경제가 보장하는 경제발전에 호소한다는 점에서) 조금 덜 형이상학적이었더라면, 10월혁명에서 생겨난 현실 공산주의가 여전히 살아 있었을 것이고 심지어 적에게 승리를 거두었을 것이라고 주장하는 게 아니다.

4. 사태가 이런 식으로 이뤄졌다는 사실은 그렇게 단순한 설명으로 환원될 수 없는, 특히 이론에 극히 최소한도로만 의존하는 강함들(과 약함들)의 게임에서 기인한다. [그렇지만] 약한 공산주의에 관해 사고한다는 것은 마르크스의 메시지뿐 아니라 '전기 더하기 소비에트'라는 레닌의 공산주의 정의(아무튼 실제로 그러했기 때문에)도 [수선해서] 다시 취해야 한다는 것을 의미한다. 이는 현재의 상황(이 표현이 불가피하게 동반하는 온갖 모호함과 더불어)에 더 잘 대응하는 정의를 발전시키기 위해서이다.

5. 소비에트 공산주의는 '형이상학적' 공산주의였다. 왜냐하면 그것은 (반혁명, 히틀러, 제국주의적 자본주의에 맞선) 전쟁의 공산주의였기 때문이고, 자본주의 자체의 무수히 많은 모델들을 채택해야 했기 때문이다. 스탈린은 자유에 대한 숱한 제한 조치를 부과하는 모든 대가를 치

러서라도, 경제 발전을 성취하는 것을 이상으로 삼았고, 결국 이로 인해 비난을 받았다. [덧붙여] 내가 형이상학이라고 말할 때는 이 용어를 주로 하이데거적인 의미로 언급한다는 점을 분명히 해두어야겠다. 즉, 진리와 관련해서라면 인간적 이상, 사회나 경제 등등의 '자연적' 법칙 같은 객관적 증거를 주장하는 폭력적 부과라는 의미인 것이다.

6. 자본주의의 현재 위기는 1989년의 베를린 장벽의 붕괴를 완성시킨 두 번째 순간일 것이다. 현실 자본주의는 현실 공산주의가 해체되었던 것과 똑같은 방식으로 신용을 잃고 있다. 이것들은 똑같은 형이상학의 해소가 지닌 두 가지 측면이다. ── 즉, 자본주의적 산업화 및 이와 평행적인 동시에 이를 거울 반사하는 공산주의적 산업화에 집중된 세계라는 측면의 해소인 것이다. 이 사건들을 형이상학의 해소의 측면들로 간주한다는 것은 ── 아마 너무도 추상적으로 보일 수도 있는 관점인데 ── 이 사건들을 그 근본성radicalité 속에서 파악하려고 한다는 의미이다. 베를린 장벽의 붕괴를 그저 동유럽에서 정치적 자유에 대한 요구에 입각해서만 해석하거나, 최근 기업과 은행에 대한 긴급 구제를 그저 자본의 위기로만 해석하는 것은, '형이상학적' 체계를 그 두 가지 주요 측면들에서 '수선'하려는 부질없는 시도로 이어진다. 그 두 측면들이란 전통적 인간주의와 테크놀로지적-산업적 자본주의다.

7. 약한 공산주의는 이 두 가지의 폭력적이고 권위주의적인 모델들을 대체해야 마땅하다. '전기 더하기 소비에트'는 공산주의의 슬로건이다. 이것에 이르는 도정은 상당히 많은 양의 아나키즘을 포함해야 한다. 이

곳에서 약함이라는 관념이 나온다. 전략과 전술의 측면에서 혁명을 즉각적이고 폭력적인 권력 장악으로 생각하는 것은 아무짝에도 쓸모가 없다 ─ 체계는 그것[혁명]보다 무한하게 더 강하니까.

8. 다른 한편, 혁명적 이상은, 이것이 '민주주의적' 체제들에서 겪게 된 부패로부터 구제되어야 한다. 최근 몇 년간 유럽 좌파, 특히 이탈리아 좌파의 역사는 좌파가 권력에 가까이 갈 때마다 언제나 자신의 변혁적 에너지를 치명적으로 상실한다는 점을 보여 준다. 좌파는 선거 운동에 대한 지원과 자금 조달 외에도, 유권자에게 일정한 결과를 제공하려면 타협해야만 한다. 그 어떤 혁명적 교조주의도 없이, 이 경험에 대해 많은 것을 성찰할 필요가 있다. 노동조합에서 항상 일어난 일인데, 형식적 민주주의는 항상 반대자를 그 공범자가 되게 하는 위험에 노출시킨다. 그 결과 오늘날 좌파는 노동자들의 재산[이익] 등등을 위해서 은행, 즉 자본주의 체제를 구제하는 데 도움을 주라고 요청을 받고 있다. 오늘날 공산주의한테 문제는 자유주의적이고 민주주의적인 사회의 몇 안 되는 장점들을 포기하지 않고 전복적인 정치적 행동의 형태를 발견하는 것이다. 예를 들어 의회와 거리는 나란히 손을 잡고 행위할 수 있다. 민주주의의 신화는 너무도 오랫동안 이 길을 가로막았다.

9. 우리는 정치의 전통적인 방법을 좇아 체제, 헌법, 적극적인 '현실주의적' 모델을 정식화하는 것에 대한 거부를 아나키즘과 공유하는, 규율되지 않는 사회적 실천을 필요로 한다. 예를 들어, 선거에서의 승리(누가 이를 아직도 믿고 있을까?)[에 대한 거부]. 공산주의는 '유령'fantasma이고

자 하는 용기를 가져야 한다. ──만일 진정한 현실성을 소생시키길 소
망한다면.[2]

김상운 옮김

---

2) [옮긴이] 프랑스어판에는 다음의 각주가 붙어 있다. "이 '약한 공산주의'에 관한 더 나아간 논
의 전개를 위해 다음의 나의 차기작을 언급해 두련다." Gianni Vattimo & Santiago Zabala,
Hermeneutic Communism, Columbia University Press, 2011.

15장
처음부터 시작하는 방법

슬라보예 지젝

1922년 온갖 역경에 맞서 내전에서 승리한 후 볼셰비키가 시장경제와 사적 소유의 범위를 훨씬 더 널리 허용한 '신경제정책'^{NEP}으로 후퇴해야 했을 때, 레닌은 「높은 산의 등반에 대하여」라는 제목의 멋진 짧은 글을 썼다. 그는 새로운 산 정상에 도달하려는 첫 시도가 실패한 후 계곡으로 돌아가야 하는 등반가의 비유를 사용해서 혁명 과정에서 후퇴하는 일이 의미하는 바를 설명한다. 우리가 후퇴하고 있을 때,

> 아래에서 울리는 목소리들은 악의적인 기쁨에 차 있다. 그것을 그들은 숨기지 않는다. 그들은 신나게 낄낄거리며 소리친다. '그는 곧 쓰러질 것이다! 그를 제대로 부축해라, 미친놈!' 다른 이들은 자신들의 악의적인 유쾌함을 숨기려 한다. 그들은 투덜거리며 슬프게 하늘을 올려다본다. 마치 이렇게 말하는 것 같다. '우리의 두려움이 정당화되다니 몹시

비통하다! 그러나 이 산을 오르는 신중한 계획을 짜기 위해 우리의 모든 삶을 써 버리고, 우리의 계획이 완성될 때까지 등반을 연기하기를 요구한 것은 우리 아닌가?) 그리고 이 미친놈이 이제 포기하고 있는 이 길을 택하는 데 우리가 격하게 항의했다면(봐라, 봐라, 그가 돌아온다! 그가 내려온다! 한 걸음을 준비하는 데 몇 시간 걸린다! 그럼에도 우리가 신중하고 조심하라고 되풀이해서 요구했을 때 우리는 대대적인 탄압을 받았다!), 우리가 이 미친놈을 열나게 비난하고 모두에게 그를 본받거나 돕지 말라고 경고했다면, 우리가 온전히 그렇게 했던 것은 이 산을 오르는 위대한 계획에 대한 우리의 헌신 때문이었고, 이 위대한 계획이 널리 신뢰를 잃지 않도록 하기 위해서였다.

소비에트 국가의 성취들과 실패들을 열거한 다음에 레닌은 실책을 온전히 인정할 필요성을 강조한다.

실책 없이, 후퇴 없이, 미완이거나 잘못 행해진 것을 수없이 고치지 않고, 사회주의 경제(특히 소농민 국가에서)의 토대를 완성하는 것과 같은 획기적인 일을 완료할 수 있다고 상상하는 저 공산주의자들은 파멸한다. 미망을 갖지 않고 낙담하지 않으며, 극도로 어려운 과업에 다가가면서 몇 번이고 반복해서 '처음부터 시작하는' 힘과 유연성을 유지하는 공산주의자들은 파멸하지 않는다(그리고 아마 대부분 소멸하지 않을 것이다).[1]

이것이 베케트적인 최선을 다하는, 『최악을 향하여』의 "다시 시도

하라. 다시 실패하라. 더 낫게 실패하라"는 대사를 되뇌는 레닌이다.[2]

레닌의 등반 비유는 자세히 읽을 가치가 있다. 그의 결론——"몇 번이고 반복해서 처음부터 시작하는" 것 —— 은 명확하다. 그가 말하고 있는 바는 그저 이미 성취된 것을 강화하기 위해 진보를 늦추는 것이 아니라, 정확히 **다시 출발점으로 내려가는 것**이다. 즉 이전의 노력으로 성공적으로 도달했을 수 있는 정상에서가 아니라 "처음부터 시작"해야 한다. 키에르케고르의 용어로, 혁명 과정은 점진적인 진보가 아니라 반복적인 운동, 다시 또 다시 시작을 반복하는 운동이다. 그리고 여기가 정확히 1989년의 '모호한 재난' 이후 오늘날 우리가 있는 곳이다. 1922년처럼 아래에서 울리는 목소리들이 악의적인 기쁨에 차서 우리를 온통 에워싸고 있다. '너를 제대로 부축해라, 사회에 대한 너의 전체주의적 전망을 강제하고 싶었던 것은 바로 미친놈이 너다!' 다른 이들은 자신들의 유쾌함을 숨기려 하고, 투덜거리며 슬프게 하늘을 올려다본다. 마치 이렇게 말하는 것 같다. '우리의 두려움이 정당화되다니 몹시 비통하다! 공정한 사회를 만들려는 너의 전망은 얼마나 고귀한가! 우리의 심장은 너와 함께 뛰지만, 우리의 이성은 너의 고귀한 계획이 그저 비참하게 새로운 부자유로 끝날 것이라고 우리에게 말했다!' 이 유혹의 목소리들과 어떤 타협도 거부하면서, 우리는 결정적으로 '처음부터 시작'해야 한다.

---

1) V. I. Lenin, "Notes of a Publicist: On Ascending a High Mountain…" in *Collected Works*, vol. 33, Moscow: Progress Publishers, 1965, pp. 204~211.

2) [옮긴이] "시도했던 것도, 실패했던 것도, 상관 없다. 다시 시도하기. 다시 실패하기. 더 잘 실패하기." 사뮈엘 베케트, 「최악을 향하여」, 『동반자/잘 못 보이고 잘 못 말해진/최악을 향하여/떨림』, 임수현 옮김, 워크룸프레스, 2018, 75쪽.

즉 20세기 혁명적 시대(1917년부터 1989년까지 지속된)의 '토대 위에 더 많은 것을 구축'하는 것이 아니라, 출발점으로 '내려'가서 다른 길을 따라가야 한다. 바로 이를 배경으로 공산주의 이념에 대한 바디우의 재-단언을 읽어야 한다.

> 내가 말했듯이 공산주의 가설은 여전히 옳은 가설이며, 다른 어떤 것도 나는 알지 못한다. 만일 이 가설이 포기되어야 한다면, 집단 행동의 차원에서 어떤 일도 할 가치가 없다. 공산주의의 관점 없이, 이 이념 없이, 역사적이고 정치적인 미래의 아무것도 철학자에게 흥미로울 만한 유형이 없다. 각 개인은 자신의 사적 사업을 추구할 수 있고 이를 우리는 다시 언급하지 않을 것이다. (…) 그러나 그 이념, 그 가설의 실존existence을 붙잡는 것은, 소유와 국가에 초점을 둔 그 최초의 현시presentation 형태가 그대로 유지되어야 한다는 것을 의미하지 않는다. 실제로 우리에게 부여된 철학적 과제, 심지어 의무라고 말할 수 있는 것은 그 가설의 새로운 실존 양식이 존재하도록 돕는 것이다. 이 가설이 초래할 수 있는 정치적 실험의 유형 면에서 새로운 것.[3]

이 구절을 칸트적 방식으로 읽지 않도록 주의해야 한다. 그것은 공산주의를 '규제적 이념'으로 파악하고, 그럼으로써 평등을 선험적a priori 규범-공리로 하는 '윤리적 사회주의'의 유령을 소생시키는 것이다. 오

---

3) Alain Badiou, *The Meaning of Sarkozy*, trans. David Fernbach, London and New York: Verso, 2008, p. 115.

히려 공산주의에 대한 필요를 창출하는 일련의 사회적 적대에 대한 정확한 참조를 유지해야 한다. 공산주의는 이상이 아니라, 현실의 사회적 적대에 대응하는 운동이라는 마르크스의 좋았던 옛 생각은 여전히 전적으로 타당하다. 공산주의를 '영원한 **이념**'으로 파악한다면, 이는 그것을 창출하는 상황 역시 영원하다는 것, 공산주의가 대응하는 적대가 항상 실존할 것임을 함축한다. 그리고 여기서 약간 한 걸음만 가면, 공산주의란 현전presence에 대한 꿈, 소외시키는 일체의 재-현re-presentation을 폐지하고자 하는 그 자신의 불가능성에 의해 번성하는 꿈이라는 '탈구축적' 독해에 다다른다. 그렇다면 공산주의 **이념**을 계속 창출할 적대들을 정식화하기 위해서 어떻게 이런 형식주의에서 벗어날 것인가? 이 이념의 새로운 양식을 어디에서 찾아야 하는가?

역사의 종말이라는 후쿠야마의 개념을 놀려 주기는 쉽지만, 오늘날 대부분의 사람들은 바로 후쿠야마주의자들이다. 자유민주주의적 자본주의는 마침내 찾아낸 최선의 가능한 사회의 공식으로 받아들여지며, 할 수 있는 일은 그것을 더 공정하게, 관용적이게, 등등하게 만들려고 노력하는 게 전부다. 이탈리아 언론인 마르코 시살라Marco Cicala에게 일어난 일을 생각해 보라. 그가 기사에서 '자본주의'라는 단어를 사용했을 때 편집자가 그에게 물었다. 그것이 정말 필수적이라면 그 단어를 '경제' 같은 유사어로 대체할 수는 없을까? 지난 20년 내지 30년 동안 자본주의라는 용어 자체가 실질적으로 사라졌다는 것보다 자본주의의 총체적 승리를 보여 주는 더 나은 증거가 무엇이겠는가? 여기서 단순하지만 적절한 질문이 떠오른다. 만일 자유민주주의적 자본주의가 알려진 모든 대안들보다 명백히 더 잘 작동한다면, 만일 자유민주주의적 자본주의가 최선은 아니어도 적어도 가장 덜 나쁜 사회 형태라면, 왜 우리는 성숙한 방식으로 그것을 간단히 받아들이고, 심지어 전폭적으로 수용하지 않는가? 왜 가망도 없는 공산주의 **이념**을 고수하는가? 그런 고수는 잃어버린 **대의**에 대한 나르시시즘의 전형적인 경우가 아닌가?

이런 교착상태는 거의 새롭지 않다. 서구 마르크스주의의 커다란 본질적 문제는 혁명적 주체의 결여였다. 왜 노동계급은 즉자에서 대자로의 이행을 완수하거나 자신을 혁명적 행위자로 구성하지 못하는가? 이 문제가 정신분석학에 대한 참조의 주요 존재 이유ʳᵃⁱˢᵒⁿ d'être였다. 정신분석학에 대한 환기는 정확히 계급의식의 부상을 가로막는 무의식적인 리비도 기제들, 노동계급의 존재 자체(사회적 상황)에 새겨진 기제들을 설명하기 위해서였다. 이런 방식으로 마르크스주의적 사회-경제적 분석의 진리는 구원될 수 있었고, 중간 계급의 부상 등에 관한 '수정주의적' 이론들에 양보할 이유가 없었다. 이와 같은 이유로 서구 마르크스주의 또한 혁명적 행위자의 역할을 수행할 수 있을 다른 사회적 행위자들을 끊임없이 탐색하는 데 몰두했다. 부적당한 노동계급을 대체할 대역자들로서 제3세계 농민들, 학생들, 지식인들, 배제된 자들….

그렇다면 또한 공산주의 이념에 충실한 것으로는 충분하지 않다. 이 이념에 실천적 긴급성을 부여하는 현실의 역사적 적대들 안에 그것을 위치시켜야 한다. 오늘날 유일하게 **진정한** 문제는 이런 것이다. 우리는 자본주의의 지배적인ᵖʳᵉᵈᵒᵐⁱⁿᵃⁿᵗ 자연화를 승인하고 있는가, 아니면 오늘날의 세계 자본주의는 자신의 무한한 재생산을 가로막을 만큼 충분히 강력한 적대들을 함유하고 있는가? 그 적대들은 네 가지가 있다. 어렴풋이 드러나는 **생태적** 파국의 위협, 이른바 '지적 소유'에 관한 **사적**

소유 개념의 부적절함, 새로운 기술-과학적 발전(특히 유전자공학에서)의 사회-윤리적 함의들, 그리고 마지막으로 중요한 **새로운 형태의 아파르트헤이트**, 새로운 **장벽들과 빈민가들**. 이 마지막 특징 —— 배제된 자와 포함된 자를 분리하는 간극 —— 과 다른 세 가지 사이에는 질적 차이가 있다. 그 세 가지는 하트와 네그리가 '공통성들'the commons이라고 부르는 영역들을 가리키는데, 이는 우리의 사회적 존재의 공유된 실체이며, 그것의 사유화는 폭력적 행위들을 동반하고, 우리 또한 필요한 곳에서는 폭력적 수단들로 저항해야 한다.

- **문화의 공통성들.** '인지적' 자본의 직접적으로 사회화된 형태들. 우선은 언어, 우리의 소통 및 교육 수단들, 뿐만 아니라 대중교통, 전력, 우편 등 공유된 사회기반시설. (만일 빌 게이츠의 독점이 허용된다면, 사적 개인이 우리의 기본적인 소통 네트워크의 소프트웨어 텍스처를 문자 그대로 소유하는 황당한 상황에 처하게 될 것이다.)
- **외적 자연의 공통성들.** 오염과 개발의 위협(석유에서 우림과 자연 서식지 자체까지).
- **내적 자연의 공통성들**(인류의 유전자공학적 유산). 인간 본성을 변화시킨다는 문자 그대로의 의미가 현실적 전망이 되는, 새로운 유전자공학 기술을 통한 **신인간의 창조.**

이 모든 영역에서의 투쟁들이 공유하는 것은, 공통성들을 인클로저하는 자본주의적 논리가 폭주하도록 허용된다면 인류 자체까지 자멸할 것이라는 파괴의 잠재성에 대한 자각이다. 니콜라스 스턴Nicolas Stern은 기후 위기가 "인류 역사상 가장 커다란 시장의 실패"라고 옳게 묘사했다.[4] 그래서 최근 유엔[유엔개발계획UNDP의 아랍지역] 팀장인 키샨 코다이Kishan Khoday가 "기후 변화를 모든 인류의 공통 관심 사안으로 표명하려는 욕망, 세계 환경 시민성의 정신이 증대하고 있다"고 썼을 때,[5] '세계 시민성'과 '공통 관심'이라는 용어에 모든 중요성을 부여해야 한다. 즉 시장 기제들을 중화하고 조정하면서 곧은 공산주의적 전망을 표현하는 세계 정치 조직과 참여를 확립할 필요가 있다.

이 '공통성들'에 대한 참조가 바로 공산주의 개념notion의 소생을 정당화한다. 이를 통해 우리는 공통성들의 점진적 '인클로저'enclosure가 그로 인해 자기 자신의 실체에서 배제되는 자들의 프롤레타리아화 과정임을 이해할 수 있다. 오늘날의 역사적 상황은 프롤레타리아트, 프롤레타리아 입장이라는 개념을 버리지 말라고 단순히 촉구하지 않는다. 그와 반대로 마르크스의 상상력을 훨씬 뛰어넘어 그것을 실존적 수준까지 급진화하라고 촉구한다. 우리는 프롤레타리아 주체에 대한 더 급진적인 개념이 필요하다. 그것은 데카르트적 코기토가 무상해지는 지점까지 감축되는, 그 실체적 내용이 박탈된 주체이다.

이런 이유에서 새로운 해방 정치는 더 이상 특수한 사회적 행위자의 행위가 아니라, 다양한 행위자들의 폭발적 결합일 것이다. 우리를 결속시키는 것은, '족쇄 외에는 아무것도 잃을 것이 없는' 프롤레타리아들이라는 고전적 이미지와 대조적으로,[6] 우리가 **모든** 것을 잃을 위험에 처

---

4) *Time*, 24 December 2007, p. 2에서 인용.
5) *Ibid*에서 인용.

해 있다는 점이다. 그 위협은 우리가 모든 실체적 내용이 박탈된, 추상적인 텅 빈 데카르트적 주체로 감축될 것이라는 데 있다. 우리의 상징적 실체를 빼앗기고, 우리의 유전자 염기가 심각하게 조작되고, 살 수 없는 환경에서 허덕인다. 우리의 전체 존재에 대한 이 삼중의 위협은, 마르크스가 『정치경제학 비판 요강』에서 제시한 것처럼 어떤 면에서 우리 모두를 '실체 없는 주체성'으로 감축된 프롤레타리아들로 만든다. '몫 없는 자'part of no-part의 모습은 우리가 처한 위치position의 진리와 대면하게 하고, 그 윤리-정치적 도전은 그 모습에서 우리 자신을 인식하는 것이다. 어떤 면에서 우리는 자연으로부터, 게다가 우리의 상징적 실체로부터 모두 배제되고 있다. 오늘날 우리는 모두 잠재적으로 호모 사케르homo sacer이며, 실제로 그렇게 되는 것을 막는 유일한 길은 예방적으로 행위하는 것이다.

하지만 우리가 공산주의자로 간주되고 싶다면, 이 프롤레타리아화 하나로는 충분하지 않다. 진행 중인 공통성들의 인클로저는 사람들이 자신의 삶-과정의 객관적 조건들과 맺는 관계들, 게다가 사람들 간의 관계들에 관여한다. 공통성들은 프롤레타리아화된 다수majority를 대가로 치르고 사유화된다. 그럼에도 이 두 양상들 간에는 간극이 있다. 공통성들은 권위주의-공동체주의 체제에서 공산주의 없이 집단적 인류에게 복원될 수도 있다. 실체적 내용이 박탈된, 탈실체화된 '뿌리 없

---

6) [옮긴이] "프롤레타리아들은 공산주의 혁명 속에서 족쇄 외에는 아무것도 잃을 것이 없다. 그들에게는 얻어야 할 세계가 있다." 「공산주의당 선언」, 『칼 맑스·프리드리히 엥겔스 선집』 1권, 박종철출판사, 1997, 433쪽.

는' 주체는 새로운 실체적 공동체에서 자신의 적절한 자리를 발견하는 식으로 공동체주의의 방향으로 반작용할 수도 있다. 정확히 이런 의미에서 네그리는『굿바이 미스터 사회주의』라는 반사회주의적 제목을 붙였다. 공산주의는 사회주의와 대립하는 것이다. 사회주의는 평등주의적 집단 대신에 유기적 연대 공동체를 제안한다. 나치즘은 국가 사회주의였지, 국가 공산주의가 아니었다. 사회주의적 반유대주의는 있을 수 있지만 공산주의는 그럴 수 없다. (스탈린의 말년에서처럼 그렇지 않다고 여겨진다면, 그것은 단지 혁명적 사건에 대한 충실성의 결여를 가리키는 지표일 뿐이다.) 최근 에릭 홉스봄은「사회주의는 실패, 자본주의는 파산. 다음에는 무엇이 오는가?」라는 제목의 칼럼을 게재했다.[7] 그 답은 바로 공산주의이다. 사회주의는 앞의 세 가지 적대들을 해결하고 싶어 하지만 네 번째 것, 프롤레타리아트의 독특한singular 보편성이 없이 그렇게 하려고 한다. 세계 자본주의 체계가 장기 적대를 극복하고 살아남으면서 동시에 공산주의적 해법을 모면하는 유일한 길은 모종의 사회주의 —— 공동체주의, 포퓰리즘, 아시아적 가치를 가진 자본주의, 또는 다른 어떤 것 등으로 가장한 —— 를 재발명하는 일이 될 것이다. 그 미래는 공산주의가 될 것이다 … 아니면 사회주의가 되거나.

우리가 마지막 적대, 배제된 자와 포함된 자를 분리하는 간극과 다른 세 가지 사이의 질적 차이를 강조해야 하는 이유가 여기에 있다. 오직 배제된 자에 대한 참조만이 공산주의라는 용어를 정당화한다. 배제

---

7) [옮긴이] Eric Hobsbawm, "Socialism has failed. Now capitalism is bankrupt. So what comes next?", *The Guardian*, 10 April 2009.

된 자를 위협으로 여기고 어떻게 그들과 적당한 거리를 유지할까 우려하는 국가 공동체보다 더 '사적'인 것은 없다. 다시 말해서 네 가지 적대들의 계열에서 포함된 자와 배제된 자 사이의 적대가 결정적이다. 이것이 없다면 다른 것들은 모두 전복적 날카로움을 상실한다. 생태학은 지속 가능한 발전의 문제로, 지적 소유는 복잡한 법적 과제로, 유전자공학은 윤리적 쟁점으로 바뀐다. 포함된 자와 배제된 자 사이의 적대와 대결하지 않고서도, 환경 보존을 위해, 지적 소유의 광범위 개념을 방어하기위해, 유전자의 저작권화에 반대하기 위해 성의를 다해 투쟁할 수 있다. 더구나 이런 투쟁들은 심지어 포함된 자가 소란스런 배제된 자에게 위협받는다는 어법으로 정식화될 수도 있다. 이런 식으로 우리가 얻는 것은 진정한 보편성이 아니라 단지 그 용어의 칸트적 의미에서 '사적' 관심들이다. 홀푸드와 스타벅스 같은 법인기업들은 반노조 활동에 연루되어 있어도 자유주의자들 사이에서 계속 인기를 누린다. 그 비결은 그들이 진보적 이미지로 관리된 제품들을 판매한다는 것이다. 사람들은 공정한 시장 가치보다 비싸게 구입한 원두로 만든 커피를 구매하고, 하이브리드 차를 몰고, 직원과 고객에게 (법인기업의 자체 기준으로) 좋은 혜택을 제공하는 기업들로부터 구매하고 등등이다. 요컨대 포함된 자와 배제된 자 사이의 적대가 없다면, 우리는 빌 게이츠가 가난과 재난에 맞서 싸우는 가장 위대한 인도주의자이고 루퍼트 머독이 자신의 미디어 제국을 통해 수익을 동원하는 가장 위대한 환경주의자인 세계에 있을지도 모른다.

따라서 결정적인 것은 공산주의-평등주의적 해방 이념을 고수하고, 또한 아주 정확히 마르크스적 의미에서 고수하는 것이다. 사회적 위계의 '사적' 질서 내에 규정된 자리가 결여되어 있기 때문에 보편성을 직접적으로 나타내는 사회 집단들이 있다. 이들을 랑시에르는 사회체의 '몫 없는 자'라고 부른다. 모든 진정으로 해방적인 정치는 '이성의 공적 사용'의 보편성과 '몫 없는 자'의 보편성 사이의 합선short crituit에 의해 생성된다. 이것은 이미 청년 마르크스의 공산주의적 꿈이었다. 철학의 보편성과 프롤레타리아트의 보편성을 함께 연결하는 것. 고대 그리스에서 우리는 배제된 자가 사회-정치적 공간으로 침입하는 것에 붙여진 이름을 갖고 있다. 바로 민주주의. 오늘날 우리의 질문은 이런 것이다. 민주주의는 여전히 그와 같은 평등주의적 폭발에 알맞은 이름인가? 여기에는 두 가지 극단들이 있는데, 하나는 민주주의가 그 대립물(계급지배)의 환상적인 외양 형식이라고 피상적으로 기각하는 것이고, 다른하나는 우리가 갖고 있는 민주주의, 현존하는 민주주의가 진정한 민주주의의 왜곡이라고 주장하는 것이다. 이런 태도는 간디가 서구 문명에관해 어떻게 생각하는지 묻는 영국 언론인에게 했던 유명한 답변과 유사하다. "좋은 발상이라고 생각합니다." 명백하게 두 가지 극단들 사이에서 진행되는 논쟁은 너무 추상적이다. 우리가 그 판정기준으로 도입할 필요가 있는 것은, 민주주의가 배제된 자에게 체현된 보편성의 차원과 어떻게 관계하는가 하는 질문이다.

하지만 우리가 여기서 마주치는 되풀이되는 문제가 있다. 자코뱅에서 나폴레옹으로, 10월혁명에서 스탈린으로, 마오의 문화대혁명에서 덩샤오핑의 자본주의로 이행하는 것. 이런 이행을 우리는 어떻게 읽어야할까? 두 번째 국면(테르미도르)은 첫 번째 혁명적 국면의 '진리'인가(마르크스는 간혹 이렇게 주장하는 것 같다), 아니면 그저 혁명적인 사건 계열들이 자체적으로 소진된 것인가? 잠시 문화대혁명에 초점을 맞춰 보자면, 우리는 두 가지 상이한 수준에서 읽을 수 있다. 역사적 현실(존재)의 일부로 읽는다면 그것은 '변증법적' 분석으로 쉽게 진술될 수 있다. 역사적 과정의 최종적 소산을 그 '진리'라고 여기는 것이다. 문화대혁명의 궁극적 실패는 문화대혁명의 기획 자체('개념')에 내재적인 비일관성inconsistnecy을 증거한다. 그것은 그와 같은 비일관성의 전개-배치-현실화이다(동일한 방식으로 마르크스에게 이윤을 추구하는 천박하고 비영웅적인 자본주의적 일상생활은 자코뱅의 혁명적 영웅주의의 '진리'이다).

하지만 우리가 그것을 사건으로, 평등주의적 정의의 영원한 이념의 상연으로 분석한다면, 문화대혁명의 궁극적인 사실적 결과, 그 파국적 실패와 최근 자본주의적 폭발로의 전도는 문화대혁명의 실재를 소진시키지 않는다. 문화대혁명의 영원한 **이념**은 사회-역사적 현실에서 그 패배보다 오래 존속한다. 그것은 실패한 유토피아들의 귀신이 살아가는 지하의 유령적 삶으로 계속 이어진다. 다음 번 부활을 인내로 기다리면서 미래 세대들에 출몰한다. 이것이 우리를 로베스피에르에게 돌아가게 하는데, 그는 온갖 패배에도 불구하고 지속하는 자유의 영원한 **이념**에 대한 단순한 신념을 감동적으로 표현했다. 그렇지 않다면, 그에게 분명했던 것처럼, 혁명은 "또 다른 범죄를 파괴하는 그저 소란스런 범죄"일 뿐이다. 그 신념은 체포와 처형을 앞둔 1794년 테르미도르 8일의 마지막 연설에서 가장 사무치게 표현되었다.

그러나 제가 장담컨대 다정하고 순수한 영혼은 존재합니다. 부드럽고, 도도하고 억누를 수 없는 정열이 있고, 도량이 넓은 마음에 고통과 기쁨이 있습니다. 폭정의 깊은 참담함이, 억압된 자를 향한 공감 어린 정성이, 고국에 대한 신성한 사랑이, 인류에 대한 훨씬 더 숭고하고 성스러운 사랑이 있습니다. 그렇지 않다면 위대한 혁명은 또 다른 범죄를 파괴하는 그저 소란스런 범죄일 뿐입니다. 세계 최초의 공화국을 지상의 이곳에 수립하려는 원대한 포부가 존재합니다.[8]

그와 같은 **이념**의 삶에 일어난 가장 최근의 거대한 일화, 마오주의적 문화대혁명에 관해서도 아주 똑같이 말할 수 있지 않을까? 혁명적 열정을 지속시켰던 그 이념이 없다면, 문화대혁명은 훨씬 대규모의 "또 다른 범죄를 파괴하는 그저 소란스런 범죄"였다. 여기서 『세계 역사철학 강의』에서 유래하는 프랑스혁명에 대한 헤겔의 숭고한 말들을 상기해야 한다. 물론 그것은 추상적 자유의 그와 같은 폭발이 그 대립물, 자기파괴적인 혁명적 테러로 전환하는 내적 필연성을 차갑게 분석하는 것을 방해하지 않았다. 하지만 헤겔의 비판이 내재적이라는 것, 프랑스혁명(또한 그 핵심적인 대체보충인 아이티혁명)의 기본 원리를 수용한다는 것을 잊지 말아야 한다. 그리고 10월혁명(또한 훗날 중국혁명)에 관해서도 정확히 동일하게 해야 한다. 그것은 전체 인류 역사상 착취받는 가난한 자들의 편에선 성공적 반역의 최초 사례였다. 그들은 새로운 사회의 맨바닥zero-level 구성원들이었고, 그들이 기준을 설정했다. 혁명은 새로운 사회 질서로 안정화되었고, 새로운 세계가 창조되었으며, 생각할 수

---

8) Maximilien Robespierre, *Virtue and Terror*, London and New York: Verso, 2007, p. 129. [『로베스피에르: 덕치와 공포정치』, 프레시안북, 2009, 255쪽. 번역 수정.]

없는 경제적이고 군사적인 압력과 고립으로 에워싸여 기적적으로 몇십 년 동안 살아남았다. 그것은 실질적으로 '영광스런 정신의 여명'이었다. "모든 사유하는 존재들이 그 시대의 승리의 기쁨을 나눴다." 온갖 위계 질서에 대항하여 평등주의적 보편성이 직접적으로 권력이 되었다. 이 점을 헤겔적 접근은 분명하게 보고 있다. 혁명적 폭발을 그 최종적 소산 으로 감축하기는커녕, 보편적인 '영원한' 운동을 온전히 인정한다.

따라서 공산주의 이념은 지속한다. 그것은 다시 또 다시 회귀하는 유령으로서 자신의 실현의 실패보다 오래 살아남는다. 앞서 인용한 베 케트의 "다시 시도하라. 다시 실패하라. 더 낫게 실패하라"는 말로 가장 잘 요약된 끝이 없는 지속이다. 이것이 우리를 문제의 핵심으로 데려간 다. 포스트모던 좌파의 잔소리 가운데 하나는 중앙집중적 독재권력이 라는 '자코뱅-레닌주의적' 패러다임을 마침내 떨쳐 버려야 한다는 것 이다. 어쩌면 그런 잔소리를 뒤집어서 이 '자코뱅-레닌주의적' 패러다 임의 치료제가 정확히 오늘날 좌파가 필요로 하는 것임을 시인할 시간 이 되었다. 오늘날 더욱더 우리는 바디우가 '영원한' 공산주의 이념 또 는 공산주의적 '불변항들'이라고 부른 것을 고수해야 한다. 그 밖의 불 변항들은 '네 가지 근본 개념들'로서 플라톤에서 중세의 천년왕국 반역 들을 거쳐 자코뱅주의, 레닌주의, 그리고 마오주의로 이어진다. 즉 엄격 한 **평등주의적 정의**, 규율적 **공포정치**, 정치적 **의지주의**, 그리고 **인민에 대 한 신뢰**이다. 이 배열^{matrix}은 새로운 포스트모더니즘이든 포스트산업적 이든 당신이 원하는 포스트한 역동성이 무엇이든 그것으로 '지양'되지 않는다. 하지만 지금까지, 현재의 역사적 순간까지, 이 영원한 **이념**은 정 확히 플라톤적 **이념**으로 기능했고, 매번 패배한 후 다시 또 다시 회귀하면서 지속했다. 여기에서 빠진 것은 —— 철학-신학적 용어로 제시하자면 —— 그 **이념**과 어떤 독특한 역사적 순간 사이의 특권적 연결고리이다 (기독교에서 영원한 신적 체계 전체가 그리스도의 탄생과 죽음이라는 우연한 사건과 더불어 성쇠하는 것과 동일한 방식으로). 오늘날의 성좌에는 특이한 데가 있다. 수많은 명민한 분석가들은 이런 지속하는 저항의 논리에 대해 현대 자본주의가 한 가지 문제를 제기한다는 데 주목해 왔다. 브라이언 마수미^Brian Massumi의 분명한 정식화를 인용하자면, 현대 자본주의는 총체화하는 정상성의 논리를 이미 극복하고 변칙적 과잉의 논리를 채택했다.

보다 더 다양화되고, 심지어 변칙적으로 발전합니다. 정상성은 그 장악력을 잃어버립니다. 규칙들은 느슨해지기 시작합니다. 정상성의 이러한 느슨함은 자본주의의 역동성의 일부입니다. 그것은 단순한 해방이 아니라, 자본주의 특유의 권력 형식입니다. 그것은 더 이상 모든 것을 규정하는 규율적 기관 권력이 아니라, 다양성을 생산하는 자본주의의 권력입니다. 시장이 침투해 있기 때문입니다. 다양성을 생산하면, 틈새시장을 생산하게 됩니다. 정서적인 경향이 기이해도 상관없습니다. 돈이 된다면 말이죠. 자본주의는 정서를 심화하고 다양화하기 시작합니다. 그러나 오로지 잉여가치를 뽑아내기 위해서입니다. 자본주의는 가능한 이익을 강화하기 위해 정서를 납치합니다. 말 그대로 정서를 가치화하는 것이죠. 잉여가치 생산이라는 자본주의적 논리는 정치적 생태학의 영역이기도 한 관계적 장도 접수하기 시작합니다. 정체성에, 그리고 예측 가능한 경로에 저항하는 윤리적 장이 그것입니다.

이것은 아주 곤혹스럽고 혼란스러운데, 왜냐하면 제가 보기엔 자본주의 권력이 가지는 역동성과 저항의 역동성 간에 일정한 수렴이 존재하기 때문입니다.[9]

현존 사회주의의 시대 내내 '민주적 사회주의자들'의 은밀한 희망은 '소비에트' ── 인민의 자기 조직화 형태로서 노동자 평의회 ── 의 직접 민주주의에 안착했다. 또한 현존 사회주의의 쇠퇴와 함께 줄곧 출몰했던 그 해방적 그림자 역시 사라졌다는 것은 심히 증상적이다. 이것은 '민주적 사회주의'의 평의회 판본이 그저 '관료주의적' 현존 사회주의의 유령적 복본이었다는 사실의 궁극적 확인이 아닌가? 그것은 자신의 고유한 실체적인 긍정적 내용이 없는, 즉 사회의 영속적인 기본 조직화 원리로서 봉사할 수 없는, 현존 사회주의에 대한 내재적인 위반이었을 뿐이다. 이것이 심오하게 헤겔적인 '추상적 부정'의 교훈이다. 성좌의 종언은 그 대항세력의 승리가 아니라 또한 대항세력의 패배이다.

물론 평등주의-해방적 '탈영토화'는 포스트모던-자본주의적 탈영토화와 동일하지 않지만, 그럼에도 불구하고 이 후자는 해방적 투쟁의 조건들을 근본적으로 변화시킨다. 적은 더 이상 국가의 확립된 위계 질서가 아니다. 그렇다면 우리는 부단히 자기-혁명화하는 원리를 가진 질서를 어떻게 혁명화할 것인가? 따라서 공산주의는, 오늘날 우리가 직면

---

9) Brian Massumi, "Navigating Movements", in ed. Mary Zournazi, *Hope*, New York: Routledge, 2002, p. 224. [브라이언 마수미, 「항해 운동」, 『정동정치』, 조성훈 옮김, 갈무리, 2018, 47~48쪽. 번역 일부 수정.]

하고 있는 문제들에 대한 해법이라기보다 오히려, 아니 그 이상으로, 어떤 문제를 가리키는 이름 자체이다. 그것은 시장과 국가라는 틀의 경계를 탈피하는 어려운 과제를 가리키는 이름이다. 손에 쥐고 있는 신속한 공식은 없다. 브레히트가 「공산주의를 찬양하며」에서 제시하듯이 "그것은 간단한 일인데 하기 어렵다".

　헤겔적인 답변은 문제와 교착상태가 그 자신의 해법이라는 것이다. 자본주의가 이미 그 자체로 공산주의이며, 단지 순수하게 형식적인 전도만이 요구된다는 단순하고 직접적인 의미에서가 아니다. 나의 추정은 이렇다. 현대의 역동적인 자본주의는, 그것이 정확히 '세계 없는', 모든 고정된 질서의 부단한 붕괴인 한에서, 반역의 악순환과 그 재기입을 깨뜨릴, 즉 사건이 폭발한 이후 정상으로 되돌아가는 식의 유형을 더는 따르지 않을 혁명, 하지만 **세계 자본주의적 무질서에 대항하여 새로운 질서를 만드는** 과제를 떠맡을 혁명을 위한 공간을 열어 내고 있지 않은가? 우리는 반역으로부터 새로운 질서를 실행하는 쪽으로 대담하게 이동해야 한다. (이것이 진행 중인 금융 붕괴의 교훈들 가운데 하나가 아닌가?) 우리가 공산주의 **이념**을 재현실화하고 싶다면 자본주의에 초점을 맞추는 일이 결정적인 이유가 여기에 있다. 오늘날의 '세계 없는' 역동적 자본주의는 공산주의적 투쟁의 좌표 자체를 근본적으로 변화시킨다. 적은 더 이상 증상적 뒤틀림symptomal torsion의 지점에서 침식되어 가는 국가가 아니라, 영속적인 자기-혁명화의 흐름이다.

　결론적으로, 나는 국가와 정치의 관계에 관해 두 가지 공리를 제안하고 싶다. 1) 공산주의적 국가-당 정치의 실패는 무엇보다 그리고 우선적으로 반국가주의적 정치의 실패, 국가의 제약들을 탈피하려는, 국가적 조직 형태들을 자기-조직화의 '직접적' 비대표적 형태들('평의회')로 대체하려는 노력의 실패이다. 2) 만일 국가를 무엇으로 대체하고 싶은 지에 대한 견해가 없다면, 국가로부터 빠져서 탈퇴할substract/withdraw 권리가 없다. 국가로부터 탈퇴해서 거리를 취하는 대신에, 진정한 과제는 국가 자체를 비국가적 방식으로 작동하도록 만드는 것이 되어야 한다. '국가권력을 위해 투쟁하는가(이는 우리를 우리가 싸우는 적과 똑같게 만든다), 아니면 국가로부터 거리를 취하는 저항 태세로 탈퇴하는가'라는 양자택일은 허위이다. 둘 다 동일한 전제를 공유하기 때문이다. 즉 국가 형태는 우리가 알고 있듯이 여기에 그대로 있으며, 그래서 우리가 할 수 있는 일은 국가를 장악하거나 국가로부터 거리를 유지하는 게 전부라는 것이다. 여기에서 레닌의 『국가와 혁명』의 교훈을 대담하게 반복해야 한다. 혁명적 폭력의 목표는 국가권력을 장악하는 것이 아니라 그것을 전화轉化하는 것, 그 기능, 토대에 대한 관계 등을 근본적으로 변화시키는 것이다. 그 안에 '프롤레타리아 독재'의 핵심적 구성 요소가 놓여 있다. 이와 같은 입장에서 뷜란트 소마이Bülent Somay는 프롤레타리아트의 자격을 주는 것은 궁극적으로 **부정적인** 특성이라고 옳게 지적한다. 모든 다른 계급들은 (잠재적으로) '지배 계급'의 위상에 도달할 능력이 있다. 다시 말해서 국가장치를 통제하는 계급으로 자신을 확립할 수 있다.

노동계급을 행위자로 만들고 임무를 부여하는 것은 가난도 아니고, 전투적이고 준군사적인 조직도 아니고, (주로 제조업에서) 생산수단에 대한 근접성도 아닙니다. 단지 자신을 또 다른 지배 계급으로 조직할 수 없는 구조적 무능력만이 노동계급에게 그와 같은 임무를 부여합니다.

프롤레타리아트는 역사상 유일한 (혁명적) 계급으로서 자신의 대립물을 폐지하는 행위를 통해 자기 자신을 폐지합니다.[10]

이런 통찰에서 유일하게 알맞은 결론을 도출해야 한다. '프롤레타리아 독재'는 일종의 (불가피한) 모순어법이며, 프롤레타리아트가 통치계급인 국가 형태가 아니다. 대중popular 참여의 새로운 형태들에 의존하도록 오직 국가 자체가 근본적으로 전화된 때에만 우리는 실질적으로 '프롤레타리아 독재'를 갖는다. 스탈린주의의 정점에서 전체 사회 체계가 숙청으로 부서졌을 때, 새로운 헌법이 소비에트 권력의 '계급적' 성격의 종언을 선포하고(투표권이 이전에 배제된 계급 구성원들에게 회복되었다), 사회주의 체제가 '인민 민주주의'라고 불렸다는 사실이 단순한 위선이 아닌 이유가 여기에 있다. 그것은 '프롤레타리아 독재'가 아니라는 확실한 표지였다. 그러나 다시, 그와 같은 '독재'를 어떻게 성취할 것인가?

페터 슬로터다이크Peter Sloterdijk(절대로 우리 편은 아니지만 완전한 바보도 아닌)는 지금부터 백 년 후에 기념비가 세워질 한 사람이 있다면, 이른바 '아시아적 가치를 가진 자본주의'를 발명하고 실현했던 싱가포르의 지도자 리콴유라고 언급했다. 이 권위주의적 자본주의라는 바이러스는 세계 전체로 천천히 그러나 확실하게 퍼지고 있다. 덩샤오핑은 개혁에 착수하기 전에 싱가포르를 방문해서 모든 중국이 따라야 할 전범

---

10) Bulent Somay, personal letter, 28 January 2007. 그의 편지가 내게 몹시 비판적이기 때문에 나는 오히려 기꺼이 이 구절을 인용한다.

이라고 명확하게 찬사했다. 이런 변화는 세계사적 의미를 갖는다. 지금 까지 자본주의는 민주주의와 뗄 수 없이 연결되어 있는 듯했다. 물론 때 때로 직접적 독재로 복귀하곤 했지만, 일이십 년 후에 민주주의는 또다 시 도입되었다(단적으로 남한과 칠레의 사례를 상기해 보라). 하지만 이 제 민주주의와 자본주의의 연결고리는 끊어졌다.

왜 이런 직접적(비민주주의적) 권위가 부활하는가? 문화적 차이들 외에도, 오늘날 자본주의의 논리 자체에 그런 부활의 내적 필연성이 있 다. 이것이 우리가 오늘날 직면하고 있는 중심적인 문제이다. 후기 자본 주의적인 '지적 노동'의 우위predominance(또는 심지어 헤게모니적 역할) 는 노동과 그 객관적 조건의 분리, 그리고 그와 같은 객관적 조건의 주 체적 재전유로서의 혁명이라는 마르크스의 기본 도식scheme에 어떻게 작용하는가? 인터넷, 생산, 교환, 소비와 같은 영역들은 뗄 수 없이 뒤얽 혀 있고, 잠재적으로는 심지어 동일화된다. 나의 제품은 무매개적으로 소통되고 다른 이에게 소비된다. '사람들의 관계'가 '사물들의 관계' 형 태를 취한다는 마르크스의 고전적인 상품 물신주의 개념은 따라서 근 본적으로 다시 사유되어야 한다. '비물질 노동'에서 '사람들의 관계'는 "객체성의 겉면 아래에 숨겨져 있지 않으며, 그 자체가 바로 우리의 일 상적 착취의 재료material이다."[11] 그래서 우리는 고전적인 루카치적 의미 에서 '사물화'에 관해 더는 말할 수 없다. 사회적 관계성은 비가시적이 기는커녕 자신의 유동성 자체 내에서 직접적으로 영업과 교환의 대상 이다. '문화적 자본주의'에서는 문화적이거나 감정적인 경험을 '초래'하

---

11) Nina Power, "Dissing", *Radical Philosophy* 154, March–April 2009, p. 55.

는 대상을 더이상 판매(그리고 구매)하지 않으며, 그와 같은 경험을 직접적으로 판매(그리고 구매)한다.

 네그리가 여기에서 그와 같은 핵심적인 질문의 자취를 남기고 있다는 점을 인정해야 하지만, 그의 답변은 너무 부족한 것 같다. 그의 출발점은 '고정자본'의 위상의 근본적 전환에 대한 마르크스의 『요강』에 나오는 명제이다.

 고정자본의 발전은 일반적인 사회적 지식이 어느 정도까지 직접적 생산력이 되었는지, 그로 인해 사회적 생활 과정의 조건들 자체가 어느 정도까지 일반 지성의 통제에 놓여 있으며 그에 부합하게 전환되었는지를 나타낸다. 사회적 생산력이 어느 정도까지 지식의 형태로, 뿐만 아니라 사회적 실천의 기관들, 현실적 생활 과정의 무매개적 기관들로서 생산되었는지를 나타낸다.[12]

 일반적인 사회적 지식의 발전과 더불어, '노동의 생산력'은 따라서 "그 자체가 가장 큰 생산력"이다. "직접적 생산과정의 관점에서 그것은 고정자본의 생산으로 간주될 수 있는데, 이 고정자본은 인간 자신이다."[13] 그리고 또한 자본은 살아 있는 노동에 반하는 '고정자본'으로 외현함으로써 착취를 조직화하기 때문에, 고정자본의 핵심적 구성요소가

---

12) Karl Marx, *Grundrisse*, trans. Martin Nicolaus, Harmondsworth: Penguin, 1973, p. 706. [『정치경제학 비판 요강 II』, 김호균 옮김, 그린비, 2007, 382쪽. 번역 수정.]
13) Ibid. pp. 711~712. [같은 책, 388쪽.]

인간 자본, 그 '일반적인 사회적 지식'이 되는 순간, 자본주의적 착취의 사회적 기초 자체가 침식되고 자본의 역할은 순수하게 기생적이 된다. 오늘날 세계적인 대화형 미디어와 더불어, 창조적 발명은 더는 개인적이지 않고 무매개적으로 '공통성들'의 일부로 집단화되며, 그래서 저작권을 통해 사유화하려는 모든 시도는 문제를 일으킨다. 점점 더 문자 그대로 여기서 "소유는 절도이다". 그럼 마이크로소프트 같은 기업은 어떤가? 정확히 그런 일, 창의적인 인지적 독특성들의 집단적 상승효과를 조직하고 착취한다. 단지 남아 있는 과제는 어떻게 인지 노동자들이 "사장을 제거"할 것인지 상상하는 일인 것 같다. "인지 노동에 대한 산업적 통제는 완전히 시대에 뒤처진^{dépassé} 것이기 때문이다."[14] 새로운 사회 운동들이 신호하는 바는 "임금 시대가 끝난다는 것, 임금에 관한 노동과 자본의 대립에서 시민의 소득 회복에 관한 다중과 국가의 대립으로 넘어간다는 것"이다.[15] 그 안에 "오늘날 사회 혁명적 이행"의 기본 특성이 놓여 있다. "자본이 공통 이익^{good}의 무게와 중요성을 인지하도록 해야 한다. 또한 만일 자본이 그렇게 할 준비가 되어 있지 않다면 그렇게 하도록 강제해야 한다."[16] 네그리의 정확한 정식화에 주목해 보라. 자본을 폐지하는 게 아니라 공통 이익을 인지하도록 강제한다는 것이다. 즉 우리는 자본주의 내부에 남아 있다. 유토피아적 관념이란 게 있다면 이것이 바로 그것이다. 여기서 네그리는 오늘날의 생명정치적 자본주의가

---

14) Toni Negri, *Goodbye Mr. Socialism*, Rome: Feltrinelli, 2006, p. 234. [『굿바이 미스터 사회주의』, 박상진 옮김, 그린비, 2009, 205쪽.]

15) Ibid., p. 204.

16) Ibid., p. 235.

다중의 생산성에 대한 직접적 단언에 근접해 있다고 묘사한다.

> 그 그림은 상품들의 순환, 정보망들, 연속적 운동들, 노동의 급진적 유
> 목주의, 그리고 그와 같은 역동성들의 광포한 착취…뿐만 아니라 불변
> 하고 소진할 수 없는 **과잉**, 다중의 생명정치적 권력, 그리고 지배적 제
> 도의 구조적 통제 능력과 관련된 과잉이다. 모든 활용할 수 있는 에너
> 지들이 노동에 투입되고, 사회가 노동에 투입된다. (…) 이런 착취된
> 총체성과 노동에 대한 명령 안에 자동적^{intransitive[17]} 자유가 놓여 있으
> 며, 이는 그것을 억제하려는 통제력으로 환원될 수 없다. 비록 자유는
> 자신에 반하여 작동할 수 있지만, 여전히 도주의 선들이 그 양면성 속
> 에서 열린다. 고통은 흔히 생산적이지만 결코 혁명적이지 않다. 혁명
> 적인 것은 과잉, 범람, 그리고 힘^{power}이다.[18]

우리가 여기서 발견하는 것은 생산적 흐름 —— 이를 억제하고 통제
하려고 시도하는 구조적 총체성과 관련하여 항상 과잉 상태인 —— 의 표
준적인 포스트-헤겔적 배열^{matrix}이다. 그러나 만일 시차를 전환해서, 자
본주의적 네트워크 자체가 생산적 다중의 흐름에 대한 진정한 과잉이
라면 어쩔 것인가? 만일 다중의 현대적 생산이 직접적으로 삶을 생산하
면서 끊임없이 과잉(심지어 기능적으로 필요하지 않은), 자본의 과잉을

---

17) [옮긴이] 자동적(intransitive)은 대상(목적어) 없이 자기(주어) 스스로 움직인다는 뜻이다. 타동적
(transitive)과 대비된다.
18) Toni Negri, "On Rem Koolhaas", *Radical Philosophy* 154, March-April 2009, p. 49.

생산한다면 어쩔 것인가? 무매개적으로 생산된 관계들이 왜 여전히 자본주의적 관계들의 매개 역할을 필요로 할까? 지속적인 유목적 '분자적' 운동이 기생적인 '몰적' 구조 —— 속박을 벗어난 생산성에 대한 걸림돌로 (기만적으로) 외현하는 —— 를 필요로 하는 까닭이 진정한 수수께끼라면 어쩔 것인가? 그와 같은 걸림돌과 과잉을 폐지하는 순간, 왜 우리는 기생적 과잉에 의해 제약된 생산적 흐름 자체를 잃어버리는가? 이는 또한 '사물들의 관계로 외현하는 사람들의 관계'라는 물신주의의 논제를 뒤집어야 한다는 것을 의미한다. 만일 하트와 네그리가 찬양하는 직접적인 '삶의 생산'이 거짓된 자명함이라면 어쩔 것인가? 그 속에서 비가시적인 '(무매개적인, 진정한) 사물들(자본)의 관계가 사람들의 직접적인 관계로 외현'한다면 어쩔 것인가?

어쩌다 이렇게 되었을까? 1968년 항쟁은 자본주의의 세 기둥들(이라고 여겨진 것)에 대한 투쟁에 집중했다. 즉 공장, 학교, 가족. 결과적으로 각각의 영역은 훗날 포스트-산업적 전환에 굴복했다. 공장 노동은 점차 —— 적어도 선진국에서는 —— 외주화되고, 포스트포드주의적인 비위계적 대화형 협력 작업을 기반으로 조직화되고 있으며, 보편적 공교육은 유연한 영속적 사교육으로 대체되고, 전통 가족은 다양한 형태의 유연한 성적 관계맺음으로 대체되고 있다.[19] 좌파는 승리의 바로 그 순간에 길을 잃었다. 목전의 적은 패배했지만, 훨씬 더 자본주의적인 지배의 새로운 형태로 대체되었다. '포스트모던' 자본주의에서 시장은 새로운 분야 —— 교육에서 교도소와 안보까지 지금껏 국가의 특권적 영역이

---

19) Daniel Cohen, *Trois leçons sur la société post-industrielle*, Paris: Editions du Seuil, 2006 참조.

라고 간주되었던 —— 로 난입하고 있다. '비물질적 노동'(교육, 치료 등)
이 사회적 관계들을 직접적으로 생산하는 노동의 일종으로 찬양될 때,
이것이 상품 경제 내에서 의미하는 바를 잊지 말아야 한다. 즉 지금껏
시장에서 배제되었던 새로운 영역들이 이제 상품화되고 있다는 것이다.
골칫거리가 있으면 우리는 더 이상 친구와 상의하지 않고 문제를 돌봐
줄 정신과 의사나 상담사에게 돈을 내고, 부모가 아니라 아이들을 돌봐
줄 육아도우미나 교육전문가에게 지불하고 등등이다. 따라서 우리는 사
회적인 것의 새로운 사유화 과정, 새로운 인클로저를 확립하는 한복판
에 있다. 이 새로운 사유화 형태를 파악하기 위해서 우리는 마르크스의
개념적 장치를 비판적으로 전환할 필요가 있다. '일반 지성'의 사회적
차원을 간과했기 때문에 마르크스는 **'일반 지성' 자체의 사유화** 가능성을
예상하지 못했다. 이것이 '지적 소유'를 위한 투쟁의 핵심에 놓여 있다.
네그리는 여기서 옳다. 이 틀에서는 고전적 마르크스주의적 의미의 착
취가 더는 가능하지 않다. 착취가 더욱더 직접적인 법적 조치들, 즉 비
경제적 강제로 실행되어야 하는 까닭이 여기에 있다. 이것이 오늘날 착
취가 점차 지대^{rent} 형태를 취하는 이유이다. 카를로 베르첼로네가 제시
하듯이 포스트-산업 자본주의의 성격은 '이윤의 지대-되기'이다.[20] 또
한 그 때문에 직접적 권위가 필요해진다. 그것은 지대를 추출하기 위한
(자의적인) 법적 조건들을 부과하기 위해서 필요하다. 그 조건들은 더
는 시장에 의해 '자발적으로' 생성되지 않는다. 어쩌면 그 안에 오늘날
의 '포스트모던' 자본주의의 근본 '모순'이 놓여 있다. 그 논리는 탈규제

---

20) Carlo Vercellone(ed.), *Capitalismo cognitivo*, Rome: manifestolibri, 2006 참조.

적, '반국가적', 유목적 탈영토화 등인 반면에, '이윤의 지대-되기'를 향한 그 핵심 경향은 국가의 역할 강화를 신호하며, (게다가) 국가의 규제적 기능은 항상 편재해 있다. 역동적 탈영토화는 국가와 그 법적 및 다른 장치들의 권위주의적 개입과 공존하고 점차 그에 의존한다. 우리의 역사적 생성becoming의 지평에서 식별될 수 있는 것은 따라서 개인적 자유해방주의libertarianism와 쾌락주의가 규제적 국가 기제의 복잡한 망과 공존하는(또한 그에 의해 유지되는) 사회이다. 오늘날 국가는 사라지기는커녕 강해지고 있다.

다시 말해서 부의 창출에서 '일반 지성'(지식과 사회적 협력)의 결정적 역할 덕분에, 부의 형태들이 점차 '그 생산에 소비되는 직접적 노동시간과 전혀 비례하지 않게' 된다면, 그 결과는 마르크스가 기대했을 것 같은 자본주의의 자멸이 아니라, 노동력의 착취에 의해 생겨나는 이윤이 '일반 지성'의 사유화에 의해 전유되는 지대로 서서히 상대적으로 전환되는 것이다. 빌 게이츠의 사례를 보라. 그는 어떻게 세계 최고의 부자가 되었을까? 그의 부는 마이크로소프트가 판매하는 제품에 포함된 생산 비용과 무관하다(심지어 마이크로소프트가 지적 노동자들에게 상대적으로 높은 급여를 지급한다고 주장할 수도 있다). 그의 성공은 좋은 소프트웨어를 경쟁자들보다 낮은 가격에 생산한 결과가 아니고, 고용된 지적 노동자들에 대한 고도의 '착취' 때문도 아니다. 그런 경우라면 마이크로소프트는 오래전에 파산했을 것이다. 즉 수많은 사람들이 무료인 데다가 전문가들에 따르면 마이크로소프트보다 낫다고 하는 리눅스 같은 프로그램을 선택했을 것이다. 그렇다면 왜 수백만의 사람들이 여전히 마이크로소프트를 구매하고 있을까? 마이크로소프트가 거의 보편적인 표준으로 자신을 부과하는 데 성공하고, '일반 지성'의 직접적 체현이라고 할 수 있는 영역을 (거의) 독점화했기 때문이다. 게이츠는 수백만의 지적 노동자들이 '일반 지성'의 특수한 형태 —— 그가 사유화해서 통제하는 —— 에 참여하도록 허용해서 받는 지대를 전유하여 몇십 년 만에 지상 최고의 부자가 되었다. 그렇다면 자본주의적 '소외'에 대한 마르크스의 묘사와 달리 오늘날 지적 노동자들이 그들의 노동의 객관적 조건들로부터 더는 분리되지 않는다는 것(그들이 자신의 개인용 컴퓨터를 갖고 있고 등등)은 진실일까? 표면적으로는 **그렇다**, 하지만 근본적으로는 **그렇지 않다**. 그들은 자신들의 작업의 사회적 영역으로부터, '일반 지성'으로부터 차단되어 있다. 그것이 사적 자본에 의해 매개되고 있기 때문이다.

또한 자연 자원도 마찬가지이다. 그것의 착취는 오늘날 지대의 커다란 원천의 하나이며, 제3세계 사람들과 서구 법인기업들 중 누가 그 지대를 받아야 하는지를 두고 영속적 투쟁이 벌어지고 있다. 최고의 역설은 노동력(노동에 투입되면 자신의 가치에 부가되는 잉여가치를 생산하는)과 다른 상품들(사용가치가 소비되고 따라서 착취를 동반하지 않는) 사이의 차이를 설명하기 위해서, 마르크스가 '평범한' 상품의 예로 **석유**를 언급한다는 것이다. 바로 이 상품이 오늘날 비범한 '이윤'의 원천이다. 여기서도 석유 가격의 등락을 생산 비용이나 착취된 노동 가격의 등락과 연결하는 것은 의미가 없다. 생산 비용은 무시할 정도이고, 석유에 지불하는 가격은 석유 자원의 소유주에게 지불하는 지대이다. 희소하고 공급이 제한적이기 때문이다.

이것은 마치 생산과정의 세 가지 구성요소 —— 지적인 기획과 영업, 물질적 생산, 물질적 자원의 제공 ── 가 점점 더 자율화되어 세 가지 분리된 부문으로 출현하는 것 같다. 그 사회적 결과는 그와 같은 분리가 오늘날 선진 사회에서 '세 주요 계급들'의 모습으로 외현한다는 것이다. 정확하게는 계급들이 아니라 노동계급의 세 분파들이다. 즉 지적 노동자들, 전통적 육체 노동계급, 버림받은 자들outcasts(실업자, 빈민가 거주민, 그 밖의 공적 영역의 틈새들). 노동계급은 따라서 세 분파로 나뉘고, 각 부분은 자신의 '생활 방식'과 이데올로기를 갖고 있다. 지적 계급의 계몽된 쾌락주의와 자유주의적 다문화주의, 노동계급의 포퓰리즘적 근본주의, 버림받은 자들의 훨씬 극단적이고 독특한 형태들. 헤겔식으로 말하면 이 삼인조는 분명히 보편성(지적 노동자들), 특수성(육체 노동자들), 독특성(버림받은 자들)의 삼인조이다. 이 과정의 귀결은 세 분파가 한데 만날 수 있는 공적 영역과 바람직한 사회적 삶의 점진적 해체이다. 그리고 온갖 형태의 '정체성' 정치는 그와 같은 상실에 대한 대체보충이다. 정체성 정치는 세 분파들에서 각각 특정한 형태를 획득한다. 지적 계급의 포스트모던 다문화주의적 정체성 정치, 노동계급의 퇴행적인 포퓰리즘적 근본주의, 버림받은 자들 사이의 반쯤 불법적인 입회 모임들(범죄 패거리, 종교적 종파 등). 그 모두가 공유하는 것은 보편적 공적 영역의 상실에 대한 대체물로서 특수한 정체성에 의지한다는 것이다.

프롤레타리아트는 따라서 셋으로 분열되고 각 부분은 서로 반목하게 된다. 지적 노동자들은 '단순무식'한 노동자들을 꺼리는 문화적 편견이 가득하고, 육체 노동자들은 지식인들과 버림받은 자들에 대한 포퓰리즘적 증오를 드러내고, 버림받은 자들은 사회 자체에 적대적이다. 따라서 '프롤레타리아들이여 단결하라!'는 오래된 외침은 어느 때보다 더 적실하다. '포스트-산업' 자본주의의 새로운 조건에서 노동계급의 세 분파들의 단결이 **바로** 이미 그들의 승리이다.[21]

김정한 옮김

---

21) Maximilien Robespierre, *Virtue and Terror*, London and New York: Verso, 2007.

논쟁 중인 우리의 장래
: 현대 중국에서의 지적 정치[1]

왕후이

1990년대 이후, 중국의 과거, 현실, 그리고 장래^avenir에 관해 중국 지식인들 사이에서 벌어진 논쟁을 목격하게 됐다. 불확실성은 미래^futur에 대해 상상하는 것을 가능케 하는 것뿐 아니라, 우리가 과거와 현재를 이해하는 것을 가능케 하는 방식을 둘러싸고서도 일어나고 있다. 이 논쟁이 강렬하다는 점은 과거와 현재에 대한 우리의 이해가 얼마나 혼란스러운 것인지를 증명한다. 이 논쟁은 과거의 중국 사회주의의 실패와 성과에 대한 반성에서 시작되어, 20세기 중국의 전체 역사뿐 아니라 중국의 개혁의 성과와 실패에까지 미치고 있다. 미래가 우리의 현재에 내재적

---

1) [옮긴이] 이 글은 『공산주의라는 이념』 프랑스어판에 수록된 것으로, 이 책의 서지 정보에 따르면 크리스틴 비비에르(Christine Vivier)가 영어판에서 번역했다고 한다. 프랑스어판 제목은 "Notre avenir en débat : LA POLITIQUE INTELLECTUELLE dans la Chine contemporaine"이다. 그러나 이 글의 영어판을 찾을 수 없었고, 프랑스어판으로 번역했다.

인 한, 우리의 과거 및 현재와 관련된 불확실성을 밝게 비추어 낼 때까지는 우리의 장래에 대해 전혀 확신할 수 없을 것이다. 경제발전, 정치개혁, 사회적 차이화, 환경위기, 제도 혁신에 관한 논의의 배후에는 중국은 어떻게 되어야 하는가에 대한 깊은 관심이 숨겨져 있다.

중국은 어디로?

1980년대 이후 중국의 경제 개혁은 대단한 성과를 거두었지만, 그것은 또한 사회에서 재-차별화를 초래했다. 80년대 이후의 모든 기간 동안 중국의 지식인들은 이런 모순적인 현상을 어떻게 설명할 것인지에 대해 논쟁을 벌여 왔다. 70년대 중반 이후, 신고전파 경제학에 의거한 개발주의 담론이 많은 나라에서 지배적이게 되었다. 사적 소유, 자유시장, 그리고 형식적 민주주의 같은 관념에 입각한 이 담론은 국가 개입과 복지국가의 전통을 비판하는데, 그것은 인민민주주의와 모든 종류의 사회주의적 유산과 대립하는 것이었다. 이 담론은 레이건-대처주의의 정치적 권력을 이용해 전후 서구의 사회 시스템을 바꾸었다. 80년대 후반이 되자, 이러한 조류가 사회주의 국가에서도 강력하게 확산되었다. 사적 소유, 자유시장, 형식적 민주주의라는 사고방식이 계획경제를 축으로 하는 사회주의 국가 시스템과 그 사회주의적 이데올로기에 반대하는 가장 강력한 무기가 되었다. 냉전이 붕괴되고 사회주의 시스템이 해체되는 역사 과정에서 '신자유주의'가 중국의 개혁과정을 설명하는 데 가장 중요한 방법론 중 하나가 되었다. 1989년이라는 세계적인 사건 후에, 중국의 다양한 사회 운동과 개혁의 전진에 대한 역사적 설명은 거의 모두가 '신자유주의'의 주류파적 담론에 집어 삼켜지게 되었다. 이 주류파적 담론은, 그러나 중국뿐만 아니라 세계적 규모에서 일어나고 있는 계급·계층·지역에 걸친 극적인 차이화를 설명하기에는 적절한 관점이 아니다. 또 그것은 환경 위기나 사회 해체의 원인이 되고 있는, 주요하게는 시장 확대라는 형태를 취한 발전 모델에 대한 어떤 대안도 제공할 수 없다. 따라서 '신자유주의'의 시장경제는 다양한 방향성을 취한 강렬한 저항을 받게 되었다.

'신자유주의'적 담론의 주류파는 자유시장과 국가 개입, 자본주의와 사회주의, 세계화와 대항세계화, 사적 소유와 국가적 소유라는 양극의 대립에 의거하여 논의를 전개하고 있다. 그것은 현대 중국에서의 개혁과정을 해석하기 위해서 이 틀을 적용하고 있다. 그러나 우리가 자유시장과 국가 개입, 자본주의와 사회주의, 세계화와 대항세계화, 사적 소유와 국가적 소유를 둘러싼 현대 중국에서의 지식인의 논쟁을 구체적인 역사과정에서 생각할 경우, 이원론 그 자체인 그런 담론은 상이한 함의를 갖고 있다는 게 분명해진다.

무엇보다 우선, 중국에서 시장체계의 형성은 두 가지 기본 방향성을 포함한다. 국내적 수준에서 국가는 권리와 이윤을 중앙에서 지방으로 이전하고, 기업의 의사결정력을 장려하고, 금융체계를 개혁하고 이를 민영화함으로써 시장 메커니즘이 사회생활의 전 영역에 스며들도록 허용했다. 국제적 수준에서 국가는 해외무역과 금융체계의 개혁 덕분에 중국을 WTO와 IMF에 의해 지배되고 있는 세계시장 관계에 단계적으로 통합시켰다.

이 과정은 사회구조의 근본적 변형과 연결되었으며, 마찬가지로 심각한 사회위기를 촉발했다. 정부는 1988년 후반기에, 인플레이션에 의해 발생된 [사회적] 불안정성이 원인이 되어, 가격 개혁을 중단할 수밖에 없게 되었다. 1989년은 그래서 종종 중국의 도시 개혁에서의 짧은 휴지기로 여겨지게 된다. 그러나 이 중단은 위기의 첫 번째 주기^{cycle}에 직면한 국가가 그 정책을 정정하던 시기와 부분적으로 맞물려 일어났다. 이 시기는 도래할 [새로운] 시장 확대를 위한 준비의 시기가 되었다. 1989년 9월, 두 번에 걸쳐 중단되었던 가격 개혁이 재개되었다. 이 당시에 가격·환율·이자율에 초점을 둔 거대한 조정이 실시되었다. 1989년의 사건과 이것에 뒤이은 변화는 시장 확대와 국가 사이의 역설적인 관계를 증명한다. 한편으로는 국가의 정책적 조정, 사법적 장치^{appareil} ^{judiciaire}, 적극적인 정치적 지지가 없는 시장의 육성과 발전은 거의 생각할 수 없었고, 다른 한편으로는 국가에 대한 시장의 의존은 동시에 권력과 시장 사이의 화해^{transactions}를 전제로 한 것이다. 이러한 관점에서 보면 1980년대의 개혁과 1989년-이후 시기 사이의 내적인 역사적 관계를 이해하고, 전통적인 사회주의 체제와 시장의 창출 사이의 특수한 상호작용의 실존을 확인할 수 있다. 시장 확대가 '반-시장' 권력, 이 경우에는 국가 개입에 의존하고 있으며, 국가가 바로 시장 확대 덕분에 정당성의 위기를 극복했다는 것이다. 이런 의미에서 시장-국가라는 이원론으로는 중국에서의 시장 확대의 과정을 설명할 수 없다. 국가의 철수^{retrait}라는 '신자유주의적' 관념으로는 가격과 산업에 관한 실효적인 국가 조치에 기초한 개혁에 의해 성취된 중대한 진일보를 해명할 수 없다. 또 그것은 권력 보유자와 이윤 사이의 착종^{imbrications}을, 국가 소유물의 대규모 민영화 과정에서 산출된 극심한 사회적 계층 분화를 더 이상 설명할 수 없다.

둘째, 80년대 말 이후, 국가 체제^{régime}가 작동했던 사회 조건들이 주목할 정도로 변화함으로써, 시스템 자체와 그러한 시스템이 대표하는 사회적 이해관계가 심대하게 개혁되었다. 중국의 급속한 경제 발전 동안, 다양한 사회 계층, 집단, 지역 사이의 소득 격차는 매우 많이 벌어졌고, 빈곤 인구가 급속히 증대되었다. 이 역사적 변형은 국가의 옛 이데올로기(즉, 평등에 기초를 둔 사회주의 이데올로기)와 국가의 실천을 매우 모순적으로 만들어 버렸다. 이리하여 국가는 그 이데올로기적 기능을 완수하는 것을 방해받게 되었다. 이런 상황에서 '신자유주의'가 새로운 지배적 이데올로기가 되었다. 이리하여 전통적인 사회주의/자본주의라는 이원성은 근본적으로 역사 분석을 위한 참조 틀로 활용할 수 없게 되었다. 또 이러한 이데올로기적 변형의 과정에서만 사유의 장에서의 다음과 같은 현상들을 이해할 수 있게 되었다. 즉, 사회 비판에서 새로운 경향이 기피되었고, 케케묵은 이데올로기로 고발되었던 현상들을. 그리고 80년대 말에 발생한 사회 운동의 맹아적인 사회주의적 요소와 민주주의를 호소하는 그 내적 관계는 개혁과 반개혁의 도식 등등에 의해 질식되었다.

셋째, 80년대 말에 산출된 사회 운동은 인민의 참여를 통한 사회와 국가의 유기적 상호작용을 실현하고자 했다. 그러나 1989년 이후에는 시장과 국가의 상호작용 메커니즘이 사회와 국가의 상호작용을 대신했다. '신자유주의'의 담론에서는, 사회 개념이 서서히 시장 개념으로 대체되고, 주로 국가 시스템의 개혁과 사법적 장치의 변혁을 재촉한 기본적인 원동력이 더 이상 '사회' 혹은 '주민'이 아니라 국내 시장과 국제시장이 되어 버렸다. 이런 조건에서는 '정치' 자체의 함의가 중요한 변형을 겪게 되었다. 국가는 시장 시스템을 유지하고 WTO의 법규를 준수하는 사법적 장치를 재구축하기 위한 거대한 기관이 되었다. 그런 역사적 관점에서 사회 운동, 즉 개혁의 위기와 국가의 역할 사이의 관계가 재고찰될 필요가 있다. 90년대에 '급진주의에 대한 반성'이라는 슬로건을 내걸고 발전된 사회사상의 경향이, 민주주의를 절차적progressif이고 형식적인 체제로 간주하는 인민참여에 기초를 둔 체제로 개념화하는 것을 대체했다. 그 결과 민주주의적 실천의 실제 동학이 이론적 수준에서 효력을 잃었고, 90년대 이후 사회의 상이한 부문들에 대한 사회적 보호운동이 '민주주의'의 범주에서 배제되었다.

넷째, 민영화가 한 가지 경향이 되고, 사적 소유가 구조constitution 개혁에서 본질적인 요소가 될 때, 민영화의 두 형태를 역사적으로 구별할 필요가 있다. 첫 번째 형태는 지역적인 사회 관계와 소규모 시장(예를 들어, 원저우溫州 지방에서의 지역적이고 친족관계에 기초한 시장 관계, 소상품과 소소한 이윤밖에 낳지 않는 생산에 의해 추진된 시장 확대)에서 출발해 발전된 사적 경제이다. 이 경제 형태는 1997년 금융 교란 이후 강한 생명력을 보였다. 두 번째 형태는 국가 감독하에 전개된 대규모 민영화이다. 그리고 그 과정에서 국가 소유물의 막대한 비율이 불법적으로 사라지거나 [엉뚱한 곳으로] 이전되었다. 현대 중국에서 부패, 대규모 실업, 사회적 부정의, 사회 안전의 해체는, 주요하게는 이런 두 번째 형태의 '사유화'privatisation에서 일어났다. 그것은 국가에 의해 지배된 개혁 과정이었지만, 그것은 또한 '국가의 철수'라는 형태의 개혁 과정이기도 했다.

중국이라는 맥락에서 신자유주의를 재정의하다

지금까지는 개혁 과정에 대한 내 분석을 요약한 것인데, 중국과 다른 곳에서 동시에 이루어진 초기의 논쟁 동안에, 그리고 새로운 전개에 대한 몇 가지 분석에서 내가 마주친 두 가지 문제에 대해 몇 가지를 분명히 하고 싶다. 첫 번째 논점은 중국이라는 맥락에서의 신자유주의, 그리고 정책 입안 과정에서 신자유주의적 강제diktat에서 이탈하기 위한 새로운 재조정과 관련된 것이다. 두 번째 논점은 논쟁에 가담한 비판적 지식인들과 신자유주의자들 사이의 차이와 관련된 것이다. 이 문제들을 다시 한 번 분명히 함으로써 나는 중국의 장래의 확실성이나 불확실성에 대해 논할 수 있을 것이다.

중국 지식인들의 논쟁에서 채택되었던 신자유주의라는 표현에서 시작하자. 현대 중국이라는 맥락에서 이 개념을 채택하는 것에는 서로 대립되는 두 가지 논의가 존재한다. 이른바 신좌파와 신자유주의자 사이의 논쟁에 가담한 어떤 중국인 자유주의적 지식인은, 다음과 같이 논했다. 즉, 신자유주의가 서구의 민주주의적인 복지국가나 사회민주주의의 위기에 대한 반작용인 한에서, 그리고 중국이 사회주의적/권위주의적인 나라인 한에서, 이런 중국의 맥락에서 신자유주의라는 용어를 사용하는 것은 간단치 않은 문제라고. 2년 전에, 터키 출신의 또 다른 경제학자도 이스탄불에서의 콘퍼런스에 참석한 내게 이렇게 물었다. 즉, '신자유주의'의 핵심은 이른바 '워싱턴 컨센서스'이며, 그 세 가지 슬로건은 자유화·민영화·안정화에 의해 지칭된다. 이러한 규범에 비추어 중국은 국가 규제가 그 경제에서 매우 중요한 역할을 맡은 이른바 동아시아 모델에 준하는 나라로 여겨져 왔다. 실제로 신자유주의에 대한 가차 없는 비판자인 스티글리츠Joseph E. Stiglitz 같은 경제학자조차 일반적으로, 중국 개혁의 결과[성과]를 라틴아메리카 국가들에서의 신자유주의적 개혁의 실패에 대립시킨다. 마찬가지로 바로 이 때문에 '베이징 컨센서스'의 저자인 조슈아 쿠퍼 라모Joshua Cooper Ramo는 중국이 워싱턴 컨센서스의 예외라고 논했던 것이다. 베이징 컨센서스라는 관념은 이런 개념화에서 유래한다. 비록 이것이 기술적 개념이라기보다는 규범적 개념이기는 하지만. 이 의문들은 좀 더 분석해 볼 가치가 있다.

내가 논하고자 하는 첫 번째 관념은 신자유주의 개념이 사회보장 체계를 갖춘 서구 민주주의 국가들의 맥락에서만 사용되지는 않는다는 점이다. 1989년 이후, 옐친의 러시아도 하버드 대학교 교수의 조언 아래 이른바 '자생적 민영화' 과정을 겪었다. 그것은 포스트 사회주의 나라에서 신자유주의가 살아 숨 쉬는 사례로 여겨졌다. 많은 지식인들이 신자유주의적인 국가의 형성체와 관련된 최초의 거대한 경험[실험]이, 1973년에 일어난 작은 '9·11', 즉 칠레에서 민주적으로 선출되어 살바도르 아옌데가 통솔한 좌파의 사회민주주의 정권에 맞선 피노체트의 쿠데타 이후에 전개된 것을 상기하는 것도 유용하다고 마찬가지로 생각한다. 옐친도 피노체트도, 시장경제 모델에 부합하여 행동했는데, 공적 자산을 민영화하고, 자연자원을 사적 이용에 개방하고, 외국인 직접투자와 자유무역을 용이하게 했다. 사실 중국에서 '자유주의자'를 자처하는 많은 사람들의 이론적 자원은 라틴아메리카와 서유럽에서의 신자유주의자의 자원과 완벽하게 동일하다. 하이에크Friedrich von Hayek와 프리드먼Milton Friedman이 그것이다. 이들의 슬로건도 동일하다. 시장화, 자유무역, 민영화, 규제완화와 국가의 철수 등등이다. 이리하여 중국적 맥락과 다른 사회들에서 이런 슬로건의 정치적·경제적·사회적 함축 사이에 큰 차이가 실제로 존재하는지가 문제이게 될 것이다.

내가 여기서 드러내고 싶은 두 번째 관념은 권위주의적/사회주의적인 중국과 민주주의적/자본주의적인 서구복지국가라는 이원론적인 담론이 민영화와 시장화의 과정에서 공적 의료 체계, 공적 주거 체계, 의무교육 체계, (내륙과 연안에 위치한 지역들 사이의 간극을 메우는 것을 목적으로 하는) 과세를 통한 재배분 체계라는 사회 보장 체계의 붕괴를 정당화하려고 한다는 점이다. 이른바 중국의 모순 —— 권위주의적 국가와 시장경제 사이의 [병존이라는] 모순 —— 이라는 수사는 중국에만 유일하게 있는 모순이 아니다. 그것은 국가의 철수라는 이름으로 진행되는 민영화·시장화·규제완화·안정화가 항상 새로운 유형의 강한 국가에 대한 욕망과 양립된다는 사실에서 기인하는 신자유주의의 모순이다. 자기모순 혹은 역설적인 논의는 신자유주의의 특징인데, 이는 특히, 이를테면 정치와 경제의 분리, 국가의 철수와 민영화 과정의 부과에 있어서 국가 개입, 즉 시장 활동에 있어서의 정치권력의 실존의 병치에서 볼 수 있듯이, 그 이데올로기와 그 실천 사이의 관계에 도사리고 있는 것이다. 그래서 신자유주의는 소위 사적 소유권을 위해 공적 소유를 재배분하는 과정을 옹호하기 위해 채택된 하나의 이데올로기이다.『중국의 신질서』*China's New Order*에서 나는 "이론적 수준에서 '신권위주의', '신보수주의', '고전적 자유주의', 시장원리주의 같은 담론적 서사들이 신자유주의의 구성과 매우 상이한 관계를 유지하고 있다. 이 용어들이 계기적으로 서로 자리를 바꾸면서(혹은 상호 모순을 초래하면서) 증명하는 것은 현대 중국과 동시에 현대 세계 전체에서의 권력 구조의 변화이다"라고 논했다.[2] 그것은 중국에서만 일어나고 있는 것이 아니다. 이 세상의 다른 숱한 장소에서 일어나고 있다. 신자유주의적 계획이 사회적 연대의 모든 유대를 분해할 때, 그것은 시장의 무정부성anarchie이 서서히 통치 불가능해지고 있는 듯한 상황을 발생시킨다. 그렇다면 이 세계에서 일어나는 것, 혹은 계속해서 일어나고 있는 것은 권위주의적 권력에 문을 연다.

이른바 '워싱턴 컨센서스'는 보통 세 가지 교의로 요약된다. 민영화, 자유화, 그리고 시장화이다. 하지만 이런 요약 자체가 이미 문제를 제기한다. 신자유주의적 개혁 양식과 비-신자유주의적 개혁 양식의 구별은 어떤 나라가 시장지향적 개혁을 전개할 것인지 여부에 의존하는 것이 아니라, 그 국가가 어떤 목적을 위해, 어떤 종류의 조건하에서, 어떤 방향으로, 또 어느 정도로 경제와 사회의 양식을 선택할 것인가에 의해 좌우된다. 이런 의미에서 신자유주의는 순수하게 경제적인 개념화가 아니라 정치적인 프로그램이다. 앞서 말한 이스탄불에서 터키의 경제학자가 제기한 물음 중 옳다고 생각되는 것은 다음의 사실과 관련되어 있다. 즉,

첫째, 신자유주의는 중국 경제학자들의 사고의 주류뿐 아니라 국가의 정책적 조치의 상당수를 지배하는데(왜냐하면 정책 입안 과정은 국내외의 압력집단으로부터 점점 더 중대한 영향을 받기 때문이다), 그러나 지

---

2) [옮긴이] Wang Hui, *China's New Order: Society, Politics and Economy in Transition*, Cambridge, MA.: Harvard University Press, 2003.

적 경향의 총체성과 국가의 정치적 방향성 전체를 대표할 수는 없다. 체제의 안팎에서 많은 문제들이 격렬한 논쟁의 대상이 되는 것이다.

둘째, 더 중요한 점인데, 신자유주의와 겹치는 점들이 다수 있다고 해도, 지난 수십 년 동안 중국에서 일어난 개혁 과정 전체를 신자유주의적 개혁으로 환원하는 것은 위험하다. 중국에서 개혁의 많은 성과, 예를 들어 개방 정책 등은 신자유주의의 결과[성과]가 아니다. 그것은 70년대 초에 시작되었다. 농촌 개혁의 초기 국면의 성공은 신자유주의의 공적이 아니다. 1950년대부터 80년대에 걸친 사회주의적 기간 동안 장기적 축적이 없었다면, 그리고 특히 산업화 과정을 통한 독자적인 국내 경제가 확립되지 못했다면, 개방 정책의 순간에 중국의 도시 개혁은 그렇게 쉽게 GDP를 증가시키지는 못했을 것이다. 80년대부터 90년대에 걸쳐 경제 규제를 표적으로 한 수많은 정책적 조치들은 신자유주의 정책 전체에 도움이 되지 않았다. 그런 의미에서 위대한 진전progrès의 진정한 이유들, 중국의 개혁에 있어서 사회적 차이화[격차]와 위기의 원인들을 분명하게 결정하기 위해서는 개혁의 역사를 정밀하게 분석하는 것으로 나아갈 필요가 있다. 그것을 게을리하면, 목욕물과 함께 아기를 내다버리는 오류를 저지를 것이다. 중국은 신자유주의의 모델도 아니고 이것의 반례도 아니다.

실제로, 1980년대 후반에는 신자유주의적 방향성을 향한 강력한 경향을 목격할 수 있었다. 그러나 중국에서 신자유주의가 지배적이게 된 것은 1992년부터 1994년에 걸친 시기였다. 사회 위기, 사회 운동, 그리고 국가에 의한 사회 운동의 폭력적 억압에 대한 나의 해석은 신자유주의 지배의 역사적 기원을 설명하기 위한 일반적 틀을 제공한다. 1989

년의 사건들에 대한 응답은 경제 개혁의 또 다른 물결이 시작되도록 했다. 그 중 몇 가지는 중국을 신자유주의적 정통파에 접근시켰다. 나는 내 책에서 이를 다음과 같이 요약했다. 즉 "통화 정책이 본질적인 통제 수단이 되었다. 또 외환의 중대한 재조정이 존재했고, 이는 통일된 환율이라는 방향으로 나아갔다. 수출과 대외무역은 손실과 이윤의 원인인 경쟁과 인수의 메커니즘에 의해 관리되었으며, '이중적 수준에서' 가격제는 그것의 사정범위를 축소했다. 상하이 푸둥의 개발지대는 완전히 개방되었고, 그 다양한 지역 발전 지대가 창시되었다."

특히 중요한 것은, 신자유주의적 경향에 대한 공적이자 지적인 논쟁에 뒤이어, 정부 경제정책과 사회정책의 방향성을 서서히 변화시켰다는 점이다. 정책 수준에서의 이런 변화에는 적어도 두 가지 측면이 있다고 지적할 수 있다. 첫 번째 측면은, 1999년부터 시작되어 이후 오늘날까지 이어지고 있는 농촌 위기에 관한 논쟁 과정에서 정부가 기존의 농업 정책을 인식하고 새로운 사회주의 농촌 지대의 구축을 위한 캠페인에 착수했다는 점이다. 여기에는 농업 관련 세금의 면제를 비롯해, 의료제도, 교육제도, 농촌지역 인프라 정비의 재구축, 도시화 등을 뒷받침하기 위한 대규모 투자를 위한 예산조치가 포함되어 있다. 그리고 이것의 결과는 아직 분명하지 않지만, 도시 지역과 농촌 지역 사이의 불균형을 교정하는 것을 목표로 했다. 두 번째 측면은, 2003년의 사스 위기나 그 이후 작년[2008년] 말까지 지속된 의료건강 시스템에 대한 논쟁을 거쳐, 정부는 의료시스템의 신자유주의적 개혁의 실패를 공식적으로 인정하고, 올해[2009년] 말까지는 새로운 정책을 내놓기로 결정했다는 점이다. 유사한 변형은 교육개혁, 사회 보호 시스템 등등의 개혁의 장에서도 마찬가지로 일어나고 있다. 최종 판단을 내리기에는 아직 시기상조이지만, 중국은 그 개혁주의적 정책의 방향성을 바꾸고 있다고 말할 수 있다.

좌파와 우파의 차이는 무엇인가?

이런 분석을 토대로, 지적 논쟁 그 자체에 집중할 수 있다. 여기에서는 좌파와 우파의 주요한 구별[차이]을 요약하고 싶다. 여기에는 주의해야 할 세 가지 요소가 있다. 첫 번째의 그것은 국가와 시장 사이의 관계와 관련된다. 비판적 지식인들은 이런 이항적 관계에 부합하여, 그러니까 국가와 시장 중 어느 쪽 편을 들 것인가라는 도식적인 입장 선택을 대신해 이것들의 복잡한 관계에 대한 고찰에 주목하고 싶어 한다. 국가는 시장에 내재하며, 시장의 작동은 국가와 연결되어 있다. 국가의 철수 자체가 정치적이다. 적어도 정치적 분석이라는 관점에서 '국가' 자체를 분석할 필요가 있다. 국가를 하나의 동질적 전체로 간주하면 국가가 어떻게 기능하는지를 보여 줄 수 없고, 국가와 다른 사회적 권력들 사이의 관계를 정의할 수도 없다.

　첫째, 중국의 시장화는 권력들의 분할 과정의 틀 속에서 수행되고 있다. 이런 조건에서, 정부의 상이한 수준들, 상이한 정치적 메커니즘들, 그리고 특별한 압력집단들을 포함하고 있는 시장 사이의 관계는 지극히 복잡하다. 중앙정부, 지방정부들과 상이한 국가 부처들 사이에는 많은 이해 갈등이 존재한다. 국가 장치를 구성하는 각각의 부서는 국내외의 시장, 그리고 다른 사회 집단들과 매우 복잡한 방식으로 결부되어 있다. 또 이러한 상이한 연결 관계는 공유되고 갈등적인 이해관계들을 증대시키는 마찬가지의 경향이 있다. 그리고 그것이 반대로, 공적 의사결정 과정에서의 정치적 게임이나 다양한 방향성으로 현시된다. 이리하여 우리는 이른바 '국가 활동'에 있어서 모순적 방향성의 대체적인 성질을 관찰할 수 있을 뿐 아니라, 정합성cohérence과 갈등이 공존하는 상이한 수준들과 상이한 제도들의 의사결정 과정을 발견할 수 있다. 이런 의미에서 '국가'를 분석을 위한 동질적인 단위로 간주하는 이런 방법은 이데올로기적인 구축물에 더 가깝게 보인다.

둘째, 중국공산당은 정당성을 획득하기 위해서, 한편으로는 '문화대혁명'을 '근본적으로 부정'하지만, 다른 한편으로는 중국 혁명과 사회주의의 가치를 '근본적으로 부정'하지는 않는다. 특히 근대적 전통의 역사적 성취achèvement인 마오쩌둥의 사상을 부정하지 않는다. 이 실천은 두 가지 결과를 초래했다. 첫째는 국가개혁의 수준에서 본 것으로, 이 전통은 구속력 있는 내적 힘이 되었다. 달리 말해, '국가-당 시스템'의 각각의 중요한 의사결정과 변형은 이 전통과의 토론 및 투쟁의 대상이 되어야 한다. 즉, 최소한 변혁과 이 전통 사이의 조화로운 관계를 수립하기 위해서는 특수한 수사학이 사용되어야 한다. 두 번째 결과는 다음과 같다. 즉, 노동자들, 농민들, 기타 사회집단들에게 이 전통은 정당성의 힘이 되었다. 그들은 국가에 의해 조장된 부정의한 시장화 및 민영화 과정에 맞서 투쟁하고 협상하기 위해 이 전통을 이용할 수 있다. 또 이렇게 함으로써, 그들은 어느 한도까지는 신자유주의의 확장을 제한할 수 있다. 이런 의미에서 현대적 맥락에서 중국의 사회주의적 유산에 호소하는 것은 국가사회주의로의 회귀를 호소하는 것이 아니라 사회적 정의를 호소하는 것이며, 사회적 불평등에 반대하는 노력을 호소하는 것이다. 위에서 언급된 이런 두 가지 결과가 원인이 되어, 그리고 중국에서의 개혁은 많은 경우 신자유주의적 세계화를 떠올리고 또 이것과 일치한다고 해도, 중국의 개혁주의적 실천의 총체성이 신자유주의적 프로그램을 따르고 있다고 확언할 수는 없다. 그렇게 생각하지 않으면, 중국의 개혁 결과를 신자유주의에 잘못 귀속시킬 것이다. 그러므로 개혁의 긍정적 성과를 확인하기 위해서는 신자유주의적 이데올로기와 개혁의 실천 사이의 구별을 수립하고 차이를 분석할 필요가 있다.

셋째, 국가에 의한 개혁의 실천이 사회주의적 가치들과 양립할 수 없기 때문에, 개혁과 이데올로기적 국가 장치의 작동[운영]을 대립시키는 내적 갈등이 존재한다. 이 내적 갈등이 원인이 되어, 이데올로기적 국가 장치는 사실상 이미 —— 행정권력을 통한 통제의 메커니즘인 —— 일반적 국가 장치로 변형되었거나 그렇게 변형되고 있는 중이다. 특히 당은 국가의 필수적인 부분이 되었으며, 그 역할은 더 이상 20세기 중국에서 정치정당의 통합적 일부가 아니라 탈정치화된 정치 기관의 일부이다. 이런 의미에서 현대 중국에서 당과 그 이데올로기적 국가 장치의 작동은 특정한[종별적인] 가치나 이데올로기를 따라 기능하는 것이 아니라, 이데올로기적 언어에 종종 의지하지만 '탈정치화된' 혹은 '탈이데올로기화된' 논리를 따라 기능하고 있다. 결국 사회주의적 이데올로기가 이러한 국가의 작동[운영]과 그 결과에 책임을 져야 한다는 비난은 오해의 소지가 있고 설득력이 없다. 그래서 우리가 해야 할 것은 당-국가의 역할을 그 외견상의 연속성을 넘어서 재정의하는 것이다.

위의 세 가지 측면은 동시대적 맥락에서 국가라는 복잡한 물음을 간단하게 소묘한 것일 뿐이다. 이 복잡성은 국가를 동질적인 것으로 여기는 통념이 적어도 분석적 범주를 구축할 수 없다는 것을 증명한다. 국가에 대한 다양한 설명은 적어도 '국가의 철수' 같은 설명이 이데올로기적 구축은 아니더라도 모호한 확언임을 보여 준다. 이와 동시에 이런 종류의 설명은 정치적 분석을 위한 공간을 제공하기에, 우리는 국가와의 완전한 동일화나 국가의 완전한 부정 같은 단순한 양자택일에 놓이는 게 아니라, 국가라는 범주에 포함된 상이한 정치권력들을 분석할 수 있게 된다. 이런 맥락에서 중요한 것은 시장경제나 국가 개입 중에서 선택하는 것이 아니라, 시장이라는 환경 속에서 국가의 기능이 어떤 방식으로 변화하는지, 시장경제와 국가 개입의 관계가 어떻게 될 것인지를 고려하여 이 두 가지 사이의 관계를 분석하는 것이다. 또한 몇몇 사람들이 시장이라는 이름으로 국가에 대한 공격을 개시했는데, 이때 이들은 이 국가가 겪은 변화를 잊어버렸다. 이와 반대로, 몇몇 지식인들은 국가의 철수라는 신자유주의적 관념을 비판하면서 국가의 기능이 발전주의적 국가에서 사회보호[사회서비스]에 전념하는 국가로 이행할 것을 강력하게 제안하고, 국가의 정책적 조치들이 더 이상 '효율성을 증진하고 평등을 배려한다'가 되어서는 안 되며 반대로 몇몇 장들에서는 효율성을 특권시하는 시장 활동을 제한하기 위해서는 '평등을 증진하고 효율성을 배려한다'가 되어야 한다고 강조한다. 나는 이것이 더 민주적이고 더 긍정적인 구축[입장]이라고 생각한다.

내가 여기서 강조하고 싶은 두 번째 문제는 다음과 같다. 즉, 소유권의 이전 혹은 소유권의 사유화와 관련하여 [비판적] 지식인들이 공적 소유권과 사적 소유권 사이의 이원론에 반대하고 있다는 점이다. 그 대신 그들은 사회적 관계라는 관점에서 소유권을 이해하고 이를 권리의 일종의 연결이나 한 묶음으로 파악하자고 제안한다. 오늘도 진행 중인 사유화 혹은 소유권의 명확화와 관련된 논쟁은 소유권에 관한 일반적인 논쟁이 아니다. 그것은 탈국유화 과정에서 공적 소유의 재분배 및 그 공평성과 관련되어 있다. 이 논쟁을 시장의 법칙과 국가의 간섭 중 어떤 것이 더 합리적인지에 대한 질문으로 환원함으로써 단순화할 수는 없다. [문제의] 중심점은 개혁 속에서 공적 소유가 사회화된 소유권으로, 예를 들어 노동자들의 소유권으로 변형되는 방식과 관련된다. 몇몇 경제학자들은 신자유주의를 중국이 명확한 소유권과 함께 시장에 기반한 질서를 달성하기 위한 유일한 경로로 보고 무제한적 사유화와 시장화를 옹호한다. 다른 자유주의자들은 중국에서는 정치권력의 지대 획득 활동이 중요한 연결고리를 이루는 시장이 자유롭지 못하고 제약되어 있기 때문에, 중국의 시장화가 자생적인 경제 질서를 산출하지 못했다는 점을 발견했다. 이 자유주의자들은 현실을 격렬하게 비판하고, 경제성장과 동시에 사회정의[의 증대]도 요구한다. 그럼에도 이들은 문제를 평등한 출발점이나 기회의 평등으로 환원함으로써 마찬가지로 문제를 단순화하고 있으며, 소유관계의 재배치에 대한 진지한 역사적 분석을 진행하기를 거부하고 있다. 이러한 단순화의 결과는 사유화 혹은 '분리'가 논란의 여지가 없는 목적으로 간주된다는 점이다. 사유화가 유일하게 실현 가능한 형태라고 가정하는 것은 다른 사회적 가능성들을 제거해 버린다.

여기서 지식인들 사이의 진정한 차이는 사적 소유가 보호되어야 하는지 여부가 아니다. 진짜 차이는 다음의 두 가지 질문에 대한 이들의 태도에 있다. 첫째는 권력과 돈의 교환에 의해 징발된 재산은 물론이고, 개혁 과정에서 다른 불법적 수단과 맞바꿔서 얻은 재산이 스스로를 합법화하기 위해서 이 기회를 이용한다는 문제이다. 즉, 사적 소유를 계산하고 가치평가하기 위해 어떤 장르의 메커니즘을 이용할 수 있는가라는 문제이다. 공기업[국영기업]의 신자유주의적 개혁에서 공적 소유가 입은 손실에 관한 최근 논의는 이 문제를 건드린다. 둘째로, 농촌의 부채 구조를 전제하면, 토지의 사유화는 농민의 토지 상실을 새롭게 초래하며, 극단적으로 불평등한 또 다른 합병 과정을 초래하는 것 아닐까라는 문제이다. 농촌 문제에 관한 논쟁을 시작하기 전에, 농업과 농민들, 중국 지식인들과 정부 기관은 이미 토지 사유화 문제에 관해 논의를 시작했다. 많은 경제학자들이 토지 사유화에 찬성했다. 또한 이미 이득을 챙긴 몇몇 지방 공무원들은 물론이고 국가의 책임 문제를 뒤로 미루고 싶어 했던 몇몇 공무원들과 정부 부처들도 토지 사유화에 찬성했다. 과거에 지방 서기였던 리창핑은 농업 위기 때문에 평범한 농민들이 부채에 의존함으로써 생산을 유지해야 했고 이들의 채권자 대부분은 전직 지방 공무원과 특권 계급의 구성원이라고 강조했다. 그의 말처럼 일단 사유화가 이뤄지면, 막대한 수의 농민들이 그들의 토지를 하루아침에 잃을 것이다.[3] 따라서 그 목소리가 공적 영역에서 들리지 않는 이 농민들은 토지의 사유화를 환영하지 않는다. 중국에서 토지 사유화의 기획에 관한 이런 분석은, 여기에서는 현대 중국에서 사유화의 물음을 재검

---

3) [옮긴이] 리창핑(李昌平)의 책 중 국역되어 있는 것으로는 왕후이·리창핑 등 공저, 『고뇌하는 중국』(장영석·안치영 옮김, 길, 2006)이 있으며, 「농촌이 망하고 있다」는 제목의 기사도 소개되어 있다.

토해야 할 필요성의 구체적 증거를 제공한다.

분기의 마지막 요소는 권리의 새로운 체계가 인민 민주주의 démocratie populaire와 시민적 권리의 발전을 조장하고 '정치적 실리주의'를 실제로 억제할 수 있는지 여부, 또는 소유권을 논하면서 노동의 권리를 확장하는 것이 가능한지 여부의 물음과 관련된 지식인의 태도이다. 2003년에 잡지 『독서』读书, *Dushu*는 개정된 중국 헌법이 "사적 소유는 신성하고 불가침하다"는 조항을 포함해야 하는지의 여부를 논하는 데 있어서, 이 물음을 다룬 일련의 논문을 연재했다. 논의는 몇 가지 결론에 도달했다. 봄에 개최된 지난번 전국인민대표대회에서 통과된 소유권법에서조차 이 조항은 수록되지 않았다. 그 대신 "법적인 사적 소유권은 불가침하다"고 규정한 조항이 있다. 다른 관련 조항들은 또한 비교적 온건하고 적절하다. 발전의 10년이 지난 지금, 소유권 문제는 현대 중국의 사회 변화에서 중심 문제 중 하나가 되고 있다.

내가 여기에서 주목하고 싶은 세 번째 문제는 현재의 지적 논쟁에서 결정적인 문제이기도 한데, 민주주의를 어떻게 파악하느냐와 관련된다. 즉, 참여 민주주의가 필요한지, 형식적 민주주의를 어떻게 논할 것인지이다. 많은 제3세계 국가들이 형식에 있어서는 민주주의적 체계들을 수립했다. 하지만 그런 형식적 민주주의가 엘리트들의 동맹의 산물이자 결과라는 것을 종종 볼 수 있다. 그것은 진정한 사회 참여를 가능케 하는 메커니즘을 결여하고 있다. 결국, 민주주의를 교조화하는 사람들과는 달리, 환멸에서 깨어난 몇몇 사람들은 민주주의를 포기했다. 그러나 현대사회에서 민주주의의 보편적 위기 속에서는, 특히 대의민주주의의 위기 속에서는, 나는 문제의 열쇠가 민주주의를 올바로 사용할 수 있고 재생산 가능한 정식으로 간주하는 대신에 구체적인 사회적 맥락 속에서 민주주의의 영향력을 확장하는 것이라고 강조한다. 사실 엘리트 민주주의와 인민 민주주의 사이의 차이는 근대 중국혁명에서 자주 제기되었지만 해결되지 않은 물음이다. 권리에 대한 신자유주의적 관념은 개인과 집단 혹은 국가 사이의 대립 속에서 전개되고 있다. 권리에 대한 이런 개인주의적 관념은 시장의 자유 및 사적 소유라는 관념과 부합한다. 실제로 이 마지막 두 관념은 종종 시장의 무제한적 확장을 제약하려는 노동자계급과 다른 사회 계급의 노력을 좌절시키기 위한 특별한 이익 집단의 노력과 연계되어 있다. 예를 들면 권리에 대한 이런 개인주의적 관념은 노동권을 거의 언급하지 않을 뿐 아니라, 노동권을 무효화하려고 기도한다. 왜냐하면 노동권과 시장 확장의 억제를 수반하는 사회적 분배의 원리는 개인주의적 권리 체계의 확장에 제동을 걸기 때문이다.

참여 민주주의는 사회에서 펼쳐지고 있는 사회 운동과 불가피하게 연결되어 있다. 일반적으로 말하면, 사회 운동으로서의 이 운동은 시장 확대라는 맥락에서 자기 보호를 옹호하는 운동으로 간주할 수 있다. 예를 들면, 노동자의 안전과 권리를 위한 운동, 사회 보장과 평등한 권리를 위한 이주자 운동, 환경보호를 위한 몇몇 조직 운동 등이 이것에 해당된다. 이 운동들은 거의 매일 일어나고 있지만, 좌파 지지자나 우파 지지자 모두 시장과 국가에 관심을 집중하고 있다. 거기서는 사회 운동에 관한 진정한 분석과 몰입이 결여되어 있다. 이건 중대한 공백이다.

사회 운동은 상이한 유형과 가치를, 따라서 상이한 결과를 포함한다. 사회적 권리들의 확장을 옹호하는 사회 운동이 한 가지 사례를 제공한다. 따라서 사회 운동은 민주적 권리의 확장에서 실체적이고 결정적인 역할을 한다. 내가 아는 한, 인민 민주주의와 마을 및 공동체 선거가 확립되어 있는 몇몇 지역에서는 민주적 권리를 옹호하는 운동이 급속도로 발전하고 있다. 사회 운동과 지역의 사회적 네트워크의 발전은 상호적이고 긍정적인 방식으로 상호 작용한다.

다른 한편, 모든 사회보호 운동이 앞서 언급한 권리 체계의 확장으로 자동적으로 이어지는 것은 아니다. 시장의 급속한 확장은 최초의 사회적 네트워크와의 연결을 해체했다. 그 결과, 개별 집단들이 지닌 권리가 상실되었을 뿐 아니라 사회 자체가 해체되고 있다. 사회 해체의 전망과 사회 운동이 동시에 등장할 때, 주민들은 절망감을 극복하거나 사회적 동일성을 형성하기가 어려워진다. 사람들은 엘리트가 제공한 동일화 프로그램에 더 이상 믿음을 갖지 않게 되는 것이다. 이런 맥락에서, 사회 운동은 종종 기본적인 사회적 권리들을 유지하기 위해 강력한 국가나 지도자에 의존한다. 신자유주의자는 좌파의 지지와 공감을 '포퓰리즘' 혹은 '거대한 민주주의'(문화대혁명 시기의 대중운동을 가리킨다)라고 규정하는데, 후자는 사회적 독재로 이어졌다. 그러나 이미 언급했듯이, 그들은 신자유주의적 시장 확장이 어떻게 권위주의(부시의 미국이 그 한 가지 예일 수 있다)로의 열린 문이 되도록 이끌었는지의 논리를 잊었거나 의도적으로 무시했다. 이런 의미에서 지난 수십 년 동안 중국에서 (GDP 성장 중심의) 경제정책에서 (사회정의와 사회복지체계, 그리고 녹색 GDP 등에 관심을 기울이는) 사회정책으로의 이행은 긍정적인 움직임이다.

장래를 사고하기 위한 몇 가지 실마리

위와 같은 논의를 따라, 세 가지 기본적인 차이화를 지적해야 한다.

첫째, 경쟁이 자유롭게 전개되고 자기 조정된다는 시장 관념과 근대의 시장 경제가 존재하고 기능하기 시작한 역사적 과정 사이의 차이를 수립해야 한다. 이 구별을 따르면, 시장사회와 그 법칙들은 국가 개입, 제도적 혁신, 독점화, 사회적 관행과 역사적 사건들 사이의 상호 연결 속에서 구성되고 기능했다. 자유경쟁은 그 조건들의 일부를 구성할 뿐이다. 또한 시장사회 비판과 그 위기는, 실제로 시장체계의 부정과 똑같은 게 아니다.

둘째, (국가의 전면적 철수의 요구로 종종 특징지어진) 신자유주의적 시장 이데올로기와 (국가의 정책적 조치와 집행에 대한 의존으로 종종 특징지어진) 신자유주의적 시장질서 및 경제정책 사이의 차이를 수립해야 한다. 이 구별에 따르면, 신자유주의 이데올로기는 국가가 비-개입적인 정책을 채택할 것을, 즉 국가가 사회 복지와 사회적 안전이라는 기능을 포기할 것을, 시장활동을 조정하기 위한 경제적 방법을 내던질 것을, 그리고 더 나아가 정치와 경제 사이의 연결을 끊어 버릴 것을 요구한다. 그러나 이런 기능의 포기는 그 자체가 구체적 제도와 정책을 통한 타협^{arrangements}의 결과이다.

중국에서 공기업[국영기업]과 농업의 위기는 적극적인 정책적이고 제도적인 장치의 결과 자체이다. 따라서 국가 개입에 반한다는 슬로건은 국가의 정책적 조치의 전제이며, 그 본질은 적극적 '개입'의 또 다른 형태이다.

셋째, 시장 범주와 사회 범주 사이의 구별을 수립해야 한다. 이 구별에 따르면, 시장의 법칙 및 규제는 사회의 법칙 및 규제와 일치하지 않는다. 또 사회민주주의적인 체계는 시장의 착취 체계와 똑같지 않다. 따라서 국가가 민주주의로 향한다는 지향성은 국가가 시장 체계를 수립하려는 목적을 지닌 정치적 기관으로 변형되는 것과 일치하지 않는다. 1989년의 위기가 증명한 것은 국가의 감독하의 시장 확장이 사회 위기를 창출했으며, 사회 위기는 국가가 모든 차원에서 (시장뿐만 아니라) 사회를 통제할 수 있는 좋은 기회가 되었으며, 시장 체계는 (국가가 아니라) 사회가 '정치'의 장에서 완전히 손을 뗐을 때 확립되었다는 것이다.

여기서는 위의 분석을 바탕으로 몇 가지 경향성을 설명하고 싶다.

첫째, 시장 확장에 의해 생겨난 경제적 불평등은 정치·경제·문화 같은 다른 장들에서 존재하는 불평등과 항상 밀접하게 연결되어 있다. 따라서 (노동계약의 자유, 교환의 자유, 정치적 자유 등을 포함한) 자유를 향한 투쟁은 동시에 사회적 평등을 향한 투쟁이어야 한다. 자유의 호소를 평등의 호소와 완전히 대립시키는 담론은 거부되어야 한다.

둘째, 독점화에 맞선 저항과 시장의 권위주의적 폭정에 맞선 저항은 시장에 '맞선' 투쟁과 단순히 똑같은 수준에 놓일 수가 없다. 왜냐하면 그러한 사회적 저항 자체는 시장에서의 공정한 경쟁과 경제적 민주주의를 요구하며 투쟁하는 노력을 포함하기 때문이다.

셋째, 경제적 헤게모니와 다국적 [기업의] 독점에 맞선 저항은 외부 세계에 대해 국가의 문을 닫는 것을 의미하지 않는다. 또 일정 수준의 보호무역은 '반-시장'과 똑같지 않다. WTO와 관련된 사회 운동, WTO 협상에 있어서 부국과 빈국 사이의 투쟁은 투쟁의 새로운 형태를 보여 준다. 그것은 순전히 민족주의적이거나 보호주의적인 관점에서 국제기구들과 국제적 조정에 반대하는 것이 아니라, 국내적인 경제적 정의와 국제적인 경제적 정의를 재결합시키는 참여적 사회 운동 덕분에 WTO를 포함한 국제적 기구의 민주화와 국제적 규제의 민주화를 옹호하며, 그 본성의 변형에 이르는 것이다. 경제적 정의를 위한 투쟁은 불가피하게 사회적이고 정치적인 변화를 위한 투쟁이며, 사회주의를 지향하는 운동이어야 한다.

넷째, 경제 운동은 항상 사회적·정치적·문화적 조건들의 통합적 일부를 이루고 있다. 따라서 공정한 시장 경쟁을 위한 조건을 창출하기 위해 투쟁하는 것은 국가의 정치 체계나 사회적 관행, 또한 모든 규제 메커니즘을 제거한다는 것과 똑같지 않다. 반대로 시장 조건의 완벽화는 공평한 상호작용을 위한 사회적 조건들을 창출하기 위해 이 체계를 개혁하고 제한하고 확장하는 것을 목표로 한다. 이런 의미에서 사회 정의와 공평한 시장 경쟁을 위한 투쟁은 국가 개입에 대한 반대와 같을 수가 없다. 그것은 오히려 사회주의적 민주주의를 반드시 필요로 한다. 이경우 사회에 의한 국가의 민주적 통제를 통해 국가가 국내적 및 국제적 독점의 보호자가 되는 것을 막는다. 여기에서 인민적이고 참여적인 민주주의는 여전히 현대 민주주의에서 진정한 원동력이다. 인민적 민주주의와 형식적 민주주의를 대립시키는 방법을 거부해야 한다. 모든 수준에서, 국민국가 수준이든 세계시장 수준이든 상관없이, 자유를 향한 투쟁은 필연적으로 민주주의와 자유를 향한 투쟁으로서 스스로를 현시할 것이다.

시장을 민주적 체계와 관련시켜 성찰하는 것, 단순한 경제 발전이 아니라 사회 발전과 관련시켜 성찰하는 것, 이런 종류의 성찰로서 실마리를 제시할 수 있다. 이런 틀 속에서야 비로소 경제 정의를 위한 투쟁이 사회 정의와 정치적 민주주의, 상이한 발전 모델의 고찰과 결부될 수 있는 것이다.

김상운 옮김

찾아보기

지은이 소개

마이클 하트 Michael Hardt

미국의 정치철학자이자 문학이론가. 안토니오 네그리와 함께 쓴『제국』으로 널리
알려졌다. 미국 워싱턴대학에서 질 들뢰즈 연구로 박사학위를 받았고 현재 듀크
대학의 문학부 교수로 재직 중. 그 밖에 네그리와 함께 쓴 저서로『다중』,『공통체』,
『디오니소스의 노동』 등이 있다.

브루노 보스틸스 Bruno Bosteels

1967년 벨기에 출생. 미국 펜실베이니아대학에서 박사학위 취득. 현재 컬럼비아
대학교 비교문학과사회연구소 교수로 재직.『주체의 이론』,『비트겐슈타인의 반철
학』,『현대프랑스철학의 모험』 등 알랭 바디우의 저작을 여럿 영어로 번역. 주요 저
서로『라틴아메리카의 마르크스와 프로이트』,『공산주의의 현실성』 등. 현대사상
비평지『다이어크리틱』의 편집위원을 역임한 바 있다.

수전 벅모스 Susan Buck-Morss

미국의 철학자이자 사회학자. 현재 뉴욕시립대학원대학교 정치학 교수이자 코넬
대학교 명예교수. 독일 비판철학과 프랑크푸르트학파를 주요 연구 영역으로 삼으
며, 미술사, 건축사, 비교문학, 문화학, 독일학, 역사, 철학 등을 포함하는 다학제간
연구를 추구한다. 주요 저서로『헤겔, 아이티, 보편사』,『꿈의 세계와 파국』,『발터
벤야민과 아케이드 프로젝트』 등.

슬라보예 지젝 Slavoj Žižek

1949년 슬로베니아 출생. 슬로베니아 류블랴나대학교에서 철학 박사학위를 받은
후 파리8대학교에서 정신분석학으로 박사학위를 취득. 영국 버크벡대학교 교환교

수 역임. 류블랴나 소재 이론정신분석학회 의장. 주요 저서로『이데올로기의 숭고한 대상』,『잃어버린 시간의 연대기』,『시차적 관점』,『부정적인 것과 함께 머물기』,『신체 없는 기관』,『까다로운 주체』등.

안토니오 네그리 Antonio Negri

1933년 이탈리아 파도바 출생. 파도바대학 정치철학 교수 역임. 이탈리아의 대표적 자율주의 이론가로 1969년 '노동자의 힘' 그룹 설립. 1970년대 후반 극좌 조직 '붉은 여단' 활동에 가담한 혐의로 기소되기도 했다. 스피노자에 관한 독창적 연구,『제국』3부작으로 유명하다. 그 밖에 주요 저서로『전복의 정치학』,『다중과 제국』,『혁명의 만회』등.

알랭 바디우 Alain Badiou

1937년 모로코 출생. 파리 고등사범학교와 파리8대학 철학과 교수 역임. 프랑스현대철학연구소(CIEPFC) 창설. 현재 스위스 자스페 소재 유럽대학원대학교 석좌교수. '정치조직'이라는 이름의 단체를 결성해 활동. 주요 저서로『존재와 사건』,『조건들』,『윤리학』,『질 들뢰즈: 존재의 함성』,『사도 바울』,『메타정치론』,『일시적 존재론』,『비미학』,『세계의 논리』등.

알레산드로 루소 Alessandro Russo

이탈리아 볼로냐대학에서 사회학을 가르쳤고 워싱턴대학과 칭화대학 초빙교수를 역임했다. 주요 저서로『문화대혁명과 혁명적 문화』가 있다.

알베르토 토스카노 Alberto Toscano

영국에서 활동 중인 이탈리아 출신 철학자. 영국 워릭대학에서 박사학위를 받고, 런던대학 골드스미스칼리지 사회학과에서 가르쳤다. 알랭 바디우의『세기』,『세계의 논리』등을 영어로 번역했으며, 주요 저서로『광신』,『생산의 극장』등이 있다.

왕후이 汪晖, Wang Hui

1959년 장쑤성 양저우 출생. 칭화대학 중문학과 교수. 중국 사회과학원에서 루쉰 연구로 박사학위를 받았고 뉴욕대학을 비롯한 미국의 다른 대학들의 초빙교수를 역임했다. 1989년 천안문항쟁에 참여한 전력으로 강제이주 처벌을 받기도 했다. 주요 저서로『단기 20세기』,『탈정치 시대의 정치』,『죽은 불 다시 살아나』,『새로운 아시아를 상상한다』등.

자크 랑시에르 Jacques Rancière
1940년 알제리 출생. 현재 파리8대학 명예교수. 루이 알튀세르, 에티엔 발리바르, 피에르 마슈레 등과 함께 청년기에 『"자본"을 읽자』를 공저해 널리 알려졌다. 이후 미학에 초점을 둔 독창적인 작업을 이어갔다. 주요 저서로 『프롤레타리아의 밤』, 『철학자와 그 빈자들』, 『무지한 스승』, 『정치적인 것의 가장자리에서』, 『불화』, 『이미지의 운명』, 『해방된 관객』 등.

잔니 바티모 Gianni Vattimo
1936년 이탈리아 토리노 출생의 철학자이자 정치가. 1963년 하이델베르크로 이주해 카를 뢰비트, 하버마스, 가다머와 함께 공부했다. 1999년 유럽의회 의원으로 선출되기도 했다. 주요 저서로 『근대성의 종말』, 『하이데거 입문』, 『해석 너머』 등이 있다.

장-뤽 낭시 Jean-Luc Nancy
2021년 타계한 프랑스 철학자. 1987년 하이데거의 자유에 관한 연구로 국가박사학위 취득. 캘리포니아대학, 베를린자유대학 등 여러 대학의 객원교수 역임. 자크 데리다, 필립 라쿠-라바르트와 오랜 친분을 이어갔으며, 특히 라쿠-라바르트와는 『문자라는 증서』 등 여러 권의 책을 공저했다. 주요 저서로 『무위의 공동체』, 『코르푸스』, 『나를 만지지 마라』 등이 있다.

쥐디트 발소 Judith Balso
프랑스 작가이자 철학자. 1997년 프랑스 스트라스부르 소재 마르크블로흐대학교에서 페소아에 관한 연구로 박사학위 취득. 파리 소재 국제철학학교 교수 역임. 현재는 유럽대학원대학교 시 분과 교수. 주요 저서로 『페소아, 형이상학적 파발꾼』, 『시의 주장』 등.

코스타스 두지나스 Costas Douzinas
영국 버크벡대학교 법학전문대학원 교수이자 동 대학 인문학연구소 소장. 주요 저서로 『위기 속의 철학과 저항』(2013), 『급진적 인권 철학』(2019) 등.

테리 이글턴 Terry Eagleton
1943년 영국 샐퍼드 출생. 영국의 대표적인 마르크스주의 문학 평론가. 옥스퍼드대학교 영문학 연구교수와 맨체스터대학교 영문학 교수를 거쳐 현재 랭커스터대학교 영문학 석좌교수로 재직 중. 주요 저서로 『문학 이론 입문』, 『포스트모더니즘의 환상』, 『이론 이후』, 『반대자의 초상』, 『발터 벤야민 또는 혁명적 비평을 향하여』 등.

피터 홀워드 Peter Hallward
알랭 바디우와 질 들뢰즈에 관한 연구로 잘 알려진 정치철학자. 런던 킹스턴대학 현대유럽철학부 교수. 잡지 『급진 철학』과 『엔젤라키』의 편집위원. 주요 저서로 『알랭 바디우: 진리를 향한 주체』, 『알랭 바디우와 철학의 장래』, 『들뢰즈와 창조의 철학』 등이 있으며, 바디우의 『윤리학』을 영어로 옮겼다.

옮긴이 소개

강길모

한신대 철학과 석사. 병역거부자. 현대정치철학연구회를 공동 운영 중이며, 칼 슈미트 및 푸코 연구를 통해 주권의 폭력 및 저항하는 주체의 문제를 다루는 데 관심을 갖고 공부 중이다.

김상운

현대 정치철학 연구자이자 전문 번역가. 푸코의 콜레주드프랑스 강의록『"사회를 보호해야 한다"』를 옮겼고『자기의 통치와 타자의 통치』,『생명체의 통치에 관하여』등을 옮기고 있다. 그 밖의 역서로『자크 데리다를 읽는 시간』,『너무 움직이지 마라: 질 들뢰즈와 생성변화의 철학』,『이미지의 운명: 랑시에르의 미학 강의』,『푸코의 미학』,『목적 없는 수단』,『세속화 예찬』등.

김정한

서강대 트랜스내셔널인문학연구소 HK연구교수. 국방부5·18특별조사위원회 민간조사관을 역임했으며, 사회운동과 정치철학의 마주침을 연구 주제로 삼고 있다. 주요 저서로『대중과 폭력』,『1980 대중 봉기의 민주주의』,『비혁명의 시대』,『너와 나의 5·18』등이 있다.

오근창

서울대 철학과를 졸업한 후 동 대학원에서 석사학위 취득. 이후 미국 퍼듀대학교에서 철학 박사학위 취득. 주요 연구 관심사는 사회정치철학, 윤리학, 대륙철학. 역서로『급진적 무신론: 데리다와 생명의 시간』이 있다.

진태원

『황해문화』편집위원. 서울대 철학과 대학원에서 스피노자 연구로 박사학위를 받았다. 서양 근대철학, 현대 프랑스철학, 한국 민주주의론에 대해 연구 중이다. 주요 저서로『애도의 애도를 위하여』,『을의 민주주의』, 주요 역서로『마르크스의 유령들』,『우리, 유럽의 시민들?』,『헤겔 또는 스피노자』,『불화: 정치와 철학』,『알튀세르의 정치철학 강의』등.

최재혁

서울대 물리학과 및 한국방송통신대학교 법학과 졸업. 해방적이고 평등주의적인 정치 프로젝트를 어떻게 구성할 수 있는가에 대해 관심을 갖고 공부 중이다.

황재민

한국외대 철학과 박사수료. 푸코-알튀세르의 주체화 양식 연구로 박사논문 준비 중. 역서로『루소 강의』,『마르크스를 읽자』(공역),『푸코, 권력의 탄생』(근간),『재생산에 대하여』(근간) 등.